当代国外学术前沿译丛·4

丛书主编 | 徐向梅 刘承礼

Contemporary Capitalist Economic Development and
Institutional Critique

当代资本主义经济发展与制度批判

本卷主编————徐　焕

中央编译出版社
CCTP　Central Compilation & Translation Press

图书在版编目（CIP）数据

当代资本主义经济发展与制度批判／徐焕主编. —北京：中央编译出版社，2019.12
（当代国外学术前沿译丛／徐向梅，刘承礼主编）
ISBN 978-7-5117-3758-8

Ⅰ.①当… Ⅱ.①徐… Ⅲ.①资本主义制度-研究 Ⅳ.①D033.3

中国版本图书馆 CIP 数据核字（2019）第 263447 号

当代资本主义经济发展与制度批判

出 版 人	葛海彦
出版统筹	贾宇琰
责任编辑	赵　灿
责任印制	刘　慧
出版发行	中央编译出版社
地　　址	北京西城区车公庄大街乙 5 号鸿儒大厦 B 座（100044）
电　　话	（010）52612345（总编室）　　（010）52612341（编辑室） （010）52612316（发行部）　　（010）52612346（馆配部）
传　　真	（010）66515838
经　　销	全国新华书店
印　　刷	北京印刷集团有限责任公司印刷一厂
开　　本	710 毫米×1000 毫米　1/16
字　　数	373 千字
印　　张	25.25
版　　次	2019 年 12 月第 1 版
印　　次	2019 年 12 月第 1 次印刷
定　　价	128.00 元
网　　址	www.cctphome.com　　邮　箱：cctp@ cctphome.com
新浪微博	@ 中央编译出版社　　微　信：中央编译出版社（ID: cctphome）
淘宝店铺	中央编译出版社直销店（http://shop108367160.taobao.com） （010）55626985

本社常年法律顾问：北京市吴栾赵阎律师事务所律师　闫军　梁勤
凡有印装质量问题，本社负责调换，电话：（010）55626985

丛书总序

2017年9月29日，习近平总书记在主持中共中央政治局第43次集体学习时指出："学习研究当代世界马克思主义思潮，对我们推进马克思主义中国化，发展21世纪马克思主义、当代中国马克思主义具有积极作用。"他还强调，为了回答因世界格局加快演变所产生的大量深刻复杂的现实问题和理论课题，"需要我们加强对当代资本主义的研究，分析把握其出现的各种变化及其本质，深化对资本主义和国际政治经济关系深刻复杂变化的规律性认识"。作为长期跟踪国外马克思主义、世界社会主义、当代资本主义新动态、新观点，反映当代世界经济、政治、文化和社会领域新情况、新问题和新趋势，介绍国外对我国改革开放和中国特色社会主义研究的新成果的综合性理论期刊，《国外理论动态》杂志在这些方面为国内学界积累了大量基础性、前沿性的文献资料。为学习贯彻习近平新时代中国特色社会主义思想和党的十九大精神，杂志编辑部从近年发表的文章中优选了一批有代表性的译文，编辑出版这套五卷本"当代国外学术前沿译丛"以飨读者。

第一卷《当代国外马克思主义理论与思潮》集中反映了国外马克思主义学者和左翼学者对马克思及马克思主义基本理论的研究和阐释、对当代马克思主义发展进行的理论反思，以及运用马克思主义立场、观点和方法对当代资本主义进行的批判。

第二卷《当代西方左翼社会思潮与文化批判》重点关注社会批判理论、文化批判理论、乌托邦思潮和激进左翼思潮，通过对身体政治、身份政治、主体性、交错性等热点问题，以及多元文化主义、女性主义、后殖民主义、后现代主义等前沿思潮的探讨，介绍西方左翼学者对当代资本主义发展的批判性反思。

第三卷《当代资本主义政治发展与理论反思》围绕西方民主的衰退、全球化时代国家的作用、资本主义国家政治制度的危机以及互联网时代政治发展的新形式等问题进行探讨，反映了近年来西方学者对资本主义国家政治发展过程中出现的问题与危机的反思。

第四卷《当代资本主义经济发展与制度批判》追踪资本主义在科技革命和全球化背景下应对危机、冲突所进行的自我调整，考察资本主义经济形式和发展模式出现的新变化及其实质，剖析资本主义危机及其具体表现形式，反思和批判新自由主义经济制度的弊端及其后果。

第五卷《海外学者论当代中国发展》收录了海外学者从不同视角对中国改革开放所取得的伟大成就、中国发展道路及其历史意义、中国的经济政治社会发展变化的观察和研究。

本套丛书所选文章的作者来自世界上二十多个国家，他们对当代马克思主义发展现状的理论性探讨、对当代资本主义制度的批判性反思，反映了经济全球化程度不断加深、世界格局日益显现出多极化趋势、各个国家和民族的发展呈现出多样性特征的背景下不同国家和地区的学者对世界发展与人类命运的共同关切。他们对当代中国发展成就与发展道路研究的热情体现出中国成长所产生的世界影响力，也体现出世界对不同发展道路的承认和包容。这些观察和思考有的基于马克思主义的视角，有的源于西方传统的理论框架，对中国道路的理解也未必能够准确地关照中国的现实，但对我们来说也是"他山之石"。在研读这些观点时，站稳马克思主义的立场，是我们一贯提倡的。

徐向梅　刘承礼

2019年6月26日

《当代资本主义经济发展与制度批判》导读

在新科技革命的推动下，当代资本主义国家的经济发展取得了重要的成就，资本主义社会也呈现出许多新的特点和变化，但资本主义制度固有的基本矛盾依然存在。近年来，《国外理论动态》杂志持续跟踪当代国外资本主义研究的最新成果，介绍了国外学者对资本主义矛盾、资本主义危机、资本主义演进过程、资本主义新形态及本质的深入分析。这些研究有助于我们加深对当代资本主义的理解。本书聚焦其中关于当代资本主义经济发展与制度批判的研究，试图揭示当代资本主义发生的新变化、资本主义的制度性危机，反映国外学者对新自由主义的批判。

一、当代资本主义的新变化

马克思在《〈政治经济学批判〉序言》中曾说过："无论哪一个社会形态，在它所能容纳的全部生产力发挥出来以前，是决不会灭亡的；而新的更高的生产关系，在它的物质存在条件在旧社会的胎胞里成熟以前，是决不会出现的。"20世纪下半叶以来，资本主义在经历了空前严重的经济危机、两次世界大战以及无产阶级革命斗争之后不仅没有在全球范围内衰亡，反而在生产力、生产关系与上层建筑等方面出现了许多新变化，表现出了相对稳定的发展态势。这也说明了，在资本主义所能容纳的全部生产力发挥出来以前，它仍然具有强大的自我调整、更新与发展的能力。

第一，全球资本主义正在全方位发展，其特征是跨国资本的兴起，各国融入全球生产和金融体系中。全球化导致世界级跨国公司竞相成为各自领域的主导性垄断者。全球资本主义处于危机之中，越来越多明智的跨国精英阶层希望通过强大的跨国政府机构来巩固跨国资本家阶级的统治。与此同时，反抗跨国资本家阶级的全球抗议也正在起步中，并开始遍及全球。

第二，科技进步推动了生产力的发展，使资本主义重新焕发出生机。有学者认为，资本主义能够发展到今天，并不是因为它具有与生俱来的能量，而是因为它能够在环境发生变化时进行自我创新，而技术的革新是资本主义自我创新的原动力。技术的进步，尤其是数字革命，为解决资本主义传统的经济和社会问题提供了新的选择和机会。然而，技术的进步在很大程度上也会产生非预期的后果。通过对数字资本主义以及相关案例的分析可见，随着资本主义在数字技术的运用上日趋成熟，其对市场和劳动的控制进一步加强了。

第三，资本主义经济内部也发生了变化，这可以通过分析资本主义经济形式来把握。当代著名政治哲学家、美国批判理论的主要代表南茜·弗雷泽同法国著名社会学家吕克·博尔坦斯基以及法国学者阿诺德·埃斯科雷的对话聚焦于三种资本主义经济形式。博尔坦斯基、埃斯科雷研究了三种资本主义经济形式，并对各种经济形式下物品的价值进行了分析："标准形式"是工业生产的基础；"收藏形式"被奢华经济在不同的程度上使用；"资产形式"表明物品的价值在于其预期价格。他们认为，要把握资本主义经济内部发生的变化，必须把对商品的分析延伸到制造业以外的领域，并使用其他方法来确立以交换为导向的产品的价值。而弗雷泽则认为，他们用价值形式代替资本主义的总体概念，高估了奢华经济的重要性，影响了批判资本主义的力度。她认为，应将各种资本主义经济形式整合在一个理论体系之中，加强对各行业之间关系的分析，尤其加强对金融经济的分析，从而更好地实现批判资本主义。而博尔坦斯基、埃斯科雷更为强调对市场的定价形式进行整体分析，以此把握资本主义经济的发展脉络。

第四，资本主义发展模式和发展方向呈现出新的变化。有学者借助于规制理论将新榨取主义描述为一种发展模式，评估了当前拉美的新榨取主义在政治制度、地域和社会生态方面的动力机制和矛盾。此外，近30年来，中东欧国家形成了一种新的资本主义模式，该模式不同于以往在资本主义多样性研究中提出的四种资本主义模式，即盎格鲁-撒克逊模式、北欧模式、欧洲大陆模式以及地中海模式。长远看来，这会使得旨在将一体化的欧洲发展成创新驱动型经济体的里斯本战略变成空想。而英国脱欧公投等则被国外学者视为全球资本主义发展趋势的一部分，组织化资本主义是资本主义新的发展方向。

二、当代资本主义危机

尽管当代资本主义的新变化在一定程度上促进了资本主义的稳定和发展，但资本主义制度固有的基本矛盾依然存在。马克思和恩格斯在《共产党宣言》中就已经明确指出："资产阶级的灭亡和无产阶级的胜利是同样不可避免的。"自2008年以来，全球资本主义危机愈演愈烈，一些国外学者主张回到马克思的危机理论，重温马克思主义对危机的解释。

第一，由2007—2008年的美国房地产泡沫破灭而引发的全球资本主义经济危机远未得到缓解，反而使得资本主义制度陷入了旷日持久的危机之中。资本主义国家为应对经济危机采取了一系列手段，但收效甚微。如美国政府为应对经济危机实施了相应的刺激手段，但仍然难以解决许多经济难题、社会问题乃至政治问题，贫富差距、收入不均、失业等现象仍日益严重，政府为大银行提供了补贴，然而承担财政赤字压力的却是工薪阶层的民众。欧洲央行为濒临崩溃的欧洲金融和银行创造了新的政策空间，然而，实施紧缩和大幅削减政府支出的承诺使得实现更强大联盟的目标比以往任何时候都更加渺茫。一些马克思主义经济学家指出，资本主义正在接近它的末日。

第二，自20世纪70年代开始，整个资本体系在走向不断深化的结构性危机，并且将因为资源和环境的约束而不可避免地走向闭合。资本体系走向闭合的过程是历史发展的必然，会带来毁灭全人类的巨大危险。从资本体系的封闭循环中退出并且避免上述危险的唯一希望是走向一种新的社会主义代谢秩序。这种新秩序以实质性平等作为典型特征,它要求对社会再生产关系进行根本性重构。

三、新自由主义批判

以弗里德里希·哈耶克等为代表人物的新自由主义产生于20世纪20—30年代,主张资源配置完全市场化、公有财产私有化、社会福利个人化和全球经济自由化。很多学者认为,在过去的几十年里,新自由主义在全球的泛滥是导致资本主义经济危机的罪魁祸首。自2008年以来,人们对新自由主义的批判达到了高潮。国外学者对新自由主义的批判主要集中在以下几个方面。

第一,对新自由主义概念的辨析及其所处阶段的梳理。有学者认为,新自由主义是不同群体出于不同的目的而提出的术语,它被用来指代四种不同的现象,包括代表我们时代的晚期资本主义经济、一系列思想观念、在全球范围内传播的一系列政策措施、围绕在我们周围并意图使我们落入陷阱的霸权主义文化。新自由主义的身份问题是该词汇的含义过度延伸的产物。新兴的新自由主义包括三个阶段,即好斗的新自由主义、规范的新自由主义和惩罚性新自由主义,这与历史上的新自由主义不尽相同。

第二,在经济与政治的双重视域下审视新自由主义,包括新自由主义的垄断资本主义批判,新自由主义、危机与去政治化的矛盾,以及新自由主义与极右翼政治之间的矛盾关系。国外学者认为,当前,新自由主义已经成为垄断资本主义的最新发展阶段中最强大的意识形态,它标志着国家职能的转变,即从保证充分就业和保护其公民免受市场失灵的危机转变为专横地保护市场本身。新自由主义的首要目的是不断增强垄断资本的各种金融机构控制经济剩余基金的能力。去政治化的新自由主义经济政策并没有使国家管理者规避国家层面的危机。与"经济"危机产生"政治"危机的简单化表述相反,资本主义危机同时表现在经济和政治两个方面。

第三,分析新自由主义的变化趋势及其影响。新自由主义的资本主义和资本主义本身一样，都不可能是永恒的。美国学者大卫·科茨以美国为例，指出新自由主义的资本主义出现了结构性危机，只有改变管制资本主义和新自由主义的资本主义这两种主要的积累机制才能解决危机。但通过审视新自由主义向后新自由主义的变种，有学者指出，由于新自由主义仍具有顽固的延续性，因此我们仍应警惕新自由主义带来的持续不断的"波动"和危机。

目录
Contents

第一部分　当代资本主义的新变化

关于新全球资本主义的争论：跨国资本家阶级、跨国政府机构与全球危机
　　威廉·罗宾森　著　　高静宇　译 / 3
全球垄断与跨国资本家阶级
　　杰瑞·哈里斯　著　　孙寿涛　译 / 20
资本主义的自我创新
　　乔尔·莫基尔　著　　高彬　编译 / 27
数字资本主义对市场和劳动的控制
　　菲利普·斯塔布　奥利弗·纳赫特韦　著　　鲁云林　译 / 41
物品的经济寿命：大宗商品、收藏品和资产
　　吕克·博尔坦斯基　阿诺德·埃斯科雷　著　　盛国荣　译 / 58
资本主义的一种新形式？
　　——与吕克·博尔坦斯基和阿诺德·埃斯科雷商榷
　　南茜·弗雷泽　著　　尹兴　译 / 78

奢华、利润和批判
　　——对南茜·弗雷泽的回应
　　　吕克·博尔坦斯基　阿诺德·埃斯科雷　著　蒋　林　傅振修　译 / 86

拉丁美洲的新榨取主义：全球资本主义动力机制的新表现
　　　乌尔里希·布兰德　克里斯蒂娜·迪茨　米里亚姆·兰　著
　　　刘　琦　译 / 96

中东欧的资本主义模式
　　　贝娅塔·法卡斯　著　李玉萍　译 / 117

英国脱欧：迈向组织化资本主义的全球新阶段？
　　　安德里亚斯·讷克　著　刘丽坤　译 / 138

第二部分　当代资本主义危机

马克思的方法与全球危机
　　　比尔·邓恩　著　陈人江　译 / 153

重温马克思主义对危机的解释
　　　约瑟夫·库拉纳　著　陈宝国　方旭聪　译 / 170

资本主义及其当前的危机
　　　巴帕·帕特奈克　著　马　博　付筱娜　译 / 186

当代资本主义经济金融化与金融犯罪
　　　威廉·K. 泰伯　著　王　燕　译 / 198

欧洲债务危机：增量改革、紧缩政策和制度失灵
　　　丹尼尔·卓凯　著　张建刚　译 / 209

资本主义将何去何从？
　　——五位马克思主义学者论世界经济
　　　阿什利·史密斯　著　禚明亮　刘　蕾　译 / 226

资本的历史循环正在闭合：安全退出面临的挑战
　　　伊斯特万·梅萨罗斯　著　谢来辉　译 / 243

第三部分　新自由主义批判

新自由主义辨析与批判
　　丹尼尔·罗杰斯　著　　吴万伟　译 / 261

反思新兴的新自由主义
　　威廉·戴维斯　著　　陈凤姣　高卓群　译 / 272

新自由主义的垄断资本主义批判：经济剩余的吸收与浪费
　　玛丽·沃伦　著　　周思成　译 / 284

新自由主义批判与新西兰资本主义的发展
　　格兰特·邓肯　著　　王丽云　时贵仁　译 / 297

新自由主义与极右翼联姻：一个充满矛盾的组合
　　尼尔·戴维森　理查德·萨鲁　著　　杨颖　王潇锐　译 / 312

新自由主义、危机与去政治化的矛盾
　　彼得·伯纳姆　著　　赵开开　苏童　译 / 332

新自由主义的衰落：晚期资本主义生产力与生产关系矛盾的尖锐化
　　А.В. 布兹加林　А.И. 科尔加诺夫　著　　徐向梅　译 / 344

审视新自由主义向后新自由主义变种
　　西蒙·斯普林格　著　　刘祥琪　吴万运　译 / 360

新自由主义时代的终结？
　　——美国资本主义的危机与重构
　　大卫·科茨　著　　陈晓芳　车艳秋　译 / 370

第一部分
当代资本主义的新变化

关于新全球资本主义的争论：跨国资本家阶级、跨国政府机构与全球危机[*]

威廉·罗宾森[**] 著　　高静宇　译

[内容提要] 国家中心主义与民族国家/国家间的分析框架使民族国家的概念具象化并偶像化，充斥于世界政治学、政治经济学的许多理论和分析之中，阶级结构不再符合21世纪的世界发展。然而，划时代的转变正在步入新阶段：世界资本主义、全球资本主义正在全方位发展，其特征是跨国资本的兴起，以及各国融入全球生产和金融体系中，跨国资本家阶级将成为全球统治阶级和跨国政府机构。传统理论中的反常现象表明了库恩范式转换的必要性，资本间的竞争和国际冲突是这个体系的特有现象，而竞争在全球化时代呈现出了新的形式，并不必然表现为国家间的竞争。全球资本主义处于危机之中，越来越多明智的跨国精英阶层希望强大的跨国政府机构来巩固跨国资本家阶级的统治，并采取自上而下的管制和治理措施，以稳定备受危机摧残的制度。反抗跨国资本家阶级的全球抗议正在起步中，并开始遍及全球，工人阶级和左翼的斗争正面临着诸多挑战。

---

[*] 本文原载《国际思想评论》(International Critical Thought) 2017年第2期。译文原载《国外理论动态》2018年第8期。

[**] 作者简介：威廉·罗宾森 (William I. Robinson)，美国加州大学圣巴巴拉分校社会学系教授。

[**关键词**] 全球资本主义　跨国资本家阶级　跨国政府机构　全球危机

研究世界资本主义和全球统治阶级的范式到了该转换的时候了。托马斯·库恩（Thomas Kuhn）在《科学革命的结构》一书中观察到，在接收零散的信息后，人们的第一冲动是如何把信息强行导入熟悉的框架中，这个框架决定了我们如何解释接收的信息，并过滤掉或许是反常的信息，只要可能，不会考虑不匹配的信息。最终，反常信息变得特别明显，该框架不再能够提供其所需要的解释，唯一的出路就是改变视角或进行库恩所谓的"范式转换"（Paradigm shift）。

对世界政治、政治经济提出许多理论和分析的国家中心主义和民族国家/国家间的框架和阶级结构不再符合21世纪的世界发展。在过去的20年里，我一直在与我的批评者们争论一个观点，即世界资本主义新阶段——全球资本主义——的特征是跨国资本、跨国资本家阶级和跨国政府的兴起。

2016年初，美国和其他10个国家签署了《跨太平洋伙伴关系贸易协定》。正如主流范式所言，如果世界是由相互竞争的国家统治阶级组成的，为什么美国政府在跨国公司群体的支持下会通过这些贸易协定来推动其资本向海外转移，并让"外国"资本进入美国市场呢？为什么各国（包括美国）通常都会放松对本国金融和其他市场的管制，从而导致资本外流和国家税基的收缩，有时还很剧烈呢？在国家推进资本的跨国化和跨国资本的整合背后，阶级和社会群体利益的本质是什么？这又说明了全球统治阶级的何种状况？

与主流范式形成鲜明对比的是，资本主义全球化能够很好地解释这些发展变化。其核心是：真正的跨国资本和跨国资本家阶级在其与全球劳工的斗争中崛起了。跨国资本家阶级作为新的全球统治阶级站在了全球权力阵营的顶端，按照尼科斯·普兰查斯（Nicos Poulantzas）的理论，结盟的群体和阶层以长期战略和联盟的形式集结起来形成了一个广泛的阵营。该阵营正试图构建一个葛兰西所说的全球霸权阵营（尽管其成功的可能性非常有限），其中的一个群体——跨国资本家阶级——掌握了领导权，并在被纳入该阵营的人的同意下施行霸权计划，而没有被纳入这个霸权计划的人都受到了遏制或压制。

自 2004 年以来，全球资本主义已经进入了其史上最严重的结构危机，甚至还可能变成系统性的危机。面对危机，全球权力阵营似乎正在分崩离析。但是，跨国资本并没有回归到国家资本主义的框架里，相反，跨国资本家阶级正在构建一种"永久性战时经济体制"和"全球警察国家"，以遏制失控的全球资本主义一触即发的矛盾。理论指导的实践要求我们准确解读统治全球社会的阶级力量及其政治文化动因。本文不可能重复我在过去 20 年里就跨国资本家阶级和全球资本主义进行的所有争论，在此，我会扼要说明这些争论的核心论点，同时概括我对主流现实主义范式的批判。

现实主义拒绝消逝

20 世纪后半叶发生的一些事件引领我们进入了世界资本主义广泛发展的新阶段：国家和国际资本开始变形为跨国资本。资本从未脱离国家而存在。在理论层面上，现存的各种范式把世界资本主义体系的历史属性混淆为内在范畴，这违反了历史唯物主义的方法论。特别是，世界资本主义的组织分布于各个不同的民族国家之中，并通过这种组织形式形成了社会群体和各种阶级关系，这些都是历史的偶然性。国家形态随着世界资本主义的演变而发展，资本主义国家的具体形式则是历史性的。现存的各种理论把民族国家的体系视为世界资本主义的本体论特征，在此意义上，这些理论是在具象化民族国家。萨米尔·阿明（Samir Amin）曾指出："资本主义社会就是民族国家的社会，我对此非常坚持，无论如何跨国化，它们总是也将是（民族国家的社会）。"[1] 但是，阿明并没有给出理论或经验的解释。民族国家的形式并不能独立于构成国家的阶级和各社会力量的共同体。民族国家完全是历史性的，是资本主义的一种历史形式，它不是从某种"资本主义的逻辑"中衍生出来的，而是来自世界资本主义的特定历史。

---

[1] S. Amin, "Transnational Capitalism or Collective Imperialism?", https://zcomm.org/znetarticle/transnational-capitalism-orcollective-imperialism-by-samir-amin.

我们在具象化民族国家时牺牲了多少对当前世界事务的精确解读？传统的马克思主义对世界资本主义中各阶级的分析通过民族国家/国家间体系过滤掉了对阶级和社会群体的分析，如此，世界资本被组织成不同的国家资本，并相互竞争。在这一分析框架下，世界发展的推动力包含了美国、德国、日本、法国和其他民族国家资本家阶级之间的竞争和结盟。与此同时，每个民族国家都在为"本国"资本家争取最佳条件而相互竞争，体系中的核心国家则为争夺霸权而斗争。对于包括马克思主义者在内的国际关系共同体来说，关键的问题在于美国是否能够继续成为一个（民族国家）帝国，并继续对民族国家的国际体系行使霸权。

这里有一剂国家中心主义的猛药，与民族国家中心主义有关，但不完全一致。我会在下文讨论国家中心主义的问题。民族国家中心主义既是一种分析模式，也是一种世界资本主义的概念本体论。这一本体论主导了国际关系和政治学领域、世界体系理论和马克思主义大部分关于世界发展演进的理论。在这一本体论中，世界资本主义是由不断竞争与合作的民族阶级和民族国家构成的。这些民族国家范式将国家视为一个更大体系——如世界体系或国家体系——内的独立单元，其特征是这些单元之间进行外在交换。分析的关键单元是民族国家和国际或国家间体系。民族国家/国家间的范式将一个特定的模板置于复杂和不断变化的现实之上。所有解释都在该模板之内。从这个意义上说，民族国家中心主义的范式是盲目的。我们知道，事实并不会"为自己发声"，这种盲目性阻止我们以新的理论来解释事实，而新的理论对20世纪末和21世纪初的世界新发展更有解释力。在这种民族国家/国家间相互竞争并争夺国家霸权的模板下，我们将如何解释《跨太平洋伙伴关系贸易协定》？这样一个分析框架如何解释全球锂市场及其跨国公司的结构？

如果资本诞生于通过殖民征服和原始积累而野蛮创建的世界市场，那么资本家阶级的确是在民族国家的范围内诞生并发展。正如来自世界资本主义核心国家的民族国家资本家阶级征服国内市场一样，他们利用自己的民族国家来保护这些市场免受来自其他国家的资本家阶级的竞争，并向外扩张以征服新的市场、劳动力资源和原材料。列宁、卢森堡和其他学者提出的经典帝国主义理论并没有"错",只是建立在后来发展的一系列历史条件的基础之上。随着商业时代让位于工业资本主义,国家资本家阶级(national capitalist classes)通过扩大出口和市场竞争,以及由霍布斯、列宁和其他学者所描述的19世纪的资本输出浪潮而国际化。19世纪末和20世纪初世界贸易的急剧扩张,以及随之而来的国家资本家阶级争夺市场和控制权的激烈竞争,就是某些社会科学家所说的全球化的"第一波浪潮"。

20世纪30年代的大萧条暂时打断了这一国际化进程。"二战"后,民族国家的公司恢复了资本输出,并且,主要是以多国公司(multinational corporation, MNC)面目出现的直接对外投资为今后几十年的全球一体化生产和金融体系的兴起铺平了道路。这并不意味着这一体系是和谐的,但无论如何,这一新时期的特点是通过全球一体化的生产和金融体系的兴起实现了生产本身的全球化。

最初,来自美国的多国公司扩张到了饱受战争蹂躏的欧洲和前殖民地帝国。这一扩张的推进看起来就像是"美国"的国家资本正在主宰世界。然而,无论这些多国公司扩张到哪里,都会与当地资本家和精英建立联系。在欧洲重建之后,来自古老帝国中心的跨国公司开启了自己的跨国扩张浪潮。最初,多国公司在海外建立生产业务是为了规避国家保护主义政策,并抢占当地市场份额,随后,则是为了对抗以国家为基础的工人阶级的力量。一旦这样做了,它们就以一种全新的方式融入了当地的生产体系中。随着多国公司首先在欧元市场上、随后在世界范围内扩大美元外汇储备,并把这些钱不断用于进一步的贸易和投资,这一整合进程得到深化。在20世纪末的某个时刻,多国公司让位于跨国公司(transnational corporation, TNC)或全球公司(global corporation)。跨国公司巨头吉列公司的一位首席执行官曾经说道,"多国公司在不同的国家运营",而"全球公司把世界视为一个国家"。[①]

跨国资本的兴起

我曾经详细讨论过来自世界各地的国家资本相互渗透的多重机制,以至

---

① L. Sklair, *The Transnational Capitalist Class*, 2000, Oxford: Wiley-Blackwell, p. 286.

于这些资本的最初来源国已逐渐失去意义。在 20 世纪后半叶,由于资本跨国渗透和整合的加速,推动全球经济的巨型企业集团不再表现为某个国家的公司,而是越来越多地成为跨国资本的代表。这些跨国资本相互渗透和整合的机制包括:跨国公司的大规模扩张和跨国公司分支结构的扩散;外国直接投资的显著增长;跨国合并和收购同样显著增加;董事们日益增加的跨国互联;两个或两个以上国家的公司之间的相互投资迅速增长,以及资本份额的跨国所有;所有类别的跨国战略联盟的扩大;跨国巨头的联合日益显著;股票交易遍布世界大多数国家,买卖跨国公司股份;庞大的全球外包和分包网络;作为全球经济金融化一部分的金融体系的全球化。在此金融化过程中,值得注意的是,货币资本不再是静止的,而是在全球范围内流动,而固定资产,如不动产的金融化,意味着其所有权以及与所有权绑定的阶级关系变得不固定且在全球范围内流动,如房地产。

不断增加的经验证据表明,跨国资本家阶级正在崛起。尽管出现了全球危机,但资本跨国化的进程并未减退,依然十分强劲。事实上,跨国化似乎是跨国资本家阶级的一种策略,以便降低与危机、停滞以及稀缺市场份额的激烈竞争相关的风险。仅在 2015 年,全球并购金额就达到了 5 万亿美元,超过了 2007 年的记录。①

在跨国资本家阶级及其所控制的跨国公司手中,资本聚集和集中的程度令人震惊。与世界资本主义早期的历史不同,这种资本的聚集和集中并没有让国家资本家群体,而是让跨国资本家群体的权力得到积累和增强。2011 年,瑞士联邦理工学院的三位系统理论学家对 43000 家跨国公司的股权结构进行了分析,该分析确定了 1318 家核心跨国公司具有相互股权关联,其中每一家都与另外两家或两家以上的其他公司有关联。尽管它们只占全球营业收入的 20%,但是这 1318 家跨国公司似乎通过其股权共同占有了绝大部分的世界最

---

① A. Kiersz, "For the First Time Ever, Global M&A Deals Surpassed $5 billion", http://www.businessinsider.com/ten-biggest-madeals-of-2015-2015-12.

大蓝筹股和制造公司,占全球收入的60%以上。① 该研究显示了全球资本惊人的聚集和集中,以及全球范围内资本的相互渗透。

尽管跨国公司之间存在竞争,但经济权力的高度集中为追求共同的全球企业利益的国家和政治进程施加了巨大的结构影响力。跨国资本不断地把地方资本整合进自己的体系中,决定了世界范围内生产的总体方向和特征,也决定了全球资本主义社会的社会、政治和文化特征。世界各地仍然存在着地方和国家的资本以及小规模的资本。这里的关键点是跨国资本,尤其是跨国金融资本占据着霸权地位。规模较小或以国家为基础的资本会发现,它必须越来越多地与跨国资本相关联,无论是通过融资、投入、供应链和外包,还是各种让这些资本家从属于跨国资本家阶级的其他机制。此外,全球范围内资本的大规模聚集和集中表明,全球经济正在形成有计划的寡头垄断结构的特征,集中的计划在跨国公司群体的内部网络进行,并越来越多地通过各种灵活的积累发生在网络之间。

这一网络的内部核心成员由少数几千人组成。基辛格事务所的前经理大卫·鲁斯科普夫(David Rothkopf)在其畅销书《超级阶级》中估计,处于全球权力结构顶峰的"超级阶级"由6000—7000人组成,约占世界人口的0.0001%②,他们占有并控制着价值约100万亿美元的财富。③ 这些人为最重要的全球政策规划机构(如三边委员会、彼尔德博格集团、八国集团和二十国集团、世界贸易组织、世界银行和国际货币基金组织、国际结算银行和世界经济论坛)设定议程。他们通过跨国公司、政策规划机构、基金会、私人俱乐部和慈善基金的委员会相互关联,并担任或曾经担任过政府要职。他们主要是男性,且几乎都来自传统的三个地区(北美、欧洲和日本),但目前越

---

① S. Vitali, J. B. Glattfelder and S. Battiston, "The Network of Global Corporate Control", http://journals.plos.org/plosone/article?id=10.1371/journal.pone.0025995.

② D. Rothkipf, *Superclass*: *The Global Power Elite and the World They Are Making*, New York: Farrar, Straus and Giroux, 2009.

③ P. Phillips, and B. Osborne, "Exposing the Financial Core of the Transnational Corporate Class," in *Censored* 2014: *Fearless Speech in Fateful Times*, edited by M. Huff and A. L. Roth, New York: Seven Stories Press.

来越多的成员来自南方国家，如中国、印度、墨西哥、土耳其等。

以美国为基地的金融集团的主导地位反映了资本主义全球化作为一种历史进程发展的政治和地理结构。作为20世纪和21世纪初的世界主导力量，美国仍然是全球经济的金融中心。但是，这并不意味着"美国"金融资本与其他国家金融中心相互竞争。有证据表明，前13家金融和投资集团是世界跨国资本的交易中心，它们充当了由跨国资本家阶级编织的全球网络的主动脉。

国家金融体系的全球整合与货币资本的新形式，包括对冲基金和二级衍生品市场，也让资本所有权更容易跨国化。崭新的全球一体化的金融体系除了在促进资本一体化方面发挥中心作用外，还加强了资本的部门间流动，从而在模糊工业、商业和货币资本之间的界线方面发挥了重要作用。股票交易的网络、全球贸易的计算机化以及国家金融体系被纳入一个单一的全球体系，使资本以货币形式能够在全球经济和社会的动脉中毫无阻力地流动。人们需要创造性地理解资本形成的网络、模式和机制在何种程度上以多种方式将遍布全球的资本相关联，这就要超越传统的形式，如董事会的相互关联或具体公司的国家驻地。

资本之间的冲突是该体系特有的现象，竞争在全球化时代呈现出新的形式，但并不必然表现为国家间竞争。竞争要求各公司必须建立全球而非国家或区域市场。跨国集团之间存在着激烈的竞争，它们借助多种制度渠道（包括多国政府）来实现其利益。跨国资本家阶级是多元化的，其内部并不统一，唯一的共同点是它们都处于全球资本主义的防御和扩张范围内。跨国资本家阶级本身并不是一个稳定的且内部统一的政治行为主体，但是它却把自己构建为一个没有国家认同、与国家资本进行竞争的阶级群体；它具有阶级意识，并意识到其跨国性。这种跨国性并不会阻止区域群体利用民族国家机构来推进其议事日程，也不会妨碍跨国资本家阶级内部具体国家和地区的群体利用特定的族裔认同和文化习俗来实现其利益。

自20世纪80年代起，各国主导群体内的跨国团体聚集起来，通过新自由主义的结构调整、自由贸易协定、公共资产（包括公用事业和服务业）私有化以及国家和集体土地私有化——一个大规模的原始积累过程——形成了新的全球化生产和金融体系。在每个国家内部，跨国集团通过选举或其他方式夺取了国家权力，或改变了国家权力的阶级特征。它们利用国家权力将其国家整合进新兴的全球化生产和金融体系中，通常是通过引入与跨国积累相关的新经济活动，如信息通信技术、金融、非传统的农业出口、工业部件组装、旅游和其他跨国服务。在国界之外，它们还利用国家和跨国政府的政策机构来扩大和保护资本在世界各地的自由流动。

地方（国家）与全球（跨国）的区分

在这里，我并不同意传统的马克思主义理论把资本积累的循环分为商业、工业和金融。跨国资本主义有大量的实例并不符合这一区分。在分析世界所有资本的循环时，这一区分依然十分重要，但三个领域之间相互关联的性质因跨国循环而发生了改变。在这里，以地方（国家）为导向与以全球（跨国）为导向的资本和精英之间的区别十分重要。商业资本通过世界贸易首先实现了跨国化，随后，货币资本通过国际证券投资而实现跨国化。在全球化时代，生产性资本通过上述多重机制正在实现跨国化。这一循环的跨国化已经出现，即 $M-C-P-C'-M'$ 的流动，其中，M 是货币，C 是商品，P 是生产，C' 是新商品，M' 是比循环开始时增量的货币，代表着资本的积累，或是通过产生新价值来获得最初的投资和利润。

在以往的世界资本主义时代，这一循环的第一部分（$M-C-P-C'$）出现在国家经济之中。商品在国际市场上出售，利润回到母国，其中循环往复。在当前的全球化时代，P 日益遍布全球，这一循环的整个第一部分（$M-C-P$）亦是如此。全球生产的商品和服务在世界范围内销售，利润通过自20世纪80年代以来出现的全球金融体系分散到世界各地，这一全球金融体系与早期的国际金融流动有本质的区别。生产的跨国化不仅涉及跨国公司活动的扩展，还包括生产过程的重组、分工和世界范围内的分散化。我们已经从世界经济进入全球经济。在世界经济中，国家通过统一的国际市场中的贸易和金融流动而彼此相互关联；而在全球经济中，生产过程本身已经全球化，即从国际市场一体化到全球生产一体化。如果生产过程的全球化意味着自治的实体通过外部交换与其他这类实体相互关联，那么全球资本主义并不是"国家"经济的集合。

即便"生产"（P）被限制（固定或相对静止）在国家领土之内，那么只要生产本身是在全球进行分工，资本主义生产的代理人也就未必会与生产的所在地相关联。通过全球化的金融体系，所有权关系也失去了国家区域化的特征。来自世界各地的跨国资本家阶级通过金融体系进入到全球生产体系，金融体系充当了跨国阶级融合的主要机制。

从国家福特主义—凯恩斯主义和发展主义的积累体制到灵活的跨国积累体制的转变产生了公司间全球依赖的新模式，即把不同国家的代理人围绕跨国积累的循环进行整合。在对印度业务流程外包的研究中，鲍勃·罗塞尔（Bob Russell）及其同事发现，自20世纪90年代印度对全球经济进行新自由主义开放以来，该行业的前景一直是全球性的。[1]

前第三世界国家中的跨国资本家阶级

在前第三世界国家掌权的资本家阶级中的跨国群体与政府官僚并不是依附理论家眼中的买办阶级，他们被视为帝国主义资本的高收入初级合作伙伴（Well-paid Junior Partner）。新兴的全球阶级关系也不是传统的殖民主义与帝国主义的关系。"亿万富豪阶级"在前第三世界国家的崛起引起了广泛关注，尽管它并不是跨国资本家阶级形成的间接衡量指标。2014年，北美、欧洲和日本三个地区的亿万富豪数量占全球亿万富豪总数的49%，而前第三世界和东欧地区则占51%。[2] 全球南方地区的新富豪大部分是在世界各地经营的公

---

[1] B. Russell, E. Noronha and P. D'Cruz, "Transnational Class Formation: A View from Below", in J. Sprague (ed.), *Globalization and Transnational Capitalism in Asia and Oceania*, London: Routledge, 2016, pp. 108–124.

[2] Hurun Research Institute, "Hurun Global Rich List 2015", http://www.hurun.net/en/ArticleShow.aspx? nid = 9607.

司巨头。北方和南方地区的跨国资本家阶级能够利用不同的剥削率和剥削强度在全球经济中剥削工人及其他从属阶级。当前，印度有超过 100 位亿万富翁。印度塔塔集团已经发展成一个在六大洲的 100 多个国家运营的全球企业巨头，涉及从汽车和金融到医疗设备、建筑、餐饮、零售、钢铁、电信、化工、能源、航空、工程等各个产业。在 21 世纪的头十年里，该集团收购了其前殖民宗主国英国的几家标志性企业，如路虎、捷豹等。很明显，塔塔集团现在是英国最大的雇主，印度资本家与由塔塔集团联合在一起的全球投资者网络中的其他资本家一起剥削着英国工人。

这是否意味着印度是目前仅次于其前殖民地宗主国英国的帝国主义国家？我们无法再以国家和民族国家为中心的范式来理解这些发展。首先，国家不能相互统治，社会群体和阶级却能。其次，现在并不是印度资本家让英国资本家从属于他们，而是相反，来自世界各地的主要资本家集团日益超越其所在的特定民族国家的历史根基。如此，他们与来自世界各地的资本家集团相互渗透，这些就是主导群体以及他们与从属群体之间的跨国阶级关系。全球资本主义的阶级关系现在已经深深地内化于每个民族国家之中，以至于作为外部统治关系经典形象的民族国家帝国主义已经过时了。

塔塔集团并不是一个孤例。总部位于印度的米塔尔钢铁公司是世界上最大的钢铁生产商，其业务遍布各大洲。与塔塔集团一样，米塔尔公司在过去几十年的全球扩张中很少收购"外国"资本，更多的是通过并购、联合投资和购买股份等方式整合成为全球经济巨头，其最初的对外扩张包括并购几家美国钢铁公司。

自 1973 年石油输出国组织的石油禁运开始，海湾国家的统治家族开始融入资本积累的跨国循环。流入这些国家国库的巨额资金被存入美国和欧洲的银行系统，然后再作为贷款发放给第三世界国家和消费者而进入循环。这种国际债务的循环以及信贷体系的重构和扩张对资本主义全球化来说十分重要。来自沙特阿拉伯的媒体和金融巨头阿尔瓦利德·本·塔拉尔（Alwaleed Bin Talal）王子就是全球资本家阶级在海湾地区崛起的象征。在 20 世纪 90 年代和 21 世纪初，他购买了时代华纳、迪士尼、新闻集团和 20 世纪福克斯等西方媒体公司的大部分股份。他和其他联合投资者还收购了花旗集团数十亿美元的股份，并加入了全球投资公司巨头凯雷集团（The Carlyle Group），由此，他的跨国媒体和通信集团罗塔纳（Rotana）进入了新兴的全球循环体系。阿尔瓦利德王子及其企业集团还与包括法国电信、惠普、IBM 等在内的多家跨国公司共同投资，并向非洲、亚洲、欧洲和北美扩张。

世界上最大的 18 家跨国公司和 87 位千万亿万富豪现在都以撒哈拉以南的非洲为基地。大部分跨国资本家阶级的非洲成员主要集中在采掘业、电信、金融和农用工业出口等领域，其财富的原始积累或大量增加始于 20 世纪 90 年代新自由主义重构全球体系，通常与最近来自中东、拉美、北美、欧洲、日本等地的外国直接投资有关。非洲的跨国资产阶级反过来又把大约 1 万亿美元的海外直接投资或储蓄汇入了全球金融体系。①

前第三世界和前第一世界的跨国资本家和全球化精英们日益渴望摆脱对地方的依赖，他们对资本、地位和权力积累的参照标准是全球经济。事实是，与第一世界的大量工人群众相比，全球南方地区的跨国资本家阶级所拥有的社会权力多得令人难以想象，而第一世界的精英们不再需要为追求阶级和群体利益而构建国内的工人贵族阶层。这并没有解决，甚至反而加深了南北国家的合法性危机，这就是全球资本主义的矛盾和充满危机的特性。

国家的具象化与国家中心主义的方法论

现实主义理论用民族国家争取国际体系霸权的斗争来分析全球统治阶级，并讨论美国霸权和帝国的兴衰。在这种现实主义范式中，阶级和社会力量契合于民族国家/国家间体系之中，然而在历史唯物主义的框架中，情况则相反：民族国家必须契合于阶级、社会力量和社会生产关系的政治经济体之中。

最近，许多关于美国霸权和帝国的文献把国家当作一个会思考和行动的

---

① L. Chen, "The World's Largest Companies 2014", http://www.forbes.com/sites/liyanchen/2014/05/07/the-worlds-largest-companies-china-takesover-the-top-three-spots/#57e02b1b3d64.

具有自我意识的宏观行为主体。这种现实主义的典型代表利奥·帕尼奇（Leo Panitch）和萨姆·金丁（Sam Gindin）曾指出，"美国现在越来越被视为并自视为一个'伟大的国家'"[①]，亚洲的全球化"不应该被视为违背了那些渴望融入全球资本主义的国家的意愿"[②]。但是，这些国家并没有"看到他们自己"，也不"积极"，他们并没有"意愿"。这些都是典型的有关国家的具象化论述。把国家视为这样的行为主体就是将它们具象化。国家本身并没有"做"任何事，社会阶级和群体才是历史的行为主体。社会阶级和群体以集体历史代理人的身份出现。这些社会力量在复杂而易变的冲突和合作网络中通过包括国家在内的多种机构发挥作用。但是，这些机构并不是具有独立生命的行为主体，社会力量再生产并改变着这些机构，它们是社会力量的产物，构成了历史解释中的因果关系。我们首先需要关注的是社会力量群体的历史变化，这些力量通过包括国家机构在内的多种机构发挥作用，而国家机构本身也处于转型过程中，是集体代理人行动的结果。

帕尼奇和金丁提出的这些理论不仅以民族国家为中心，而且还以国家为中心。我所说的国家中心主义是指国家本身并不能根据市民社会政治经济体中各社会和阶级力量的构成来进行分析，而是要将国家置于这一分析的因果关系的核心位置。超越国家中心主义并不意味着我们无视国家的相对独立性或其作为竞争场所的条件。以社会/阶级为中心的理论把国家纳入分析范畴，但又把国家视为各社会和阶级力量的历史性发展和斗争的衍生物。如果要理解全球资本主义及其统治阶级的性质，我们就必须把重点放在不断矛盾、斗争和变革中的各社会力量的构成上，然后再分析它们如何在政治（包括国家）、文化和意识形态进程中制度化并表现出来。国家中心主义把国家置于中心地位，并"向后"回溯到充满矛盾的各社会和阶级力量。我们的分析不能始于国家，然后到阶级，而是必须从国家回溯到构成社会阶级和群体的市民

[①] L. Panitch and S. Gindin, *The Making of Global Capitalism: The Political Economy of American Empire*, London: Verso, 2013, p. 36.

[②] Ibid., p. 280.

社会的政治经济。我们的分析也不能一开始就假设某些阶级结构的预先存在，因为这些构成会随生产和交换结构的变化而变化。

不将国家具象化很重要？这与全球统治阶级的辩论有何关系？范畴的具象化会导致对国家权力和国家间体系进行现实主义的分析。现实主义背后的假设是国家具有特殊的利益，并在追求其利益的过程中通过国际体系来相互竞争。具象化的理论让我们忽略了其背后的跨国阶级关系。例如，帕尼奇和金丁就依赖政府给出的进出口数据来对全球资本主义中的阶级和国家关系的性质做出重要判断。他们和其他学者用美国的贸易顺差和赤字、中国的进出口数据等来推断"美国资本"和"美国经济"是否强于或弱于其他"国家"的资本和经济。但是，什么是"国家经济"？它是具有封闭市场的国家吗？其领土上的生产循环受到保护吗？国家资本占据统治地位吗？国家金融系统与世隔绝吗？世界上没有一个资本主义国家符合这些描述。美国的出口数据显示的是离开美国口岸的所有货物和服务的总价值。美国的进口数据是通过这些口岸进入美国领土的所有货物和服务的总价值。这本身几乎不能说明全球资本主义的阶级关系，如果真能说明什么，就必须对这类数据进行解读。来自欧洲、日本和其他地区的跨国公司投入巨资在美国领土上进行生产，因此，美国的出口数据包括了"日本人""欧洲人""中国人"等的跨国公司在美国境内生产的货物和服务。同样，美国的进口数据包括了大量在世界各地运营的"美国人"的跨国公司进口到美国领土的货物和服务。因而，美国的出口是跨国资本家的出口，美国的进口是跨国资本家的进口。在全球化时代，无论某物在何处生产并被运往何处，都无法获得资本的国别。

我们需要的是"国家—阶级复合体"（state-class complexes）理论，它汲取了历史唯物主义国家理论的精华，以便对这些国家—阶级复合体在过去几十年中的演进及其在全球资本主义体系中的活力进行历史性分析。从理论上讲，可以从历史唯物主义的角度看待国际关系和国家间关系，把这些国家间关系视为最终的衍生物。但是，当研究的客体是这些关系时，国家具象化的可能性就非常高。如果不在认识论上与现存国际关系理论的逻辑——即国家间体系中的国家间的关系——进行决裂（一种范式转换），这种范式就无法被改变。

那么我们应当如何理解美国在全球体系中的主导作用呢？跨国资本和全球经济出现于20世纪70年代，并通过世界经济的现有制度结构与国家间体系而得到发展，其中美国成为该体系中最强大的国家。跨国资本家阶级存在于多个国家之中，更重要的是，它通过由国家、国际和超国家机构构成密集网络运行，这些机构可以被视为跨国政府机构。作为跨国政府机构最强大的组成部分，美国并不为"美帝国"而是为跨国资本的阶级力量发挥着核心作用。美国政府集聚了来自世界各地统治集团的压力，要解决全球资本主义的问题，并确保整个体系的合法性。这就是跨国资本家阶级与美国民族国家之间潜在的阶级关系。然而实际上，无论是美国政府还是跨国公司，都无法确保该体系的稳定性，更不用说在面对其无法克服的矛盾时解决其最紧迫的问题并确保其合法性了。

全球危机与跨国政府权力的矛盾

最后，我要着重谈谈全球化时代特有的全球危机的一个方面：全球经济与以民族国家为基础的政治权力体系之间的分离。跨国资本家阶级缺乏功能性的政治结构来解决危机、稳定全球权力阵营以及建立霸权性的世界秩序（即在跨国资本家阶级而非民族国家的霸权治下，通过跨国政府进行统治）。历史上，精英们试图通过国家政策工具来解决资本主义的矛盾。但是，跨国资本在最近几十年中已经打破了民族国家所设的限制。正是通过跨国政府机构，全球精英们才试图将全球经济的结构性力量转变为超国家的政治权力。但是，正式的政治权力分散在许多民族国家之中，跨国政府机构本质上十分松散，缺乏权力核心或正式的宪法，它的分散性和高度自发性使这种努力付之东流。跨国资本家当中更"开明"的精英代表正呼吁建立一个更强有力的跨国政府。他们正在寻求全球统治阶级能够领导这一混乱体系的跨国"治理"机制，以挽救全球资本主义免于自身崩溃和自下而上的激进变革。

但是，由于作为一个阶级群体，跨国资本家阶级十分脆弱，其自身内部的分裂和其盲目追求即刻的资本积累（即其即刻和具体的利益超越了长期或普遍的阶级利益），使得跨国政府并不能强力实施跨国资本积累的内部统一和管制。跨国资本家阶级中的政治阶层和以跨国为导向的精英及有机知识分子，包括跨国政府机构的成员，都试图界定这种长期的利益，并提出确保这些利益的政策、计划和意识形态。由于全球权力阵营各组成部分的具体利益各不相同，所以跨国政府的作用就是统一和组织不同的阶层和群体来支持其长期的政治利益，抵御世界各地被剥削和被压迫的阶级的威胁。

齐聚世界经济论坛（WEF）的政治化的跨国精英阶层要比其他阶层人数更多。事实上，"达沃斯人"曾被用来形容新的全球统治阶级并非毫无意义。2008年，世界经济论坛的创始人和执行主席克劳斯·施瓦布（Klaus Schwab）号召更新跨国资本家阶级"全球领导力"的形式，并呼吁建立"全球企业公民"来填补全球领导力的空白。

次年，由于现存的跨国政府机构无法应对当年的经济崩溃及其政治后果，世界经济论坛发起了全球重新设计计划（Global Redesign Initiative，GRI）。2010年，它就此出版了报告，呼吁建立一种新形式的全球企业统治。该计划的核心是把"二战"后建立的联合国体系改造为一个企业政府的混合实体，由跨国公司高管与政府"合作"管理，并以"全球治理"和"多元利益攸关方"的委婉语言来表述。多元利益攸关方指的是跨国公司及与其有关联的成员。

如果跨国精英想要一个更加强大的跨国政府，以便巩固跨国资本家阶级的统治并使该体系更稳定，那么世界就不会分裂成为相互独立竞争的民族国家，这是最有利于全球工人阶级的环境。跨国资本结构的权力及其为统治集团提供的直接的政治军事统治通常会扰乱和破坏民众自下而上的斗争的胜利。民族国家充当了遏制民众的角色，让跨国资本家阶级能够维持不同的工资体系，并迫使每个国家的工人阶级相互竞争，即所谓的"逐底竞争"（race to the bottom）。

自2008年金融危机以来，反抗跨国资本家阶级的运动遍及全球。无论在哪里，人们都能看到大众的、草根的、左翼的斗争和新的抵抗文化的兴起：

希腊、西班牙和欧洲其他地区左翼政治的复兴，2014 年阿约兹纳帕屠杀之后墨西哥社会运动的顽强抵抗，等等。全球反抗运动的发展并不平衡，面临着许多挑战，许多斗争还经历了挫折，如希腊工人阶级运动。如何自下而上地对抗跨国资本家阶级及其日益胆大妄为的统治？什么样的转变是可行的，以及如何实现它？尽管这些并不是我们在这里所能讨论的问题，但我们的实践必须以对全球资本主义及其统治阶级的准确分析为依据，正如我在这篇文章中尝试的那样。

全球垄断与跨国资本家阶级[*]

杰瑞·哈里斯[**] 著　孙寿涛 译

[内容提要] 全球化已经导致世界级跨国公司竞相成为各自领域的主导性垄断者。这种竞争性斗争是由跨国资本家阶级而不是由政府支持的国家级成员实施的，这反映了资本主义特征的变化。创造一个无缝连接的金融和生产的世界体系是资本主义追寻市场、资源和劳动力的内在结构性要求。这是一个漫长的历史过程，在其中，每个国家按各自的条件和步调融入生产和积累的全球框架。这一计划充满着紧张和竞争，但其共同目标是创造一个全球资本主义的统一体系。

[关键词] 垄断竞争　跨国资本家阶级　跨国公司

人们已经普遍认识到，世界经济是由一小撮跨国公司控制的。这些公司每年都被追踪报道，这些报道体现在一系列重要的研究报告中，包括《财富》杂志的"全球500强"和联合国贸发会议（UNCTAD）的"世界投资报告"。这些报告中的统计数据构成了一个有关世界生产、金融和竞争的巨大图像，

---

[*] 本文原载《国际思想评论》（International Critical Thought）2012年第2卷第1期。译文原载《国外理论动态》2014年第6期，译文有删节。

[**] 作者简介：杰瑞·哈里斯（Jerry Harris），美国德锐大学芝加哥校区人文社会科学学院历史学教授。

这意味着一个跨国资本家阶级（TCC）的出现。这个阶级立足于全球性积累循环和世界范围的垄断竞争的基础之上。

如果我们承认在世界生产和金融整合方面发生了根本性变化的话，就需要回答一个重要的问题：垄断资本的国际化是否改变了阶级结构？近年来，TCC理论认为全球垄断和跨国形态的积累已经改变了以民族国家为中心的阶级形态。生产关系的性质已经改变，不再主要局限于国家边界之内，而是基于全球性劳动力、投资和资产，这重新界定了资本家阶级的特征。这反映在垄断竞争的性质的变化上，从民族国家范围内的敌对演变为跨国公司间的垄断竞争。

马克思曾在其《政治经济学批判大纲》中指出，资本主义在其为市场而征服地球的过程中必须拆除每一个障碍。所以，扩大资本循环的需要属于这一体系的内在驱动力的一部分，也是全世界的资本家们都具有的一种必要素质。这种自然的推动力在全球化中最完美地表现了出来。努力建设一个投资和生产的无缝跨国体系的结果，就是跨国资本家阶级的出现。这一阶级在资本主义自身的历史运动中具体化，并巩固下来，这是扩大其自身生存条件的必要性所推动的。这一过程已经进入一个新的阶段，旧的以国家为中心的国际体系处于衰落状态，一个新的跨国生产和金融体系正在形成中。资本主义的基本逻辑没有变化。利润、权力的积累，对劳工和自然的剥削，仍是其基本特征，但其方式和手段是全新的。

这个过程并不均衡，而且显示出每个民族国家的特殊性。在每一个民族国家中，跨国资本家阶级的成员致力于将（本国）经济嵌入到全球积累的诸形态中，而且，他们也为了建立一种规制和支持这种新生产关系的治理结构而进行着政治斗争。这一发展的步伐取决于众多因素，包括阶级斗争的强度、一国在帝国主义体系中的历史位置、技术水平、教育和企业实力。这些及其他因素都发挥各自的作用，影响着一个国家与跨国化过程相联系的速度和深度，并界定了其在全球化过程中特有的国家性特征。

那些坚持世界秩序仍以国家为中心的人和主张全球化是一个已完成的规划的人之间存在的争论，忽视了这一辩证的过程。这两种意见的截然对立忽略了重要的一点。正在形成中的跨国体系存在于二者之间的辩证法中。任何一极都无法离开彼此，全球化在二者的矛盾互动中得以成形。

在这个过程中，所有那些其权利和福利形成于旧的民族国家制度中的阶级力量，皆在为维持其权利和地位而斗争。工人阶级的权利和特权在福特主义工业时代胜出，并被载入不易被取消的社会契约中。如果没有额外的优惠要求或公然的反对，民族企业的市场份额、税收规则和补贴不会被放弃。这些冲突导致了一种持续的斗争，在一个陷入债务和失业的世界中，资本家们为确保实施其规则和逻辑而奋战。对于跨国资本家阶级来说，没有存在于跨国一体化之外的国内经济战略，在他们看来，脱离全球投资而单纯基于国内产业政策的（经济）增长不可能发生。国内发展、利润和巨大的竞争优势与全球化同义。新的世界体系在国内和跨国阶级力量的斗争中产生，并反映出两大集团的相对力量。

跨国经济与跨国资本家阶级

TCC 理论使用了几个特定的指标界定跨国经济。主要的经济指标包括：外国直接投资、跨国并购（合并收购）、外国分支机构、全球组装线、跨国金融流动、公司董事会和网络化关系的跨国化（国际化）、主权财富基金的对外投资活动、依附于跨国公司的国内分包商的庞大网络、股票所有权的跨国性、外国所有的资产、就业和销售量与国内相关数据之间的比值，以及外国收益和利益所占的比重。资本积累通过这些全球化的通道运作，其购买或出售的商品几乎很少有未受波及的。

围绕上述经济活动，跨国资本家阶级得以形成，这些经济活动决定了他们在生产关系和创造剩余价值中的位置。对于跨国公司的所有者和决策者来说，他们的日常业务集中于制定竞争和积累的全球战略。这种业务集中体现在一体化的三个层面上，表明了跨国资本家阶级的日益成熟。

第一个层面，当某公司的资产、就业、销售、利润与跨国积累循环以一个决定性的比例相联系时，资本家必须在涉及有关全球组装线的协作管理、劳动关系、营销、竞争威胁、考虑不同国家和地区的管制结构和其他的类似因素方面进行决策。这个层面上的全球积累和生产，直接关系企业的生存。

在没有重要的金融投资和依赖外国资本家的情况下，上述描述同样适用。更深层的一体化发生在公司的外国股东及其持股比例越来越多的情况下，而且投资开始集中于合作项目、跨国并购、外国公司股权持有、外国直接投资和建立与分包商的长期关系方面。这个层面上存在金融和公司利益的跨国一体化，并形成了服务于竞争战略的全球联盟。今天的大多数跨国公司处于这种一体化水平上。

最后，随着公司董事会成员国籍的多元化，经营领导的一体化产生了。在对重要的利润创造中心的管理上，不同国籍的地区领导也扮演了重要角色。而且，跨国会员资格的扩散发生在有影响力的政策团体中，如国际商会或国际金融学院。这些网络通过推动政治和社会一体化，深化了跨国资本家阶级的结构。跨国公司董事会中的共有成员、精英政治委员会和排他性俱乐部为跨国资本家阶级成员培训领导干部、开发共同项目、形成共同的文化态度和经济假设提供了渠道。垄断资本国际化的一个重要指标是看外国人持有的资产规模。2010 年，美国的海外资产总额计 20 兆美元，而外国持有的美国国内的资产额超过 22 兆美元，两项合计 42 兆美元，这向我们展示一幅关于跨国界垄断权力规模的图像。但是，这样的跨国投资可能成为帝国主义内部对抗的一种形式，使一国的领军公司为利用和控制市场而侵入其他国家吗？而且，通过将利润和资源带回本国，这些投资难道不是强化了其本国的社会契约、提升了就业基础和工人阶级的福利吗？除了使资本家阶级富裕起来之外，这一竞争还应当附加一些"国家"的内容。剥离其社会契约，竞争就仅仅是资本家之间而不是国家之间的阶级斗争。

资产阶级革命的一个重要特征是通过政治经济权利的设定使所有公民形成了国家认同。正是在这种意义上，资本家阶级成了一个以国家为基础的统治阶级。这个关键特征使得资产阶级政府不同于贵族式的农业统治。政府权力需要关注更多事务，而不仅仅是保护国内市场。合法性基于经济的和社会的纽带，或者葛兰西所定义的"霸权集团的共识"。正如旧的口号所说的：

"对通用汽车公司有利的也有利于美国。"并不令人感到奇怪的是,随着政治权利和经济权利都被剥离了其有价值的内容,如今这个旧口号不再适用。

为调查竞争的性质,我们可以考察德国的西门子公司和美国的通用电气公司的投资。西门子是拥有6万名以上美国雇员的前一百强公司之一,它在美国拥有100个生产基地,覆盖了50个州,2010年该公司在美国的销售额达250亿美元,在美国出口中占30亿美元。西门子从美国工人身上榨取剩余价值的同时,也提供了工作岗位并增加了美国的出口。这些活动有助于美国的经济,但没有给德国带来什么特别的好处。虽然西门子在德国拥有一个重要的基地,但它是一个彻底跨国化的公司。2002年到2008年间,该公司的外籍工人所占比例从59%上升到69%,国外资产所占比例从62%上升到84%,海外销售额所占比例从66%上升到84%。西门子的附属外国子公司也遍布190个国家。

通用电气有着与西门子一样的跨国竞争战略。2001年到2010年间,通用电气解雇了其20%的美国雇员,2008年其全部雇员中53%是海外雇员。2001年到2008年间,该公司的海外资产所占比例自36%上升到50%,海外销售额所占比例自31%跃至64%。另外,通用电气在100多个国家设有787家海外子公司。

西门子与通用电气的竞争遍布全球。它们的优势并非主要基于其在美国市场或德国市场的地位,也不是基于其自身的本土雇员或本国资产。全球化并没有使各国都富裕起来,但却提高了资本流动和离岸运营。国家基础的收缩意味着工作岗位减少、经济减缓和社会契约破坏。这是西门子与通用电气之间的寡头垄断竞争,而不是德国与美国的竞争。取而代之的是垄断资本的国际化,这反映了跨国资本家阶级的特征。正如WTO总干事帕斯卡·拉米(Pascal Lamy)所说的,"美国制造"或"中国制造"这样的概念不再适用了,更恰当的说法应该是"世界制造"。

通用电气的战略在其他的美国跨国公司中颇为典型。微软来自海外和美国的收益分别是420亿美元和82亿美元;苹果在海外和美国的现金收益分别是476亿美元和286亿美元。据估计,美国公司的离岸存款超过了1.5万亿。

因为美国的税率过高,(美国)公司的理性选择是将现金收益置于海外。但是,这些不再支持资助其本国政府的公司,还能被继续认为是其本国的领军公司吗?跨国公司挥舞旗子要求打破管制、摆脱困境,但却纷纷跑到开曼群岛储存现金。而且,当利润来自海外并保留在海外时,资本无法被重新投资以扩大本国的生产并创造本国就业。工人阶级没有得到任何民族利益。对于跨国公司来说,民族国家的身份业已成为一种营销战略和可操纵的竞争优势。这样的政策暴露了跨国资本家阶级的全球特征而不是国家特征。跨国资本家阶级不仅放弃了其资助民族国家的义务,而且各国政府也放弃了其本国独享的金融义务。美国政府在世界事务中的角色是复杂的,特别是其军事角色,同时,我们也观察到其经济政策发生了重要转变,其"联邦救市"(federal bail-outs)也日益跨国化。奥巴马总统挽救美国汽车工业的战略,是将克莱斯勒变为菲亚特下属的意大利公司,要求通用关闭工厂、解雇员工并扩大在中国的投资。在求助于银行业方面,跨国政策也表现得十分明显。彭博新闻社通过《信息自由法案》获得的文件表明,美联储从公共资金中借出了1.2万亿美元,其中一半流入欧洲公司。在最大的几笔贷款中,苏格兰皇家银行获得了845亿美元,瑞士的UBS得到了772亿美元。既然美国经济日益融入跨国资本,美国政府就必须承担相应的责任和义务,它不再排他性地代表美国资本了。

但是,还有纯粹的美国资本这样的东西吗?考察一下股票和证券的全球一体化特征,一切就很明显了。2010年,美国持有的外国证券和股票达5.471万亿美元,同时私人持有的美国国内的股票证券额达6.113亿美元,外国政府持有的美国证券额达4.373亿美元。私人和政府持有的股票和证券超过15万亿美元,这显示出跨国资本家阶级的投资规模,这种投资跨国界地融合了金融和公司利益。另一项最近的研究显示,在世界上主要的15491家跨国公司中,有来自190个国家的47819个主要股东(个人和机构)。总部和名字不再代表特定的国家利益,取而代之的是陷入寡头竞争的跨国化的公司所有权。美国基金的全球平衡基金会主席埃里克·李希特(Eric Richter)说得很好:"无论他们是否意识到,今天所有的投资者都是全球的投资者……国界日益与全球经济无关。"

结语

　　国际化垄断资本的出现,已经引导资本家阶级在全球层面上组织起来。这既不是主动的联合,也不是基于密谋的谋划。它是对资本主义制度内部的历史局限性的回应,并由追逐更多的利润、资源、新市场和更便宜的劳动力所推动。实际上,创建一个全球积累的跨国体系并不顺利。其中不仅有全球垄断间的竞争,也有关于政治和管制体制的观点和政策的竞争。

　　然而,在这个竞争领域,深度的生产、投资和融资的全球经济一体化,也促使跨国资本家阶级在一个共同的任务中相互依赖。跨国资本的霸权集团业已形成,虽然其内部不稳定,且面临下层的挑战。全球化,以其新自由主义的和新凯恩斯主义的形式,使得跨国资本家阶级的成员们保持一致,重新界定民族国家利益,并宣告了国家经济学的失败。因此,这一跨国事业并非单独来自一个国家或如美国统治阶级这样的资本家集团。相反,它是资本主义对于技术、生产和积累的转型时代的回应。不同的跨国资本主义模式相互斗争,在各种场合,如达沃斯或 WTO 内部的贸易法庭,讨论各种政策。但是,虽然存在其基于历史、国家或地区的公司文化的差异,共同的任务仍然保持不变,即创建一个由跨国资本家阶级统治的、起作用的和稳定的全球积累体系。

资本主义的自我创新*

乔尔·莫基尔** 著　高　彬 编译

[内容提要] 资本主义能够发展到今天，不是因为它具有与生俱来的能量或高效，而是因为当环境发生变化时它能进行自我创新。而技术的革新是资本主义自我创新的原动力。技术进步中存在的技术的"报复"驱使资本主义不断地改变自己；同时，技术的进步，尤其是新的数字革命，也为解决资本主义传统的经济和社会问题提供了新的选择和机会。

[关键词] 资本主义　技术　创新

如果说资本主义有什么是明确的话，那就是它的灵活性。一些评论家习惯地将资本主义比作能不断升级的电脑软件。的确，资本主义能发展到今天并不是因为它与生俱来或始终拥有的能量或高效，而是由于它的适应能力，当环境发生变化时，它会进行自我创新。

最明显的例子是，在20世纪，资本主义放弃了自己曾经遵循的自由市场和放任自由，转而进行自我调节，以应对自由市场体制的失败。自由市场资

---

* 本文原载《当代历史》(Current History) 2013年第11期。译文原载《国外理论动态》2015年第6期，译文有删节。

** 作者简介：乔尔·莫基尔 (Joel Mokyr)，美国西北大学经济史学教授。

本主义证明，它无法提供教育、卫生这类服务，无法提供一种在政治上可以接受的收入分配制度，也无法应对财政和宏观经济的不稳定性。因此，它必须改变。无论好坏，可调控的福利国家与自由市场资本主义成了伙伴，资本主义即便不是一直如此，但是，至少在当下的模式中发展得也很好。如果环境再次发生变化，那么，人们期望资本主义能够再次适应这种变化。可是，它真的能做到这一点吗？

资本主义最富戏剧性的转变发生在工业革命时期。大体来说，1750年以前资本家赚钱基本上还是依靠利用商业机会（低价买高价卖）和尚未开发的资源。工业革命则打开了一扇不同的窗口：技术革新。在这种新型资本主义中，资本家可以通过冒险进入一些从未有人涉足的领域去赚取利润。他们能够做到这一点，主要是受科技进步或技术发明的驱动，利用了实用知识的增长。技术而非资本或国际贸易成为了资本主义发展的原动力。

马克思和熊彼特等杰出的经济学家都认识到工业资本主义不同于商业资本主义（虽然两种形式能够很好地相互补充）。只要能不断地革新技术，工业经济就可以不断地增长和扩展。令人奇怪的是，马克思和熊彼特都未能充分地认识到他们曾出色地描绘过的经济体系所具有的适应性，并且（出于不同的原因）都预言了资本主义的最终消亡。

更高的梯子

20世纪的历史证明，相比于那些崛起并与之竞争的指令式计划经济体制，资本主义能够更好地催生并利用创新。然而，最初这一结论下得并不是那么肯定，因为苏联人在早期太空竞赛中取得的成就及其有效生产军事设备的能力引起了西方社会的极大担忧。

威廉·鲍莫尔（William Baumol）等经济学家认为，只要创新机制依然有效，资本主义就会有美好的未来。人们无法确切地了解这一点：职业历史学家清楚地知晓而不是盲目地假设"历史将会重演"。有些经济学家，比如罗伯特·J.戈登（Robert J. Gordon）和泰勒·科文（Tyler Cowen），预言技术进步将会放缓，因为长在低处的果实已被摘光了，人们不再会发明如空调或室内卫生设施那样极为实用性的东西。

我不同意这种看法。对技术发展史的反思表明，技术——它们或许以某种我们无法想象，更不用说去预测的形式出现——将会继续发展和变化。也许，那些长在低处的技术果实已被摘光，但是，这不正是帮助我们搭起越来越高梯子的科技的功能吗？

未来学家曾经对此做过大量的情景预测，从雷·库兹韦尔（Ray Kurzwell）的"奇点"论（singularity）——奇点到来时，大脑和机器融合为一种无差别的质体——到杰里米·里夫金（Jeremy Rifkin）预言的"反乌托邦"社会——在那里，不能工作的人们过着空虚的生活。作为一名经济史学家，我持不同的态度。我的两个基本观点是：首先，很少或者没有技术变化的世界是我们无法承受（甚至是无法生存下去）的；其次，技术进步的动力如此之强，以至于不仅创新很可能会保持上升趋势，而且会以前所未有的速度进行。因此，某种形式的创新将会继续，它可能会推动甚至迫使资本主义朝着一个新的方向发生改变。

技术的"报复"（Biting back）

为什么技术进步不仅是有利的而且是必要的？错误的回答是：因为这个世界还有很多地方不能充分利用它。毕竟，如果发展中国家的人们都模仿发达国家的生活方式及其已有的技术，那么他们的生活水平最终也会与之接近。所以，只需调整技术使之适用于其他环境，而没有进一步进行技术创新的必要。

而正确的回答则是：技术的变化存在一种后退现象，它要求进一步地加以改进。它有一种不寻常的力量：它在解决问题的同时，往往也会伴随着技术上的突破而产生一些新的问题，这些问题进而又需要得到解决，如此往复。

一个明显的例子是能源技术。18世纪，随着蒸汽动力替代了水磨和畜力，工业革命急剧扩大了煤的使用。这种新型能源比原来使用的技术更有力、更有效，用途也更广泛，但是，它也导致了新的环境问题的产生，比如著名的"伦敦雾"。解决问题的办法（主要是使用燃气和低硫煤）虽然减少了污染，但是，最终人们发现，依赖任何形式的碳氢化合物能源都会导致气候的变化。所以，又必须发展进一步解决该问题的新技术。

技术"报复"——爱德华·特纳（Edward Tenner）曾如此称呼——的例子俯拾皆是，这在人类与有害生物，比如致病细菌和昆虫作斗争的过程中表现得尤其突出。杀灭这些生物的技术手段迟早都会遇到抗药性问题，这需要有新的解决办法来将这些有害生物控制住。这种报复并不意味着我们在与这些有害物质作斗争的过程中失败了，而只是说明了我们还需要继续努力，只有努力进步才能保持原有的状态，因为进步总是以进两步退一步的方式取得的，我们决不能满足于既有的成就。

技术进步在很大的程度上都会产生非预期的后果。从石棉到避孕药，再到威胁臭氧层的含氯氟烃，我们的创造产生了一些我们未曾预料到的后果。因此，我们需要拥有一个高度适应性的系统，它能够发出并接受一些捕捉和反映情况变化的信号，从而使该系统能够进行自我调节。

在资本主义社会里，这种信号是以市场价格的形式出现的。其运行也许并不完美，但是相对于其他的系统而言已经好多了。大多数经济学家都认为，如果听任市场自便，市场机制可能并不能胜任其职；可借助于民主政府（它们本身对信号和公共需求很敏感）的支持，它就拥有机会。但是，这种机会取决于更好的和更有力的技术。技术能够这样发展吗？

人工启示

回答这一问题需要我们解释历史上技术进步的动力原因。什么决定着技术进步的进度？这无疑是一个复杂的问题，相关的解释性著作早已卷帙浩繁。科学史学家德瑞克·德索拉·普莱斯（Derek de Solla Price）提出了一个有说服力的假设。他认为，对科学进步的一个简单但又有力的解释是科学家所使用工具和仪器的进步。

虽然许多其他因素同时也在起作用，但是，普莱斯强调了他称之为"人工启示"（artificial revelation）的概念。这个概念主要是指，人们的认识是局限于一个被称为"中宇宙"（mesocosm）的相对狭窄的宇宙空间里的，我们看不到那些太远、太小或者是可见光谱以外的东西。我们在其他方面的认识也是如此：由于自身能力的局限，我们做不到太精确的测量；克服不了光学和其他感官的幻觉；更不用说我们大脑有限的计算能力。只是借助于科学仪器的发明，我们才能够看到和做到超越我们的感官和自然能力的东西和事情。

17世纪的科技革命表现在许多方面，但是，显然在一定的程度上它只是受该世纪出现的一整套新科技工具的驱动，当然主要是以望远镜、显微镜为引领。同样重要的还有真空泵，借助于它，奥托·冯·格里克（Otto Von Guericke）和罗伯特·波义耳（Robert Boyle）等科学家证明了真空存在的可能性，这与亚里士多德的断言相悖。

这种卓见再加上气压计——埃万杰利斯塔·托里拆利（Evangelista Torricelli）正是借助于气压计证明了大气的存在——的发明，导致了新的物理学的产生。物理学进而促使了17世纪90年代末由丹尼斯·帕潘（Dennis Papin）建造的第一代大气发动机的问世。这门新学科并非是"导致"蒸汽机产生的原因，事实上，蒸汽机中所内含的科学原理大多是在19世纪中期热力学发展之后才得到解释的，而后者中的许多进步是受研究发动机的科学家们的启发而产生的。科学与技术之间是一种相互作用的关系。

一个世纪之后的现代化学的演进同样也是依赖于更好的工具和仪器的发明。一个重大的进展是1800年制造出来的"伏打电堆"——第一块电池。在随后多年里它并没有被用于商业用途，但是，化学家们却认识到了它对于电解理论以及对于阐发由安托万·拉瓦锡（Antoine Lavoisier）和约翰·达尔顿（John Dalton）奠定初步基础的化学观的潜在意义。伟大的英国科学家汉弗莱·戴维（Humphry Davy）在阐述伏打电堆时表示，它就像是"欧洲各地的实验者的一个警铃"。

当然，在19世纪，更多更好的实验室工具在各个层面都得到了发展。其中，最具有决定性意义的是约瑟夫·李斯特（Joseph J. Lister）的消色差透镜显微镜，它推进了对微生物的研究，为细菌理论这一20世纪之前医学领域的最大突破铺平了道路。同时，在物理学领域，海因里希·赫兹（Heinrich Hertz）设计的设备使得他能够在19世纪80年代就检测到电磁波辐射。1911年，罗伯特·密里根（Robert Millikan）发明的巧妙的油滴装置使他能够测量出电子电量。类似的发明还有很多。

积极的反馈

人工启示是科学技术之间的反馈循环圈的重要构成，在该循环过程中，技术激励了科学发展，科学转而驱动技术进步，由此形成了一种有力的积极反馈系统。就全球范围而言，该系统可能是不稳定的。回顾过去一个世纪科学的发展历程，显然是不可能剥离科学中的技术成分的。

近代以来，该反馈循环进程无疑在加速。1953年詹姆斯·沃森（James Watson）和弗朗西斯·克里克（Francis Crick）发现了DNA结构，20世纪生物科学中这一最著名的发现之所以成为可能是由于X射线晶体学的发展。该技术很早（1912年）就由马克斯·冯·劳厄（Max von Laue）发明，但是，一直到罗莎琳·富兰克林（Rosalind Franklin）的技术成果被运用之后才被应用于对DNA结构的发现。

不过，当今微生物学家掌握的设备更为有效，包括自动基因测序仪，这是由加州理工学院的勒罗伊·胡德实验室在1986年最先研发出来的。还有自动进行细胞分类的仪器——流式细胞仪，它是众多应用于生命科学的激光技术中的一种。

同样，航天科学现在运用的许多工具在仅仅几十年之前也是不可想象的，比如，哈勃电子望远镜（20世纪80年代设计，90年代投入使用），但是，近期更便宜且更便利的望远镜也已经研制出来了。通过自适应光学技术，这些望远镜解决了令每位宇航员在返回地球的途中深感苦恼的由大气造成的图像变形问题：通过改变望远镜镜面的影像速度至千分之一秒，就能够使图像更加清晰。

从 20 世纪 30 年代两位德国工程师恩斯特·鲁斯卡（Ernst Ruska）和马克斯·克诺尔（Max Knoll）研发出电子显微镜，到今天人们在纳米技术中使用扫描隧道显微镜和离子束设备，显微镜的发展也经历了漫长的历程。

巨大的变化

然而，现代科学利用的最伟大的研究工具无疑是电子计算机。可以设想，研究者们遇到的问题不是"电子计算机能为我做什么"，而是"在有电子计算机之前人们怎么竟能做研究工作"。从最先进的药品设计到天气预报，再到计算机工程，高能计算机已经促使科学研究发生了巨变。

对复杂人体进行的数值模拟需要强大的计算能力。在某些情形下，计算机代替了物理试验；此外，计算机让研究人员可以解决以前他们基本上不能解决的问题。这不仅仅是一个穆尔定律的问题（穆尔定律认为，每个微处理器上的晶体管的数量及其处理的流量，大约每两年要翻一番），而且也不只是一个现代计算机能力的提升问题，这同时还是一个应当如何优化软件和计算方法的问题。正如一位计算机科学家在 2011 年对《纽约时报》所言，巧妙的计算方法"导致的性能改进甚至使得穆尔定律的指数增长看起来都显得微不足道了"。

高能计算潜能的一个例子体现在流体动力学中。现代物理学中一个最著名、最重大的未获解决的问题是湍流（turbulence）问题。英国应用数学家贺拉斯·兰姆（Horace Lamb）曾在 1932 年感叹道："我现在已经老了，希望在我有生之年有两件事情能有所进展。一是量子电动力学，二是液体的湍流问题。对于前者，我很乐观。"虽然湍流方程（即纳维耶—斯托克斯方程）自 19 世纪以来就为人所知，但是它们至今未解。

在解决这些问题，以及在解决诸如天气预报、航空设计、火灾控制和其他许多实际问题的过程中，超级计算机能够取得突破性进展。模拟湍流的计算成本很高，即使一个简单的情景模拟，用最快速的计算机模拟流动区域中仅仅一小部分，也需要数月的计算。可是，计算机的运算速度会越来越快。

湍流流体物理学要拥有足够快的计算能力可能尚需时日，但是，可以肯定的是，在可预见的将来，在那些提出湍流方程的 19 世纪数学家们所不敢想象能够解决的问题方面会取得进展。事实上，计算机对于科研的影响还不仅仅只限于"硬"科学，而且表现在人文社会科学上——包括经济史学——并使其中的许多学科发生了完全的改变。

草堆里寻针

"一个你从未见过的我"这种说法也适用于技术的未来。以前，技术的进步与对已有知识的获得能力有很大的关系。毕竟，有用的知识是渐增的，科学家们是站在他人的肩膀上的。更重要的是：获得以往研究成果的渠道畅通能够使重复研究的现象最小化，并且可以减少那些没有前途的研究项目的数量，还可以有效地避免钻入科学死胡同。

此外，在发明的过程中，已有知识就显得更为重要了，因为更多的发明是在已有的装置和设备的基础上的重组和杂交，而非全新观念的产生。英国作家马特·里德利（Matt Ridley）将之比喻为观念的互相"交配"和受孕。当要搜寻某个技术难题中的缺失内容时，搜索引擎非常重要，因为它们提供了快捷廉价的途径。

储存信息并让他人搜索、获得它们，这种技术已经成为人类社会有用知识增长的一个重要部分。虽然相对于哲学、宗教、历史、诗歌来说，科学和技术只是人类所有存储信息中的一小部分，可是，从资本主义由商业时代向工业时代转变开始，它们在经济发展中的作用就变得越来越重要。我将这一阶段称为"工业启蒙"。它是在两种经济形式——一种是马尔萨斯式的仅能维持生存的经济，而另一种则是不断的技术进步意味着人们的生活水平可以无确切止境地持续提高的经济——之间的重大转变。

到了 1700 年，由于掌握了造纸和活字印刷技术，欧洲和中国的图书业都已兴旺起来。再加上按字母编排的检索方式（如技术百科全书和词典），检索变得更容易了。对知识进行编排和分类是必须的。在这方面，当代技术发展的非连贯性（discontinuity）是数个世纪以来最罕见的，它令启蒙时代的进步相形见绌。正如里德利所评论的："一些思想文化之间，比如说欧洲与亚洲之间过去需要数年、数十年乃至数个世纪的跨域结合，现在可能只需要几分钟。"复制、存储、传送以及搜索大量的信息变得既快捷又容易，而且是免费的。

我们不再谈论千字节或兆字节了，甚至千兆字节也已微不足道了。现在，拍字节（petahytes，100万于兆字节）和泽字节（zettahytes，100万拍字节）这样的词也已经很流行了。科学家们可以在数分之一秒的时间内在像蒙大拿州那么大的草堆中找到最细小的针。如果科学有时候依然还想凭借"试遍架子上的每一瓶"的方式来进步——正如某些领域依然这样做一样——那么，它可以用令人炫目的速度迅速试遍更多的瓶子，甚至是10亿兆瓶。

请过滤

这里再次出现了技术的报复以及非预料后果规律的问题。显然存在着信息过载的危险，任何有过电子邮箱垃圾邮件烦恼体验的人都会十分清楚这一点。信息方程式上的一个确定的因素是人类大脑存储数据的能力，它显然是有限的，虽然还不知道准确的界限何在，它取决于要应对的任务和挑战。信息理论家们认为是在每秒50到60比特，这只是电子计算机所能做的微小片段的容量。

信息过载是危害之一，另一危害则是虚假信息。如何去芜存菁，严肃的学者们如何从怪人、地球扁平论者以及气候变化的否认者那里获得可信赖的知识？谁来检验数十亿的网址和信息来源——包括许多泽字节的资料的准确性？谁又能检验这些检验者？

应当说，许多类似的问题是没有"技术补丁"的——它们需要像人与人之间的信任这样的无形资产。但是，如果没有更好的编程技术——它使我们能够分辨出哪些是貌似真实的（甚或就是"真实的"），哪些则是公然的骗人和偏见——那么，这样的信任也很难建立。要建立起这样的信任，我们就需要过滤。网络图书很像是网络犯罪者，会竭力欺骗过滤器，因此我们就需要设计更好的过滤器。类似于与昆虫的斗争或者是保护环境的努力，这是一个不间断的进程，我们可能需要跑步行进才能保持原有的位置。

财产保护

资本主义能够适应拍字节的新世界吗？并非没有其他的重要的转型。信息化和自动化时代的经济状况与小麦、钢铁和铁路时代的经济状况完全不同。一个显而易见的问题是产权问题。资本主义依赖于界定清晰而又能够强制执行的产权。在所有权界线分明并且受到尊重的国度里，资本主义就会兴旺发达。

在传统社会里，财产是由具体的物质——比如土地、机器等——构成的，"排他性"（古怪的经济学术语，指财产的界线）不大会成为一个问题。一个好的篱笆和——如果需要的话——一个负责警卫的保安就足以保护大多数的财产。而在一个数字化的世界中，财产可能主要是由观念或者是由能够轻而易举地复制的信息——比如音乐和影视作品等——构成的，其中许多最有价值的财产可以由人以低成本去随意复制（试想未来的3D打印机），在这种情况下拥有一种"财产"意味着什么呢？知识产权的提出已经有几百年的时间了，但是，在经济学上知识产权却一直是一个有争议的问题，而且争论各方各有其理由。人们一直强调的保护知识产权的主要理由是对那些具有"创造力"的人们提供足够的刺激，激励他们去发明新的工具、写出新的文学作品。可是，人们从来也没搞清楚专利和版权对于做到这一点有什么好处。许多批评者认为，它们所起的作用不过是以高收入去奖励少数具有创造能力的人去做一些他们本来就会去做的事情。这类高收入被称为"经济租金"。如果能够提供其他方式的刺激手段推进创新，那么就可以很容易地消除这种经济租金，同时又不会滞缓经济发展的进程。

目前，数字技术已经能够保护这样的"租金"。通过适应其产品的新的数字特征，那些其资产大多属于数字财产的大公司在实现高盈利方面是极富创造性的。不同的模式已经出现,在这个数字财产的世界——它极为不同于工业革命早期阴冷而肮脏的"磨房"世界——里,微软、脸谱、推特和谷歌等大公司都找到了其独特的兴盛之路。

进入机器人时代

更富有挑战性的问题是:未来的"工作"会是什么样的。技术发展的历史在很大的程度上就是机器替代人去做大量艰苦而程序化的工作的历史。无论是纺棉纱、铲煤,还是卖地铁票,机械化和自动化都让工作变得越来越容易而且危险性越来越小,总的来说,它们使得人们有可能工作得越来越少(由此而享有了更多的悠闲)。

在自动化的工厂里,在车间里干活的工人越来越少。未来的机器人能够在更广泛的领域里替代人的劳动。今天的机器人已经能读、会听并且会感知,能搜索并存储信息、作出瞬间决断,还能驾驶汽车。能照顾老人和病人、教年轻人学习的机器人也已经不再是遥不可及的事情了。

资本主义能够应对这种"工作的终结"吗?从某种意义上讲,我们可以把技术进步对劳动地位的影响看作是技术报复的最佳例子。技术进步有其内在的破坏性和毁灭性,在过去,它使得那些难以学会的技能和有价值的设备成为被废弃或无用之物。它也会使一般劳动变得同样如此吗?

如同以往一样,历史并未给出答案,但是,它提供了一些线索。一个线索是"工作"与"休闲"的界线已不再那么清晰。在工业化高潮时期,两者之间界限分明。那时,在工厂、办公室和商店里进行工作,工人们准时上班,一直工作到一个班次结束,然后回家——用经济学的奇怪术语来说就是——"消费休闲"。这时的工作大多是耗费气力、枯燥乏味而又危险的活。

这些界线已经变得日渐模糊了。因为繁重的体力劳动越来越少,对于越来越多的人而言,休闲与工作的界线已经不再像以前那样分明了。一方面,与工作相关的事情通过手机、笔记本电脑追随人们进入了厨房和卧室。另一方面,计算机使得人们在工作的同时享受休闲消费变得更容易了。每年3月份，高校篮球联赛总会让千千万万的美国人工作分心。最近的一项研究估计，按照以往的生产能力计算，今年的春季狂热仅在当月的头两天就至少使美国公司损失了1.34亿美元。而这种生产上的损失并不是由于工人们在上班时间一年到头打电子游戏造成的。

与此同时，许多工人非常喜欢他们的工作，所以即使不是出于经济原因他们也会去工作。工作能给许多人带来创造性，帮助他们建立人际关系，并且在某种程度上让人产生成就感。休闲已经不再是传统意义上的休闲了。

凯恩斯的后代们

机器是否会创造一个"反乌托邦"社会，让人在其中成为多余的？源自历史的另一个提示线索是，资本主义制度过去曾经非常擅长于防止出现"技术制造失业"的问题。它通过三种方式做到了这一点。

首先，是经济结构的重组。越来越多的人去从事服务业工作，服务业工作自动化速度比较慢，并且很困难。因此，与1914年的情形相比，相对于工厂工人和铁路工人而言，我们拥有了更多的牙医和兽医。更清洁的牙齿和更健康的爱犬是人们渴望看到的，但是，这些只是在许多工厂岗位的工作实行自动化之后才可能有的结果。其次，新技术创造了新工作和新任务。而倘若没有数字革命，那么这些新工作和新任务便是不可想象的。谁能够在1914年预见到如电子游戏编程员或从事身份盗用识别的安保员这样的工作？最后，人们现在工作的时间要远少于以前。早退休、延长受教育时间、两到三天的周末、带薪休假，这些在19世纪都是很难想象或预测到的奢侈生活。然而，经济总量却是越来越大，而不是越来越小，这要感谢节省了劳动力的技术。这是一种危险，还是一种未来的更大希望？

在处于萧条之中的1931年，约翰·梅纳德·凯恩斯提出了这个问题，为的是能够看清通货紧缩痛苦过后的趋向。在一篇题为《我们后代的经济前景》的短文中，他问道："我们发现节省劳动力手段的步调是不是大于我们能够找到新的使用劳动力途径的步调？"他的回答可能让那些把他当成失业预言家的人们感到吃惊:"从长远来看,所有这些手段都意味着人类正在解决自身的经济问题。"

由于科学和资本的原因(凯恩斯还没有预见到机器人,但它们会更强化其论据),这个世界里的工作本身会变成多余的。在审视这个世界时,凯恩斯感到了有闲和富裕时代的可怕,因为"我们长期所受的教育都是应当努力工作而不是享受"。他怀疑,那些没有特殊技能的普通人能填满他们一周15小时的空闲时间吗?

至少在这方面,凯恩斯低估了技术满足人们需要的能力。20世纪,大众休闲方面的技术进步极大地扩大了人们的选择范围。过去,贵族和富人有闲阶级必须接受一些训练以享受其休闲:文学、乐器、舞蹈和打猎,这些技能都需要不菲的人力资本投资。市场经济驱动的现代技术使得享有休闲变得更容易,也更便宜了。

令人眼花缭乱的电视节目选择、大众旅游的兴起、可随意选择观看的电影和戏剧、巨大的宠物产业,这些都只是资本主义如何应对空闲时间增加的几个例子。过去,劳动阶层的人们自娱自乐的斗鸡之类的比赛已经被国际国内巨大的体育产业所代替。电子游戏快速地普及着,让人们可以在自己的家中客厅里就能选择是再打一次库尔斯克战役还是围攻特洛伊城。

资本主义的终结?

也许,人们会发问:谁将为此埋单?作为一个睿智而直觉敏感的经济学家,凯恩斯立刻认识到,在一个"经济问题"——即经济短缺——已经得到解决的世界里,这个问题没有意义。在一个没有"短缺"的世界里,将既没有价格的位置,也没有收入的需要。

在一个资源有限的世界里,很难说,这种乌托邦情景是否能够出现。某种形式的短缺可能还会存在。尽管如此,在一个如凯恩斯预想的世界里,他认识到我们需要一种不同的经济学,其中"财富的积累将不再具有社会重要性"。整个世界将变得有点像今天的科威特或者挪威,其中的大多数人只是因为喜欢才去工作。

因此，在一定的限度内，人类都会变成类似过去的有闲阶级，只不过那些贵族们拥有仆人，而凯恩斯的"后代们"则拥有机器人。而随着技术进步以合理的速度推进，两者之间的界限也就很难区分了。

很难预料这种转型会是什么样的：分配问题以及其他社会问题还有待解决，也无法知道政治经济制度能否胜任这一任务。许多国家能够胜任而且无疑也会犯错。正如西格蒙德·弗洛伊德在《幻象之未来》一书中指出的："虽然人类在控制自然方面已经取得了持续的进步，而且也被认为会取得更大的进步，但是却无法确定在管理人类事务方面取得了类似的进步。"没有哪一位经济历史学家会反对这种说法。

这样的世界里还会存在资本主义因素吗？也许不会：凯恩斯——其洞见使20世纪30年代的资本主义免于崩溃——曾经推断说，在这个五彩缤纷的新世界里，"迷恋占有财富……应该如其本来所是的那样得到认可：它是一种令人恶心的病态……一种带有半犯罪倾向的癖好"，它们，以及支持它们的经济习惯做法，是我们"可以自由选择，最终会抛弃的"。他所说的经济习惯做法当然是资本主义的灵魂。所以，以真正的辩证方式存在的资本主义最终会超越自己。但是，它将给人类社会留下绚烂的遗产。

数字资本主义对市场和劳动的控制*

菲利普·斯塔布　奥利弗·纳赫特韦** 著　　鲁云林　译

[内容提要] 最近，后资本主义理论家们提出，资本主义的终结基本上是不可避免的。他们认为，由于资本主义企业失去了对商品再生产的控制，无法通过定价来创造收入，导致私人积累受到了系统的阻碍。在这一过程中，资本主义劳动也将最终消失。基于对亚马逊的案例研究和对其他领先数字企业的政策的思考，本文对上述观点提出了挑战。领先数字企业通过利用数字产品的网络效应并扩展机会，建立了社会技术生态系统，以望成为强大的垄断企业，并在一定程度上取得了成功。这些策略也导致了寡头垄断市场竞争局面的形成。本文借鉴垄断资本理论的基本假设，认为目前劳动过程合理化是企业竞争战略的关键，数字控制的扩大和数字经济中的主要企业所采用的组织结构是资本主义劳动扩大而非其减少的证据。

[关键词] 数字化企业　资本主义　数字劳动　数字经济

---

* 本文原载《传播、资本主义与批判》（*Triple C：Communication，Capitalism & Critique*）2016年第14卷（第2期）。译文原载《国外理论动态》2019年第3期。

** 作者简介：菲利普·斯塔布（Philipp Staab），德国柏林历史与未来工作学院教授；奥利弗·纳赫特韦（Oliver Nachtwey），现任瑞士巴塞尔大学社会学副教授。

一、导论

对现状的分析以及对资本主义未来发展的预测往往会夸大经济系统中个别要素的作用。这些分析和预测在工作的物质本质、劳动过程、劳动力的使用、新市场的开拓或对工作场所的控制方面几乎没有告诉我们什么东西。简而言之，对回答资本主义社会学理论所提出的问题贡献甚微。这些理论是根据生产条件、劳动力的使用、市场融合的具体形式和组织政治来分析资本主义的，而不仅仅关注就业结构和增殖价值的创造。

数字化已经成为分析当代资本主义的一种元趋势，它脱离了人们所熟悉的区分经济部门或分支的边界。目前，越来越多的迹象表明，我们正处于新的技术革新浪潮之中，尤其是受到了以下三个因素的推动：（1）数据存储、处理和检索（大数据）方面的革命；（2）数字设备在生产者和消费者之间日益扩大的传播和相互关联；（3）智能算法的发展。数字化有可能影响到生产的所有领域和劳动力市场的所有部门，因此可以作为合理分析当代资本主义变革的基础。数字化正在以多种不同的方式改变工作，改变商业战略、工作概况、组织政策、生产链、就业形式以及劳动关系。

然而，最近关于经济数字化的文献中，出现了将数字化描述为资本主义掘墓人的声音。两位著名的作者杰里米·里夫金（Jereny Rifkin）和保罗·梅森（Paul Mason）认为，在数字化的背景下，资本主义必然终结。随着物联网的兴起，零边际成本的逻辑将在经济中变得无处不在，企业因此将很难获得利润。与此同时，共享经济和协同并行生产（Collaborative peer production）被认为是一种新的非资本主义生产模式的来源。用梅森的话来说，在这种新的"后资本主义"经济中，信息技术使工作的废除成为可能，劳动力摆脱了合理化与控制的枷锁。

这些理论的核心是这样一种假设，即私人积累受到了系统性的阻碍，因为资本主义企业失去了对商品再生产的控制，进而无法通过定价来创造收入。而在这个经济体中，人们有能力在非资本主义生产模式中制造大量产品。从经验的角度来看，这实际上是对"数字资本主义"当前的发展状况的恰当描述。本文提出了两个基本问题：数字经济是否真的正在走向这样一种状态，即企业将失去对市场的所有控制权，市场变得日益去商品化？资本主义劳动是否真的在走向终结，或者至少资本主义剥削模式的减少与数字化趋势有关？

在数字劳动方面，有学者为反对资本主义必然终结和劳动自由这一论断提供了论据。约翰·卡尔·肖尔茨（John Karl Scholz）描述了数字劳动的许多转变；尼克·戴尔－怀特福德（Nick Dyer-Witheford）引入了"赛博无产阶级"（cyber-proletariat）这一术语来理解数字劳动剥削的逻辑；克里斯蒂安·福克斯（Christian Fuchs）研究了从矿物开采、数字硬件组装到软件生产和服务的跨国生产链，展示了数字化如何通过实现无摩擦的全球分工来增加利润攫取；埃伦·费舍（Eran Fisher）和福克斯展示了马克思社会经济理论应用于数字资本主义的能力。

尽管数字产品具有特殊性，但经营这类产品的企业一方面设法并正在取得市场控制权，另一方面它们建立在剥削人类劳动的基础上。本文的目的是通过实证研究来说明市场与劳动控制（labour control）之间的关系，即通过对亚马逊公司的案例分析，展现数字化过程中大型数字化企业如何设法形成准垄断（quasi-monopolies），从而获得市场控制权，以及数字寡头垄断是如何通过执行合理化和劳动控制来创造利润的。我们的分析还将发展某些理论术语，这些术语有助于分析数字资本主义。本文试图在福特资本主义和后福特资本主义理论假设的背景下对这些术语进行尝试性的探讨。

本文采用从经典的工业社会学的劳动和垄断资本理论中得出的基本假设来揭示数字资本主义中市场与劳动控制之间的关系。在将垄断资本理论应用于分析数字资本主义时，我们可以从中引出许多问题，在此，仅集中讨论垄断、定价与劳动控制之间的关系。传统的垄断资本理论认为，垄断或寡头垄断企业通过保持强有力的定价能力和降低成本来创造盈余。在工业社会学对劳动过程的影响方面，哈里·布雷弗曼（Harry Braverman）等阐明了生产模式是如何实现成本削减的，进而展现了资本主义生产过程中市场与劳动控制之间的系统关系。从寡头垄断的趋势来看，劳动效率的竞争对资本主义的再生产越来越重要，我们也可以从这样的角度来理解数字资本主义在当前的发展状况。这是反对后资本主义理论的论据，该理论声称资本主义劳动正在走向终结。

本文第一部分将重点关注领先数字经济企业，然后，我们将对照当代的后资本主义理论来考察领先数字企业建立社会技术生态系统以稳定其目前的准垄断地位的战略。第二部分将更深入地探讨亚马逊公司为了保持其在电子商务领域的垄断地位所采用的机制，并阐述我们的假设，即当前的数字垄断日益向供给侧趋同，从而开创了市场竞争的新局面。第三部分将借鉴传统垄断资本理论中的关键原理，说明劳动控制的合理化和创造利润越来越重要。同时，本文提出了一种新的劳动控制模式和劳动力类型，以供未来进行比较研究。在第四部分和结束语中，我们总结了反对后资本主义理论的论点，并认为数字资本主义在数字技术的使用上逐渐成熟，因为它遵循着工业社会历史上众所周知的轨迹，特别是劳动控制。

二、数字垄断企业的主要参与者

为了理解当代数字资本主义中市场与劳动控制之间的关系，我们首先要留意数字化进程中的关键企业。除了在现有的生产和分销模式中引入新的数字战略外，数字经济的主要参与者，如亚马逊、谷歌、微软、苹果或脸书，也在寻求颠覆性战略，即这些企业绕过了常见的开放市场形式（这些形式通常集中于优化现有产品的微小改进），目的是从根本上挑战现有市场的功能逻辑。颠覆性技术和商业战略将传统的经济部门引入所谓的"数字旋涡"。它们给当前生产的各个领域都带来了变革压力，引发了去制度化和转型的进程。这种变革的压力反过来又导致了新的社会秩序的出现，这些社会秩序叠加在一起正在促进形成一种新型的资本主义经济。

最知名、最具影响力的主要数字经济公司在硅谷或美国西海岸的其他地方都设有办事处。它们为万维网提供基础设施，确立通信和用户活动的数字模式，并提供数据联网所需的软硬件。作为战略数字网络核心运营者以及数十万员工的直接或间接雇佣者，这些领先数字企业不仅为商业互联网，也为许多其他部门创造了工作条件。鉴于此，福克斯等学者倡议，需要将互联网和科技企业的全球外围环境作为一个独特的视角进行研究。根据这种观点，与世界各地钶钽铁矿的工人一样，组装苹果手机的富士康工人也是数字资本主义的一个系统性元素。

领先数字企业——尤其是谷歌、苹果、亚马逊、脸书和微软——的经济交易使用两种不同的货币：货币和信息。谷歌和脸书账户起初是免费的，但实际上，用户的个人信息是这些企业的主要资本。这些数据巨头通过积累用户数据，不断优化公司服务和生产流程的算法，从而提高自己的市场地位。一方面，用户与数字生产过程之间的这些永久性的反馈循环提高了用户体验的价值，因为客户的愿望和偏好可以被用来不断地改进服务。另一方面，依赖于用户数据的技术流程也是定向广告和大数据应用程序的基础，而这实际上是谷歌或脸书等公司的核心业务。

梅森和里夫金等作者认为，由于这些公司在数字商品领域的交易量很大，因此它们很难经营长期有利可图的业务。数字商品蕴含着零边际成本的逻辑，这意味着在市场竞争的过程中，价格必须降至与生产成本相匹配的水平，即几乎为零，乃至无法产生利润。随着数字硬件的价格越来越低，以及机器人的应用日益广泛，零边际成本的逻辑从数字经济扩展到几乎所有的行业。此外，随着3D打印、物联网或创客运动的兴起以及生产手段的分散化，在并行生产和分享经济兴起的支持下，商品生产越来越多地发生在传统企业之外，最终使其变得多余。里夫金认为，"合作共享"作为大宗商品的一种主导形式的兴起具有其历史必然性。但梅森认为，企业可以通过垄断来保持对定价的控制，但这些尝试终将失败，因为企业无法阻止开放资源和并行生产的兴起。与这些假设相反，本文认为，领先数字企业已经成功地在某些领域建立了垄断，从而控制市场并获得定价的权力。它们通过社会技术生态系统来建立社会封闭机制，以便创造强大的客户保有率。

后资本主义理论家认为，数字化将使经济生活分散化，并在这一过程中促进经济生活的民主化。照此预期，在未来的数字资本主义中，生产知识将被广泛传播，计算机迷和技术社区将合作设计对所有人免费开放的业界发明。智能应用程序和对客户友好的服务将有助于塑造一个为消费者和生产商提供更多选择和参与机会的世界。但仔细观察数字资本主义的核心——互联网经济，就会清楚地发现数字市场的令人警醒的逻辑。今天，数字资本主义的市场与新古典主义的经济模式大相径庭。

新古典主义的经济模式建立在大量同类商品和服务供应商之间完全竞争的基础上，而这些供应商都不是市场的主宰，所有的相关信息都是公开透明的。相反，数字资本主义市场揭示了20世纪60—70年代工业社会学中所谓的"垄断资本主义"的共有现象：市场集中、控制与垄断。

在当今的数字经济中，垄断倾向产生于系统的"马太效应"，其主要原因有两个。首先，在供应方面存在规模效应，即数字产品的开发成本很高，但生产每一个单元（例如软件）的边际成本却极低。结合后资本主义的理论，本文发现，这种（接近）零边际成本的动态机制并不能阻止强大垄断的崛起。相反，由于边际成本为零，企业能以相对较低的价格销售大量产品，甚至将免费分销作为提高长期顾客忠诚度的一种手段。此外，公司规模越大，开发新产品的成本和速度优势就越大，产品组合也就越多样化。其次，在需求方面，数字产品带来的特定网络效应使其用户越来越多。当对数字产品的需求达到一定程度时，其需求就会变成一个自我强化的过程。因此，网络收益使得强大的竞争者更强大，弱者更弱。如果网络效应和规模效应同时产生，则会推进垄断或寡头垄断的进程，以及"赢家通吃市场"的发展。

工业垄断资本主义往往是以"自然垄断"为基础的，事实上，它们在某些方面类似于数字资本主义垄断。就其物质前提而言，自然垄断的基础是极高的固定成本和相对较低的可变成本。但在数字资本主义中，这种情况已经发生了变化。目前，作为搜索引擎的提供商，谷歌或多或少占据了垄断地位。这一地位直到最近才被雅虎取代，这也表明了数字企业的垄断地位——或者至少在过去——是高度"不稳定的垄断"。不久前，创意家还可以利用数字产品的低边际成本，而不需要依赖于某个互联网巨头。一个好想法和一些风险投资就足以彻底改变一个市场，让领头者下台。

仔细观察当今的数字企业巨头就会发现，数字企业在互联网发展的早期就已经从上述经验中吸取了教训。随着数字资本主义逐渐走向成熟，大企业的目标是通过创建一个融合了硬件和软件的社会技术生态系统，以满足尽可能多的用户需求，并使用户更不易转向另一家数字提供商。建立这样的社会技术生态系统需要以下几个步骤。首先，企业收购竞争对手以扩大自己的市场份额。同时，扩大产品组合，通过收购那些乍一看不属于其核心业务的公司，从而整合新技术。例如，亚马逊收购了销售多种商品的在线零售商，并成功地从数字书商转型为全方位零售商，同时还投资了机器人、网络服务和硬件公司。在并购方面，谷歌也是最活跃的企业之一，它投资了许多公司，而这些公司与谷歌的核心业务之间的联系并不明显。例如，它收购了开发智能恒温器和烟雾探测器的初创企业 Nest，并通过其他各种收购成为了全球最大的机器人技术生产商。Nest 的交易成就了谷歌在新兴市场"互联网家庭"系统中的地位。如上所述，亚马逊在机器人领域的投资促进了其仓储和运输物流系统的优化。

企业自己的硬件设备在将用户嵌入封闭的社会技术生态系统中发挥着关键作用，它们为客户提供了大量同步的、相互关联的程序和服务。锚固产品（anchor product），无论是 iPad、Nexus、Surface 还是 Kindle 等，都可以作为各种形式的通信和协调的数字枢纽，一旦用户被整合到这样一个用于通信的社会技术空间中，来自同一提供商的其他应用程序就会被加入并保留在现有的结构中。这形成了一个封闭的系统，这些系统非常复杂，而且高度个性化，阻碍了用户转而使用另一个供应商系统，因为这通常会面临聚合数据的丢失。因此，建设社会技术生态系统以及数字产品的网络效应和可扩展性有助于巩固数字垄断。为了详细探讨这一动态机制，并将其与定价和创造利润的逻辑联系起来，本文将更深入地研究亚马逊公司，将其作为在数字经济中建立垄断地位的一个主要例子。

三、亚马逊式垄断

亚马逊是迄今为止最大的在线零售商，2015 年的资料显示，其全球销售额超过了其他竞争对手的总和。本文将通过分析亚马逊公司崛起的各种决定性因素来阐述其在数字经济中如何逐步形成或者建立了垄断机制。

（一）亚马逊商业生态系统简史

亚马逊究竟是零售商还是科技企业？在很长的一段时间里，其首席执行官杰夫·贝佐斯（Jeff Bezos）都被互联网时代的其他先驱者们嘲笑，因为他毫不妥协地声称亚马逊是科技企业。亚马逊的创始人始终坚持自己的计划，即建立一家数字服务公司，而不仅仅是一家零售商。甚至在1994年，也就是亚马逊成立的那一年，尽管它被迫提供"类似的"有形商品，尚未拥有完全提供产品数字化技术的先决条件，但它还是远远领先于时代。亚马逊最初的关注焦点——网络图书销售——尤其提供了令人信服的证据来证明了上述观点。1994年，亚马逊的第一款数字阅读器进入市场，自那时起，该公司就表现出了其在这一市场领域扩张的独特动力。2014年，亚马逊的Kindle占据了美国电子书销量份额的三分之二以上。但是电子阅读器和其他移动电子设备在该公司庞大的技术网络中只占很小的一部分。

亚马逊的政策目标是通过数字化改造现有市场，并创造新的市场。亚马逊的图书贸易就是实施这一政策的一个典型例子。在图书市场转型的第一步，亚马逊以一个新的竞争对手的身份进入了印刷图书市场，通过在一个新的数字市场上销售图书来重组传统书商的模式。这种大规模的虚拟市场之所以成功，主要是因为它具备了"一站式购物"的优势：可以从一个书商那里挑选大量的书籍。亚马逊先后扩大了产品销售范围，以至于今天几乎没有一种产品不能从亚马逊那里买到。这家书店已经变成了一个巨大的，而且有可能是无限的数字百货公司。第二步，平台资本主义（platform capitalism）被引入亚马逊，以实现更加积极的市场转型，其互联网平台不仅是一个数字市场，而且是一个数字生产系统。与此同时，这一系统在图书市场上尤其成功，吞并了以前属于出版公司的业务，实际上也就是亚马逊的供应商。其采用的政策之一是利用其自身在市场上的主导地位要求出版商提供高于平均水平的折扣或其他优惠，并在这类价格战中毫不留情。事实上，由于亚马逊已经成为一个销售平台，没有它，任何出版商都无法生存，因此该公司在为供应商制定价格方面取得了很大的成功。

但是，将亚马逊平台作为一个生产系统仅仅是其长远的战略目标中的一部分。亚马逊的目标是让出版公司——作为作者与销售和分销（亚马逊）之间的中介——变得完全多余，实际上是要将其赶出局。智能编辑软件，当然还有作为亚马逊自有消费设备的 Kindle 是确保这场计划中的出版业革命取得成功的数字手段。在这个案例中，亚马逊正在为图书市场寻求一种策略，类似于苹果在 iPod 和 iTunes 商店的音乐市场中实施的策略。在利润丰厚的数字音乐市场，史蒂夫·乔布斯（Steve Jobs）击败了贝佐斯。但贝佐斯将 Kindle 与亚马逊平台连接起来，以抢占图书市场。亚马逊提供了一种自助出版功能，通过这种功能，作者可以推销自己的电子书，并从销售收入中获得比在普通出版公司出版书籍更大的收入份额。亚马逊为其出版的电子书制定价格政策，据称是为了维护客户的利益。最近，在自助出版计划中，亚马逊为作者提供了更新、更灵活的并与绩效挂钩的报酬。现在，支付依据的是阅读的页数，而不是电子书下载的数量。

（二）市场：数字发明、创新、融合

在塑造市场的过程中，亚马逊遵循了数字创造的逻辑，打破了"类似"的市场结构。本文认为这也适用于其他数字垄断企业，并最终导致寡头垄断的形成而非对市场结构的垄断：社会技术生态系统的建立具有严重的副作用。虽然每家互联网企业的核心业务都位于不同的部门（广告、软件、消费娱乐电子产品、零售等），但它们的供应结构日益趋同，在一定程度上导致了供应方的"同构"（isomorphic）结构。尽管谷歌和亚马逊等公司在其传统的核心业务领域并不是竞争对手，但它们之间的竞争现在越来越激烈。

乍一看，这些发展可以支撑后资本主义理论：尽管亚马逊、谷歌、苹果、微软和脸书等公司正在试图建立稳固的垄断地位，但供应结构趋同导致的竞争可能会再次对价格构成压力。这些公司通常采用至少两种策略来应对上述情况。首先，由于产品和服务的趋同，利润竞争主要在创新领域展开。这些领先企业都有着雄心勃勃的创新战略，无论是收购有前途的初创企业，还是在研究和创新上投入巨额资金。创新的激进取向使数字经济符合熊彼特关于创新的诸多特征的描述：熊彼特反驳了新古典主义和马克思主义经济理论家的观点，认为现代市场的决定性因素是"新产品、新技术"引发的竞争。数字资本主义领先企业的未来战略尤其依赖突飞猛进的技术，其带来的好处能够重组甚至产生消费者需求和整个市场。

大型数字经济企业在寡头竞争环境下为获取利润而采取的第二种策略是合理化的执行和劳动控制。无论我们考虑的是大型企业、独立平台，还是像亚马逊这样的平台企业，市场的数字化也正在将劳动力作为一种商品来改变贸易。借鉴古典垄断资本理论，大企业既可以维持较高的定价水平，又可以通过自动化和强化劳动控制来降低生产成本。

四、数字垄断中的劳动力

亚马逊利用技术潜力来提升其产品和服务效率。新的数字应用程序的主要目标包括扩大对雇员的数字控制形式，以及更多地利用目前的机器人技术发展产生的自动化潜力。

（一）亚马逊的技术和劳动控制

亚马逊在开发和应用自动化技术方面一直处于领先地位。2013年末，贝佐斯为媒体展示了一次送货无人机的试飞，并宣布一款依靠无人机的送货系统将在五年内到位。许多人认为这只是一种宣传噱头，其目的是为了向其他送货供应商发出信号：即使没有他们的服务，亚马逊也可以做得很好，因此他们最好把价格保持在低水平。但当该公司于2015年4月为送货无人机申请专利时，人们才发现，这一关于配送自动化程度日益提高的声明不仅仅是空洞的威胁。也有其他迹象表明,亚马逊正有计划将系统自动化引入其配送系统。

虽然还不能预见仓库和仓储物流的自动化程度,但一段时间以来,该行业内的一些例子足以证明传统工业仓库已经高度自动化。到目前为止,现有的自动化系统已经无法满足蓬勃发展的互联网零售商的需求,因为产品种类繁多,且需求波动很大。当前,这一低水平的服务工作领域似乎即将发生转变,亚马逊再次成为其先驱之一。2012年,贝佐斯收购了机器人公司Kiva Systems(2015年更名为亚马逊机器人公司),该公司专门为在线零售业务提供自动化材料处理系统。亚马逊用自动机器人完全替代了传统邮购仓库中两个大的劳动密集型工种——"分拣工"和"包装工",满足了产品分销的需求。2013年秋季,贝佐斯宣布,亚马逊在美国的三家主要分拣中心几乎完全实现了机器人分拣,这将使生产效率提升一倍或三倍。

然而,到目前为止,无人机送货和全自动仓库都没有实现更广泛的应用。我们通常认为,其主要原因是技术还未准备充分;与廉价的劳动力相比,成本效益还不符合企业利益;政府需要考虑就业的需求以及最低工资保障等。但可以肯定的是,工人与机器正在形成竞争关系。

亚马逊除了在仓储方面投入了巨大的努力,还致力于建立一个严密高效的数字控制系统,其重点不在于自动化,而在于从人类劳动中提取价值。一种类似于仓库货物条形码的系统有助于成千上万的员工在仓库里找到工作路径。但是,员工条形码扫描仪的功能更加强大,它既可以记录工作时间,也可以登记进货时间,从而进一步提高员工的工作效率。但工会工作人员指出,该设备配有麦克风和摄像头,可用于监控员工。在德国,亚马逊已经证实了这种设备的存在,但并未使用,因为该设备将违反现有的数据隐私法——工会工作人员对此提出了强烈质疑。

扫描仪系统意味着亚马逊不仅可以监控所有货物的准确位置,还可以追踪员工的活动。在绩效考核会议上,管理层可以利用亚马逊仓库数字控制系统提供的"客观"数字精准地评估每个员工的个人工作绩效。在服务工作产业化的过程中,产品管理与人力管理没有根本区别,条形码仅是一个数字控制系统的可见标志,它只是将产品与劳动力二者联系在一起。如今,企业计算机上的智能软件和 GPS 数据,特别是电子邮件、手机语音为数字控制提供了丰富的数据,人们可以根据一定的标准对这些数据进行评估——这一过程在管理学文献中被称为"筛选"。

在亚马逊,数字技术也被用来缓解和消除从长远来看可预测的公司内部员工的一体化。分拣和包装工人在工作过程中的自主行为越少,就越容易被取代。亚马逊利用培训新员工所需时间的长短来确保员工能够灵活地应对需求的系统性波动。在繁忙时期,如圣诞节前,亚马逊雇用的临时雇员比正式员工还要多,而这些临时雇员不仅反对工作中的数字控制,也反对公司对其私人生活的控制。2013 年,德国公共广播企业播放了一部有争议的纪录片。该片讲述了亚马逊临时雇员的工作和生活条件,其中许多人是来自欧洲其他国家的临时移民。这部纪录片报道了亚马逊对这些工人采取的严密的剥削和控制制度。这些工人被安置在公司的仓库附近,与社会隔绝,他们的每一步行动都受到与极右翼新纳粹团体有联系的保安人员的监视,这侵犯了工人的隐私权。在仓库内部,该公司的目标是通过数字化组织流程,尽可能直接地控制劳动力,而在临时就业的情况下,公司似乎将其控制扩展到了工人的私人生活。

直接进入劳动力市场的数字化转型趋势在亚马逊的两款标杆服务产品——劳务众包平台(Mechanical Turk)和亚马逊家庭服务(Amazon Home Service)——中表现得更为激进。劳务众包平台是一款开创性的众包平台,企业或个人可以利用它来为有偿工作寻找员工。这种众包模式使用数字的方法将分散的任务从企业转移到大量外包的自雇员工身上。2014 年,来自 190 个国家的约 50 万人使用了亚马逊的劳务众包平台,其中大多数使用者来自美国和印度。亚马逊只是众包领域内众多的参与者之一,西门子、IBM、SAP 以及博世和宝马等企业都有自己的众包平台,这些平台不仅为所谓的"点击工人"(clickworkers)列出了简单的数字任务,而且还为设计或软件开发等领域的合格员工列出了工作任务。在美国,亚马逊还推出了一个安置非数字员工的数字平台——亚马逊家庭服务。在这里,客户可以购买清洁工、杂工、园林设计师、承包商等提供的服务。亚马逊只是众多服务提供商之一,其他提供商还包括许多初创公司和大型企业参与者——例如,谷歌在 2015 年从失败的家庭服务初创公司 Homejoy 招募了一支技术团队,散布其要进入该市场的传闻。

从上述发展可以看出,亚马逊的案例似乎对熊彼特式的数字经济的自我评价和后资本主义理论都提出了挑战。一方面,企业发展的动力和速度至少与企业家的主动性和创新能力一样,都是基于对人类劳动力的剥削。另一方面,对劳动控制、集约化和价值提取的日益严格的控制有力地挑战了后资本主义理论家的假设,即资本主义劳动必将随着数字化进程的推进而消失。相反,本文似乎可以从垄断资本理论的角度来理解数字资本主义在当前的发展:为了保持对市场的控制,从而保留设定价格的权力,企业的目标是通过强制增强和随后终止其社会技术生态系统来形成垄断,这导致了大寡头之间的竞争局面的出现。正如古典垄断资本理论所教导的那样,劳动控制和劳动过程合理化成为实现利润获取目标的必要条件。与 20 世纪 60—70 年代的工业垄断资本主义一样,数字垄断资本主义发展了新的技术以提高劳动生产率。

(二)数字泰勒主义与临时工作

亚马逊的案例为我们提供了两个重要的启示:一是一种新的数字控制形式,本文称之为数字泰勒主义;二是通过数字技术创造一种新型的劳动力。为了解释它们如何改变以前的劳动控制和劳动力的社会融合状况,本文将通过追根溯源来对其进行描述。

1. 数字泰勒主义

在亚马逊的仓库中,一种新形式的数字泰勒主义已经出现了。从企业家的角度来看,始于 20 世纪早期的泰勒化工业生产涉及以下两点:第一,工业生产过程的"科学管理"被认为会导致生产率的大幅提高;第二,伴随着制造业的机械化,对人类工作进行全面控制的系统也得以形成。装配线上的工人既不能自主地决定其工作速度,也不能根据泰勒主义的原则使工作过程合理化,从而有机会按照自己的意愿构建工作流程,更不用说独立地确定工作内容了。从本质上说,这是一个通过机器调节人类工作的系统。进入20世纪,随着越来越多的生产步骤被自动化,这些影响改变了工业生产的性质。单个机器的功能以及综合生产系统知识的复杂化使员工可以成为机器的操作员而不仅仅是机器的附庸。随着工业生产地位的提高,以前属于白领工作领域的组织原则被引入工业部门。项目和小组工作模式的建立导致了泰勒主义的终结,至少在某些行业是这样。

在亚马逊这样的服务性企业里,机器对人类的全面控制和监管正在回归到工作现实。如今,应用程序和算法已经承担起装配线的角色。一方面,这些技术使雇主能够通过确定和评估员工的工作地点和工作业绩来监测员工;另一方面,这些技术不仅可以帮助员工适应环境,还可以直接指挥其完成全部任务。包装站的显示器显示着需要处理的订单以及如何处理这些订单;手持式扫描仪确定了工人穿过仓库的路线;众包平台上的应用程序可以引导工人进入特定工作的下一个步骤。

工作场所的典型控制模式认为,服务工作是基于"社会合理化战略",即依靠个人控制来完成任务的官僚计划。官僚主义对工作过程的规范建立在规定任务的标准化的基础上。然而,这种合理化战略总是依赖于个性化的、直接的关系,在这种关系中监测规则的执行情况。经验数据表明,目前在很多工作领域均存在技术与社会合理化策略相结合的形式。数字化的潜在发展预示着企业管理者可能会通过技术方案即利用算法来自动监督绩效。数字泰勒主义在哪里扎根,人们就会再次成为某些工作领域内机器的附庸。

2. 临时劳动力

如上所述,扩展的数字控制形式不仅适用于核心部门的员工,也适用于对工作流程的顺利运行起着至关重要的作用的员工。数字化还为公司内部的混合就业系统提供了全新的机会。平时,临时雇员与企业的联系很松散,在需要时,他们通过众包模式被整合进核心人员工作流程,劳动力付出的努力和成本越来越少。从组织社会学的角度来看,亚马逊的"点击工人"与季节性员工的工作条件并无差别。亚马逊的季节性雇员代表着工作组织方式的系统性转变,这在数字资本主义中已经成为可能。

在福特主义的统治下,企业作为一个组织不仅是一个控制场所,还提供了一定程度的市场风险保护。作为该组织的成员,雇员通常都享有社会保障体系、集体劳动协议和劳动协定所保障的福利。许多企业在需求出现周期性波动的情况下对员工采取"保护"措施,例如,在这一时期不裁员,这要么是因为它们有义务这样做,要么是因为集体谈判协议而被迫这样做,要么是因为这符合其自身的既定利益。而在后福特主义时期,情况发生了变化。自20世纪90年代以来,越来越多的企业致力于应用更加灵活的工作组织形式。社会保障体系的削减和不那么具有约束力的集体谈判协议为企业提供了放松就业管制的新机会,也为适应市场变化而调整人事政策提供了更大的回旋余地。与市场波动相关的日益增长的风险已转嫁到雇员身上。尽管如此,各组织的成员资格仍有效,还有相当大一部分员工从集体协议和劳动法所规定的标准中获益。

在数字资本主义中,企业作为一个组织,其规模被系统性地缩小了。在福特主义和后福特主义时期,剩余核心工作人员由不同数量的"自由"工人所替代,这些工人不再享受在福特主义和后福特主义时期与组织有关的福利。企业的组织战略涉及封闭的中心与外围设施的结合,这些中心和外围设施在一定程度上是开放的。在数字资本主义中,由于不再需要大量的员工,企业的边界日益收紧,在这些中心的周围出现了一个劳动力外围卫星系统。核心员工以外的员工只能暂时或部分地融入企业的生产模式,并被永远地排除在企业的正式成员之外。

将劳动力作为商品进行管理的组织策略也体现了紧凑的中心与灵活的外围之间相互作用的观念。一方面,有一个稳定的、不可或缺的、高素质的员工核心。另一方面,在半泰勒化的工作流程中,往往有更多的从事简单工作的边缘工人群体。

当劳动力变得多余时,一种新型的工人似乎出现了。马克思从两个方面描述了19世纪无产阶级的自由：一个是法律主体自由，另一个是生产资料所有权自由，后者是无产阶级最终被迫将劳动作为商品出售的原因。在21世纪的资本主义制度下，自由劳动力再次被改造。在数字资本主义中，劳动力是按需提供的，临时的数字劳动力应运而生。作为独立签约者，其作为临时雇工的身份得不到雇主合同保障的保护，企业也不会为其提供与永久雇员相同的保障。这些临时雇员面临着两方面的意外情况：他们系统地依赖于需求（任务、作业）与供给（符合条件的可能劳动力）的一致性，但缺乏对其自身劳动力价格的影响力，这主要取决于数字后备军的规模和构成。这一劳动力储备不断增长，而且越来越不受空间限制，这为劳动力市场价格的下降打开了闸门。有人会辩称，这种组织解体仅仅反映了工作不稳定的一般过程，这种情况已经持续了一段时间。尽管本文同意临时数字劳动力在劳动合同和社会保障方面确实是不稳定的，但也看到了其如前所述的另一面：纪律得到有效保障。这不仅来自对竞争加剧的担心，还来自对日益复杂的数字控制方法的使用。基于此，数字临时工作与后福特资本主义的不稳定劳动力有着系统性的不同。后福特主义的不稳定无产者（Precariat）要么是自谋职业者，要么是暂时融入一家公司，从而融入公司的社会制度内（当然，其融入程度低于核心雇员）。数字临时工从社会整合到企业内部都是"自由"的，并与企业的控制系统紧密结合。所有这些都扎根于权力与获取信息高度不对等的环境中。

五、资本主义永无止境

本文旨在挑战后资本主义理论，在文中，这些理论与里夫金和梅森当前的著作相关。他们在其最新著作中指出，资本主义或多或少不可避免地将走向终结。他们认为，由于资本主义企业无法通过设定价格来创造收入，私人积累受到了系统性的阻碍，资本主义企业失去了对大宗商品再生产的控制。然而，梅森指出，在建立寡头垄断地位的过程中，领先数字企业可保留定价权，但这些尝试最终将会失败，因为这样的垄断无法阻止开放资源以及并行生产的兴起。为了挑战上述观点，本文提出了两个问题：第一，数字经济是否真的正在走向这样一种状态，即企业将失去对市场的所有控制权，市场变得日益去商品化？第二，资本主义劳动是否真的在走向终结，或者至少资本主义剥削模式的减少与数字化趋势有关？

虽然我们无法对这两个问题给出一个确切的答案，但基于对亚马逊案例的深入分析，以及对其他领先数字企业的政策的思考，我们得出了挑战后资本主义理论假设的结论。首先，数字化领先企业的参与者，特别是亚马逊、谷歌、微软、苹果和脸书等企业，确实在试图成为强大的垄断企业，并在一定程度上取得了成功，即利用数字平台的网络效应，在数字产品的零边际成本扩张中形成规模扩张的力量，并建立社会技术生态系统以留住客户。其次，领先的数字经济企业似乎倾向于发展供给侧的同构结构，借此造成寡头垄断市场竞争的局面。本文以20世纪60—80年代工业社会学中的垄断资本理论为基础，阐述了在寡头垄断竞争的情况下，通过劳动过程合理化来实现的成本削减成为企业竞争战略的关键。在我们看来，亚马逊的案例研究以及由此得出的论断揭示了当前资本主义成本削减的策略重点旨在加强对数字劳动的控制。因此，本文认为，梅森等学者关于领先数字企业并未形成稳定的垄断地位的论断可能是正确的（尽管他们分析得出的原因不是正确的）。然而，这似乎并不意味着资本主义劳动的终结，相反，它似乎要求加强对劳动的控制并据此建立人类劳动剥削的新模式。我们认为，数字资本主义的现状类似于大型数字企业之间的霸权之争，这种斗争的基础是从人类劳动中强制获取价值。因此，我们的假设是，在数字经济中，我们看不到任何类似于资本主义终结的情况。相反，资本主义正沿着工业社会历史发展中众所周知的轨迹，在数字技术的运用上日趋成熟。

物品的经济寿命：大宗商品、收藏品和资产*

吕克·博尔坦斯基　阿诺德·埃斯科雷** 著　盛国荣 译

[内容提要] 本文研究了三种资本主义经济形式，并对各种经济形式下物品的价值进行了分析："标准形式"是工业生产的基础；"收藏形式"被奢华经济在不同的程度上使用；"资产形式"表明，物品的价值不在于其物理、美学或历史属性，而在于其预期价格。在此基础上，本文描绘出一条资本主义物品的发展脉络，即从最初的工业化商品，发展到收藏品，再到作为资产的商品。奢华经济及其奢华物品的社会逻辑与工业世界的逻辑截然不同，它制造并规定了差异与身份，成为发展经济的主要资源。因此，要把握资本主义经济内部发生的变化，必须把对商品的分析延伸到制造业以外的领域，并使用其他方法来确立以交换为导向的产品的价值，即使它们不是在工业流水线上生产的。

[关键词] 资本主义　奢华经济　标准形式　收藏形式　资产形式　价值

---

* 本文原载《新左翼评论》(*New Left Review*) 2016 年 3—4 月号（总第 98 卷），注释有删节。译文原载《国外理论动态》2018 年第 4 期。

** 作者简介：吕克·博尔坦斯基（Luc Boltanski），法国巴黎高等社会科学研究院社会学教授，法国社会学新"实用主义"学派的代表人物。阿诺德·埃斯科雷（Arnaud Esquerre），法国巴黎西南泰尔拉德芳斯大学人类学和比较社会学研究室成员。

过去 30 多年来，对现行资本主义社会秩序的探讨主要集中在劳动力供给的波动和雇佣条件的恶化、债务和金融化的增长、长期性的经济停滞以及促使资本主义合理发展的科技变革动力等方面。与这些方面相关的一种可能是，人们并没有对这些变化的深层原因进行透彻的分析。我们将考察两种相关的发展形式，一种是众所周知的"去工业化"，另一种则是我们关注的主要焦点，到目前为止仍然没有一个明确的概念。去工业化指的并不是向 20 世纪 60 年代人们经常预言的"后工业社会"转变。这一"后工业社会"的愿景并未实现，因为我们的社会现在使用的工业制成品比以往任何时候都要多。而且，由于计算机技术的发展，许多长期处于工业世界边缘的行业——小型贸易商、教育、医疗、个人服务——现在正采用跨国公司的管理方式，并受到来自行业的会计标准的制约。

这里的去工业化指的是制造业的重新定位，而非远离发达资本主义的核心地带，这将是本文的重点。虽然这些发达资本主义国家处于全球"价值链"的顶端，而且大部分产品设计仍存在于这些位于北半球的发达资本主义国家内部，但这些国家还是有可能支付低工资。这些变化的地理、社会和政治影响得到了广泛认可：为其他用途而关闭或拆除了大量工业用地。这只是这些变化最明显的方面。正如许多研究所表明的，这些变化还导致了工人阶级的社会和政治分裂，并对小公司业主施加了越来越大的压力。那些自身利益仍与旧的、衰退的工业经济联系在一起的人被失业、贫困和地位下降的恐惧困扰，从而加剧了极右翼势力的崛起。

第二种发展形式很难用一个词或词组来表示，它可以被视为一种零散现象的综合。这种概念框架——语义的、司法的和统计的——构成了描述当代资本主义经济和社会的基础，早在 19 世纪和 20 世纪就已经被设计出来。在此之前，资本主义发展曾达到足以吸引各国政府关注的规模，只是我们缺乏一种能够阐明其特殊的动力机制并追踪其发展进程的分类系统。因此，我们将把注意力转向物质世界，利用读者对社会现实的一般观念来唤起我们对上述发展形式的关注。

一、奢侈品和文物

　　这种新发展形式的一个直接迹象是，人们对以极高的价格进行交易或是与公共流动高度相关的物品（objects）的认知度日益提高。这种现象不仅在各大城市中显而易见，而且在被修复和受保护的遗址或村落也显而易见，从而与工业园区的衰落形成了鲜明对比。它在主流印刷媒体中扮演着核心角色，尽管这些媒体的读者可能相当富有，但他们几乎买不起那些不仅在广告上而且在功能页面上展示的东西。发行量不断下降的报纸已经开始每周或每月出版增刊，以吸引奢侈品行业的资金，试图以此来支撑自己对抗经济衰退，比如，英国《金融时报》出版了增刊《如何消费》，法国《世界报》和《解放报》也出版了周刊和月刊。这些出版物通常将手表、汽车、珠宝、香水等奢侈品的广告与文章结合在一起，这些文章涉及高端生活方式的产品、美妙的景点以及名人艺术家或设计师。产品的特征与广告是无缝对接的，就如同世界是一个不可分割的组成部分。

　　这里展示的商品的价值并不像普通的工业产品那样在于其效用或耐用性，而是因为它们是全新的或与众不同的，同时也不可避免地因为它们的价格。它们经常与国家认证的身份标志联系在一起，以确保其"真实性"——尽管它们有可能像普通物品一样被谨慎地外包给低工资国家去制造。它们所谓的吸引力来自围绕着它们的一种光环，象征着它们是特殊的、属于精英的财产：通常作为艺术家的作品呈现出来的来自奢侈品公司的古董或物品（尽管在大多数情况下应该只是原型作品），以及高端食品和葡萄酒。或者它们可能是当代艺术作品，出现在画廊或拍卖会上，吸引了人们对其文化和经济维度的兴趣。

　　这些杂志不仅日益关注物品本身，而且也关注设计和传播它们的领域：一般设计师、时装设计师、厨师、古董商、发型师、收藏家和策展人等环绕在物品周围的人，以及将他们的名字和形象与这些新艺术品联系在一起的非凡"个性"（比如"名人品牌"的服装或香水）。这些人是令人喜爱的媒体肖像的主体,他们与传统意义上的"艺术家"(画家和视觉艺术家)接触。因此,人们把注意力集中在一组相对不相干的物品上,就好像它们都属于同一层面——无论是将它们归类为服装还是家具,装饰品还是"古董",古老的艺术品还是现代艺术品。

这种松散的聚合状态的核心就是奢侈品行业。在法国,就像在意大利一样,该行业经历了特别强劲的增长,占到了年度出口市场份额的9%。开云集团(Kering Group)的历史就是一个范例:该集团由来自法国布列塔尼半岛的大亨弗朗索瓦·皮诺(Francois Pinault)于1963年创立。2000年,该公司决定放弃工业产品的生产,几乎完全专注于奢侈品行业和更高利润率的行业,从而获得了极大发展。商业世界的这种巨变带来的连锁反应甚至在高等教育机构也有所表现,如巴黎高等商学院或巴黎政治学院,它模糊了商业与创意产业之间的界线。那些大师级的毕业生大多最终进入管理或市场营销领域,这导致了他们的课程中增加了对当代艺术的需求。正如一位课程负责人观察到的:"学生们清楚地看到,奢侈品牌将自身与当代艺术联系在一起,像皮诺和伯纳德·阿诺特(Bernard Arnault)这样的人投资于艺术品,他们时代的商业领袖就是顾客。"这些品牌是他们未来的雇主。

特殊物品的兴起伴随着另一种现象的出现:文物创造。传统品牌现在可以成为建筑物、纪念碑或整个地区(比如"法国最美丽的村庄")的标志,被列入文物保护名册,服从于"保护"措施,这通常涉及一些或多或少虚构的历史。除了促进旅游业,它还有推高房价的作用:地产代理商把自己当作"房地产艺术品"的承办商。文物效应也可以通过节日、百年纪念等文化事件来包装或诱导;或者,为了举办艺术表演,可以恢复以前被毁坏的环境。经典的例子是巴塞罗那和毕尔巴鄂,1997年,借助弗兰克·盖里(Frank Gehry)设计的古根海姆博物馆,古老的港口得以复兴。位于普罗旺斯的阿尔勒老城工业正在衰落,失业率也很高,但它通过类似的努力,同样用盖里设计的博物馆提升了自身的形象。

二、奢华进程

在去工业化、对"特殊"产品不断增加的需求以及对文物的狂热之间究竟有何联系？如果制造业的重新定位真的是发达资本主义国家的一种新现象，那么奢侈品市场就不能这么说了。皮埃尔·布迪厄在他 30 多年前的开创性作品《区隔：趣味判断的社会批判》中曾经仔细分析过我们所讨论的精英品位和消费习惯。我们的观点与布迪厄的不同之处在于，我们关注的是财富的产生，而非消费，为的是理解不仅影响统治阶级——"资产阶级"一词不足以定义当今的精英——而且影响整个社会分工图景的那些变化。因此，我们将不再以人——最富有的人（他们是这些产品的目标）——而是以他们自己的身份来审视他们是如何投资于他们自己的价值和地位（即"财富"）的。

"奢华物品"（enriched objects）的社会逻辑与工业世界的逻辑截然不同，从某种程度上说，我们可以用示意图勾勒出两种理想的经济形态。在这种语境中，"奢华"（enrichment）一词并非指私人财富的增长，而是指增加物品价值的过程。这两种经济是基于不同的传统形式来评估其价值的，其性质将是我们主要关注的问题。任何物品都可以是奢华的，无论它是古老的还是现代的，奢华可以是物质的（例如，老房子里暴露的横梁），也可以是文化的。通过采用一种叙事手段来凸显物体的某些品质，从而制造和规定差异与身份，这是发展经济的主要资源。

在奢华经济（enrichment economies）和工业经济中，物品的价值依赖于许多不同行为者的工作，他们的角色被组织到一个等级系统中，该等级系统以他们所认为的重要性以及他们对最终利润的期望值为基础。在奢华经济中，等级地位之间的差异通常是产权——尤其是知识产权——的一种功能：数量有限的产权持有者与大量承担零碎工作的人共事。换句话说，我们可以在这两种类型的经济中找到类似于社会阶层的东西，但是它们基于不同的选择标准，并拥有不同的模式。此外，虽然工业经济中的社会阶层是在政治冲突的严酷考验中形成的，并由政府统计学家排序列出，但仍然无法说明奢华进程中正在形成的差异。这就会带来一些严重的后果，使得研究工作更加艰难，因为它无法依赖严格的统计数据；而要量化以奢华为基础的活动的经济权重或它所雇用的人员也十分困难。它包含了各个行业（艺术、旅游）以及各种活动（博物馆管理、鳄鱼皮包制作）和就业状态（临时工、公务员、名人），这些都分散在现有的社会分类中。更重要的是，产业工人阶级及其组织的衰落并没有因奢华经济领域出现的新的社会身份和冲突而得到抵消。一个多世纪以来，支撑社会批判和斗争的理论框架主要以工人与生产资料掌控者之间的对立为基础。这一框架对那些在奢华领域工作的人来说似乎没有多大的动员力量——也许是因为它没有考虑知识产权在财富积累中所扮演的角色。

我们将从物品本身以确定其价值的方式开始，密切关注"价值的创造和毁灭"①，以及它们易手时存在于"物品的社会寿命"② 中的那些瞬间，无论是为了金钱还是以遗产或捐赠的形式。在这种情况下，物品会经受检测，以确定其价值——或者作为一种价格，或者通过与其他物品的比较评估。"价格"指的是物品易手时的检测结果；交易完成后，它就变成了一个既定事实。另外，"价值"是价格的正当理由，在购买之前就可以提供，例如，在广告中，或作为对价格质疑的回应。因此，价值是本质性的：它指的是被质疑的客体所固有的属性；但只要该物品还没有通过交易得到检验并发现其价格，价值就仍然是推测性的。

人们无法真正将物品的"实际价值"与其"市场价值"（价格）相并列，就好像这两种定价形式具有相同的性质。当某物被宣布为其价值不可估量时，就会被称为"无价之宝"，从而也就从经济学计算中被剔除出去。相反，这两种方法需要被理解为基于不同的范式或形式。每一种经济形式都是行为者可以参照的共有资源，当行为者试图在物品的世界中找到自己的位置时，就可以将这些经济形式作为参照，因为这些形式对物品进行了

---

① Michael Thompson, *Rubbish Theory*, Oxford, 1979.

② Arjun Appadurai (ed.), *The Social Life of Things: Commodities in Cultural Perspective*, Cambridge, 1986.

区分并确立了它们之间的相似之处,从而确定了物品的价值。我们将研究其中的三种形式:"标准形式"(standard form),它是工业生产的基础;"收藏形式"(collection form),它被奢华经济在不同的程度上使用;"资产形式"(asset form),它意味着事物的价值不在于它们的物理、美学或历史属性,而在于它们的预期价格。

三、批量生产的价值

19世纪标准化生产的发明是工业社会发展的主要创新之一。对一个原型的无变化复制并不能简单地通过这种规模经济来提高生产率。通过对所涉及物品的属性进行编码,标准化通常以专利的形式(使其持有者拥有垄断权)认定了似乎拥有类似功能的两种产品之间的差异。在以这种形式为基础的经济中,消费者应该拥有他们所需要的所有信息,以便作出明智的选择,特别是有关一个物品的质量与价格之间关系的信息。以标准形式确立其价值的物品通常是用于使用的,而就收藏形式而言,目前的情况远非如此。

以标准形式确立价值的过程可以用图表来描述,物品分布在两个坐标轴上(图1)。首先是差异轴,它从满足一般需求的物品开始。这些物品的原型

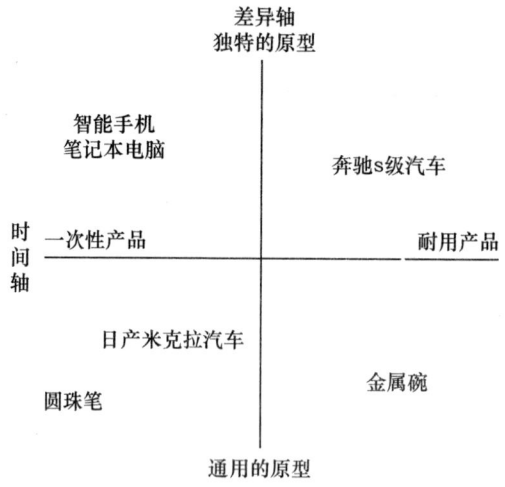

图1 标准形式:价值、时间和差异

非常相似，它们之间的竞争主要基于价格和市场准入。例如，一支圆珠笔的品牌对于那些想要记下电话号码或购物清单的人来说意义很小。在差异轴的另一端，我们发现产品的创新特点是主要卖点，比如电脑或手机。其次是时间轴，它关系到产品在成为垃圾之前期望满足其用户的时间长度。在这个轴的一端，我们会发现所谓的"一次性"产品，用于短期使用，比如剃须刀；在另一端，那些被认为耐用的产品，比如昂贵的手表，购买者应该可以佩戴几十年，甚至可以传给下一代。把两个坐标轴都考虑进去，我们可以画一条对角线来区分物品的类别：低端产品只是稍有差异，不很耐用，位于对角线的一端；高端产品差异很大，非常耐用，如奔驰车，位于对角线的另一端。

四、奢华物品

收藏形式的起源至少可以追溯到标准形式的起源。抛开 17 世纪的艺术收藏馆是否属于这一现象的先驱不说，正如米歇尔·福柯认为的那样，我们所谓的系统收藏的发展始于 19 世纪前 30 年。这种收藏包括：将彼此相关的物品组合起来，形成一个最重要的特征，并将它们组织成一个系统——例如，在某一特定时期生产的陶器，根据不同的大小、颜色、形状等区分开来。这种形式可能首先在自然科学中形成，作为动物或植物标本的一种分类方式，然后再应用于手工制品或艺术品。在 19 世纪的文学中，有许多迹象表明，人们对收集这些收藏品很有兴趣。巴尔扎克的连载小说《表哥庞斯》是第一批面向收藏家并成为他们的收藏品的作品之一；法朗士的处女作《西尔维斯特·波纳尔的罪行》讲述了一个富有的俄国人在欧洲旅行，希望能收集一套完整的火柴盒。引人注目的是，在近几十年中，收藏形式变得更有意义：研究表明，专业出版物和网站的数量激增，其中有四分之一正在或一直以来都在从事某种收藏。更重要的是，现在的收藏形式对于确立这些"奢华物品"的价值起着至关重要的作用，这种情况在当代资本主义社会中正在变得越来越突出。正如我们将要看到的，收藏这种定价形式之所以取代标准形式发展起来，与前中心地区的工业衰退有关。

收藏形式的一个显著特点是面向过去。虽然标准形式评估了新物品的价值，但其目的是为了使用；而收藏形式则确立了旧物品的价值，这独立于它们可能的用途。标准形式与收藏形式之间的差距在成本和浪费方面表现得尤为明显。收藏形式很少强调劳动时间和其他生产成本，而这些成本对工业经济来说却至关重要。但是，收藏形式必须考虑到其他通常来说非常重要的成本，如保存（储存、维护、恢复、保险等）。就浪费而言，收藏形式会改变标准形式建立的物品轨迹：它们的价值不是随着年代的增长而减少，而是变得更有价值。那些长期被认为是无用的垃圾的碎片已经从旧阁楼或地下室中被回收或挖出，以便卖个好价钱。现在博物馆或画廊展出的许多物品就属于这一类。这个选择过程，即区分什么是该收藏的，什么是该被抛弃的，是文物工作者的中心任务。

收藏形式的特性在珍贵的古董、艺术品、历史建筑，甚至不再生产的手表或汽车上表现得相当明显。但是，在我们描绘的高端商品世界以外的地方也能找到它们吗？对于工业生产方式来说，奢侈品市场当然并不陌生。真正"手工制造"的产品现在非常罕见：典型的做法是，一个原型首先会由工匠作坊制造，然后以更大的规模生产，以满足不断增长的需求。尽管如此，奢侈品公司还是想方设法在有严格限制的系列产品中建立"特殊"的品牌标识，不惜为富有的顾客等待数月甚至数年的时间；一旦这个系列完成，任何对原型的进一步仿造都被指责为复制。虽然原始系列的物品价格随着时间的推移而上涨，但复制品的价值却在下降，就像任何标准产品一样，即使它们在各个方面都是相同的。这些公司还利用营销策略，采用"讲故事"的技巧，通过与独特的历史人物、艺术家或名人联系在一起，使它们的产品和品牌与众不同。通过叙事与那些亲身接触该物品的人建立联系，从而确立价值，同时禁止复制，这种方式在收藏形式中起着核心作用。当然，制作复制品并不存在物理上的障碍，事实上，现在许多画廊和博物馆的展品是为了保存原作而制作的艺术复制品。但是，复制品不应该和原作一样以同样的价格转手，收藏应该只限于"真实的"部分：复制品无论多么完美，也无法宣称包含了记忆的力量，而这种记忆的力量是与过去的某人亲身经历了某一事件紧密相连的。

现在，倘若我们转向奢侈品的购买者，则收藏形式的重要性将愈发凸显。这些产品主要不是为了满足需求而购买，因为买家通常拥有一些功能相似的物品——汽车、手袋，等等。显然，购买这些商品可以达到另一个目的，即炫耀性消费，吸引人们对购买者财富的关注；但它们被购买和囤积时通常似乎不会被别人看到——在大型物品收藏家那里，甚至主人也看不到这些物品。葡萄酒酒窖的发明就是一个很好的例子，它是由想要填补缺失部分和组成完整系列的欲望驱动的；矛盾的是，瓶子里的酒可能会被喝掉，因此无法收集到一个完美的藏品，否则收藏品严格来说就只是一个标签，而非葡萄酒。

五、艺术的价值

奢侈品公司在探索当代艺术世界的过程中投入了大量资源，试图让其产品带有艺术品的光环：将艺术家的签名附加到产品上，资助展览或者邀请艺术家来装饰他们的陈列室。由于艺术爱好者总是被称为"收藏家"，因此艺术作品在收藏类别中处于核心地位。在这里，当代艺术的作用可能与我们的要求相矛盾，我们认为这种形式主要是针对来自过去的物品进行估价。但是，一个确定的人工制品在进入了这样的物品交换世界之后，才被视为一件艺术品；达到这个高度的明显标志是物品在藏品中找到它自身的位置。这个过程非常具有选择性：很少有活动能产生这么多的浪费。存放在博物馆里的作品（有些甚至从未被分类）的比例大大超过了向公众展示的作品。从大量类似的物品中选择一个被遗忘的物品——正如我们所看到的那些标准形式的物品的一般命运——意味着这件物品要通过子孙后代的检验，也就是要把物品当作已经属于过去的东西来对待。

收藏形式还会在文物创造的过程中发挥作用。来自过去的那些过时的物品再次被挑选出来进行修复，并与历史叙事联系在一起，以提升它们的价值。与可移动的物品不同，这些文物工艺品（heritage artefacts）不会放在一起展出；它们只能通过列表进行间接比较，比如联合国教科文组织的世界遗产名录，并且经常与相关保护部门的财政实力和其他承诺联系在一起。当废墟被宣布为"历史遗迹"时，或者当人类发现诸如木屐、刀具或塑料袋之类的普通物品可以收集、估价并放置在博物馆里时，"文化"观念便会打开收藏的大门。一个社区的成员可以借助外部观察员提出建议，将自己的日常生活和产品转化成商品向游客推销，追求异域风情。

收藏形式也可以被绘制成彼此相交的差异轴和时间轴（图2）；但是，其效价（valences）与标准形式完全不同。在这里，差异轴使物品及其收藏者可以通过将原型与样本进行分类而分级组织起来。在这个轴的底部是收藏品，聚集了用以识别原型的样本：典型的案例是手工物品或工业物品，它们最初服从于标准形式的价值，但随后便因收藏形式被重新定位，例如，火柴盒、烟斗或空啤酒瓶的收藏。最初，它们被以相当低廉的价格出售，在失去了所有的市场价值之后又变成了收藏品，于是价格突然上涨。这个轴是在有限的系列中产生的物品收藏，比如高级手表或老式汽车。最后，在顶端，原型与样本的差异减少，甚至消失：伟大的艺术作品就是最显而易见的例子。

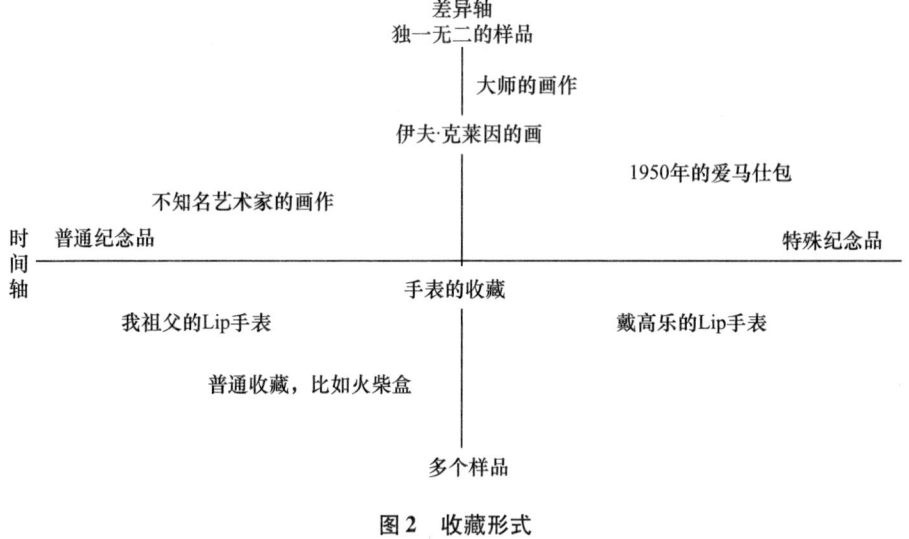

图 2 收藏形式

现在来看时间轴，我们发现标准形式的关键区别——在"一次性"物品与那些预计将会使用一辈子或更长时间的物品之间——不再适用，因为收藏形式确立了物品除了使用之外所具有的其他价值。此外，艺术品在各个等级的收藏品中占据着核心位置，它们作为艺术被挑选出来，被赋予了一种虚构的不朽，在某种意义上，它们同样被放置在时间之外。然而，时间问题重新浮现，在这些物品的功能中产生了我们所谓的记忆效应。从与重要人物或事件的直接接触中获得"记忆强度"的物品，其价值似乎微不足道；这一属性与对真实性的需求密切相关，所以集中到收藏形式中。这里所讨论的物品的价格不只是基于其固有的属性，而且还基于它们的叙事和谱系重建。记忆强度是一种社会属性，随时间而变化，这取决于现有的证据和历史的书写方式。因此，在时间轴的一端，那些记忆效应较弱的物品只适用于一小部分人，或者仅仅是个人纪念品。而另一端则是唤起大量人群记忆的物品：例如法国的 Lip 手表，据说戴高乐曾将这款手表送给丘吉尔。

六、填补缺失

那些其物品流通受到收藏形式的价值支配的经济使我们得以勾勒出一种理想类型。集邮就是一个很好的案例。现在几乎已经过时的集邮在 19 世纪和 20 世纪的大部分时间里曾经发挥着重要的教育作用，它帮助年轻的中产阶级熟悉了资本主义和殖民世界的某些方面。开展收藏活动很少是一种单独行为：它几乎总是意味着有一群收藏家在进行交易，从而建立起一个管理整个领域的原则体系。个人收藏——可能是偶遇、不同的品位或癖好的产物——是由一个理想的收藏品基于共同的约定来规范的。它由一组完整的物品组成，以单一的收藏原则为基础（并以类似的方式将这些物品区分开来）。在此意义上，收藏与其说是物品的收藏，不如说是一个有关差异的系统性组织。对每位收藏者来说，他们想方设法收集起来的东西与理想的藏品相比是有缺失的。由于禁止复制，因而不可能让工匠根据原型制作一个新样品来填补缺失的部分。除非收藏者偶然发现了之前未知的物品源，否则它们只能通过与同一领域中的其他物品进行交易来填补其收藏中的缺失。

在这些交易中，那些能在某一特定领域快速站稳脚跟的人会具有优势。

在需求开始上升之前,他们能以更低的成本获得收藏品;更重要的是,他们会在决定理想的收藏形式方面具有一定的优势。新来者必须适应在这一领域中已经形成的惯例,即一些物品相对容易获得,而另一些物品则是稀有和昂贵的,后者往往已经掌握在早期收藏家手中,他们不愿放弃这些藏品。后来者的选项是有限的。他们可以简单地放弃收藏,进入另一个领域。另一种选择是留在这一领域,努力重塑自己的优势。后一种策略要困难得多,而且非常耗时:如果想要成功,这个人就必须对那些在这个领域工作的人产生一定的影响,而这通常取决于是否拥有权威地位。在艺术领域,这可能意味着成为一个有影响力的评论家或一个品位被广泛认可的收藏家。

这种干预的重要性不应被低估。从19世纪后期开始,审美创新常常与现代艺术的"原创性标准"相关,而先锋派的反叛则是反对学术控制体系的因循守旧。通过布迪厄和雷蒙德·穆兰(Raymonde Moulin)的著作,我们发现这种意义上的"原创性"与艺术家为获得认可而竞争的特定领域的形成有关。对于这种强调艺术家自身的不同策略的结构性分析,我们应该进一步强调收藏家的作用。"为艺术而艺术"远非缺乏任何社会功能,而是确实有其功能性的一面,它源于买家在完成或扩大收藏时面临的种种限制。他们可以尝试通过转向新的艺术家来重塑这个领域,后者的作品更容易获得,无论是不知名的同时代人,还是被遗忘的少数大师;但是,这将意味着与艺术评论家和策展人合作,确立新来者的价值,向他们提供自己的故事,或将他们归类为一个"学派"。如果这些策略成功,那么越来越多的收藏家将会对被这些创新者"认可"的作品感兴趣,交易价格也会上涨。如今,在印度、巴西等新兴国家,人们可以看到这一进程。在这些国家,新的收藏家——部分是出于民族自豪感——正试图通过忽视艺术家自身的传统来确立过去作品的价值。其结果不仅会提高这些作品的价格,而且还将通过扩大其地理范围来粉饰那些被称为"艺术史"的大量虚构作品。

到目前为止,我们已经从更广泛的经济背景出发考察了收藏家的活动。但是,收藏家们总会有其他兴趣,这些兴趣提供了收藏家们维持其"热情"的资金来源。收藏活动最初被认为是一种爱好或消遣,因此被视为一种边缘的甚至寄生的活动，被嫁接到其他获取财富的方式上。正因为如此，与收藏品有关的活动首先设法占据了它们在经济秩序中仍然保有的位置。随着资本主义发展，收藏活动仍然在这种认知结构中运行，这是基于工作与休闲、必需与过剩、职业与享乐之间的一系列对立的存在（在 19 世纪，收藏家的"狂热"常常被视为对性活动的替代），也是基于"男性化"活动与"女性化"的活动对立，文化习俗也随之产生了性别差异。而收藏形式可以说避开了这种区分。在这个边缘领域，关于好看（或必要）与有用（或有趣）之间的争论可以暂且搁置。19 世纪，关于收藏家的叙事不可避免地将激情语言与商业语言、热爱物品与热爱金钱交织在一起。贪婪、苦涩和欺骗，以及通常与财务状况有关的品行，都是这些故事的佐料。巴尔扎克的表哥庞斯就从未真正满足过，除非他想方设法以自己所渴望的、低于其"真实"价值的价格（换句话说，低于未来的售价）获得了"美物"，而他的独特品位和眼光又被更广泛的爱好者群体所认可。

收藏形式可以消除物品的"内在价值"——来自其独特性，因而无法与其他物品进行比较——与其市场价值之间的矛盾，通过交易这种检验形式转化为价格。艺术品收藏家之间的交易就是一个很好的例子。一件作品的公认价值是基于批评家、策展人和艺术史学家的集体判断，他们经常为国家或慈善团体资助的机构（博物馆、大学）工作。他们不应该考虑一件作品的价格：事实上，如果想要认真对待他们的评价，那么长期以来对这种"经济"考虑的完全漠视是必不可少的。但与此同时，这些"自主性的"决定为在艺术家、卖家和收藏家之间达成一致价格提供了必要的基础。为了使一件作品的价格合理，这件作品看起来必须符合由那些本应超脱于这些琐事的人赋予的价值。这两种行为主体必须保持一定的距离：如果他们之间的界线变得太模糊，那么为一个作品确立价值的过程就会被认为是一种提高市场价格的粗俗手法。

七、作为资产的商品

当决定价值的机构与决定价格的机构关系过于紧密时，往往会让人对价值产生怀疑,也会使定价变得更容易,因为价格不再是其他东西,而是以货币形式表达的价值。原因在于物品总是会按照既非标准形式的原则也非收藏形式的原则进行循环的,这可以被称为"资产"形式,即纯粹为了获得积累资本的机会而购买的商品。这里,物品的唯一相关属性是其价格。无论它的"标准"价值或"收藏"价值如何,任何东西都可以是这种意义上的资产。作为资产,物品在构成资本时是有价值的——考虑到它们当前的价格,还可以被视为可能的奢华来源和未来的收入。我们同样可以通过制作双坐标轴来考量这种特殊形式下的价值形态(图3)。与标准形式相反,在资产形式中,效用(utility)问题不再适用于差异轴,物品的位置也不再重要,而这对于收藏形式则至关重要。但是,其他的差异则以资产形式发挥作用,尤其是物品很容易兑换成现金,这就是它的流动性。在这方面有三个因素值得一提:首先是物品的运输能力(或其产权契约);其次是谨慎交易的能力——例如,在不引起税务稽查员注意的情况下买卖资产;最后是存在可靠的评估工具,可以用于广泛的地域,以便在许多不同的地方可以用类似的价格买卖。集邮再次为收藏者的藏品提供了一个例子,这些藏品很容易转化成资产。它们的体积很小,便于运输(或隐藏),通常分类登记,包括对邮票进行描述以及列表记录以前的交易价格。比如,著名的黑便士邮票就可以在不同的市场上以大致相同的价格买到。

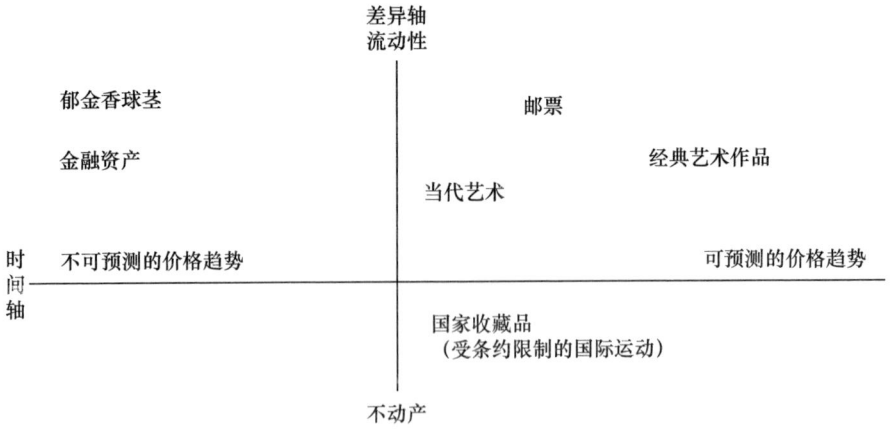

图 3 资产的形式

关于绘画、手稿和旧书也有类似的说法，其优势在于相对容易运输，而且不会引起注意，从而使它们的持有者可以避税——这是房地产资产很难做到的（伦敦或巴黎市中心的公寓不可能被简单地搬到另一个国家）。在当局登记的书面收藏契约虽然可以易手，却能通过复杂的财务安排被掩盖起来。在不同的市场上，画作价格的稳定性很大程度上取决于艺术家的"认可"。专业拍卖行所扮演的角色之一就是宣传艺术品的价格，使这些作品的价值合法化，并赋予它们流动资产的性质。从这个意义上说，画作几乎可以扮演金钱代理的角色。

与此形成对比的是，二手商品的价格——也被收藏者所追捧——可能会因环境的不同而有很大的波动。一个二手商品经销商对相关因素作了如下总结："要知道，我们首先必须看得见。但是这还不够：即使我有一个 Daum 花瓶、一座象牙雕像或一把小提琴，对我来说，其货币价值仍然取决于几种标准。在拍卖行我要付多少钱？或者我想卖多少钱？以及哪里可以以这种价格买卖？在法国旺沃跳蚤市场的人行道上，还是在圣图恩的布里翁集市上？在瑞士的一个村庄中，还是在法国巴黎的卢浮宫或左岸古董市场里？"

当物品被视为资产时，它们的资本化——即人们预期的它们的未来收入流的当下价值——就被认定与时间轴相关。资本化的目的是预测物品的当前价格：买家现在愿意支付这笔钱以获得其所有权，并希望未来获得收入，而不是把这笔钱投资到另一个涉及其他商品的交易中。因此，买家会比较该物品的价格以及他们对未来的可能收益或成本的最佳预期，这就表明了未来与现在之间的具体关系。但是，如果这一预测被包含时间成本（通常以当前的利率为基准）与风险成本（预测在某一时间实际上有机会获得收入）的贴现率所平衡，那么物品的价值只能被设定为当前的资本。此外，风险成本有赖于对高风险交易的预期收益与降低风险的成本之间关系的预测。因此，在资产形式中，时间轴既不会导向一种结果，即认为物品注定会变成废物，就像标准形式一样，也不会导向永久保存，就像收藏形式一样，而是或多或少取决于遥远的未来。

因此，资产形式的时间轴可以展现一种对比。在时间轴的一端，那些承诺未来会获得收益的资产，其预测将考虑到适度的风险成本，就条件来说，它们是在短期内进行交易——例如，它们的流通会受益于有利于投机的模仿效应，就像金融资产的情况一样，虽然艺术作品也是如此；换句话说，对当前利润的偏好胜过了未来。在时间轴的另一端，人们希望资产能在长期为未来带来利润；换句话说，这种收益高到足以补偿高昂的时间和风险成本。

在第一种情况下，资产会迅速转手，因为每个买家不仅会在当前的利润呈现上升趋势的情况下努力让资产接受交易的检测，而且会在市场反转时尽快卖出。当资产只在纸上交易（或以电子形式存在）时，金融危机就是这种由恐慌引起紧缩的最著名案例；在收藏家对物品的需求方面，人们也可以找到类似的逆转，比如1637年的荷兰郁金香泡沫，或者对诸如昂贵手表、稀有小提琴或当代艺术作品等商品的狂热追捧。

在第二种情况下，资产转手得很慢。我们可以基于不同的解释来把握我们讨论的物品。它可能是一种投资，随着时间的推移，其价值将会上升；它也可以是一种保险合同，将流动资金转化为更安全的资产——试图调和不同类型资产所具有的不同风险。在高度不稳定的资产交易中赚到的钱可以以这种方式"存入银行"：通过那些似乎特别能够应对时间考验的投资——即使它们只能提供一般的收入——进行储备。这一选项——目前存在于各银行间的趋势是暂时搁置储蓄与投资之间的区别——正在被昂贵的艺术品收藏家们广泛用来为自己牟利：就收藏形式而言，他们可以因画作的品质而珍藏它；同时，就资产形式而言，他们又可以将其作为一种储备货币。

在这些情况下，当少数独特的作品定期在一小群收藏者中进行交易时，这些资产的资本化是通过降低其真实货币价值的不确定性来支撑的。一些买家愿意支付看似过高的价格，实际上是通过维持这一类别中所有这些资产的价值而服务于世俗目的。这就减少了大规模破坏集体财富的危险，这种威胁总是笼罩于物品的积累之上，无论它们多么崇高和"永恒"。每一个出售这类产品的行为者都似乎是从两个不同的角度接近它：一方面，他为了自身的利益而与其他想要同一种物品的人竞争；另一方面，他又作为一个属于集体、属于富有的收藏家精英阶层的人而想要保持其所拥有的物品的价值。这种共同利益鼓励他们发展出具体的合作形式,包括提高投标的竞争水平。

八、时间与差异

马克斯·韦伯对资本主义的定义强调了无限积累的必要性,资本不断地重新进入流通领域,以从中获利。换句话说,增加资本,然后再投资。这一过程是抽象的,因为奢华是在会计学的意义上被评估的:在某一特定时期内所积累的利润是由两个不同时期进行的两次评估之间的差异计算得出的;因此,如果财富转而集中于消费需求(包括昂贵的高端商品),就不可能达到预期的满足感。马克思通过强调市场经济下的简单交易之间的差距,对资本主义的特殊性作出了令人吃惊的表述。卖方提供一种商品以换取等值的货币,以便购买同样价值的商品(c - m - c)。而且,在资本主义经济中,商品生产的目的就是将其转化为货币(m - c - m)。这样,资本主义最终将拥有比开始时更多的钱(m - c - m′)。然而,马克思的批评者——也是马克思的批判对象,即古典政治经济学家——主要运用工业方法研究了作为工厂产品的商品,即直接用于消费的物品。但是,正如我们所注意到的,现代资本主义的显著特征之一是大规模的工厂生产正在向东亚转移,而昔日的工业强国正在发展一种新的经济模式,以不同的方式确立物品的价值:我们称之为"奢华经济"。

一些人认为这是一种背离,这种背离不仅来自工业社会,也来自资本主义本身。我们应该直截了当地指出,事实并非如此。这在一定程度上是由于金融资本发挥了越来越重要的作用,它的循环可以从外包工业发展中获得利润,同时也能刺激国内的经济增长。然而,要把握资本主义经济内部发生的变化,我们必须把对商品的分析延伸到制造业以外的领域,并抓住其他方法来确立以交换为导向的产品的价值(犹如马克思著作中的商品),即使它们并不是在工业流水线上生产的。到目前为止,我们的分析已经勾勒出了一个变换群(transformation group),在交易条件下思考确立物品价值的不同方法。它让我们沿着时间轴和差异轴将一系列看似性质不同的物品组织起来,这两个轴以不同的方法发挥着核心作用，这也许是因为它们是资本主义经济进程中所固有的。时间轴关注在确定物品的价值时如何把握时间，差异轴涉及从物品的差异中获利的方式。

首先，正如我们所看到的，在以标准形式为基础的工业经济中，当下才是关键，即使公司的管理不得不考虑到为了保持竞争力而进行投资。虽然生产的物品可能会以不同的价格提供给消费者，但是根据耐用程度的不同，最终它们注定都会变成废物。因此，废弃在这种经济类型中起着核心作用。在这种经济中，物品的价格在它们是新的时候是最高的。其次，与标准形式不同，收藏形式的一个初始特征是它允许过去的物品增值，即使它们已经经历了一段时间的衰落；同时，诸如当代艺术作品等新创作的物品则可以被视为注定会不朽——从一个投射到未来的点上进行评估，可以认为它们已经属于过去。最后，资产形式首先考虑的是未来，因为它将当前的价值归因于可能会从现在开始的几个月、几年甚至几十年后的预期价格。

在这三种形式下，有关如何从物品之间的差异中进行剥削的疑问将权力问题提了出来：谁来控制对这些差异的认定及其价值的确立？在资本主义的背景下，这种权力体现为经营者有能力利用其掌握的独特资源，从而使其竞争对手期望获得利润的那些特性贬值。对于以标准形式为基础的工业经济来说，生产的主要代理者——无论他是拥有生产资料还是依赖股东——控制着相关的产品特性，并通过诉诸法律来保护和保存它们。在资产形式中，有关差异的权力由那些基于对未来（尤其是未来利润）的叙事性预测来评估价值的人们所持有——无论他们是否是资产所有者；当他们拥有大量的资本资源时，这些预测可能成为他们自我实现的一个要素。在收藏形式中，对物品的估价也存在着谁有权决定它们之间的区别以及对它们的鉴定有赖于谁的问题。然而，工业经济与奢华经济之间的一个重要区别是，在后一种情况下，那些创造了物品价值的叙事差异的人必须独立于那些从这种评价中获利的人。尽管有这种"无利害关系"（disinterestedness）条款，但物品拥有者仍有相当大的权力影响物品的价值。不过，这种权力是通过间接的方式体现出来的，衡量的是拥有者对那些制造了有关物品价值和差异的叙事的人的控制程度，从而能够将价格转移到自己的利益当中。当一个人的财产被资本化时，这种间接的力量至关重要。因此，价值的确定比工业产品更稳定，甚至比金融资产更稳定。有关收藏形式之价值的过去的叙事有赖于主要机构实体的支持，通常有国家作为基础；一旦这种叙事确立起来，就往往比现在或未来的叙事更为强大。奢华经济与工业经济一样存在着不平等，但奢华经济通过劳动过程使剥削呈现出不同的形式。劳动不再集中于工厂，而是成为生产的要素；取而代之的是，劳动力被广泛地分散在公共领域与私人领域，区分为永久雇员与作为无产阶级的非正式雇员，同时也遍布在更为广泛的活动领域，其中的许多活动甚至尚未被认定为"劳动"，而是表现为"渴望"或"激情"，那些参与其中的人往往会付出沉重的代价。这一终将获得承认的领域不利于新的社会和政治力量的出现，而只有这些力量才能够对抗不平等的财富分配，并有能力对价值决定问题作出重新安排，以实现更加平等的目标。

资本主义的一种新形式？*
——与吕克·博尔坦斯基和阿诺德·埃斯科雷商榷

南茜·弗雷泽** 著　　尹　兴　译

[内容提要] 博尔坦斯基和埃斯科雷试图通过建构定价语用学来分析资本主义。他们提出三种价值形式，即标准形式、资产形式、收藏形式，分别对应工业、金融和奢华三个经济行业，并强调了奢华经济的独特性和重要性，希望借此加强对当代资本主义的批判。这代表了分析资本主义的一种新视角，揭示了奢华经济定价和剥削的真相。但是，他们用价值形式代替资本主义的总体概念，高估了奢华经济的重要性，影响了批判资本主义的力度。我们应将奢华经济纳入一个更广泛的视角，将各种资本主义经济形式整合在一个理论体系之中，加强对各行业之间关系的分析，尤其加强对金融经济的分析，从而更好地实现批判资本主义、阐明社会变革运动发展前景的目标。

[关键词] 资本主义　批判理论　奢华经济　金融经济　定价语用学

吕克·博尔坦斯基和阿诺德·埃斯科雷在《物品的经济寿命：大宗商品、

---

* 本文原载《新左翼评论》（*New Left Review*）2017 年 7—8 月号（总第 106 卷），注释有删节。译文原载《国外理论动态》2018 年第 4 期。

** 作者简介：南茜·弗雷泽（Nancy Fraser），美国社会研究新学院哲学与政治学系教授，当代著名政治哲学家，美国批判理论的主要代表。

收藏品和资产》一文中提出了思考资本主义的一种新思路。与古典政治经济学关注劳动、新古典主义关注效用不同,两位作者直接关注社会实践,它通过论证和辩驳物品(objects)的价格来确立其价值。采用这种新颖的视角,两位作者进一步划分出几种不同的资本主义经济类型,每种形式都以一种不同的定价语用学(pragmatics of value-setting)为前提。其分析的核心是一种特殊的经济形式,即奢华经济,它包括艺术品、限量版奢侈品、高端收藏品的市场,以及对国家遗产、遗址和命名控制权的创造和利用。两位作者将这种经济形式中确立价值的独特逻辑与工业形式和金融形式中的价值语用学进行了对比。但是,他们的目标不仅仅是分类,而是把他们对"奢华"的论述与一种历史性论题以及对当代资本主义的批判性诊断联系起来。他们认为,欧洲传统资本主义核心工业区的去工业化进程造就了今日奢华经济扎根和繁荣的土壤。对他们来说,奢华资本主义是工业资本主义的后继者,并成为批判理论的特有分析对象。只有理解其特有的薄弱环节及政治动员潜力,我们才能在当前的局势中预测争取解放的社会变革前景。

  这一视角既具原创性又富洞察力。这种语用学的价值建构方法代表了分析资本主义的一种新视角,提供了一种界定并实际区分不同行业和管理体系的新方法。在当代资本主义中识别出独特的"奢华经济"是一种真正的揭露,它使当代现实中一个日益突出但尚未被充分研究的方面变得清晰可见且容易理解。单凭这些,博尔坦斯基和埃斯科雷的文章便对资本主义社会的批判理论做出了值得欢迎的贡献。尽管如此,我对两位作者对这一概念的确定以及对当代的诊断还是有一些疑问。接下来,我将特别澄清三个问题:首先,他们所说的资本主义究竟意味着什么?其次,他们是否以及在何种意义上对这种资本主义提出了批判?最后,他们的诊断是否以及在哪些方面阐明了当前的局势以及解放斗争的前景。

奢华经济的经济形式和价值语用学

  博尔坦斯基和埃斯科雷的努力是以当前的局势为基础的。他们对这一背景的描述有两个方面颇为引人注目。两位作者首先提出了当代政治经济中一些无可争辩的熟悉特征：制造业迁出资本主义的历史核心区，随之而来的是这些地区工人阶级力量的下降，并导致了不平等的加剧，以及被称为"1%"的奢侈品消费者阶层的日益崛起。他们还对当前资本主义批判的发展状况提出了看法，其观点借鉴了博尔坦斯基与伊夫·恰佩罗（Eve Chiapello）之前共同撰写的《资本主义的新精神》一书。从该书的起点出发，博尔坦斯基和埃斯科雷的文章认为，当今的批判软弱无力，其"艺术"部分正在复苏，而"社会"部分却因出现了一种资本主义的新形式而迷失了方向。于是，一方面是不平等的不断加剧和批判的软弱无力，另一方面是他们所描述的新兴的奢华经济的日益增长。正是在这一背景下，他们致力于阐明复兴资本主义批判和动员反资本主义力量的可能性。

为此，与《资本主义的新精神》一书中提出的问题不同，两位作者提出了一个新问题。《资本主义的新精神》一书主要关注马克斯·韦伯所说的著名的资本主义"精神"，而《物品的经济寿命：大宗商品、收藏品和资产》一文则主要关注不那么著名的另一方面，即资本主义的经济形式。在选择"形式"（form）一词来识别和分析资本主义的不同"经济"时，博尔坦斯基和埃斯科雷表示，他们已经在分析层面上从前作的以主体—动机—伦理层面为主导转换到该文的以结构—制度层面为中心。

那么，两位作者是如何理解"形式"的呢？令人关注的是，他们的概念与韦伯的明显不同。对韦伯来说，资本主义的经济形式包括了其核心的制度结构，尤其是市场定价、工资劳动、私有财产和复式记账，所有这些都是为了追逐利润而动员起来的。在《新教伦理与资本主义精神》一书中，韦伯为了集中关注"精神"，很快就把资本主义的这些制度方面的问题抛诸脑后，暗示"形式"可以留给曼彻斯特学派或马克思主义者来研究。然而，两位作者并没有接受韦伯的这一暗示。对他们来说，资本主义的经济形式既不是斯密式的，也不是马克思式的，它也不包括韦伯所认为的资本主义经济中典型的制度模块。相反，他们将"形式"多元化，视其为区分不同的资本主义经济发展变化的一个特征。具体来说，他们将经济形式视为在特定的经济中占主导地位的独有的"定价语用学"。因此，奢华经济与其他资本主义经济的区别在于其独特的"价值形式"——通过这一具体的语用学逻辑来确定在其内部进行交易的物品的价值。

价值是两位作者的资本主义概念的核心范畴。他们否定了追求比价格更重要的内在价值的努力，拒绝了古典政治经济学和马克思赞同的劳动价值论。然而，他们也拒绝像新古典主义的边际效用理论那样将价值降格为市场价格。不同于这两种研究取向，他们认为，价值是一种松散的检测形式，是为了论证和评判价格。社会行为者认为价值独立于价格，并援引价值来论辩价格，例如，他们会称某样东西"不值那么多钱"。维特根斯坦可能会说，价值属于论证和评估价格的语言游戏。

此外，对两位作者来说，这种语言游戏具有多元性，每个游戏都有其独特的语法和价值形式。他们确定了三种价值形式，分别对应三种不同类型的资本主义经济：工业经济适用"标准形式"，金融经济适用"资产形式"，奢华经济适用"收藏形式"。这些价值形式是根据差异化和时间性这两个参数来区分的。因此，标准形式盛行于批量生产的标准化商品中，其产品的差异化程度低，陈旧过时，看重当下的使用价值。资产形式在金融化领域占据主导地位，在这里，行为者会审慎地权衡风险、流动性、升值潜力和未来收益，从而有效地优先考虑未来。收藏形式主要集中在奢侈品、艺术和文物领域，看重出处和过去，珍视独特性、稀缺性和悠久性。

两位作者对与工业、金融和奢华相关的价值形式的区分似乎与被马克思称为"三位一体公式"的利润、利息和地租相对应。这种对应在工业/利润和金融/利息的案例中清晰可见。但是，这种对应也适用于似乎不那么明显的奢华案例，这里的价值与区位优势、知识产权和其他形式的垄断租金紧密相关，剩余价值也产生于此。如果这是正确的，那么我们就可以在马克思的指导下，从更广义的资本主义社会概念中建立有关工业利润、金融利息和奢华租金的功能叠瓦（functional imbrication）理论。但是，这种整体化分析并非两位作者的主要关注点。相反，他们更感兴趣的是区分不同的资本主义"经济"，而不是分析它们之间的相互关系。

两位作者尤其关注的是揭示奢华经济中定价工作的独特性。他们声称，奢华需要付出相当大的努力，尽管这一努力常常被神秘化，似乎没有做什么工作。"奢华工作"主要由叙事构成，包括讲述一段过去，赋予物品某种历史意义，从而使其具有独特性、开创性、不寻常性和与众不同的出处。这项工作是由策展人、文物修复师、文化历史学家、博物馆和画廊的雇员、学者、收藏家、拍卖师、名人以及文化部门和旅游行业的国家工作人员共同完成的。尤其值得一提的是，受过高等教育但未充分就业的年轻人对其作出了相当大的贡献，他们渴望成为"创意阶层"的成员，主要是为了"激情"而非金钱工作。我将具有"艺术"敏感性的他们想象成充满"资本主义新精神"的中坚力量的年轻同行者，他们生活在一个缺少繁荣、充满焦虑的时代。

无论如何，奢华经济都是一种剥削经济。但是，正如博尔坦斯基和埃斯科雷指出的，这是一种比标志性的工业剥削更隐蔽的剥削方式；而他们的文章的关键作用在于使其变得清晰可见。奢华经济的另一个关键因素是奢华收入有赖于各种专家的客观性和公正无私，这些专家要证明奢华物品价值的真实性和悠久性——不过，这一客观性被参与到收藏者的自利行为中的专家们所辜负，他们通过多次转手交易哄抬物品的价值，就像投资者"炒"房一样。在上述两种情况下，批判就成为一种去神秘化的重要启蒙。

然而，对奢华的批判并未显示出任何想要改变资本主义社会的史诗般斗争的可能性。相反，两位作者不相信奢华经济的动员潜能。与工人集中于工厂并共享阶级利益的工业剥削不同，奢华剥削在很大程度上是被剥削者难以辨认的，他们仍然是分裂的，认同剥削者的品位，并被艺术世界的魅力和声望所吸引。因此，作者以谨慎的口吻结束文章是可以理解的。他们对当代资本主义的批判远未触及走上街头的行动，我们仍不知道要到哪里寻找以及如何才能找到改变不公正世界的能量。

资本主义、批判和当前的局势

博尔坦斯基和埃斯科雷的文章无疑具有原创性和洞察力，同时也充满雄心壮志,他们有效地坚持了一种全新的当代资本主义批判理论应有的承诺。这一目标将我强调的各种元素汇集在一起:作者对资本主义"形式"而非其"精神"的界定,他们对价值的语用学解释,资本主义经济的奢华模式,他们对这一行业存在的剥削和专家鉴定的去神秘化批判,以及他们对当前政治动员前景的清醒判断。雄心勃勃的努力会触发雄心勃勃的评价标准。两位作者提出的框架是否为当今资本主义的批判理论提供了基础?尽管我赞赏他们的独创性和洞察力,但我还是想针对作者提出的资本主义概念、当前的局势和批判提出一些质疑。

两位作者在他们的文章中并没有对资本主义的概念进行解释。但是,他们从"精神"转向"形式",意味着他们想要为重视"主体—动机—伦理"的"资本主义新精神"提供一种相反的解释,即"客体—结构—制度"。我完全赞同这一观点。我从未认为韦伯的问题与马克思不相容,而是赞同建构这样一个包含"精神"与"形式"的资本主义社会双重概念的规划。

然而,我并不认为两位作者的"形式"概念可以胜任这一任务。尽管具有独创性,但是他们对不同的资本主义经济中所特有的定价语用学的关注并不能取代一种囊括了上述各种经济的资本主义总体概念——尚不清楚他们是否拥有这样一个概念。从他们的文章中可以看到不同经济行业的一种集合,每个行业都有自己的价值形式、剥削方式和冲突潜能。我们并不知道这些行业如何相互联系,以及如何将它们整合到单一的世界资本主义体系中去。工业、金融和奢华是相互重新加强得以稳固,还是在彼此不同的价值逻辑中相互摩擦,产生冲突和敌意?奢华吸入的资金是否可以投入工业?它是否会像金融一样因此而被指责为是"非生产性的"?而它最近的膨胀是否又会像金融一样被解读为危机的征兆?或者,它试图保护过去的取向可能会打开通往绿色社会之路?通过将工业、金融和奢华与利润、利息和垄断租金相对应,并在资本主义经济中建立功能叠瓦理论,这些问题能否得到清晰的阐释?

当我们思考如何对博尔坦斯基和埃斯科雷的观点进行历史分析时,问题会越来越多。我们能否依据工业、金融和奢华的相对权重、分配以及交织程度而将资本主义历史划分为不同的阶段?或许这三个行业中没有一个是新兴行业，但可以肯定的是，它们在不同的时代有着不同的相互作用，并且占有不同的比例。假设工业主导了我们所谓的资本主义"工业时代"，那么现在是哪个行业占据主导地位呢？我们现在是生活在"奢华资本主义"的时代吗？我想，"世界工厂"广州和金融中心纽约都不会认同这一点。因此，我担心两位作者高估了奢华的重要性。也许奢华经济最好被理解为当代资本主义的一个充满异国情调的角落，那些衰落的强国（法国、意大利和西班牙）的边缘性商机，这些曾经的资本主义强国被排除在主流之外，试图通过精妙的设计回味往日的辉煌，就像没落贵族的城堡沦为旅游景点和家庭旅馆。

在我看来，当代资本主义的主导行业是金融。金融业拥有巨大的经济比重和政治影响力，但这一行业却没怎么引起两位作者的关注。他们对其"资产"的价值形式的描述强调了着眼未来的时间取向，却忽略了"差异"轴——由差异决定的特征在他们那里不起作用，而这种特征正是其区别于其他两种经济的核心。其结果意味着他们不承认金融与工业和奢华之间的不对等。在我看来，这种不对等有助于我们认识证券化债务在当代资本主义中扮演的重要角色。两位作者还指出，"资产的价值形式"可以适用于任何种类的物品，以及任何程度的差异化。因此，与"标准"形式和"收藏"形式不同的是，资产形式的物品没有专属的范围和适当的领地。而且，与工业或奢华不同，金融本质上是混杂的，可能无处不在，可以随处藏身，成为任何种类的商品。任何东西都可以作为一种"衍生品"进行资本化和证券化——切开、分割和捆绑销售，然后成为信用违约互换的基础，任何人都可以对其下注。尽管并非两位作者的本意，但他们还是帮助我们理解了金融如何才能扮演如今的角色——不再是世界经济中一个可以确定的行业，而是可以渗透和吸收每个行业的价值。

如果奢华在金融主导的资本主义中位居相对次要的地位，那么批判资本主义的任务将何去何从？这首先意味着我们需要将两位作者的描述纳入更广泛的视角，涵盖工业和金融以及其他形式的垄断寻租行为，如生物技术和IT领域的知识产权等。这就需要超越单纯的比较，在一个单一的世界体系中建构有关上述行业的功能叠瓦、地理分布和相对占比理论，在这个体系中，每个行业和地区的金融流动都十分重要。这种批判理论会将两位作者的贡献置于当前的背景之下,揭露金融掠夺的普遍性,并阐明他们所描述的奢华经济的增长。

这种批判还将揭示出动员和社会变革的潜能。对通过奢华进行的剥削必须保持相对有限的甚至地区性的关注,而通过金融化进行的掠夺,其利益却具有潜在的广泛性。在全球南方,负债的农民们因企业征地受到了剥夺;在全球北方,工资低廉的工人们被迫借债消费;在世界各地,各国公民们都屈从于政府的紧缩政策,从而不得不服从于全球金融机构和债券市场的投资者的利益。这种研究方法可以揭示出共同的敌人和共同的利益。这种批判可能会在广泛的领域重整反抗资本主义的运动,从而形成博尔坦斯基和埃斯科雷寻求的那种现实的解放力量。

奢华、利润和批判*
——对南茜·弗雷泽的回应

吕克·博尔坦斯基 阿诺德·埃斯科雷** 著 蒋 林 傅振修 译

[内容提要] 本文分析了资本主义物品在经济生活中流通的方式导致的不同定价形式,即标准形式、收藏形式、趋势形式和资产形式,同时也对资本主义经济的动力机制、利润和剩余价值的关系进行了解释,认为以利润为中心的资本主义生产方式仍然是资本积累的主要来源。规模经济的利润主要依赖对穷人的剥削,而奢华经济本质上是从富人中获取利润。随着奢华经济的不断发展,资本主义充分利用各种定价形式的优势推动新物品的商品化,并从中获取最大利润。因而,要把握资本主义经济的发展脉络,就必须对市场的定价形式进行整体分析,并对资本主义社会的发展有深层理解。

[关键词] 整体资本主义 定价形式 奢华经济 商品化 利润

南茜·弗雷泽就我们论述的所谓"奢华经济"提出了几个问题。这些问

---

* 本文原载《新左翼评论》(*New Left Review*) 2017 年 7—8 月号(总第 106 卷)。译文原载《国外理论动态》2018 年第 4 期。

** 作者简介:吕克·博尔坦斯基(Luc Boltanski),法国巴黎高等社会科学研究院社会学教授,法国社会学新"实用主义"学派的代表人物。阿诺德·埃斯科雷(Arnaud Esquerre),法国巴黎西南泰尔拉德芳斯大学人类学和比较社会学研究室成员。

题涉及几个方面：一是我们的资本主义概念，尤其是"定价形式"（forms of valorization）与马克思有关利润、利息和租金的"三位一体公式"之间的关系；二是将世界资本主义体系中的不同经济形式联系起来的纽带，特别是奢华经济和金融经济，也就是弗雷泽所说的"当代资本主义的主导行业的候选者"；三是奢华经济的历史性诞生；四是决定奢华经济重要性的一项措施——弗雷泽认为我们高估了这一点；五是接下来我们基于批判任务将要进行的论述。

弗雷泽的上述问题非常重要，但遗憾的是，我们在这里只能部分地回答这些问题。我们2017年早些时候在法国出版的《奢华：对商品的批判》一书对此有更全面的分析。我们将基于这些分析对弗雷泽做出回应。接下来，第一，我们将区分并解释这些资本主义形式，更准确地说就是"定价形式"——我们的分析已从三种形式拓展到了四种。第二，我们将对奢华经济进行简要回顾，并解释在这种经济形式中利润与剩余价值之间的关系。第三，由于缺乏统计工具，我们无法衡量奢华经济，但我们仍将举一个旅游业的例子，以表明其相对重要性，并阐述利润产生的位移以及定价形式之间关系结构的位移。第四，考虑到不同行业之间的相互关系，我们将提出"整体资本主义"（integral capitalism）的概念。第五，基于我们的分析，为了指明一种新的资本主义批判的潜在发展路径，我们将关注被我们称为"被禁止的剩余价值"（forbidden surplus value）的问题。

一、定价形式的转换集

在我们这个社会，社会行为者无论是购买还是销售，都时刻沉浸在商品世界中。他们认知现实的经验很大程度上取决于商品世界，尽管他们往往不愿意承认这一点。当人们面对所谓的"商业考验"时，如果没有能够使自己的各种判断相同或至少趋于一致的框架，那么这种交易过程就充满不确定性。正是这些框架可以告知人们采取行动的理由，我们将其称为"商品结构"。这种结构在它们的环境中可以立刻被识别，并被整合到其他认知资源中，而这些资源是那些将自己定位于现实之中的社会行为者可以利用的。这就是我们描述这些结构的运作基础时要讨论"定价形式"的原因。

这些定价形式能够将物品（objects）与评价这些物品的视角（perspectives）联系起来，以便它们能得到适当的估价。当定价形式影响了被认为是商品的物品的话语构成——也就是与价格相联系——时，就会对商品的组织形式产生影响。然而，它们影响的并非物品本身，而是围绕物品被建构起来的各种话语——就像基于语言运用的辩论过程一样。正是通过这种方式，它们反过来有助于引导商品的结构化。

对于社会中经常发生交易的商品，我们已经为它们确定了四种定价形式。在克洛德·列维-斯特劳斯看来，它们之间的关系可以表述为一系列"转换"（transformations）。正如列维-斯特劳斯表明的那样，这种模型的一个优点是，它可以被转换为数学语言。这四种定价形式认识事物的方式包括两个主要方面：第一个方面涉及物品交易的方式，描述这件物品就是为了强调那些差异。一旦给出某个价格，这些差异就会使这件物品优于可能替代它的物品。沿着这条轴线，我们可以区分相似之物与相异之物。第二个方面涉及物品的价格可能会随着时间发生变化的预测方式——也就是我们所说的物品的市场潜力。长期与短期之间的不同可以沿着这条轴线画出来。根据两种不同的模式，每个方面又可以依次细分。以类似于编纂的方式，依据数据作为可能的参照，通过呈现它们有限的特征形式，差异就可以被确定下来。这种情况就是我们所说的"分析性"呈现。或者与之相反，通过将处于交易中心的物品与某个故事联系起来，差异也可以确定下来。接着，我们将讨论"叙事性"呈现。如果我们现在考虑去预测物品的市场潜力，就会发现这一物品也可以在两种模式之间进行分配。这样的预测或许认为，物品价格很有可能随着时间的推移而下降，正如大多数工业产品一样：当它们刚刚推出时，价格最高；而在二手市场交易时，价格就会不可避免地下降。或者与此相反，预测可能会计算出该物品的销售价格随着时间每一次上涨的可能性。

正如我们最初假设的那样，通过将这些可能性结合在一起，我们得出了四种而非三种定价形式。第一种形式是由工业批量生产的发展决定的，我们称之为"标准形式"（the standard form）。在物品不可避免地变成废品之前，这种形式倾向于分析这些物品从新到旧的过程中其价格递减的原因。第二种形式在奢侈品、文物、文化、艺术等蓬勃发展的行业中居支配地位——我们将旅游业和这些行业一起归类于"奢华经济"。在这种情况下，物品的定价将以通常取材于过去的故事为基础，并且认为正是故事使物品富有价值，其价格随着时间的推移很有可能上涨。我们将这种情况称为"收藏形式"（the collection form），这是为了强调这一事实，即它概括了一种最初由收藏家的实践形成的鉴赏形式。

另外的两种形式用不同的方法去整合物品的呈现形式和市场潜力。与收藏形式一样，流行于时尚界的"趋势形式"（the trend form）通过将物品与叙事相结合对其进行估价，但这种叙事以诸如名人等当代人物而非过去的人物为基础。然而，与收藏品不同，根据时尚获得定价的物品，其市场潜力十分有限，其价格注定会迅速下跌，使得这一领域的卓越表现相形见绌。最后一种定价形式完成了全部转换集，这就是我们所说的"资产形式"（the asset form）。当交易的主要动机是为了在（将来或远或近的）某个时刻售出时有可能获利，则这种交易就属于资产形式。在这种情况下，物品的内在属性——比如一件可以拍卖的艺术品——被诸如流动性等金融方面的决定因素抵消，正如分析报告中计算出的那样。基于这些定价形式，特定交易领域中的物品价格就可以从一系列不同的视角获得合理证明或遭到质疑。

二、资本主义的动力机制、利润和剩余价值

上述定价形式为社会行为者提供了参与交换和判断价格的参照点。然而，我们不应将商品结构视为现实中不变的组成部分。它们拥有一种历史维度：影响商品结构的变化从根本上来说取决于资本主义的动力机制。随着现代欧洲资本主义的发展，多样化的物品贸易逐渐趋于同质化，因为一切事物都有可能转变成商品，并通过交易——希望获得利润——兑换成货币，它们本身或多或少地被标准化了。马克思是首次揭示这一过程的人之一。但是，

就物品交易产生利润的可能性而言，这种同质化的过程又与物品的分化密切相关。

我们倾向于将这种社会（尤其是20世纪60年代和70年代以来）描述为"消费社会"——一个具有批判意味的名称，目的是为了强调下述事实：人们面对琳琅满目的物品时可以购买它们，而且购买数量仅受限于其支配的货币资源。然而，我们想指出的是，这样的社会也越来越像一个市场社会，也就是说，社会行为者应该知道如何进行商业谈判，而且被鼓励成为卖主，例如，他们可以利用不动产短期出租抑或在互联网上买卖二手货或收藏品来获利。

价值与利润相关。提及与交易相关的价值尤其有必要，而且它对于质疑物品的价格或在回应质疑时论证价格的合理性至关重要，如果我们承认这一点，就可以发现，质疑和论证主要与利润的确定有关，即一种价格与其他可能的价格（元价格）之间的关系——如果利润小，将有利于买家；如果利润大，将有利于卖家。资本主义的特殊性在于，它在不同的利润中心（profit centres）之间产生了竞争，每一个利润中心都想以最理想的价格销售其拥有的商品，以获得最大利润。无论这些商品是它制造出来的还是购买的，利润中心都要付出一定的成本才能获得。因此，我们也就容易理解为什么捍卫待售商品价格的过程在这种框架中发挥着重要作用。

对利润有多种解释，其源头可追溯到企业创新（约瑟夫·熊彼特）、限制竞争的垄断效应（爱德华·张伯伦）、不确定情况下的行动（富兰克·奈特）、获得可能使竞争瘫痪的权力位置（托尔斯坦·凡勃伦）。在对利润的一系列解释中，有两种分析尤其突出，其中一种分析强调价值，另一种强调价格。这两种分析都试图理解商品交换如何在利润中心的资产负债表上产生用会计术语记录下来的利润，即利润的物化（可以是积极的、消极的或中性的），它将两种资产负债表之间该商品的货币当量剥离开来。

第一种解释由马克思提出，认为一件商品必须通过人类劳动来获得一种可以交换的形式。它强调通过剥削无偿劳动（剩余劳动）来产生剩余价值的可能性，也就是获取剩余价值的劳动。第二种解释集中于交换活动本身，强调商品的购买价格与销售价格之间的差异。但是，如果这种差异在独立实体之间的连续交易过程中没有被抵消，那么我们就可以假定，所购商品的第一次交易时间和地点不会直接与在该商品被销售期间的第二次交易的时间和地点交叉。换言之，商品一定会受到位移的影响。费尔南·布罗代尔认为，这种位移本质上具有地理属性（远距离的贸易），但我们试图证明，这个术语可以扩展到包括其他形式的位移，这些位移形式也会提高位移商品的价格。

三、商品位移、购买者和定价形式

布罗代尔认为，商业剩余价值的最大化取决于商品的位移。让我们首先看一个地理位移的例子。这一点在奢侈品中显而易见，因为，与知名标签相关的奢侈品来自某个具体的国家或地区，并被出口到或远或近的地方，那里的买家因为原产国的信誉而购买它们。在这种情况下，劳动所得的剩余价值与商业所得的剩余价值相结合，利润就会更高。

旅游业的利润是奢华经济的核心活动，同样来源于地理位移。然而，在这种情况下，由于物品的价格——或者说获得物品的价格，两者大体相同——取决于物品所处的地点，因而正是该地点的位移使得买家花费了等于或高于原产地的金钱来维护、休闲或享受，从而产生了利润。弗雷泽将纽约描绘为"金融堡垒"。但是，金融无法解释纽约用废弃的高架铁路建成的高空城市公园街区，在那里，传统建筑物、摩天大厦与豪华精品店、世界闻名的画廊和博物馆（以及熙熙攘攘的游客）集聚在一起：奢华经济所有的特征要素现在都出现在这座城市的市中心。

地理位移并非唯一的类型。物品在"经济生活"中的流通方式导致了不同的定价形式，这些流通方式在很多情况下可以被视为各种各样的位移。例如，最初生产或交换的东西被当作标准物品，其价值参考收藏形式被重新定价，就属于这种情况。或者，在流通过程中，最初根据趋势形式定价的物品要么接近标准形式，要么反过来参照收藏形式进行重新估价。而根据资产形式定价的物品，最初可以参照其他三种形式来进行评估。例如，当一辆汽车——典型的标准产品——为某位名人所有（趋势形式）时，在成为收藏品前，购买它很可能或者是为了长期投资，或者是为了谋利而迅速转手。

尽管只有当物品成为原型时才能回到标准形式，但是几乎所有的位移都可能发生在不同的定价形式之间。就收藏形式来说，这种可能性并不大，因为禁止复制通常会妨碍收藏品变为标准产品。不过，这种可能性仍然存在，例如，博物馆销售的"衍生产品"——即与陈列的杰作"一模一样的"复制品。另外，具有周期性特征的趋势形式通常会将过时的物品退回标准形式。设计师接下来会对这些退回的物品做一些细微的改动，使其成为新一代标本的原型。此外，在对同一产品的营销中，既可以通过提高单个商品（例如收藏形式）的标价又可以通过出售大量样品（例如标准形式）获利，也就是说，可以利用不同的卖点来获得利润。

四、整体资本主义

对20世纪70年代以来的资本主义发展变化的分析大多集中在组织和生产的转型方面，也集中在弗雷泽强调的金融国际化以及公共、企业及家庭债务的增长方面（还包括用于国家支出的财政收入的不足）。人们很少重视影响商品世界和物品贸易的变化，而它们仍然是利润和资本积累的主要来源。

伴随着大规模生产转移到大多数人口贫困的周边国家，奢华经济在前工业国家中一直在发展，这些国家的富人比其他地区的富人要多得多，他们最有可能利用物品贸易为资本主义获得赖以生存的利润。这可以通过为收藏形式中的衍生效应或遗存物品定价来获得，也可以通过强化趋势形式来加速报废（这会反过来抛弃那些几乎没有使用过的物品），还可以通过缩小实物与其货币当量之间的差异来获得，在资产形式支持的物品流通中，它们几乎被视为金融产品。为了表明这种利用了所有四种定价形式的资本主义的特殊性，我们将对"整体资本主义"做出阐述。

资本主义谋求无限的资本积累，整体资本主义也具有这种特征。但是，整体资本主义是通过扩大商品领域、开发新的财富来源、把不同定价形式的物品相互联结起来追求资本积累的,并通过商品流通来获取最大的利润。这种制度就像金融经济和数字经济一样,有利于奢华经济的增长。这种增长与20世纪90年代以来全球性后果导致的另一进程相关:大规模生产以及伴随着欧洲工业革命进程的资本主义一直扩张到以农业为主的世界其他地区。奢华经济在很大程度上取决于这种扩张和通过资金循环所产生的利润,这里也包括那些正在去工业化的国家。此外,在奢华经济发展显著的国家,标准物品的销售继续发挥着重要的,甚至是主要的经济作用。

然而,奢华经济的特殊性在于从物品的交易中获取利润,即使是工业化生产的物品也主要是基于其他三种形式来定价的。这与剥削承担着这种定价任务的当地熟练工人的特殊方式相关。从这种意义上说,它产生的利润部分取决于对剩余劳动的榨取。不过,奢华经济的与众不同之处在于它对制度的依赖,这使它能够榨取的利润比当前面临更高竞争水平的标准物品所创造的商业利润还要多。最后需要指出的是,规模经济主要依赖对穷人的剥削,无论他是生产者还是消费者,而奢华经济本质上是从富人身上获取利润的。正如布罗代尔分析的那样,只有在主要为富人创造的"稀世珍品"或奢侈品的交易中,才能产生特别巨大的剩余价值。

这些论述表明,整体资本主义并非"后现代"资本主义,后者不再依赖从剩余劳动中获取利润,甚至也不再依赖实物的生产和流通。整体资本主义是这样一种资本主义形式,其灵活性使它能够利用比过去更大范围的物品。其多样性不仅得以保存,而且可以保持稳定;其灵活性也使得它可以利用在不同商品之间建立的差异。同时,它将这些因素整合到一个单一的力量场域之中,在这个场域中,金融流量可以进行严格的度量,但与它们赖以生存的物品的特殊性无关。这种金融流量创造了一种相互依存的形式,甚至创造出一种稳定性。

然而,与这种稳定的大背景相反,利润的分配存在着冲突,这种冲突取决于各种形式剥削物品之间差异的方式。这些冲突归根结底还是与这样一个问题有关,即谁在对这些差异的确定及其定价实施控制?换言之,冲突与权力有关——在资本主义背景下,权力是由行为者对某些差异的定价能力来衡量的，因此冲突削弱了物品之间的差异对于获利的价值，而竞争对手则希望从这种差异中获利。

五、被禁止的剩余价值

资本主义在其历史的每一个时刻都是在可商品化与不可商品化之间运行的，两者之间的界线由社会和道德规范决定，而且常常被写入法律。毫无疑问，这就是反抗商品化的斗争始终是资本主义批判的核心特征的原因。这场斗争往往会产生道德转变，或者更准确地说，它会基于人道主义的立场强调脱离商品世界的人与注定会商品化的物之间的差异。这样一来，就应该防止那些被视为非人类的生物或物体——家畜或艺术品——商品化，只有通过把它们划入准人类的范畴，才能保护它们。在其他情况下，在市民社会（卓越的商业领域）与致力于维持可商品化与不可商品化之界线的国家之间存在着分裂。

然而，无论将界线划在何处，在最接近可商品化限度的物品中，商业化总是受益于某种剩余价值。从某种意义上似乎可以说，它们通过在非市场领域被扭曲的事实提高了其自身的价格。这是从事不能被交易之物的不法交易者所实现的剩余价值，因而可以称之为"被禁止的剩余价值"。那些从发展奢华经济中获利最多的人乐于维持普通商品与特殊商品的分离，因为普通商品的交易仅仅需要遵循经济法，而特殊商品在交易过程中总是巧妙地隐匿在商品世界之中，这赋予了它们额外的价值，并支撑了它们的价格。

资本主义的动力机制以商品化扩张的位移为基础，就此而言，它们往往不仅将我们的世界标准化，而且也经常遭到指控（工业经济的扩张正在造成本土特色在全球一体化的过程中丧失）。与此同时，它们也依赖于对差异的利用——而且是在其分布不对称的条件下。随着奢华经济的发展，资本主义最大限度地利用不同的定价形式促进新物品的商品化，同时通过造成某些物品的价格下降（标准形式和趋势形式），或者通过其他物品在重新流通时提高价格（收藏形式和资产形式），进而从新物品中榨取最大的利润。然而，尽管采取了所有四种定价形式的商品化已经得到扩大，但却远未穷尽构成这个世界的一切物品，因为其中的大部分尚未被商品化。

拉丁美洲的新榨取主义：全球资本主义动力机制的新表现[*]

乌尔里希·布兰德　克里斯蒂娜·迪茨　米里亚姆·兰[**]　著　刘　琦　译

[内容提要]　本文的目的是在全球资本主义发展的语境下来阐明拉美新榨取主义正在形成的政治制度的、地域的和社会生态的动力机制与矛盾。与现有著述相比，我们认为，"新榨取主义"这一术语不只是适用于拥有进步主义政府的那些国家，也应适用于自20世纪70年代以来，特别是2000年以来主要依赖自然资源开采和出口的所有拉美社会。我们认为，"新榨取主义"这一术语的使用经常是模糊的，而如果依据主导性发展模式来理解该术语，则其模糊性将进一步加剧。因此，我们诉诸规制理论以及它对资本主义发展的不同阶段所进行的历史性的启发式探索。这使得我们能够看清变革中的社会经济与技术发展、世界市场结构以及政治制度构型之间的各种时空依存关系，它们是跨越不同层面和国界的新榨取主义的特征。

---

[*]　本文原载《政治科学》（*Ciencia Politica*）2016年第11期。译文原载《国外理论动态》2018年第1期。

[**]　作者简介：乌尔里希·布兰德（Ulrich Brand），奥地利维也纳大学国际政治系教授。克里斯蒂娜·迪茨（Kristina Dietz），德国柏林自由大学拉美研究所研究员。米里亚姆·兰（Miriam Lang），厄瓜多尔安第斯西蒙·玻利瓦尔大学教授。

[**关键词**] 资本主义　新榨取主义　拉丁美洲　规制理论

一、引言

　　21世纪的商品繁荣给社会、政治、生态和发展方面带来的影响一直饱受争议，特别是在拉美地区。这并不奇怪，因为初级商品领域的全球性繁荣对拉美的发展政策、增长率以及以出口为目的的资源开采的扩大都有着特殊的影响。在撒哈拉以南的非洲和东南亚等世界其他地区，同样可以看到资源繁荣（resource boom）造成的类似影响。2000—2010年间，拉美地区国民经济的年平均增长率为5%。丰富的原材料成为该地区增长的主要动力和国家收入的主要来源。这反映在如下三个方面：不断增长的外汇收入、初级产业部门在GDP中所占比重越来越大、集中于自然资源开采和初级商品领域（尤其是采矿业）的国外直接投资加速增长。各国政府，特别是那些由左翼自由主义政府或者左翼色彩更浓的政府执政的国家，在社会政策方面获得了新的行动空间。因此，从资源部门获得的额外收入的分配可以降低贫困率和减少长期存在的社会不平等现象（尤其是在委内瑞拉）。

　　但从2011年开始，特别是2014年下半年，不仅石油价格，而且包括矿产和出口农产品（如大豆）在内的所有商品的价格都大幅下滑。据联合国拉美和加勒比地区经委会（ECLAC）统计，2011年至2015年5月，金属价格下跌了39%，经济作物价格下降了29%；2014年7月至2015年1月的仅仅7个月里，石油、天然气和煤炭等能源产品的价格下降了52%。后者出现价格急剧暴跌被归因于需求的减少（特别是中国经济的放缓导致需求减少）以及总产量的增加（与此关系最密切的是美国通过水力压裂技术进军石油和天然气市场），而大宗商品日益金融化导致的投机因素也是原因之一。尽管这次危机对各国经济的影响各有不同，但可以说，它导致了整个拉美地区的经济减速，甚至在某些情况下造成了经济衰退。各国政府试图通过增加税收收入、扩大资源开采活动的范围以及增加大宗商品的绝对出口量，来减少其负面影响。

关于拉美的新榨取主义已有许多报道、争论和著述。那么，我们为什么还要撰写文章来讨论这一议题呢？本文缘起于有关该议题的现有的学术争论和政治争论，文章的创作目的有两个方面。

第一，借助于规制理论，我们将把新榨取主义描述为一种发展模式，从而对其形成一种具有理论基础的诠释。我们所理解的发展模式意指一个大致上有着地域界定的单位，其中一整套确定的文化和社会习俗以及精神图式成为（至少部分成为）支配性的，并在国家或地方层面上转化为一种制度化的妥协。因此，发展模式是一种大体稳定的积累体制、一种工业/发展范式和一种支撑前两者的规制模式的互补性组合。此外，这一助力型组合可以被视为大规模社会斗争和运动的意外结果。

第二，我们的目标是评估当前拉美的新榨取主义在政治制度、地域和社会生态方面的动力机制和矛盾。这一评估并不局限于国家或区域范围（即在国家边界范围内），而是在不断演变的全球资本主义发展的背景下展开的。这一点与第一点的联系在于，作为一种发展模式的新榨取主义需要被置于全球背景之中。我们的论点并非是世界市场决定论，换言之，我们并不认为，新榨取主义作为一种发展模式仅仅是国际经济和政治条件的展现。相反，我们关注的是全球性危机时期不断变化的资本主义积累条件与国家或地区层面上的社会政治和社会生态的重建过程之间的相互依赖关系。

二、拉美的"古典"榨取主义与新榨取主义：争论与证据

"榨取主义"和"新榨取主义"这些术语与批判一种资本主义主导的、以原材料的开采和出口为导向的经济增长模式的复兴密切相关，自2000年以来许多拉美国家遵循着这一模式。爱德华多·古迪纳斯（Eduardo Gudynas）、阿尔贝托·阿科斯塔（Alberto Acosta）和马里斯特拉·斯万帕（Maristella Svampa）等学者在使用榨取主义概念时，指的是那种主要基于资源开采和自然估值，但并不涉及分配政治的经济活动占据主导地位的情况，而新榨取主义则与利用资源开采活动获得的收益来消除贫困、提高民众的物质福利的国

家政府相关。

(一) 当前关于古典榨取主义和新榨取主义的争论

总体而言，榨取主义既被视为一种积累战略，也被视为一种与之相关联的经济结构，"其基础是对……自然资源的过度开采，以及资本主义向以前被视为与生产无关的领域的不断扩张"。与新榨取主义相关的其他主要特征还包括部分拒绝新自由主义政策、特定原材料产业（石油、天然气、矿产）的部分国有化、对占用资源及其利润进行更有力的政治控制以及社会政治项目的扩展。这一"后新自由主义"（post-neoliberalism）模式的榨取主义的实例既存在于在左翼自由主义政府领导下的巴西、阿根廷和乌拉圭的近期发展中，也存在于由左翼色彩更浓的政府统治的玻利维亚、厄瓜多尔和委内瑞拉等国家中。这种"新"榨取主义在拉美的争论中被界定为不同于"古典的"或"保守主义的"榨取主义，后者的特征是跨国化、放松管制和私有化这样的新自由主义政策模式的长期存续。墨西哥和哥伦比亚被视为后一种模式的典型。古迪纳斯也强调指出，保守主义的榨取主义寻求建立基于企业社会责任的合法性，而进步的新榨取主义则通过民族主义的或反帝国主义的话语来实现这一目的，认为自然资源应该民有和民享。

阿科斯塔将榨取主义的两个版本（即古典榨取主义和新榨取主义）分别与相应的自由主义和进步主义的发展主义联系起来，并认为新榨取主义是以国家民粹主义的社会政治信条（dispositif）为基础的，这一信条在策略上发挥着政治合法化来源的作用。换言之，作为该发展模式不可分割的一部分，新榨取主义为作为一种旨在促进国家发展、主权和社会再分配的行动计划的自然资源开采提供了合法性论证。特别是在左翼政府统治下的安第斯地区国家（厄瓜多尔、玻利维亚和委内瑞拉）中，与贫困和社会不平等作斗争的必要性为原材料开采提供了社会政治上的合法性辩护。在我们看来，进步主义的榨取主义与自由主义/古典的榨取主义之间，或者"新榨取主义"与"古典榨取主义"之间的区别存在于具体的社会历史形态这一层面，也就是说，取决于具体国家在特定时间的境况。特别是当我们深入考察这些形态（这里我们不打算这样做）时，应该把这种差异作为研究的出发点。但我们想强调的是，尽管这些差异肯定存在，但不同国家之间的共同点正变得日益明显。这与占用自然资源的政治实践和国际格局的重要性有关。因此，我们想提醒的是，在分析古典榨取主义与新榨取主义时，不应高估其政府形式导致的国家之间的差异。接下来，我们将集中讨论新榨取主义，用其指称一种处于资本主义发展的特定历史阶段的发展模式，在其中，自然资源及其在世界市场上的估值对于交换价值的实现起着决定性作用，并且这一发展模式在不同政治制度中展现出了共同点。

（二）拉美榨取主义的现实进展

尽管其政府的政治倾向不同，但当着眼于宏观经济趋势时，不同拉美国家间的共同点就变得清晰可见了。2011年，拉丁美洲和加勒比经济委员会（拉加经委会，ECLAC）观察到了这一地区退化或回归到初级商品生产的趋势，这意味着许多国家的经济发生了产业的重新初级化（reprimarization）。这一建立在出口基础上的原材料繁荣（raw materials boom）在安第斯地区尤为明显，但即使是在南方共同市场（MERCOSUR）国家（阿根廷、巴西、乌拉圭和巴拉圭）中，原材料在出口总额中所占的比重也在上升。但是，这种重新初级化理论并不只是建立在价格上涨带来的出口价值上涨的基础之上。如果看一下几个国家的绝对开采量和产量，我们同样会发现它们向榨取主义经济发展的明显趋势：在玻利维亚，2000—2008年天然气产量增长了两倍；而在1990—2008年间，巴西、厄瓜多尔、玻利维亚、墨西哥和委内瑞拉的石油生产量增长了50%至100%。在巴西、智利和秘鲁，采矿业的开采量和生产量的增长同样是显著的。在诸如阿根廷、哥伦比亚、墨西哥和厄瓜多尔这些国家，采矿业并非是其传统行业，却得以不断扩展，这是衡量新榨取主义的经济和政治格局变化的尤为重要的指标。

因此，这里需要讨论的是，在2014年商品价格大幅下滑之前，不仅是价格推动的初级出口产品的货币价值上涨导致了拉美地区的原材料繁荣，战略性原材料开采量的增加同样也促进了榨取型增长模式在拉美地区的扩展。另外，如果将出口价值和绝对开采量或生产量与 GDP 相联系，即便考虑到各地发展各自的特征，我们仍可以清晰地看到拉美向资源榨取型经济发展的整体趋势。2011 年委内瑞拉的初级产品部门在 GDP 中的比重为 32.3%，而 2000 年为 21.9%；在阿根廷和玻利维亚，也能够观察到类似的趋势。1998 年，石油占委内瑞拉出口总额的 68.7%，而近年来这一比例已经上升到 96%。2013 年，初级产品占厄瓜多尔所有出口的 80.8%，而自 2012 年以来，其制成品所占出口份额下降了 11%。

在该地区的一些国家，如玻利维亚和委内瑞拉，原材料收入在国家预算中所占的高比例表明了这一发展模式的固化。其他的例子包括：1990 年至 2008 年间，智利的国家预算中以原材料为基础的收入所占比例从 28% 上升到 34%；在哥伦比亚，这一比例从 8% 上升至 18%；而在墨西哥，则从 30% 上升至 37%。总体而言，人们的打算是，原材料开采为经济打下基础，通过它可以维持经济增长，在特定政治条件下还可以实现再分配的目标；即便是在全球经济和金融危机时期，也能如此。与此同时，该地区的贫困现象显著减少，其中赤贫率从 1999 年的近 44% 下降到 2010 年的 31%（拉加经委会 2012 年数据）。然而，目前拉美总人口的 19% 仍依赖于政府救济和社会福利项目，而如果原材料世界市场价格大幅下滑，则这一减贫趋势很可能被轻易扭转。

借用爱德华多·加莱亚诺（Eduardo Galeano）1997 年的著名隐喻，拉美的血管似乎被再次切开，但这次至少在某些方面带来了一些正面影响，并且所处的条件不同。这一次，流淌出来的"血液"并不只是让国内资产阶级或买办资产阶级以及跨国公司的资产负债表获益，或者只是为了维持和提升北方富裕国家的帝国式生活方式。相反，在许多国家，流淌出来的"血液"也使其他阶层的民众获益，用以应对亟待解决的社会问题，稳定更加捉襟见肘的国家预算。特别是在所谓进步主义政府执政的国家，比如玻利维亚、委内瑞拉和厄瓜多尔，尤其如此。近年来，这些国家采取的后新自由主义政府干预措施包括如下形式：对原材料进行部分国有化、从原材料生产中获取高额利润、征收出口税，以及建立某些社会福利项目，这里列举的是最重要的措施。

尽管取得了这些重要成就，但在过去几年中，批评和质疑的声音日益增长。批评主要针对的是这一发展模式的社会和生态成本的时空外化、政治权力的重新集中化以及对社会权利、区域权利和政治权利的漠视。在谈及各种榨取主义实践（特别是采矿业、农用工业和化石燃料开采）时，批评者指出，各种区域的变化过程导致了自然景观以及社会和劳动关系的重组，并造成了空间上的分割。这些过程具有如下特征：新的区域边界和范围的划定、飞地经济的出现、专有使用权的强制施行、自然资源使用的非民主化以及广泛存在的生态破坏。同样，批评还指向了西方社会中从未被动摇的进步理念，以及与之相关联的增长范式。最近出现的另一种批判声音集中指向的是减贫战略本身。对此，雷纳·拉维纳斯（Lena Lavinas）指出，尽管在20世纪80年代和90年代，小额贷款计划曾是拉美主要的反贫困工具（确实取得了一定效果），但自21世纪初以来，附加条件的现金转移支付项目已经脱颖而出，"……通过给特定的贫困人群提供现金或新的银行信贷而不是去商品化的公共物品或服务，它们成为吸引更广泛的各阶层民众加入到金融市场的强大手段"。

在我们看来，这种关于拉美的批判性争论的优点在于，它将新榨取主义视为一种由国家、文化规范、阶级关系和特定的社会—自然关系支撑的经济模式。它基于并强化了与世界市场的屈从性一体化以及威权政治。此外，正是因为这些讨论，这一模式所基于的社会—自然关系以及它所造成的大量社会—生态难题和影响被政治化了。问题不在于要一刀切式地拒绝以任何形式社会性地利用或占有自然资源，而在于这种占有主要是为了服务于资本主义世界市场，这对自然和社会结构都造成了破坏。

三、规制理论视野下的榨取主义发展模式

如上所述，我们已看到，当将新榨取主义经济模式置于一种广阔的语境之下时，存在着某种概念和理论上的缺陷。这一缺陷同样也反映在来自该地

区的学者的批判性阐释中。比如，马查多·阿劳斯（Machado Aráoz）认为，将榨取主义主要理解为一种国家发展战略缺乏内在一致性，因为"它集中关注的是这些活动得以在其中展开的社会形态，却忽视了世界体系、控制开采速度和频率的规则、资源的使用以及所应用的技术"。卡米拉·莫雷诺（Camila Moreno）认为，开采活动与工业生产过程和技术创新相关，而工业生产过程和技术创新又与自然资源的可获得性相关。以这些批评性观点作为出发点，我们提出将新榨取主义视为一种发展模式，这受到了规制理论的启发。规制理论认为，从历史角度来看，由于技术的、社会经济的、文化的和政治的发展以及社会斗争的偶然性结果，充满矛盾的资本主义多重关系，包括社会—自然关系，采取了十分不同的形式。这种多重关系可以暂时处于一种稳定状态，并为相对较长时期的资本积累过程创造一种社会环境。而这种暂时的稳定状态就可以被称为一种"发展模式"，它所指的是积累机制、监管模式和技术范式的一种特定组合。依此，我们在可以互换的意义上使用"development model"和"mode of development"这两个概念。

规制理论在分析方面的出发点如下：正像我们经常在历史中看到的那样，也正如我们当前经历的，资本积累也可以发生在不稳定的条件下甚或危机时期。不过，当存在某些规制时，社会经济结构和进程会运行得更好；至于社会结构，比如阶级或性别，在一个相对稳定的条件下更容易达成妥协或一致意见。社会整体的再生产正是通过那些采取着完全不同的策略、拥有极度不同的配置性资源和威权资源的个体的行为体现出来的。因此，社会再生产始终是一个不太稳定的过程，尽管进行计划和应对动态变化的能力会随着社会关系的暂时性稳固而有所发展。

马克思主义理论在抽象层面关注资本主义生产方式，在具体层面关注社会形态（通常是民族国家社会）。而规制理论的创新之处在于它意图引入一个中间层次的抽象层面，以便确定自资本主义产生以来不同社会形态的各不相同但大致稳定的发展阶段，例如福特主义这样的发展模式。发展模式这一概念考虑的是大规模生产和大众消费这样更为具体的历史要素，而不是生产方式这样的更加抽象的术语。

宏观经济的一致性——一种有效的积累机制，在外围国家，它总是高度依赖于世界市场一体化的具体形式——是通过一种规制模式而得以嵌入在制度之中的。它囊括了"所有的制度形式、关系网络以及明确的或隐含的规范，它们确保了与社会关系的现状相符合，从而也确保了与其冲突性特征相符合的积累制度框架内的各种行为的相容性"。这种稳定是通过广泛共享的社会价值观和以规制方式的形式得以暂时制度化的社会关系而实现的。罗伯特·鲍伊尔（Robert Boyer）如此描述了规制方式的特征：它们确保贯穿于各种制度形式的具体表现中的基本社会关系的再生产；它们"掌控着"特定积累体制的再生产；最后，它们确保不必考虑整个体制的运行逻辑的个人或机构所展开的广泛的分权决策过程的动态兼容性。社会关系的相对持久性不仅意味着制度的强化，而且也意味着个人及诸如工会等集体行为者的预期和生活习惯的稳定。就此而言，一种有效运行的发展模式往往能够构建起安东尼奥·葛兰西（Antonio Gramsci）意义上的社会经济和政治霸权，即促成"集体意志的达成"的复杂机制。在这一意义上，霸权指以物质性内核——即大体上有效运行的资本主义政治经济——以及占支配地位的阶级进行妥协的能力和意愿为基础的支配型同意（domination-shaped consent）。

葛兰西提出的概念是有用的，因为它正是要发现普遍化的（而非同质化的）社会经济、政治和观念的支配类型和机制。它带给我们的一个重要思考是，需要在全球视野下来考虑（新）榨取主义模式，即对社会—自然关系的资本主义规制并不意味着会废除往往是破坏性的自然占用形式；然而，自然的破坏并不必然成为整个资本主义发展的紧迫问题，因为危机的负面影响可以在空间上向外部转移并被暂时推迟。我们在拉美以及国际上可以十分清楚地看到这一点。

最后，规制理论的优势在于其对深刻的结构性特征、这些特征在整个历史进程中的变化以及它们与积累战略和其他许多社会行为的相互关系的洞察力。因此，从方法论上看，规制理论既着眼于各具特征的资本主义发展的不同阶段，也着眼于其与前一阶段的连续性，即它试图彰显资本主义的连续性和非连续性、空间上极度不均衡的稳定时刻与危机时刻。

四、拉美历史上的榨取主义

拉美的历史是与原材料的开采密不可分的。而在历史上的每一时刻,特有的自然资源占用形式都是社会经济再生产方式和权力关系的重要构成部分。在拉美,基于特定的世界市场结构、支撑性的政治经济和权力关系、特定的发展观念及其对社会包容性和排斥性的影响以及特定的话语理性(discursive rationality),我们可以确定榨取主义的不同历史阶段。下面我们将区分其四个阶段:殖民主义的榨取主义、19世纪自由资本主义的榨取主义、外围性福特主义的(peripheral-Fordist)榨取主义以及当前阶段的新榨取主义。

(一)殖民主义的榨取主义(16—18世纪)

殖民主义的榨取主义阶段从殖民大征服时期持续到19世纪早期殖民地国家的独立。这一阶段关键的构成性和相互关联性特征是对贵金属特别是金银和土地的强制占有,以及特定的支配体系的建立。这一时期支配性的社会形式和榨取主义的做法建立在依据种族进行的社会分层的基础之上,这不仅使得人类自身相互分离,并为事实上不自由的劳动(即奴隶制)提供了合法性,而且还形成了一种与自然的社会关系,即专门为了满足人类需要而征服自然。在殖民主义时期,对于正在进行工业化的欧洲国家及其现代性观念而言,拉美成为了世界上最重要的原材料供应地之一,这也是殖民主义积累机制的先决条件。国际商业资本日益增长的力量以及世界经济总量的飞速增长推动着拉美地区原材料的出口。因此,必须从另一面来看待殖民主义的榨取主义阶段,即欧洲资本主义的黑暗面。一方面,殖民主义的榨取主义是拉美国家中掠夺式经济的基础;另一方面,它也是全球劳动分工的基础,这一劳动分工至今仍在结构上有效,并且在各国国内引发了社会空间上的异质性的结构效应。其规制模式包括对中心国家的政治依赖、其经济需要导致的完全服从、种族主义和天主教会的强大作用。这一阶段的特点是那些依赖于本地所产的特定商品、自身的资源开采能力以及外部需求的地区处于不稳定状态,其物价处于不断的升值和贬值的交替波动中。

(二) 自由资本主义的榨取主义 (1810—约 1930 年)

榨取主义的第二个阶段与拉美国家的独立、"资本的时代"、外国资本的重要性日益增加以及内部殖民化进程的浪潮同时发生。伴随着资本主义中心国家的经济繁荣,世界市场在大英帝国的引领下得以迅速扩张,并建立了一个名为"不列颠治世"(Pax Britannica)的世界秩序。自 19 世纪中期开始,一种"新殖民主义秩序"出现了。在这一秩序之下,拉美发展成为当时经济最繁荣的地区之一。得益于殖民地时期原材料积累机制的延续,该地区具有了一种稳定的发展模式的某些特征。支配性自由贸易政策似乎是有效的,并促进了资本主义在拉美的渗透(尽管并非所有地区)。基于这些带来稳定和发展的模式,新殖民主义秩序形成了强大的结构性强制力,与寡头民主制一起确保了由自由贸易所支配的原材料开采体系的推进。此外,最初的国家福利项目有助于将活跃的工人阶级吸纳进这一政治体制,从而从内部强化这一政治经济秩序。

它之所以不是上一阶段的延续,主要与如下事实有关:拉美如今不仅是消费品进口国,而且是诸如机器等生产资料的进口国。资本输入导致了开采部门的技术现代化,而国际资本的参与促进了该地区与国际金融体系的直接联系。在一些国家中,这促成了买办资产阶级的兴起,所谓的"玻利维亚锡贵族"是其典型。随着原材料收入的积累归于私人,这一阶级的成员获得了很大的政治和经济影响力,从而在某些情况下出现了真正意义上的"榨取型国家"(extraction states),其目标是在国家层面上实现这一群体的利益。国家内部形成的另一个权力中心是大地主家族,其物质力量基础由于内部殖民化进程而得到增强,这通常涉及对土著地区和教会土地的强行占有,以满足宗主国日益增长的对原材料和食品(糖、咖啡及谷物)的需求。此外,内部殖民化进程还包括对新的原材料,如硝石、海鸟粪、橡胶和石油的染指。

(三) 外围性福特主义的榨取主义 (1930—1970 年)

与 1929 年全球性经济危机相伴随的是危机和战争所导致的世界市场的多轮崩溃以及新殖民主义秩序的衰败。

自工业资本主义产生以来，资本主义的、父权制的和帝国主义的生产生活方式以破坏环境为代价，获得了某种稳定性和霸权。然而，社会—自然关系的稳定恰恰是由这一关系在环境方面的不可持续性特征带来的，特别是在（外围性）福特主义时期。多种社会制度，比如资本主义市场和资本主义国家，确保了破坏性的和支配型的社会—自然关系获得了某种霸权地位。在应对矛盾的意义上，对资本主义社会—自然关系进行社会规制是可能的，事实上也是如此；这也是政治的核心动力机制之所在。第二次世界大战之后，一种外围性福特主义的发展模式在拉美出现。其特征是新的世界秩序的巩固、"美式治世"（Pax Americana）、工业化的部分成功、拉美发展型政府的出现以及早在 20 世纪 50 年代就开始的负债趋势。

这种发展也有其内部原因：在 1929 年经济危机以及对拉美原材料出口产品的需求下降后，新一波强大的经济民族主义浪潮占据了上风。国家对经济活动的干预加强，并结束了 19 世纪自由主义的自由贸易模式。一些重点行业被国有化了——比如墨西哥的石油业。新的经济政策范式是"进口替代工业化"（ISI）。本国工业的建设以及对本国经济发展的支持旨在减少对进口和原材料出口的依赖。在这一背景下，拉美发展型政府出现了：政府设置保护性关税，将收入从出口部门转移到面向国内市场的部门；整合城市中上层阶级与工人阶级的利益（至少在初期是如此），并经常反对大地主阶级的利益。这一发展政策模式以"发展主义"（developmentalism）而著称，具有鲜明的经济增长和社会进步的导向，可以被称为"保守主义的现代化"或"追赶式发展"。在当下的讨论中，一些学者将进口替代工业化的逻辑视为该地区选择了一种后榨取主义的、自主的发展道路，尤其是它结束了该地区对工业制成品进口和原材料出口的依赖。尽管该地区原材料加工产业的提升将削弱其出口导向，增加拉美政府和非国家行为体在价值链上所控制的部分，并必然有助于该区域经济的生产基础实现多样化，但我们认为，这并不一定会从整体上克服新榨取主义。首先，在该地区存在着大量的政治经济不平等和权力不平等。比如，如今安第斯地区的大量原材料是出口到巴西和阿根廷的。因此，一种区域性的解决方案将很可能会加深这些不平等，并再现时空上的不平等——只不过如今是在区域层面上。再者，跳出民族国家的分析层面来看，需要重点考虑的是在（外围性）福特主义下，破坏性的和支配型的社会—自然关系也占据着主导地位。因此，为了克服新榨取主义，所需要的不仅是要结束以出口为导向，还需要在国家范围内和世界各地实现对支配型社会—自然关系的激进转型。

然而，尽管工业部门在持续增长，也采取了一些国有化措施，但前一阶段以原材料开采为基础的发展模式并未真正走向终结。相反，随着社会力量格局的变化，在美国的霸权地位不断增强，以及它对该地区战略资源的专属权具有"政治合法性"的情况下，该地区出现了一种特定的国家民粹主义的榨取主义。这方面的一个例子是委内瑞拉，20世纪30年代，一种大众民族主义的发展模式在该国已经成为了主导性力量，这一模式的基础是为了出口而开采新发现的油田，它在现代化和进步方面许下了承诺，流行口号"播种石油"（sowing oil）就是这种承诺的集中体现。

从20世纪60年代开始，进口替代工业化模式的更多矛盾涌现出来：经济增长下滑、工人阶级的工资水平下降、为国家投资提供必要资金的税收收入枯竭，以及由于从农村向城市的大规模人口迁移导致城市底层阶级的人数大幅增加，从而使得实现城市底层阶级的政治参与和社会参与的承诺被放弃。土著居民从一开始就被排除在这一阶段的积极性发展之外，或者，他们被去种族化并作为新兴的城市周边地区的农民或居民融入到国家之中。

伴随着福特主义的危机，全球能源需求结构发生了变化，并引发了进口替代危机。"建立在债务基础上的工业化"的期望终未实现，因为其工业产品在世界市场中的需求量并不大。此外，债务多被用于有利可图的消费贷款。

五、全球"商品共识"时代的新榨取主义

与外围性福特主义阶段相似,当下的新榨取主义发展模式是一种拥有"强政府"的追赶式发展模式。"强政府"既承担了企业家和调解人的双重角色,又要保证原材料开采和利润积累所需的基本条件。同时,它又与资本主义发展的前一阶段有所不同,主要原因在于自然资源及其社会占有在已经改变的世界经济和政治中的地位发生了变化,国家的角色发生了转变,形成了特定的世界市场格局,出现了新的技术,以及各种资本增殖策略的涌现。此外,相关的国家和国际政策、文化规范和行动准则也正在发生变化。就分析新榨取主义的影响性因素而言,我们可以把新时期的榨取主义大致分为两个阶段。第一个阶段是初始阶段,大致涵盖了从1970年至2000年这一时期,在这一时期,榨取主义/新榨取主义在某种程度上还是一个备选项,随后的第二个阶段开端于新世纪,并仍在进展之中。

(一) 新自由主义阶段 (20世纪70年代—2000年)

随着在20世纪70年代占据了上风的新自由主义的经济和社会政策的实施,之前的社会经济和政治格局发生了根本性改变。其主导模式是以世界市场为导向的新型发展主义,通过偿债机制和结构调整,这一模式导致了世界市场的权力和动荡对社会的直接影响,而这最终为拉美经济至少部分走向重新初级化创造了条件。1980—2000年间,拉美在世界贸易中所占比例停滞在5.5%以下,但在一些原材料部门,特别是采矿业,其出口比重却节节攀升。然而,在总体性的结构调整过程中,对原材料的控制也发生了变化。在矿产部门,跨国公司的重要性大大提升,比如在智利和秘鲁,与此同时,所谓的跨国经营也使得巴西淡水河谷公司(Companhia Vale do Rio Doce)这样的前国有企业逐渐进入全球性企业的行列。在农业生产部门,逐渐建立了高度工业化的全球化生产体系,与之相伴随的是土地使用和获得权分配机制的转型,

而参与者的范围也发生了改变：土地所有权已经在很大程度上自由化，而来自拉美和北方富裕国家的跨国公司变得日益重要。与此同时，这些发展加剧了危机，因为通过出口和直接投资实现有活力发展的目标并没有达成。从20世纪90年代中期开始，新自由主义的并且威权主义倾向越来越强的格局和发展被社会运动政治化。其中最显著的表现之一是1994年1月1日在墨西哥东南部发生的萨帕塔起义。

（二）通过新榨取主义实现的产业重新初级化（2000年至今）

产业重新初级化的第二个阶段始于2000年左右，尽管最初表现得并不明显。这一阶段是由全球对农产品和矿产品需求的不断增长而促发的，这往往会改变初级商品与二级商品之间的贸易条件。例如，2008年石油价格上涨至每桶140美元。尽管由于经济危机，石油价格后来下跌，但2011—2013年间的平均价格水平仍维持在107美元左右。矿物、金属和矿石领域中的价格上涨甚至更加急剧。而在农业部门，我们也能看到类似的发展趋势，其中伴随着以高能源投入为基础的农业综合经营生产方式的强化，这对社会和生态造成了严重的影响。必须加以考虑的是世界市场结构的变化，其基本特征是资本主义中心国家本身以化石燃料为基础的、工业化的生产生活方式的强化，可以将其特点描述为帝国式生活方式的深化和扩张。在较低层面上，这也适用于资本主义半外围地区实施的经济上充满活力的工业化模式，与之相关联的是对消费品的需求日益增长。根据最新估算，尽管采取了各种节能增效措施，但预计到2030年，世界对主要化石燃料的需求仍将会上升近45%。

根据经济合作与发展组织（OECD）的数据，世界贸易在1990年至2008年间翻了两番，但南南贸易增长了10倍以上，并且在经济战略中变得日益重要。需要指出的是，在拉美面向亚洲的出口中，原材料占到了90%。在这一地区，来自中国的外商直接投资大幅度增加，同样，中国在向拉美国家提供信贷方面也发挥着主导作用。

促使榨取主义进一步发展的另一个国际因素是，全球北方富裕国家的环境规制和抗议活动导致诸如铝和钢铁生产等"肮脏工业"向全球南方贫穷国家转移。毕竟，如果没有原材料开采的话，即便是可持续的、低碳的"绿色经济"也将是无法运转的。目前生物燃料生产所需的原材料（特别是石油、甘蔗和玉米）需求的增加就明显体现了这一点。

鉴于价格的持续上涨、地缘经济竞争的不断加剧以及某些资源可能耗尽的预期，在上述世界市场格局中确保获得资源的政治战略变得日渐重要。欧盟在2008年实施并于2011年更新的《欧盟原材料计划》以及2010年德国政府的原材料战略都是很典型的例子。此外，作为实际性或投机性投资的对象，原材料及其开采对于金融资本越来越有吸引力，这一事实对当前价格走势具有影响。

当前拉美原材料繁荣的另一个条件是，与前一阶段相比，这一区域的政治重要性已经改变。区域发展和一体化既是拉美当前发展模式的前提条件，也是其导致的结果。这既体现在新的合作努力和区域性协议上，也体现在涉及大坝、公路和港口等的跨境建设的区域基建政治（infrastructure politics）中。因此，区域基建政治被用于空间的重组和生产，并为自然资源的增值创造前提条件。

在这一语境下，阿科斯塔提到了"商品共识"（commodity consensus），即一种新的全球格局，其中尽管存在生态危机和气候变化的全球性政治化，但占用自然资源的榨取主义形式仍是主要的全球化动力机制。新自由主义的华盛顿共识维持不变，这体现为拉美国家的经济继续融入世界市场并处于从属地位，在全球政治经济中也几乎没有设计和选择自己道路的可能性。而新的情况是，资本增殖不再像过去几十年中那样通过私有化、自由化、促进外国直接投资或结构调整来实现，而是通过以相对较高的世界市场价格进行资源榨取来实现。这是人们经常使用的术语"后新自由主义"的核心意涵。但目前的矛盾处境是，拉美的进步主义政府获得的社会政治方面的行动空间，既是此前的群众组织和动员的结果，也是其体现，而这得益于世界市场所需的自然资源持续大幅增值。这导致了社会福利项目的大幅增加，带来了积极的政府经济政策，也会进一步提升中下社会经济阶层的预期。

六、社会政治的和结构性的回应

一些拉美国家最重要的变化之一是在争议中制定并实施了自己的新宪法（比如在厄瓜多尔和玻利维亚）。新宪法不仅规定了广泛的政治和社会权利及自然权利，还承认文化差异以及属地自决权和自主权。然而，过去几年的实践证明，在新榨取主义背景下实施此类宪法存在诸多困难、矛盾和争议。土著组织的政治参与使得与新榨取主义的社会—自然关系有关的争议性议题凸显出来，而这些国家的新宪法规定了诸如"美好生活"（buen vivir 或 vivir bien）这样的基本原则，而这些原则显然并不意味着与自然的榨取主义关系。

与此同时，新榨取主义阶段也在整个大陆引发了国家现代化的重要进程，包括创建基于新榨取主义的法律框架、新制度和民主掌控机制。始于 1981 年的巴西，拉美大多数国家建立了高级别的环保机构和环境保护法，随后，从 2002 年开始，通过了规定开采活动必须保持透明以及公众有权获取相关信息的法律。然而，这些法律规定总是存在争议，只能部分得到实施。在许多国家，虽然公众能够获取有关开采的数量和价值总额的信息，但是有关开采合同和特许经营权的条件的信息只是部分公开或难以找到。有关所获收入的确切去向的信息也存在同样的问题。

自 2012 年以来，拉美许多国家在环境的规制、掌控、透明度以及民主的分权决策方面出现了严重倒退。为了应对商品价格的下跌，各国现在几乎是不计成本和代价地为吸引外商投资而展开竞争。尤其是，开采活动必须获得不受约束并掌握充分信息的人们的事先同意这一规定（其依据是国际劳工组织第 169 号公约以及 2007 年的《联合国土著民族权利宣言》，这一规定被一些国家所接受并被写入了法律）甚至在实施之前就已被削弱或失效。在玻利维亚，第 2195 号总统令（2014 年）实际上废除了土著居民依据宪法所获得的自决权，而第 2366 号总统令（2015 年）则允许在保护区进行油气勘探。

许多国家的环保机构以及防止环境破坏的监控和处罚机制也被重建或遭到削弱，在某些情况下甚至被完全废除了。与此同时，国家机器中与榨取主义相关的机构（比如采矿、能源或农业部门）的政治权力得到加强，其中的一些部门与提供了必要的基础设施的强势部门，如财政、工业或市政工程等部门联合起来。在委内瑞拉，环境部在2014年9月初被解散，其职能被划归到居住与住房部。同年，在厄瓜多尔，环境部被置于战略协调部的协调管理之下，它同时也协调管理油气和能源部门。在巴西，环境管理局被拆分为两个机构，而在乌拉圭，其总统何塞·穆希卡（José Mujica）一再要求对该国的环境和住房部进行拆分。在哥伦比亚，绕过国家环保局的相关政策，第041号最高政令（2014年）建立了对采矿活动颁发环境许可证的"快速通道"制度，允许企业只需呈交环境管理计划就可以开工，而不必等待当局的批准。在这种情况下，将土地划分为"未使用的"或"退化的"这一做法体现了一种与自然资源的估值或占用这一特定目的有关的话语建构和规范设定，而现存的土地的非商业性使用很少得到批准。正是在这一背景下，威廉·萨赫（William Sacher）在定义被宣布为适合于原材料开采的区域时强调了其动力机制和社会政治维度。在政治和社会层面被界定为矿产区或油田区的区域实现扩展的一个典型例子是厄瓜多尔的亚苏尼国家公园。2013年8月，当拉斐尔·科雷亚（Rafael Correa）总统宣布结束"把石油留在地下"的政策后，它从全球范围内的环境和气候正义政策的标杆变成了一个普普通通的待开采油田。

另外，许多国家经历了所谓的"阶级妥协的局部重构"，其核心是利用初级部门的高经济增长率来大幅增加可供政府分配的财富。在许多国家中，其结果更多是基于原材料的收入的增加，而不是工业部门的扩张，前者使救助性政策能够得以实施。在中左翼或左翼政府掌权的国家，这使得数百万人摆脱饥饿，并使得政府在穷人中获得了较高的合法性，也形成了国家民粹主义的、支持拉美一体化的政治话语。然而，关于这些变化的持续性和结构性特征还存在争议。一些学者观察到，拉美大陆中产阶级人数显著增加，已达到总人口的三分之一。这方面表现最明显的是玻利维亚。矿业合伙人和古柯种植者以及其他艾马拉族群都经历了一个重要的社会流动过程，如今成为新的精英阶层的一部分。

而另一些人尽管也注意到了再分配政策的成功之处，但更多强调的是当前发展的矛盾性特征，他们指出了其结构性和战略性弱点。一方面，生产部门并没有实现重组；另一方面，对世界市场的融入和依赖度正在快速增加。因此，有越来越多的批评不仅指向这些政策的生态效应，而且也指向了政府所采取的分配政策的类型。人们批评政府所采取的分配政策没有改变社会权力关系，所以没有什么土地改革方面的举措。总之，这一模式既没有从根本上突破现代性所标榜的进步和发展信条，也没有与传统的权力和统治关系彻底决裂。除了上述方面，榨取主义战略还会引发许多社会内部的冲突，特别是在那些拥有新宪法和以前发生过强大的土著运动的国家中，比如玻利维亚和厄瓜多尔。在这些国家，政府和国家机器苦苦挣扎于一种巨大的困境之中，一方面是被视为理所当然的分权化和民主化，另一方面是有可能走向威权主义的，打着国家利益旗号的发展型国家。其中，后者是在国家和社会中通过一种等级制的、威权主义的，甚至是军国主义的信条来实现的，在这一信条看来，我们必须大力推动发展，捍卫社会以抵御来自内部和外部的敌人：

> 因此，榨取主义与政治领域中集权主义和威权主义趋势的强化之间有着密切的联系。一个能够无限地、不受控制地获取国家最有利可图的资源的领导层，可以很轻易地确保其统治的延续，而不必以平等的方式来对待各种自治的社会力量，即使它不得不服从于定期进行的自由选举。

对这些发展的学术性评估与社会政治性评估之间存在着分歧。有人认为，从中期来看，一个更强有力的国家和收入分配构成了社会中权力关系转变的基础，这显然有利于广大人民群众及其组织。相比之下，最近的批评指向了行政职权的显著集中以及对权力分立原则的侵蚀，尤其是在厄瓜多尔和玻利维亚，因为行政权力已经控制了立法、司法和选举权。在这两个国家中，那些曾经通过斗争而让这些进步主义政府上台的群众组织已经被严重削弱了，而且现任政府的批评者经常遭到起诉。

尽管拉美当前的许多经验都表明采取其他发展道路是可能的，但迄今为止的替代性方案仍局限在榨取主义的范围内。也就是说，它们代表的是一种从当前世界市场的高价格中获利的资本主义现代化形式，但这一形式并不会改变支撑着它们的基本的政治、经济和文化结构或权力关系。

当前诸多难题的核心在于依赖化石燃料的工业化资本主义生产方式的矛盾。（外围性）福特主义的大规模生产和消费模式、大体有效的社会妥协以及稳定的福利制度，在全球北方富裕国家以及全球南方贫穷国家中已经成为并将继续是一种具有强大吸引力的发展方向。在当前的全球经济危机背景下，福特主义模式恰恰由于不可持续的生产和消费模式的强化而得以延续和局部深化。

七、结论

综上所述，自 20 世纪 70 年代，特别是 2000 年以来出现的新榨取主义发展模式具有如下特征。首先，不断变化的世界市场格局以及不断加剧的地缘政治和地缘经济竞争有利于对自然资源的需求一直维持在高位，在 2014 年之前，这在许多地区都推动了世界市场价格的持续高企。其次，资源榨取主义行为的出现和持续存在明显依赖基于制度和司法保障的特定国家行为，以及对财产权和使用权的保障，也就是，对土地和林地的特许经营权或所有权的授予，而环境规制措施仅仅是得到部分实施并在后续过程中遭到破坏。同样，它还依赖于在基础设施上对原材料的勘探、开采与销售所提供的支持和授权，这体现在道路、港口和管道建设方面。这些做法还得到了话语层面上的进一步支持，这一点在关于在所谓的未使用或退化地区种植农业燃料生产所需的原材料的辩论中表现明显。在中左翼或左翼政府掌权的国家中，国家实施的分配措施不仅使上层的社会经济阶层获益，也使中下层特别是中间阶层获益，它还有助于整个社会和政治的稳定。因此，尽管其内部存在各种矛盾和冲突，但榨取主义完全有可能形成自己的合法性基础，榨取主义构成了霸权性社会关系的基础，其强势发展主要依赖于自然资源的开采及其在世界市场中的销售。最后，新榨取主义的动力机制尤其体现在如下的社会冲突中，一方面是被视为理所当然的分权化和民主化进程,而另一方面是向威权主义国家政策模式的演进趋势。这里的冲突关涉的,不只是对于作为社会生产和再生产的物质基础的自然产品或从开采活动中所取得收入的获取权,还与不同的繁荣观念、彼此竞争的世界观和对自然的理解、政治程序和秩序概念以及对身份的认知和属地自决有关。

这些争执表明,新榨取主义不只是一种资源占用的经济/技术形式或拉美经济模式的复兴,而应被视为一种政治统治关系的集中表达,其中,一种新发展模式的物质的、文化的和社会政治的维度与冲突并存。不仅如此,对于谈论社会生态转型而言,这些争执也是十分有趣的。越来越多的人认识到了生态问题的存在,而其解决明显需要发生根本性转型(这是玻利维亚、厄瓜多尔和委内瑞拉的宪法所规定的),这些与相当有限的政治和社会行动空间形成了鲜明对照。在拉美,榨取主义的批评者往往倾向于促进一种会强化最广泛意义上的政治的话语及相关实践,即冲突性的、民主的社会构建。因此,他们关注的重点不仅在于政策本身,还在于社会和政治结构以及作为其基础的资本主义的、父权制的和帝国主义的逻辑。

对当前我们在拉美所能看到的新榨取主义发展模式的分析不仅能推动当前发展政治学理论的成熟,也会激发我们去思考同样影响着社会学理论和政治学理论的那些社会政治和社会理论方面的诸多挑战。对于由本文所提到的各种社会关系和社会—生态关系及其主要的发展动力机制构成的全球性背景的集中关注,有助于我们对替代榨取主义的其他可能的变革性多维方案进行评估。这其中包括国际规则和规制的必要改变,这是最为重要的,但同时也包括社会政治制度、社会技术构型、社会—自然关系以及盛行的象征性价值导向(例如,进步、自由和增长的观念)的必要改变。最后需要重点指出的是,这种社会—生态变革必然要求合理应对资本主义中心国家的社会实践,以便最终克服依然占据主导地位的帝国式生活方式所依赖的社会关系。例如,这其中所隐含的意义之一就是,需要逐渐弃置那些廉价的、以不可持续的方式生产的商品和劳动力。

中东欧的资本主义模式[*]

贝娅塔·法卡斯^{**} 著　李玉萍　译

[内容提要] 资本主义多样性学派通过对发达资本主义国家特别是欧盟老成员国的研究，提出四种资本主义模式：盎格鲁-撒克逊模式、北欧模式、欧洲大陆模式以及地中海模式。作者认为此前资本主义多样性学派研究的对象是经合组织成员国或者欧盟老成员国，因此并未涵盖中东欧国家，中东欧国家作为欧盟新成员国与已有文献提出的资本主义多样性的四种模式并不吻合。通过聚类分析，作者认为中东欧国家形成了一种不同于已有模式的新模式，即中东欧资本主义模式。中东欧模式的特点源于资本的匮乏、脆弱的市民社会、欧盟以及其他国际组织对新成员国的影响这三种因素。同样源于这些因素，20多年前由于后共产主义国家制度变革，欧盟新旧成员国之间产生了特殊的劳动分工，这种非对称性相互依存将长期存在。长远看来，这会使得旨在将一体化的欧洲发展成创新驱动型经济体的里斯本战略变成空想。

[关键词] 资本主义多样性　中东欧资本主义模式　聚类分析　多维标度法

---

* 本文原载《后共产主义经济》（*Post-Communist Economies*）2011年第23卷第1期。本文是"中央高校基本科研业务费专项资金资助项目——波兰民主左翼联盟研究"（NKZXB1236）的阶段性成果。译文原载《国外理论动态》2017年第3期。

** 作者简介：贝娅塔·法卡斯（Beáta Farkas），匈牙利塞格德大学经济与工商管理学院金融与国际经济关系研究所教授。

中东欧系统性变革过去20年之后，这一地区已经有10个国家成为欧盟成员。正式加入欧盟仅仅是在六或三年前才启动，但这些国家在政治制度变革之后不久就开始了经济一体化。人们可能会问欧盟新成员国与老成员国在制度方面有哪些相似之处：它们适应欧洲社会的市场经济模式吗？当我们在欧盟内部寻找应对全球化挑战的答案时，曾看到欧盟文件中经常提到欧洲社会经济模式。2005年欧盟委员会试图对这一模式作出确切描述，但同样为该委员会工作的研究团队已经日益关注成员国中不同的发展模式。

他们的研究对象与有关资本主义多样性（the varieties of capitalism，VoC）的文献密切相关。全球化提出了一个紧迫的问题——作为国际竞争的结果，各国是否正向单一的资本主义模式发展？比较经济学和社会学都对资本主义不同的制度解决方案表现出兴趣。

资本主义多样性学派已经为比较研究提出了理论框架，使之用于发达国家的经济研究，布鲁诺·阿玛布尔（Bruno Amable）的观点是其中最具影响的理论之一。他考察了五个确定的制度领域：产品市场、劳动力市场、金融部门、社会保障（福利国家）以及教育体系。基于理论分析，阿玛布尔认为存在五种资本主义模式：市场主导型、社会民主主义型、欧洲大陆型、地中海型以及亚洲型。利用主成分分析法（principal component analysis）和聚类分析法（cluster analysis），他证实了这些模式的存在。

阿玛布尔和其他资本主义多样性学派的学者在经验分析和评估中使用了经合组织数据库中的大量指标，这就是为什么这些研究没有考虑中东欧国家的原因。

另一类经济学文献只研究了欧盟成员国。在20世纪90年代，欧盟成员国间的差异日益受到关注。伯恩哈德·艾宾浩斯（Bernhard Ebbinghaus）、提托·博埃里（Tito Boeri）和安德列·萨佩尔（André Sapir）的著作在这一研究领域经常被引用，他们经验性地描述和证实了盎格鲁-撒克逊模式、北欧模式、欧洲大陆模式以及地中海模式的存在。这种方法同样忽略了欧盟新成员国，他们对欧洲国家进行分类的最终结果与阿玛布尔的结果一致。

我们把研究的重点进一步转向前共产主义国家（现在的欧盟新成员国）

如何适应老成员国设计的模式问题。假定这些国家在体制变革20年后，已经建立起适合分析的、稳定的社会和经济秩序框架，那么这些新成员国是否会与已经存在的某一模式相似，还是说，由于其特殊性，它们代表了一种新的模式，这依然是个问题。我们的目标是反映这些国家在欧盟内部的现状，而不考虑与美国、非欧洲国家或欧洲的非欧盟成员国作比较。

关于社会经济领域，我们考察了产品市场、劳动力市场、金融体系、社会保障体系、教育、研发与创新领域。对分配制度领域的考察，我们沿用了阿玛布尔的结构，但把他没有研究的研发与创新作为一个独立的子系统进行考察。因为经合组织不能提供所有欧盟成员国的数据，因此需要建立全新的数据库。现在的分析数据来自欧盟统计局（Eurostat）、欧洲央行（ECB）、世界银行（World Bank）、菲沙研究所（Fraser Institute）以及联合国贸发会议（UNCTAD）等组织。不幸的是，由于缺失一些数据，不得不剔除塞浦路斯和马耳他这两个欧盟新成员国。根据研究经济参与者的理论，在数据选择的过程中，我们仅选取了硬指标，把可衡量的数据作为首选指标。为了减少波动，大部分指标显示的是最近三年的平均值，据此我们得以描绘出新千年第一个十年的图景。

本研究的主要目的是在给定的子系统中对相关国家进行分类，再使用二维数据进行描述。为了实现这一目标，数据分析的基本方法采用了聚类分析和多维标度法（multidimensional scaling）。

在聚类分析过程中，尽管要素数量少，但提供了合理的结果，验证了更多的聚类数据。聚类数目的多少取决于以下两个标准。

从经济学角度来说，每一个类（cluster）都必须有意义，对每一个类的解释以聚类中心（cluster centres）为基础。

聚类必须相对均匀。定义聚类变量的方差在给定聚类中应该比整个数据集中的变量方差低。在多变量分析中，点结构可以通过几种不同的方式显示。目标国家和聚类的图形化显示依据的是多维标度法。在给定的维度下，多维标度的结果只有S-应力值（the value of S-stress）在给定的维度中小于0.2时才可以接受，且获得的人工维度具有解释力，理想状态是这一指标低于0.1。除产品市场外，这个较为严格的条件在所有领域都实现了。

为解释人工维度，我们测试了标准化变量和首次获得的维度之间的关系，在维度描述不明确时需要删除。这意味着牢固构成各种维度的变量组必然将被直接映射为确定的维度。除此以外，S-应力值的取值标准也是需要考虑的因素。目标国家在这种二维点结构图形中的显示是成功的，人工维度对其进行了正确解释。

最后，我们的聚类分析结果将与已有的资本主义多样性文献进行对比。据此，我们将建立中东欧资本主义模式。

产品市场

在描述资本主义不同模式时，分类过程中的一个重要问题是市场竞争的强度和国家对竞争的监管程度。我们会从两个维度对成员国中的产品市场进行考察。第一个维度体现的是市场自由化：用价格监管、政府投资范围或税率等指标表示政府的监管程度，刻画出参与公司建立、运作和清算的行政负担，并通过时间和成本来体现。第二个维度代表这些市场的国际一体化水平。在这一维度中，我们不仅衡量了对外贸易、对外投资及外商直接投资存量与GDP的比例，还衡量了对外贸易平衡。

根据我们的分析，大部分老成员国（奥地利、比利时、丹麦、芬兰、法国、德国、爱尔兰、荷兰、葡萄牙、瑞典、英国）符合第一类。这一类的典型特征是行政负担少、政府直接监管（价格管控、政府投资和国有企业）少，但税率高；贸易活动的国际一体化水平低、对外投资及外商直接投资存量高于欧盟平均水平。在这方面，这些国家之间存在显著差异，部分原因是由于国家规模不同。

有趣的是新成员国分属两个不同的类，即第二类和第三类。第二类包括保加利亚、波兰、罗马尼亚和斯洛文尼亚，它们与第一类中的老成员国鲜有相同。除了斯洛文尼亚和波兰，它们的经济在有节制的开放与贸易严重失衡之间挣扎。其税率低于第一类中老成员国的税率，但是政府监管更强、行政负担更重。

其他新成员国（捷克、爱沙尼亚、匈牙利、拉脱维亚、立陶宛和斯洛伐克)与老成员国所属的类有着非常相似的特征,但这一组国家的税率更低,行政负担略高,其中的波罗的海国家不得不应对严重的外贸失衡。捷克接近第二类,爱沙尼亚接近第一类。

三个地中海国家——希腊、意大利和西班牙属于第四类。这类国家经济开放度较低、政府监管相对较强、行政负担较重。西班牙接近第三类。

因为特殊的位置和极其开放的经济,卢森堡属于一个独立的类。

图1显示了根据两个维度对成员国产品市场进行的检测,多维标度法点结构的横轴表示市场自由化程度,纵轴表示国际经济一体化程度。由于是单

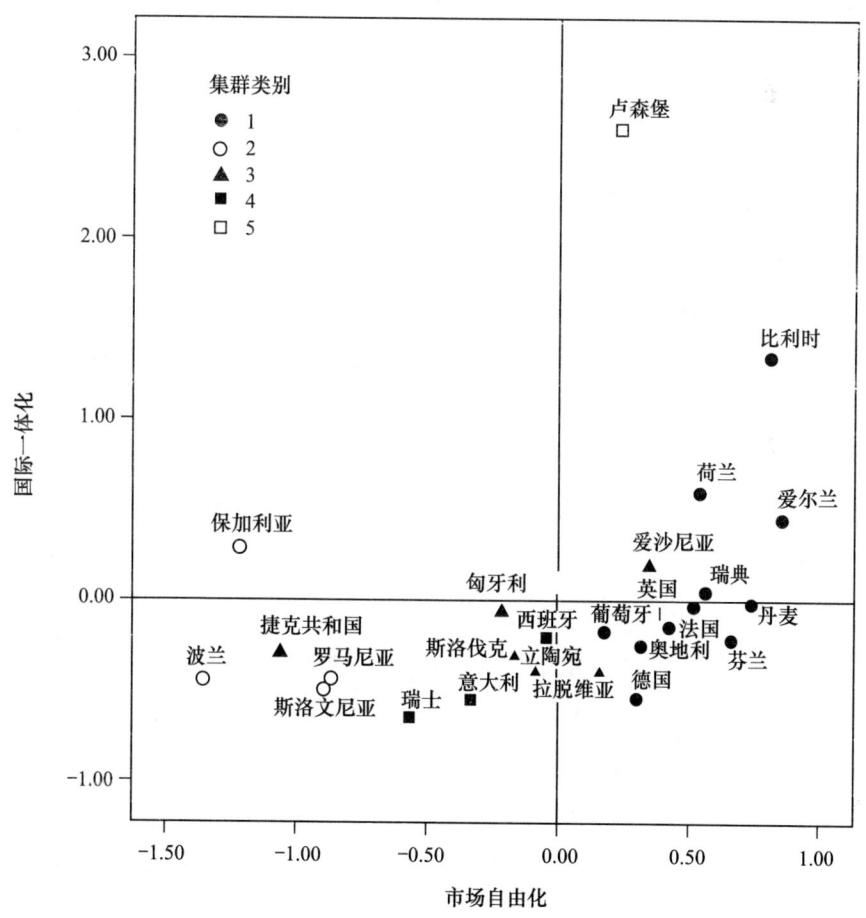

图1 产品市场的二维分析

一市场，产品市场的类边界不如其他子系统那样界限清晰；以几个指标为基础的国际一体化维度没有揭示出新旧成员国之间的主要差别；经济一体化水平似乎很相似，老成员国和斯洛文尼亚的对外投资与外商直接投资存量的比值低于2，新成员国在2.82—61.53之间，保加利亚和罗马尼亚在60以上。这意味着这两组中的国家之间存在着很强的不对称相互依赖。

我们的研究结果与其他关于老成员国的研究结果有些不同。我们看不出盎格鲁-撒克逊国家（英国和爱尔兰）之间的明显差异，而以前的研究成果能明显看出其差异。经合组织的研究显示，1998—2003年间，成员国之间产品市场运行的差异明显下降。如果这一趋势在我们考察的2004—2006年期间继续下去，就可以解释为什么盎格鲁-撒克逊国家属于同一类。监管促进了成员国之间的竞争，换句话说，单一市场计划是成功的。

研发和创新

分析研发和创新时，我们不仅考察了研发经费支出、可提供的人力资源，还考察了高新技术产业的就业水平、知识密集型服务以及高新技术产品出口和许可专利。这使得我们除了考察研发外，还可以测量经济中高新技术活动的存在。

聚类分析表明，北欧和欧洲大陆国家明显不同于地中海和后共产主义国家。

在研发和创新方面，芬兰、瑞典和德国无疑是主要成员国。商业部门承担了三分之二先进技术的研发费用，高科技部门就业率高，尤其是德国；芬兰和瑞典在知识密集型服务领域比较突出。此外，这些国家的人均专利数最高。

卢森堡地位独特，依然属于一个独立的类。研发支出适度，商业部门在融资中作用突出，高科技产品出口率高，知识密集型服务处于平均水平。

其他大陆国家与爱尔兰和英国组成一个类。其典型特征是研发支出适中，存在大量的商业部门，在研发支出中的占比超过50%，这一比例不像前面几个类中那么高，与人均专利数量小于最突出的国家的特点相适应。高科技产品的出口处于高水平，同时，知识密集型服务业的就业率也很高。研发支出低是后共产主义国家和地中海国家组成的类的一个典型特征。在融资方面，政府投入比例高达50%，这也意味着商业部门的作用较弱，即使与前一类中的国家相比，人均专利比例也非常低。跨国公司的活动解释了这类国家与前三类国家相比，在高科技领域差距较小的原因。

图2中多维标度法的二维结构清楚地显示了横轴上研发系统的发展水平，纵轴显示了以知识为基础的经济发展水平。

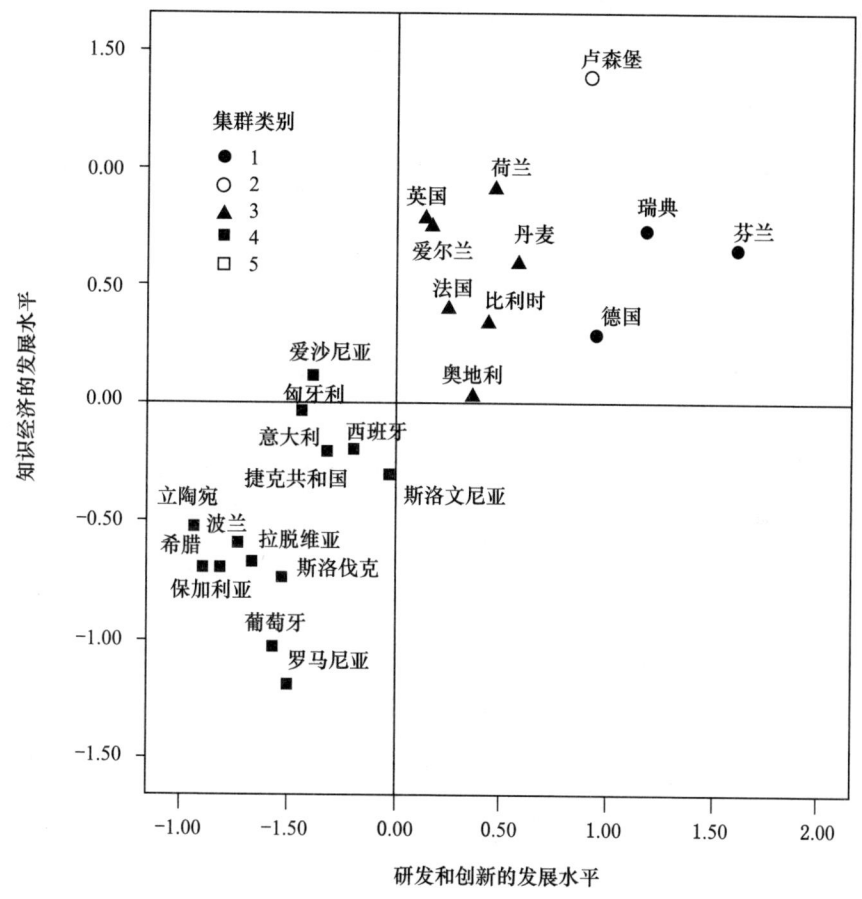

图2 研发与创新的二维分析

在里斯本战略框架下，每年发布欧洲创新记分牌（the European Innovation Scoreboard，EIS）。2008年欧洲创新记分牌使用了29个指标，其中包括我们使用的一些指标。欧盟成员国的指数排名是根据这些指标形成的，显示了与我们的分析一致的结果。关于新成员国、后共产主义国家的研究及我们的调查显示，新成员国不仅在数量上落后于老的、非地中海成员国，其创新体系的组织结构也不一样。

金融体系

资本主义多样性研究文献关于金融体系的主要问题是，融资是通过银行系统还是金融市场系统。文献中的另一个问题是，金融体系的发展水平对经济增长有什么影响。一些研究表明，金融体系的发展水平与长期人均经济增长、资本积累及生产率增长有关。因此，有必要知道后共产主义国家与老成员国的金融体系发展水平存在何种相关性。我们需要确定选择何种数据，但同时又受限于其可用性。衡量银行体系发展水平的指标如下：存款与贷款存量、银行资产占 GDP 的比例、银行的集中程度。除此以外，金融市场的发展水平可以通过保险公司的规模、投资、养老基金、股市市值以及成交量来衡量。

比利时、芬兰和瑞典符合第一类的标准。它们的银行体系中等发达且高度集中，股市发达且成交量大，这与大部分老成员国所在的第五类不同。对于投资者而言，保险公司持有平均水平的资产，而投资和养老基金的资产略低于平均水平。

卢森堡再次处于特殊地位，单独属于一个类。巨大的存款存量说明其银行体系明显接收了相当多的外国储蓄，投资基金的规模也证实了这一点。

新成员国组成较大的第三类。在这个子系统中它们显得非常一致，明显不同于老成员国。与老成员国相比，它们的银行体系和金融市场的所有元素都不发达。银行体系的不发达程度不如股市市值（尤其是股市成交量）以及机构投资者的资产那么低。特别是与第五类的老成员国相比，它们的银行集中度更高。

英国和荷兰所在的第四类显示出盎格鲁-撒克逊模式的典型特征：拥有发达的金融市场和高成交量的股票市场。然而，值得注意的是，它们的银行体系也比其他老成员国发达，老成员国金融市场的发展明显滞后。第四类国家的银行集中度在欧盟25国中处于平均水平。与其他各类相比，保险公司和养老基金规模突出。

奥地利、丹麦、法国、德国、希腊、爱尔兰、意大利、葡萄牙和西班牙这九个老成员国属于第五类。它们有着发达的银行系统，但有趣的是，贷款与存款存量（与GDP相比）低于第四类，银行集中度较低。其投资和养老基金规模小，但保险公司规模处于平均水平。它们的股市发展水平略高于平均水平，但明显落后于第四类。

图3是关于金融体系多维标度法的二维图示，横轴表示银行系统的发展水平，纵轴代表了金融市场的发展水平。

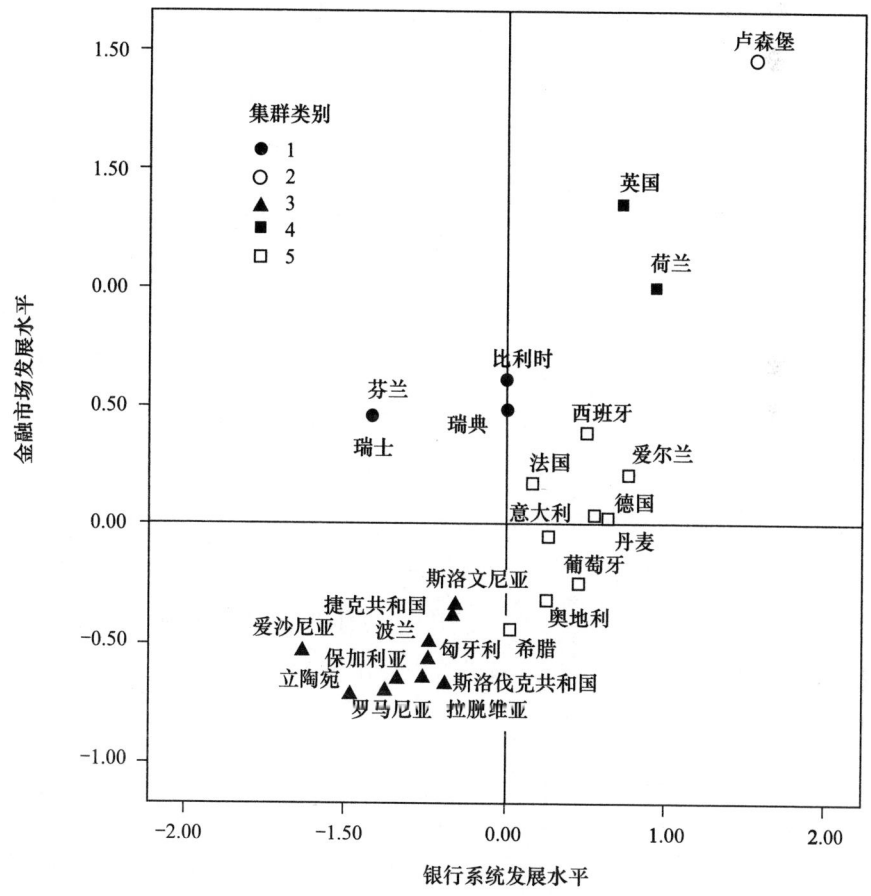

图3 金融体系的二维分析

关于欧盟25国金融体系的已有文献概述与我们的聚类分析结果相似。艾伦等人研究了欧盟25国的金融体系，他们认为这些国家的金融体系以银行为基础，但各国之间存在着很大差异。英国再次成为一个例外，而荷兰、芬兰和瑞典最近刚刚转向以市场为基础的金融体系。欧盟的整个金融体系在货币一体化过程中正转向盎格鲁-撒克逊模式。尽管如此，银行融资仍占主导地位。

对后共产主义国家的金融体系的研究认为，它们的金融体系不发达，这与我们的聚类分析结果相似。提高投资和融资的主要手段不仅是银行，而且还有能够从其他地方获得财政资源的跨国公司。另一个主要议题是该地区银行体系的私有化，其结果是导致外资银行占据关键位置。

劳动力市场和劳资关系

我们将劳动力市场与就业政策、劳资关系放在一起考察。劳动力市场的弹性用有定期合同的雇员与兼职雇员的比例、青年劳动力与长期失业人员的比例以及就业率来衡量。另外，这种弹性也可用就业刚性衡量。关于就业政策公共开支的数据，是根据劳动力市场政策中不同类型的行为使用的，我们区分出以下类型：劳动力市场信息服务、激励措施以及被动收益。劳资关系用工会的组织水平、劳资谈判水平和工资谈判协商水平来衡量。

聚类分析显示，欧盟25个成员国可以分为五类。除了斯洛文尼亚，所有后共产主义国家与希腊、意大利形成第一类。在这类国家，有定期合同的雇员与兼职雇员的比例低，就业刚性适中，工资附加成本略高于平均水平，工会组织水平和工资谈判水平低。两个地中海国家的工资谈判的程度和协商水平较强，就业率低于平均水平。

丹麦、瑞典和比利时属于第二类。其劳动力市场像盎格鲁-撒克逊模式一样富有弹性，但积极和消极的劳动力市场政策资金更多地是由国家分配。与其他类相比，这些国家有组织化程度较高的工会和广泛的工资谈判体系，就业率高。然而，比利时与其他两个国家相比，就业率更低，失业率更高。

与第二类相似的荷兰单独属于第三类,其有定期合同的雇员与兼职雇员的比例高于第二类。在荷兰,积极劳动力市场政策的公共开支较低,但其被动开支高于第二类。其工会的组织水平低,但工资谈判范围广且可协商,劳动力市场富有弹性且就业率高。

大陆和地中海国家(奥地利、芬兰、法国、德国、卢森堡、葡萄牙和西班牙)与一个后共产主义国家(斯洛文尼亚)组成第四类。这一类国家的劳动力市场与盎格鲁-撒克逊模式或者第二类和第三类中的国家相比缺少弹性。在这类国家中,有定期合同的雇员与兼职雇员的比例适中,但就业非常严格,工资的额外成本很高;至于劳动力市场政策,大部分被用在消极措施上,用在积极措施上的政策较少;工会的组织水平适中,但工资谈判体制是广泛且可以协商的;就业和失业率相当于欧盟平均水平。

英国和爱尔兰的特点是盎格鲁-撒克逊模式中"教科书式"的例子。在这两个国家中,尽管有定期合同的雇员与兼职雇员的比例适中,但就业指数表明劳动力市场是高弹性的;除信息服务外,劳动力市场政策上的公共开支很低;工会组织水平适中,但工资协商不广泛,就业率高。

图4是关于劳动力市场和劳资关系多维标度法的二维图示,各国在劳资关系和劳动力市场政策的公共开支(纵轴)、劳动力市场弹性(横轴)指标的基础上进行分组。

我们的分类与欧盟委员会最近关于劳资关系的报告的结果大致吻合。欧盟的报告与我们的结论的不同之处主要在于临界个案(爱尔兰、芬兰)。在欧盟的报告中,后共产主义国家依然是个问题,因为这些国家的长期特征还很难确定。新成员国在劳动力市场上最突出也是人们最先注意到的特点是低水平的就业率和就业参与率。这一点起初与转轨的影响有关,但就业率甚至在充满活力、经济已经实现增长的国家仍然很低。而且,从1999年开始,老成员国的就业率增速高于新成员国。这些国家在就业和失业方面的某些结构性特征也应该被注意到:青年人和低技能群体的失业率尤其高;一个国家内部失业率差别很大,失业率没有因劳动力流动而下降。

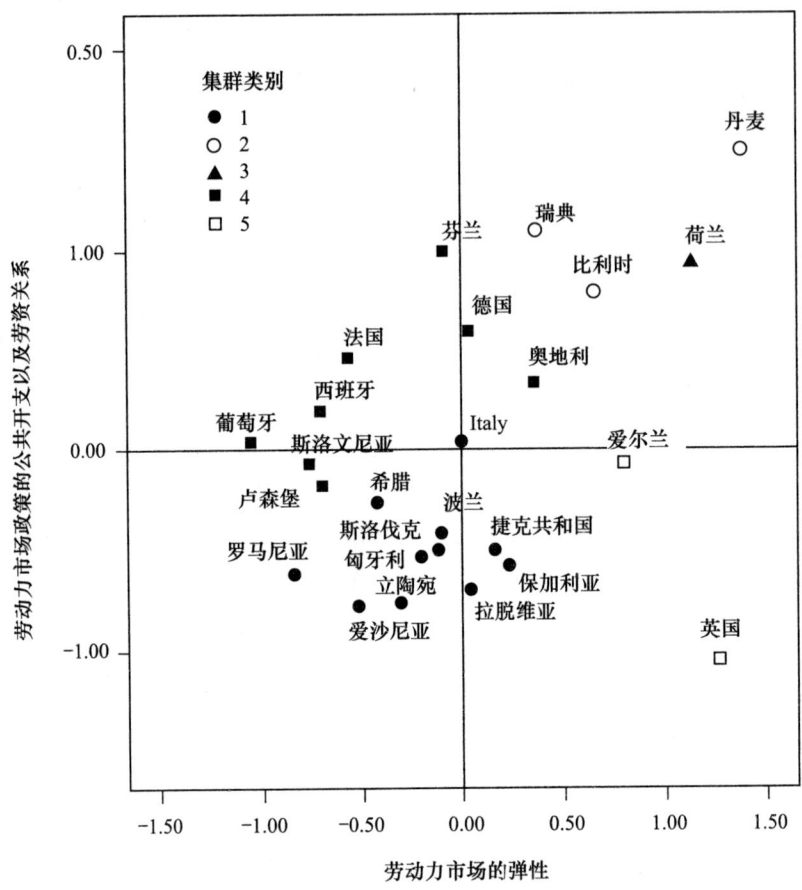

图4　劳动力市场与劳资关系的二维分析

现有文献中有关后共产主义国家劳资关系的描述比较一致。它们在政治变革之后开始私有化，国有企业消失。其结果是，工会的组织水平明显下降，保留下来的和新的工会组织悄悄支持不可避免的、痛苦的改革。它们不得不重建本不存在的雇主组织，其集体谈判是分散的，即使在集体谈判协议的实施出现问题时，工会也不采取行动。

社会保障

研究社会保障时，我们考察了社会保障支出与GDP的比较以及社会保障支出的内部结构。体现社会福利制度特点的主要项目是养老金以及儿童与家庭补贴的比例。社会保障资金来源——国家、雇主和受益者——也揭示了相关制度特点。福利转移前后的贫困风险、收入不平等及融资渠道等都在考察范围内。

社会保障方面的聚类分析显示出比较复杂的情况。丹麦、瑞典、芬兰以及卢森堡这些国家在社会保障方面特别突出。由于收入不平等程度是最低的，所以它们的社会保障支出是有效的。而且，尽管在福利分配之前其贫困风险高于平均水平，但其贫困风险是这一类中最低的。它们的福利支出主要来源于政府，养老金与 GDP 之比高于欧盟 25 国的平均水平。除此以外，在其福利支出中，给家庭、孩子和残疾人的津贴比例也很高。

爱尔兰是老成员国中唯一在社会保障和医疗支出上水平较低的国家。其收入分配不平等程度适中，但贫困风险在福利转移前后都很高。其养老金占 GDP 比例极低，部分是因为爱尔兰是一个年轻的社会，因此，给老年人的社会支出比例较低而给家庭和孩子的津贴支出比例较高就不足为奇了。政府在社会保障资金支出方面起着非常重要的作用。

除了卢森堡，所有大陆国家——奥地利、比利时、法国、德国以及荷兰——属于一个类。地中海国家、英国、波兰、匈牙利、斯洛文尼亚也属于这一类。它们的社会保障和医疗支出水平与第一类相似，换句话说，医疗开支较高。其收入不平等程度和福利转移前后的贫困风险适中，养老金占 GDP 比例较高。再者，在社会保障支出中，给家庭和儿童的津贴比例较低，而给老年人的津贴比例较高。在考察的所有国家中，政府、雇主和福利受益者的财政资助接近平均水平，政府和雇主所占比例相当。

在社会保障和医疗支出上，三个波罗的海国家、捷克共和国、斯洛伐克、罗马尼亚和保加利亚属于水平最低的一个类。这些国家的收入分配不平等程度是最高的，在福利转移之前贫困风险略低于平均水平，而福利转移之后，贫困风险高于平均水平。其养老金占 GDP 比例较低，而家庭和儿童津贴比例适中，老年人津贴在社会保障开支中比例较高。其社会保障资金主要来源于雇主，而政府和福利受益者贡献较低。

图5是关于社会保障体系多维标度法的二维图示，横轴表示社会保障的发展水平，纵轴表示养老金、家庭及儿童津贴在福利社会保障系统中是否占主导地位。

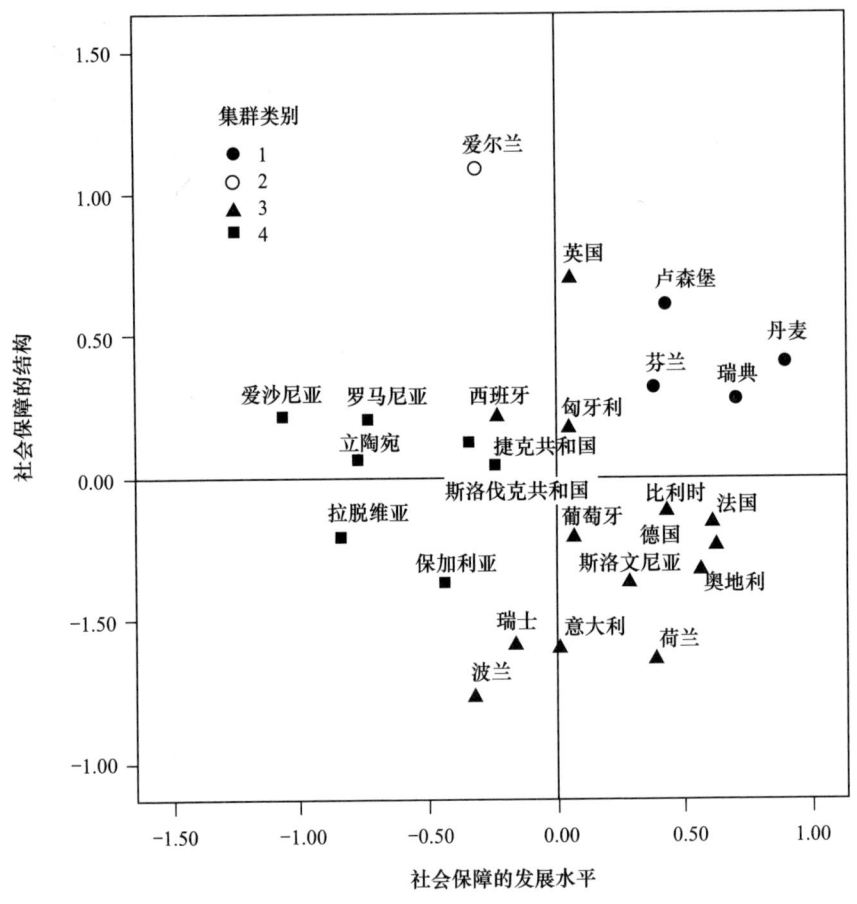

图5　社会保障体系的二维分析

关于福利制度，我们的聚类分析结果与已经找到的文献非常相似。在我们的研究中，地中海国家不能与大陆国家分开。在福利制度方面，它们不像欧盟委员会关于劳资关系的报告中显示的那样是独立的一个类。对英国和爱尔兰的福利制度的分类导致了普遍的不确定性，因为与爱尔兰相比，英国并不真正吻合盎格鲁-撒克逊模式。

欧盟委员会关于劳资关系问题的报告提出：新的后共产主义国家是否属于盎格鲁-撒克逊的"残余"模式？或者属于分段的大陆模式？我们的聚类分析表明，这些国家不能被归为一种福利制度。波兰、匈牙利和斯洛文尼亚属于大陆模式国家，其余国家具有盎格鲁-撒克逊残余模式的特点，尽管大陆国家的社会保障制度的传统使它们有别于这一制度。在这些国家，雇主在社会保障方面的支出较大。

教育

对不同层次的教育活动的参与情况，或换句话说，教育体系涉及的范围及其融资水平提供了大量关于教育在经济中的地位与作用的信息。可用的统计数据只描述了教育体系的少数特点。因此，很难准确描述教育体系的内部结构和质量。为了研究教育体系如何适应劳动力市场，我们使用了与各层次教育水平有关的失业和就业数据。然而，就业和失业数据也受其他因素的影响，因此，从劳动力市场得出的有关教育体系的结论是有限的。

聚类分析显示，第一类和第二类是两个明显不同的类。与此相反，第三类和第四类的区别并不明显。但是，如果把它们结合在一起会产生一个非常异质的类。第一类的典型特征是，存在教育水平不同的社会群体，都具有高入学率及高就业率。奥地利、丹麦、芬兰、荷兰、瑞典、斯洛文尼亚和英国属于这一类。在这些国家，早期辍学率和只完成初中教育的人口比例低于欧盟平均水平，但不是最低的；成年人参与终生教育计划的比例非常高，高等教育入学人数和已经完成技术或自然科学专门学习的学生人数是所有类中最高的。这一类中的教育开支最高。除此之外，在这一类国家中，就业和失业指标对所有教育层次的人都是最有利的；低技能群体的就业率高于平均水平，但低于第二类的地中海国家。

意大利、西班牙和葡萄牙这些地中海国家属于第二类，它们的教育体系显得自相矛盾。其高等教育入学率略高于平均水平，但与此同时，其低技能人口的比例非常高。然而，其高技能群体的就业率最低，接受教育和培训的成年人比例很低，教育开支低于平均水平。

比利时、三个波罗的海国家、法国、希腊、匈牙利、爱尔兰、卢森堡和罗马尼亚属于第三类。在这一类国家中，低技能人口、早期辍学人口及高技能人口比例都处于平均水平。然而，接受职业教育和成人教育的学生人数低于欧盟平均水平。就所有的衡量指标来看，除比利时、法国和匈牙利的教育开支高于平均水平外，其余都低于平均水平。在这些国家，各教育层次人口的就业率接近或低于平均水平，除了低技能群体的失业率较低外，其余都处于平均水平。只有爱尔兰可以为本国在就业和失业率方面的更佳表现感到自豪。

第四类包括保加利亚、捷克共和国、德国、波兰和斯洛伐克。这一类国家中，低技能人口和早期辍学人口比例最低，接受高中和职业教育人口的比例最高，接受成人教育以及从事技术或自然科学研究的人口比例是所有四个类中最低的。其教育的公共开支最低，但私人教育开支占 GDP 比例最高。低技术人口在就业方面处于最不利的地位。德国可能由于统一而被归入这个类。

图 6 是关于教育和培训体系多维标度法的二维图示，横轴表示各国的教育水平，纵轴表示就业尤其是低技能人口就业的差异。

把我们根据教育体系所作的分类与 2006 年国际学生评估项目报告（Programe for International Student Assessment，PISA）中关于欧盟教育质量的评估结果进行比较非常有趣。根据比较，第一类和第二类在教育成效方面各自具有同质性。第一类包含了成效优异的国家，而第二类包含了成效不佳的地中海国家。其他两个类在教育成效方面具有相异性：这些国家在教育上的成效差异很大。

第一部分 当代资本主义的新变化

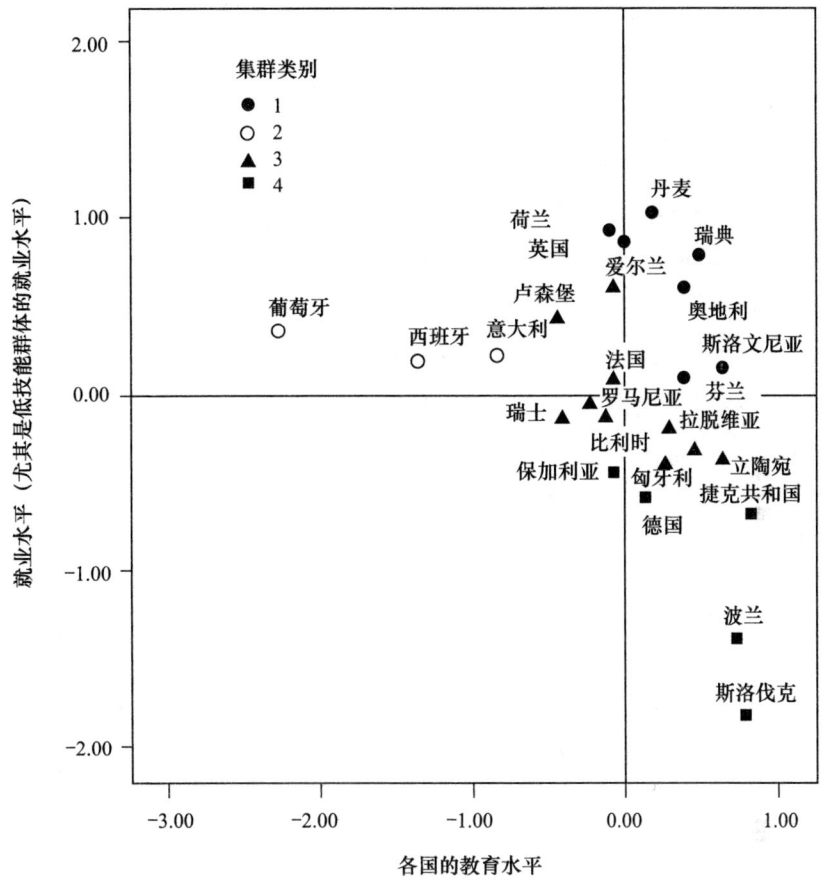

图 6 教育和培训体系的二维分析

欧盟扩大后的资本主义模式

1. 成员国的分类

如果所有的子系统都被考虑在内,并将每个子系统放在一起加以考察聚类,那么用这种方法则会形成新的聚类。由于这些新聚类是在统计软件（Statistical Product and Service Solutions, SPSS）的帮助下,从已经存在的聚类类别中产生的,因此被称作两步聚类分析。这种方法的优点是可以处理形成类的过程中的分类变量,这个过程的结果就是SPSS软件建议的最佳聚类数目。这种特殊分析的结果会产生两个类。第一个类是非地中海的老成员国,第二个类是欧盟新成员国和地中海国家。

由于软件给出的聚类数目只是一个建议,建立在赤池信息量准则(Akaike information criterion)及其相对变化基础之上的数目几乎总是一分为二。因此,我们测试了更多聚类数目的解决方案。

表1中,除了缺少盎格鲁-撒克逊模式,成员国的分类实际上与已有文献中引用的资本主义的旧模式相匹配。我们没有篇幅再解释更小的差异,根据我们的研究,旧模式需要增补中东欧模式。

表1 欧盟25国的分类

第一类	奥地利 比利时 丹麦 法国 德国 爱尔兰 荷兰 英国
第二类	希腊 意大利 葡萄牙 西班牙
第三类	芬兰 卢森堡 瑞典
第四类	保加利亚 捷克共和国 爱沙尼亚 波兰 匈牙利 拉脱维亚 立陶宛 罗马尼亚 斯洛伐克 斯洛文尼亚

2. 中东欧模式

欧盟委员会关于劳资关系的报告认为,中东欧国家是一种独立的资本主义模式。罗德里格斯(M. J. Rodrigues)结合里斯本战略研究了欧盟不同的资本主义模式,并指出存在东欧模式。在同一框架下,阿达·特洛克(Ádá Török)指出一些问题并确认中东欧国家构成独立的模式。安德里亚斯·诺尔克(Andreas Nölke)和阿尔然·福里根哈特(Arjan Vliegenthart)认为,存在一种依赖于市场经济的新模式,但只限于维谢格拉德集团国家。

最近有一些研究尝试把中东欧国家与已有模式进行比较,但是这些比较要么只包括一部分国家,要么使用的特征和数据比研究老牌资本主义国家案例时更有限。这些研究把新成员国(或它们中的某一组)与地中海国家或大陆国家,甚至与协调的市场经济国家进行比较。其他一些研究则揭示了某些国家表现出了盎格鲁-撒克逊模式或自由主义模式的特征。

我们的研究则显示了存在独立的中东欧模式。尽管已有文献指出中东欧国家之间确实存在重大差异，但目前的聚类分析显示，中东欧国家与老成员国之间的差异比中东欧国家之间的差异更明显。只有斯洛文尼亚是一个临界案例，它似乎从中东欧国家这一类中进入了大陆国家这一类。表2列出了中东欧国家与现存模式的相似性，但也表明各子系统不能用现存模式来识别。

表2　中东欧模式与最相似的欧盟老成员国的模式的对比

制度领域	与欧盟老成员国的模式的相似之处
产品市场	介于大陆模式与地中海模式之间。大陆模式的产品市场相对缺乏灵活性，地中海模式的产品市场相对灵活。在中东欧国家，外国投资是高科技发展的基础。
研发和创新	地中海模式。
金融体系	以银行为基础的大陆模式（地中海国家的金融体系在本领域中可以归为大陆模式），但处于一个相当低的水平。
劳动力市场和劳资关系	劳动力市场并不具有地中海模式和大陆模式典型的双重性特点（相对于临海国家来说，内陆国家在劳动力市场上的地位较弱）。这种特点使其与盎格鲁-撒克逊模式相似，但中东欧模式的劳动力市场缺乏弹性。劳资关系方面的相似性也存在很多矛盾。在地中海模式中，国家干预劳资关系，但是在集体协商中雇主和雇员关系几乎不受冲突影响。只有斯洛文尼亚可以归类为大陆模式。
社会保障	有三个国家属于大陆模式。其他国家类似于盎格鲁-撒克逊模式，但在融资方面，大陆模式的社会保障传统仍然存在。
教育	不像其他子系统，在教育领域并没有一个明确的归类。然而，在教育体系上，欧盟新成员与大陆模式较为相似。斯洛文尼亚是唯一可以归类为在教育体系方面比较成功的类型——这些国家主要是北欧国家。

如果我们完整研究中东欧模式的要素，就会发现中东欧模式的形成可以归因于三个主要方面：资本的匮乏、弱市民社会、欧盟及其他国际组织对新成员国的影响。

资本的匮乏使外国投资成为必要。然而，由于与迅速的自由化同时发生，因此保护不是一种选择。就像其他时代或其他地区的新兴经济体中的情况一样，西方国家的主导性经济范式以及老成员国在欧洲一体化方面达到的水平是这些国家无法选择采取保护政策的原因。在斯洛文尼亚，没有债务负担为其提供了足够的空间，工人的自治经验提供了足够的社会力量去选择一种符合欧盟要求但不同于国际组织的建议的路径。资本的匮乏也使它必然建立以银行为基础的融资体系，因为很大一部分外资流入金融部门，流入了银行。

因为市民社会和工会力量较弱，因而新成员国的劳动力市场与劳资关系的运作不同于盎格鲁-撒克逊模式和地中海国家。在欧盟内部，如果没有法律协调的力量，雇员地位会更弱。新成员国的社会保障和福利分配水平的高低与其市民社会的相对强弱或传统的社会保障制度关系密切。如果我们知道一些背景信息，就能很好地理解研发和创新体系：研发和创新以国内为基础，缺乏在北欧和大陆国家成为创新推动力的有国际竞争力的商业部门，这种缺失不可能由国家推动的研发来填补。

如果中东欧模式还没有意外地发展成所谓混合式的资本主义，而是作为对原始条件的一种反应，那么就没有理由假定它仅仅是朝着欧洲资本主义模式发展的暂时局面，而是一套可以持续自我复制的模式。

结论

如果我们假设新成员国不会向现有的任何模式发展，那么合乎逻辑的问题是中东欧模式可能会带来什么样的发展。另外，欧盟、新成员国政府和民众认为转轨的目标不只是发展，而且还要通过发展赶上老成员国。欧盟委员会的《欧洲经济》（*European Economy*）杂志 2009 年第 1 期就欧盟扩大五周年进行了全面评估。首先，其目标是展示欧盟成员国的影响，同时也考察了新成员国的发展。外国直接投资对资本匮乏的中东欧地区的发展做出了巨大贡献，因此，高科技产品在新成员国的出口结构中占了很大份额。然而，价值链的低附加值元素位于新成员国，它们没有从跨国公司的活动中产生溢出效应。

新成员国经济增长的主要动力是日益增长的国内需求。在保加利亚和罗马尼亚,作为经济增长动力的国内需求占据主导地位,导致了经常项目的巨额赤字。经济增长在捷克共和国、匈牙利和斯洛伐克比较均衡。2008年金融危机加剧了失衡效应。基于此,新兴市场经济体的风险被重新评估,这至少会暂时减缓许多新成员国的趋同发展。再有,根据预测,新旧成员国之间的分配不平等程度会加剧。

  欧盟委员会的专家们没有解决他们报告中提出的问题,因而用先前提出的中东欧模式来看这个问题毫不奇怪。在这种模式下,新成员国有能力发展,但新(后共产主义国家)旧成员国之间的劳动分工可能被固定下来,这会使目前的不对称依存持续下去。长远看来,它使新成员国的趋同发展成为幻想。由于危机到目前为止的影响,有凝聚力的老成员国甚至有可能失去一部分它们在趋同发展方面已经取得的成就,这进一步支持了我们的结论。所有这些会对里斯本战略提出质疑,该战略寻求把欧盟变成创新驱动的地区,所有成员国的发展路径一致,只是发展阶段不同,在这里趋同只是个时间问题。事实与此相反,它看起来好像只是在欧盟内部复制了19世纪末到"二战"期间很典型的中心—边缘模式。

英国脱欧：迈向组织化资本主义的全球新阶段？

安德里亚斯·讷克 著　　刘丽坤 译

[内容提要] 英国脱欧与脱欧之后英国政府的战略应被视为全球资本主义发展趋势的一部分。2008年的经济危机以及紧缩政策导致的收入停滞引发了反自由资本主义的全球运动。新的发展方向被称为组织化资本主义，且强调国家的作用。这反映在特朗普当选为美国总统、新右翼民粹主义政党在欧洲大陆崛起以及全球自由主义制度逐渐削弱之中。组织化资本主义并不一定是反动的，因为它为社会对经济施加影响提供了更多的选择，并可以成为社会改革之源。

[关键词] 英国脱欧　组织化资本主义　民粹主义　自由资本主义

一、引言

关于英国脱欧的著述已有很多。许多文献分析了英国脱欧的原因，还有

---

* 本文原载《竞争与变革》（*Competition & Change*）2017年第3期（总第21卷）。译文原载《国外理论动态》2018年第6期。

** 作者简介：安德里亚斯·讷克（Andreas Nölke），德国法兰克福大学政治学研究所教授。

一些文献则分析了其影响。然而,大多数研究都将其视为一个特殊的案例。可以说,这一做法有其合理之处,因为这是有史以来第一次有国家决定脱离欧盟。本文认为,这个决定只是若干发展趋势中的一种。如果我们将英国脱欧放置在更大的体系中,那么这一更大的体系是什么呢?为了解决这个问题,本文将从英国脱欧这一单一案例转向讨论全球政治经济更普遍的发展。

近期与英国脱欧有相似之处的案例是特朗普当选为美国总统。在下一部分,我们将分析英国脱欧与特朗普胜选之间的相似之处。在这两个案例中,对现状不满的社会经济群体抛弃了自由世界主义理念。第三部分扩大了分析视角,以审视其他西方国家中相似的发展趋势,尤其是欧洲大陆右翼民粹主义政党的崛起。第四部分研讨了在西方世界之外出现的相似的变化趋势,尤其是新兴市场中国家资本主义的兴起。在回顾了这些发展趋势之后,文章第五部分指出,全球金融危机连同西方国家在全球经济结构中遭遇的挫折,构成了自由资本主义的根本性危机。第六部分指出,如果将这些观察结果纳入历史视角,我们可能已处于组织化资本主义新阶段的起点。文章的结论是,英国脱欧并不具备特殊性,它只是众多发展趋势中的一种,这些发展趋势构成了走向资本主义新阶段的转折。

本文不对英国脱欧进行详尽的分析,而是通过强调英国脱欧公投与其他历史发展趋势之间的相似性,来助力最近关于全球政治经济的讨论。与早期文献不同,本文从英国脱欧的特殊性系统地转向审视其他国家及全球的发展趋势。这些发展趋势被置于广阔的历史视角之下,对其进行诠释的理论工具也是确定的。鉴于需要用广阔的视角来分析众多相异的经济与社会发展趋势,本文着重于诠释全球政治经济发展的现有经验。

二、英国脱欧公投的动机与特朗普当选美国总统

为了把脱欧纳入分析视角,我们需要强调引发选民投脱欧票的一些动机。脱欧支持者的动机和特征已经得到了深入的分析。一个主要问题就是民众对移民的反对,包括欧盟的难民危机。更为重要的是,这些移民还包括欧盟内

部主要来自东欧的工作移民，他们被认为是稀缺工作、住房和社会福利的主要竞争者。来自东欧工作移民的竞争也是支持脱欧的选民反对英国对欧盟预算作出贡献的重要动机。除了个体的物质动机外，英国脱欧辩论也揭示出决定脱欧的更具象征性意义的缘由。这些原因包括对国家主权的偏好、反对与伦敦金融城（和欧盟）紧密相关的"世界主义立场"。如果我们审视这些动机的社会基础，就会发现脱欧公投体现了民众对英国部分地区去工业化进程日益加剧的忧虑。这一过程对下层中产阶级和工人阶级产生了负面影响，而上层中产阶级和上层阶级则受益于相关的金融化进程。因此，贫困家庭比富有家庭更支持脱欧。特别倾向于支持脱欧的选民正是那些认为其个人财政状况正在恶化的人。此外，英格兰乡村和英格兰北部地区的民众大多数支持脱欧，而大伦敦地区的民众则大多投票支持留欧。正规教育程度有限的老年选民倾向于投票支持脱欧，而受过大学教育的年轻选民则更倾向于留在欧盟。

总体而言，英国脱欧公投表明，以往经济上的左右翼分野正让位于政治上的世界主义与社群主义的对立。这一维度往往让全球化中的输家与赢家对立起来：世界主义者强烈支持全球化，而社群主义者则强烈质疑全球化。问题的关键已不是为纠正市场结果而实施社会再分配的程度——这是左右翼分野的核心议题，而是民族国家或超国家实体，如欧盟或全球金融市场，哪一个应该成为决策的核心。至少在某种程度上，对这种分裂的偏好与社会经济地位有关。例如，从社群主义视角来看，跨境移民被视为主要威胁。教育程度有限的选民和老年选民常常持有这一观点，因为与接受过大学教育的年轻选民相比，他们难以实现跨国就业。相反，他们还面临着与正式技能同样有限的移民日趋激烈的竞争。伦敦金融城中具有国际倾向的金融业的利益也遭到持社群主义观念的选民的强烈质疑。这些选民倾向于英国经济的再工业化，认为这更契合他们的技能水平。

如果我们把这些动机和特征同特朗普当选美国总统的原因进行对比，就会发现，在选民动机和选民特征方面，两者有着惊人的相似之处。仅次于既有的种族与性别分界线，美国选举的新分界线在有无大学学历的选民之间。无大学学历的白人选民使特朗普取得了决定性的领先优势。特朗普的当选可以被理解为对以往美国政府所持有的世界主义立场的反对。在这种情况下，来自墨西哥的移民成为主要的争论点。许多选民藐视经济全球化，不仅包括华尔街主导的金融全球化，还包括全球贸易，他们特别关注中国和北美自由贸易协定。贸易自由化被视为美国经济日益去工业化的原因，去工业化进程对美国大部分劳动力的社会经济状况产生了负面影响，尤其是在美国中部地区。此外，美国大部分中产阶级越来越惧怕经济衰退，并投票支持特朗普，尤其是在与制造业相关的地区。

总体来说，英国脱欧公投与特朗普的当选具有某些共同的特征。这些特征包括：反对世界主义，对大规模移民作出限制性规定，反对超国家自由主义经济制度。此外，在美国与英国，人们越来越关心持续推进的去工业化进程，这一进程已对劳工、中下阶层以及弱势群体的社会经济地位产生了负面影响。民族国家的作用，特别是在保护经济、抵御全球化所推动的自由化趋势（移民、贸易、金融危机）方面的作用，得到了投票支持脱欧的英国选民和投票支持特朗普的美国选民的支持。

三、英国脱欧与右翼民粹主义政党在欧洲及日本的崛起

前面所讨论的发展并不局限于英美这两个盎格鲁文化圈的主要国家。类似的发展也出现在欧洲大陆。截至目前，这一发展趋势在匈牙利和波兰等中欧国家最为显著。在这两个国家，政府都是在反对世界主义的潮流中当选的。人们对经济全球化的质疑愈演愈烈，在中欧诸国具体表现为质疑外国直接投资在这些依附性市场经济体中的重要作用。与英美一样，主要的社会经济群体，尤其是那些生活在农村地区且未受益于外国直接投资的群体，也开始反对有利于自由跨境经济交流的自由经济模式。这里的重点并不在于反对工作移民，而是反对主导其国家经济的外资银行和其他公司。目前，这些国家的执政党都是在承诺"让这个国家重返伟大"的平台上当选的，而它们的这一规划是以复兴国内工业为基础的。

在其他欧洲大陆经济体中也可以观察到类似的发展趋势，尽管并不显著。

多年来，新民粹主义右翼政党凭借反对欧盟、反对难民和劳动力跨境迁移的政治议程而蓬勃发展。同时，这些政党承诺以社会保障和强大的国家权力为基础来创造就业。在许多地区，这些政党取代了社会民主党而成为工人阶级的主要代表。在斯堪的纳维亚和西欧各地，新民粹主义右翼政党已被选入议会。它们参与了芬兰和挪威政府的组阁，并在丹麦和瑞典强势崛起。最近，它们已接近于掌控欧洲大陆某些政府的主导权，如奥地利（自由党）、法国（国民阵线）和荷兰（自由党）。

总之，相似的发展趋势几乎出现在所有西方国家。英国脱欧并非孤立的现象，而是更大趋势的一部分。这一趋势的核心成分是脱离世界主义立场、反对跨境工作移民以及对经济全球化的质疑。在经济全球化的问题上，它们对金融市场、贸易和直接投资的关注度不一，但至少在言辞上都注重工人和中下层阶级社会经济状况的改善以及国家在其中发挥的积极作用。在英国，这些问题不仅是脱欧公投的重要动机，也是英国首相特蕾莎·梅保守党政府政策纲领的核心要素，包括向国际化精英和避税的跨国公司发难、承诺执行有利于工人阶级的国家干预政策、重建国内工业的相关尝试以及移民政策的反转。

乍看起来，似乎只有日本是例外，但通过更仔细的调查，也可以发现类似的发展趋势。由于显而易见的原因，右翼新民粹主义浪潮的一些问题在日本无法发挥重要作用。由于政府非常严格的限制性政策，难民和经济移民都不是重要的问题。日本经济仍由本国企业控制，例如就高管薪酬而言，不平等程度相当低，失业率在整个经合组织中最低。日本不断抵制在发达经济体中出现的某些自由化趋势。然而，就经济政策而言，"安倍经济学"与西方经济体中的新民粹主义经济学说有一些重要的相似之处。在具有强烈民族主义倾向的首相的领导下，日本鲜少支持全球经济政策的协调，而安倍在大选中的口号正是"夺回日本"。当然，其政策重点在于通过国家干预来实现日本经济的最大化增长。同时，这些政策将去工业化和失业率维持在低位。与欧洲右翼新民粹主义政党相似，这些政策与强烈的民族主义意识形态融合在一起，如定期参拜靖国神社以及右翼民族主义团体"日本会议"在政府中的地位日益突出。鉴于这种状况以及政府的民粹主义观,日本维新党之类的新民粹主义右翼政党难以像西方民粹主义政党一样掀起风浪。

四、大型新兴市场中的国家资本主义:英国后脱欧战略的蓝图?

前面的讨论引出了经济民粹主义是全球现象还是仅限于西方工业化国家的问题。如果不考虑大型新兴市场的情况,就断言全球政治经济的状态将会使人误入歧途。截至 2016 年,按名义价值计算,中国、印度和巴西均位列全球十大经济体之中,如果按照购买力平价计算国内生产总值,俄罗斯和印度尼西亚已经取代了排行榜上的意大利和加拿大。即使我们将俄罗斯和印度尼西亚放在一边,关于全球政治经济发展的争论至少应该将中国、印度和巴西纳入考虑范围。如果我们仔细审视这些国家的政治经济状况,与西方经济趋势变化的相似之处就会变得清晰。事实上,西方新兴的经济和政治模式似乎遵循了资本主义模式的一些核心特征,在过去 30 年中,这种模式已经在大型新兴市场中站稳了脚跟。

对印度和巴西等国资本主义发展的研究,强调国家和国家保护作为自由资本主义模式替代方案的核心作用。与自由度较高的新兴市场形成鲜明对比的是,墨西哥、中东欧等依赖市场经济的新兴市场国家不愿接受跨国公司要求开放国内市场的强烈意愿。在外国跨国公司已获得准入权的国家如巴西,政府以信贷补贴之类的形式支持国内资本与外国跨国公司竞争。作为这种新重商主义模式中的现代化因素,外国直接投资(以及有选择的私有化)是受欢迎的,但前提是它们未对国家资本构成威胁。上述国家都实施了资本管制,并积累了大量外汇储备,以避免全球资本市场短期波动造成的破坏性动荡。因此,国家资本主义在新兴市场中的增强也可以被理解为对金融全球化风险的逆反应。

大型新兴经济体的经济模式与工业化国家的近期发展之间存在一些明显的相似之处,包括英国脱欧的决定以及随后关于英国新经济模式的争论。在这两个案例中，都存在着对国民经济长期发展的强烈关注，特别是（再）工业化和国民经济的长期发展。相比之下，跨国经济力量则受到质疑。这也同样适用于世界主义理念，与强调国家经济实力和中央控制的观念相比，世界主义理念更不易被接受。鉴于过去30年来大型新兴市场的高增长率，这种由国家主导和控制的工业化模式可能会成为未来工业国家新民粹主义运动的经济政策蓝图。这与具有世界主义倾向的"华盛顿共识"相似，它在自由资本主义鼎盛时期曾是发展中国家和新兴市场的蓝图。

五、英国脱欧与自由资本主义国际制度的危机

如果我们要评估资本主义的总体发展，就必须更广泛地关注全球经济制度。英国脱欧公投也可被视为对资本主义国际制度之成员资格的拒绝，也就是欧盟。这可被视为全球贸易和金融领域一系列相关发展中的一种趋势。

随着2003年9月坎昆部长级会议扩大和深化世界贸易组织贸易议程的尝试以失败告终，对全球资本主义国际制度的强烈反对已经引起了人们的关注。当巴西、印度和南非领导的新兴市场和发展中国家联盟退出谈判的时候，通过纳入新加坡议题（竞争、投资、政府采购和贸易便利化）来深化全球贸易自由化的努力也宣告失败。关于多哈回合贸易谈判的磋商仍在继续，但想要实现全球贸易规则的重大突破已不可能。随后，核心资本主义国家通过缔结包括跨大西洋贸易与投资伙伴关系协定、跨太平洋伙伴关系协定在内的重大跨区域协定来挽救至少部分议程。因为，先前协议所包含的多边主义貌似不再可行，这些协定包括了"新加坡议程"的核心要素，也是拯救全球自由贸易议程的次优选择。随着特朗普总统的当选，鉴于他对区域间贸易协定的敌意，这一选择似乎也已不再可行。因此，我们似乎有可能见证缔结双边贸易协定之趋势的勃兴。尽管政府间的互惠协定也可助力某些情况下的贸易自由化，但在自由主义者看来，它们难以与全球贸易协定相媲美。

然而，全球自由经济秩序的削弱并非仅限于贸易领域，同时也包括金融市场和发展问题。衡量削弱的重要指标包括国际货币基金组织在资本管制问

题上不断变化的立场。资本管制是全球金融市场自由化的主要障碍。尽管国际货币基金组织历来严格反对这些控制措施，但最近它已经大大缓和了其立场，并建议在特定情况下可以使用这些控制措施。另一个衡量国际自由主义制度削弱的指标是，巴西等国拒绝披露《关于遵守标准和守则的报告》的相关信息，国际货币基金组织正在收集此类信息，以维护自由主义金融体系的结构。在开发性金融领域，全球自由主义机构的主导作用也遭到削弱。对中国和金砖国家集团设立替代性的国际开发银行的举措应予以重视，特别是2016年开始运营的亚洲基础设施投资银行和金砖国家开发银行。

英国脱欧符合自由资本主义国际制度日益被削弱的趋势。英国左翼认为欧盟是新自由主义力量。不仅欧盟实施的劳动力自由流动政策被指责为强迫自由化的个案，一些人也责难欧盟的竞争政策限制了英国铁路重新国有化的可能性。从欧洲大陆或斯堪的纳维亚的进步观念来看，鉴于欧盟打击工会的历史，它显然是新自由资本主义制度，而不是社会进步力量。因此，英国脱欧可以被视为又一个自由资本主义国际制度遭到削弱的案例，即使英国政府在其"英国计划"中威胁要在新自由主义的基础上超越脱欧之后残存的联盟，事实也如此。这包括在全球实施低税制和/或在世界各地缔结双边自由贸易协定。全球与欧洲的自由经济秩序建立在与所有经济体相关的普适性规则之上，而不是个别国家之间的互惠协定之上。自由经济秩序还依赖这些规则的统一实施，这正是英国政府明确反对的一点，英国一直强调其对欧洲法院权威的反对是"硬脱欧"的主要缘由。

六、关于全球政治经济历史发展的理论：英国脱欧是组织化资本主义新阶段的要素之一

从长远来看，英国脱欧公投只是具有自由世界主义倾向的资本主义（liberal-cosmopolitan capitalism）全球危机中的众多发展趋势之一。其他发展趋势包括特朗普当选美国总统、欧洲右翼新民粹主义政党崛起、国家资本主义在新兴市场兴起以及包括欧盟多重危机在内的全球自由经济制度陷入危机。

因此，全球政治经济似乎已经与具有自由世界主义倾向的资本主义分道扬镳。这些各种各样的发展趋势并非巧合。2007—2008年全球金融危机严重破坏了这种类型的资本主义的合法性，在西方劳工和下层中产阶级收入停滞的刺激之下，紧缩措施得以普遍实施。但是，上述许多发展趋势已酝酿许久，因此有必要采取长远的历史视角。

脱离自由资本主义的全球趋势并不是第一次出现。在2008年全球金融危机之后，当前形势与20世纪30年代的相似之处就已经得到确认。虽然起初辩论的重点集中于对20年代末的大萧条与2008年后的经济衰退之间的比较，但近期辩论的重点已经转向比较这些危机引发的政治反应，并特别关注右翼政治极端主义的崛起。当然，历史不会重演。然而，二者之间的相似性是可以被观察到的。为了更全面地了解这些发展，我们需要转向关于资本主义的跨时代发展理论。鉴于上述发展趋势的最新特点，现在提出一个全面的理论还为时尚早，但是可以确定更为广泛的理论框架的要素。有三种特别相关的思路：卡尔·波兰尼（Karl Polanyi）演绎的"双重运动"、积累的社会结构理论（SSA）提出的资本主义周期性发展以及"组织化资本主义"理论。

对最近发展趋势的理论诠释包含一个明显的要素，即波兰尼的"双重运动"概念。第一波运用波兰尼的概念框架解释当代经济的浪潮是在全球金融危机之后出现的，且以对经济的社会嵌入之预期为特征，但是观察家最近已开始将右翼民粹主义运动诠释为双重运动的一部分。这与波兰尼的观察是一致的，即强调罗斯福新政的平行发展（parallel development），这一发展是随20世纪早期自由资本主义以及法西斯的崛起而出现的，亦是双重运动的一部分。相应地，英国脱欧和本文所论证的发展趋势也可以被视为双重运动的一部分。在过去的几十年里，这一双重运动致力于反对自由世界主义类型的资本主义。

而且，当前与20世纪30年代的相似之处已经指向了全球政治经济的周期性发展。在此处，波兰尼的著作所能提供的帮助较为有限，因为它只包括关于反对深化自由市场的理论，而缺少关于这些自由市场兴起之初的理论。作为资本主义发展的周期性理论，积累的社会结构理论特别适用。这一理论是调节理论的变种，它融合了凯恩斯主义经济学的一些要素，并假定了资本主义调节阶段与自由竞争阶段之间的交替变化。这两种阶段都会持续几十年，但都内在地呈现出不稳定态势。

由于自由资本主义固有的不稳定性，自由竞争阶段常在动荡的危机中结束。而调节阶段往往终止于经济停滞时期，这是由于它在确定商品、服务的生产与分配方面的缺陷。从这个角度来看，最近的金融危机可以被视为资本主义自由竞争阶段出现的危机走向终结时期的一部分，而这与作为20世纪初自由资本主义最终危机顶峰的大萧条相类似。

然而，积累的社会结构理论的一个主要构成要素似乎存在问题。"二战"以后，关于资本主义调节阶段的概念可能是恰当的，但是，上面所强调的发展并不意味着要恢复这种调节。尽管人们对自由资本主义的不满情绪日益强烈，但我们并没有看到对资本主义实施重新调整的重大进展。如果假设当前的发展趋势是自由世界主义类型的资本主义反向运动的一部分，且资本主义史上存在着周期性运动，那么就需要一种替代性概念，这一概念能把当今和战后反资本主义的发展趋势涵盖进去。

描述当前发展趋势和20世纪30年代境遇的最佳概念似乎是"组织化资本主义"这一概念。"组织化资本主义"是由一群德国和奥地利理论家在20世纪初演绎出来的概念。当时，它着重强调金融资本和卡特尔在欧洲和美国经济中的强大作用。简而言之，关于组织化资本主义的核心问题是：公司是"公司业主和内部成员的"私人企业，还是"准公共基础设施"？它是否在经济决策上受到制度上认可的集体利益的制约？后者被称为"组织化资本主义"，其集体利益所涵盖的范围从部门利益延伸至阶级利益，再至政治利益，如支持战争经济。组织化资本主义通常是在全国范围内展开的，尽管它可以采取不同的形式。从这个角度来看，20世纪30年代的德国垄断资本主义与同时代的美国福特主义有许多共同之处，因为二者都具有经济活动的高度组织性，且反对高度竞争的自由资本主义。这两种模式一方面包括卡特尔、托拉斯和垄断，另一方面包含企业连锁和合作主义，它们都具有高度的组织性。在这两种情况下，私营企业的领导必须迎合整个卡特尔组织，且考虑其对国民经济的影响。此外，由于高度的组织性，这种类型的资本主义可能比自由竞争时代的资本主义更易受目的驱动的社会影响。由此，弗里茨·纳夫塔利（Fritz Naphtali）1928年领导的德国工会联合会总务委员会将组织化资本主义的发展趋向视为迈向经济民主的重要一步。然而，要求回归自由竞争时代的资本主义的诉求被诸如维尔纳·桑巴特（Werner Sombart）之类的经济观察家斥为反动。无论如何，至少在德国，法西斯摧毁了"组织化资本主义"这一短语所包含的任何积极内涵。但是，组织化资本主义在西方经济体中一直存续至20世纪80年代，当时，它遭遇了（新）自由主义的"无组织"资本主义的勃兴。

可以说，美国、波兰、匈牙利以及英国保守党政府提议的再工业化战略以及大型新兴市场经济体采取的国家资本主义战略都可以被归入组织化资本主义这一大类之中。个体公司可以追求利润，但必须在工业（再）发展之首要政策的背景下进行。通过反对自由资本主义，这些政府甚至被视为推动未来全球经济增长的先驱。迄今为止，保守派乃至右翼新民粹主义政府能够最好地驾驭这一波社会经济不满情绪。然而，组织化资本主义并不一定是反动的——它为社会对经济施加影响开辟了更广阔的路径，因此可以被称为社会改革之源。

如果我们将上述理论分析结合在一起，那么英国脱欧公投和脱欧后英国政府的战略可以被视为资本主义发展趋势之一。这些事件指向了反对自由资本主义的运动，特别是全球金融危机以及西方劳工和下层中产阶级生活水平停滞所引发的反抗运动。从历史的视角来看，这一运动是自由资本主义与组织化资本主义之间长周期循环的一部分，并代表着组织化资本主义的新阶段。与20世纪30年代的发展类似，这一阶段既可以迈向进步方向，亦可以迈向反动方向。

七、结论

本文指出了英国脱欧公投与近期全球政治经济其他发展趋势之间的重要

相似之处。除了特朗普的当选,最近欧洲大陆部分国家领导人选举的结果、日本现政府的执政理念和主要新兴市场的长期发展轨迹都指向了同一方向。这一方向即脱离经济组织的自由世界主义原则,迈向更具组织性的资本主义形式,以及更加关注国家的作用。可以说,组织化资本主义已经在印度等大型新兴市场体中建立起来了。此外,这些发展并不局限于重要经济体的国家层面,而是越来越多地现身于全球经济秩序层面。在全球经济秩序层面,自由主义制度正逐渐被削弱。50—100 年之后的历史学家也许会将英国脱欧公投记录为许多预示资本主义进入新阶段的众多事态之一。

我们认为,在将这些观察结果纳入关于资本主义长期发展的理论之后,我们正在见证朝向组织化资本主义新阶段的长期转向,它类似于 20 世纪 30 年代的大转折。转向组织化资本主义是类似于 30 年代美国新政那样的良性发展,还是诸如法西斯崛起那样的历史灾难?现在作出判断还言之尚早。与制度稳定阶段的资本主义相比,两阶段之间的过渡期更具流动性,对政治机构也更加开放。这也适用于英国脱欧及其相关的发展趋势。英国脱欧公投可能会导致仇外、民族主义和威权主义政治经济模式的兴起,但它也可能会把人们引向更迎合劳工和下层中产阶级的需要,且以成功的再工业化和社会改革为基础的政治经济模式。这在很大程度上取决于国内政治力量和政府间合作是否能够管控住当今趋向组织化资本主义新阶段的发展趋势带来的紧张局势。美国新政和"二战"后的 30 年已经证明这并非完全不可能。

第二部分
当代资本主义危机

马克思的方法与全球危机*

比尔·邓恩** 著　陈人江 译

[内容提要] 对当前经济危机的分析，主要存在两种不良的研究倾向：一种采取了经验主义的折中主义做法；另一种是在概念上直接从马克思《资本论》中的分析大跨度跳跃到对特定危机的分析。在《政治经济学批判大纲》导言中，马克思描述了一种关于研究次序的政治经济学方法，运用这一方法，我们有可能加深对2007年以来经济危机的理解，并克服前面两种方法的弊端。马克思的方法能整合来自其他视角的不同观点，并更好地解释导致危机的多种因素与它们的社会基础之间的关系。

[关键词] 马克思主义　经济危机　资本主义

导言

对当前经济危机的分析向马克思主义者提出了一个问题。这么说可能令

---

* 本文原载《国际思想评论》(*International Critical Thought*) 2012年第2期，译文有删减。译文原载《国外理论动态》2014年第3期。

** 作者简介：比尔·邓恩（Bill Dunn），澳大利亚悉尼大学社会与政治学院政治经济学系高级讲师。

人感到吃惊。毕竟，正如"均衡"之于主流经济学一样，"危机"是马克思主义词汇的重要组成部分。的确，资本主义充满着矛盾，然而这正是需要分析的问题。这恰恰是因为有如此多的薄弱环节，而如何理解它们又并非那么轻而易举，也并非在任何时候都像马克思主义者本应指出的矛盾那样一目了然。

当然，经验主义者和后现代传统反对主导因素或任何系统的分析次序。但是，这样一种反本质主义反而或多或少导致了对首要因素的任意选择。正因为采取了这种方法，同时又存在数目众多的自变量，有关危机的多如牛毛的文献中充斥着大量貌似有效的见解，但结果是它们的解释力度都微乎其微。对于马克思主义者来说，这个问题并不陌生。"具体化"一词是对事物因果关系表面的孤立根源的阐释，但是并没有揭示它们的社会基础。即便此种分析方法遭到了强烈的指责，但它或许还暗示着，资本主义总体上并没有什么大毛病，只要对金融进行更严格的管制，采取一点凯恩斯主义的修补措施，适当调整币值，就没有解决不了的问题。如果指明制度的根本弊端是不合时宜的话，那么对人们来说，挖掘事物的直接原因和关注眼前问题反而具有经久不衰的吸引力。

然而，这同时也存在着相反的危险，即过于笼统地批判资本主义和解释其问题。宽泛地说，也就是他们没有提供半点有用的关于特定时期的具体说明。在本次和历次危机中，名噪一时的理论可以说十分泛滥。某些从广义的凯恩斯主义角度来解释金融周期的理论似乎很容易招致这种批评，但是，在预言种种将来情形时，一些"马克思主义理论"也犯了同样的错误。很多人往往从《资本论》或其中的某些著名章节直接跳到对特定危机的解释，这种倾向已经不是第一次了。在此，笔者的观点是，这样一种方法实际上是误读了《资本论》，也误读了它在马克思主义正确理解当代资本主义中的作用。

因而，问题仍然是如何避免无用的多元论，同时又不退回到过于简单化和决定论的立场。我们需要重新回到马克思公开提出的"政治经济学的方法"上来。在《政治经济学批判大纲》导言中，他指出，在分析的层次上存在明显的先后顺序：

(1) 一般的、抽象的规定，因此它们或多或少属于一切社会形式……(2) 形成资产阶级社会内部结构并且成为基本阶级的依据的范畴。资本、雇佣劳动、土地所有制。它们的相互关系……(3) 资产阶级社会在国家形式上的概括……(4) 生产的国际关系。国际分工。国际交换。输出和输入。汇率。(5) 世界市场和危机。①

要实现这一研究设想需小心谨慎。研究的先后次序也许并非看上去那么显而易见。没有附加条件，对次序的优先选择会表现出主观上的任意性和方法上的决定论色彩。我们并不清楚它对马克思的重要性如何。这段话广为人知，且多次被引用。但它似乎没有对马克思主义关于危机的无数解释有所启发，这一事实表明，要真正运用这一方法或许并不那么容易。

然而，马克思提出的这一方法至少值得我们认真考虑。接下来有两个需要注意的问题。首先，第二个层次即后来构成《资本论》的分析层次，与第五个层次即危机的分析层次之间，在概念上存在着相当大的距离。马克思并没有否定原初的写作计划，但他也没有按先前提出的本可以超出《资本论》范围扩展分析的几册计划来写作。因此，要弥合"形成资产阶级社会内部结构……的范畴（和）它们的相互关系"与对危机的充分分析之间在层次上的鸿沟，采取某些步骤，搭建二者之间的桥梁，仍然是不可或缺的。其次，中间的分析层次也已经概括出与我们当前形势相关的几大主题。这一方法虽然建立在对资本主义作一般分析的基础之上，但它看起来是能够容纳历史和地理的特殊性的，并能吸收来源于其他视角的合理见解。

当然，许多马克思主义者已经不仅简单地从《资本论》，而且从阶级关系的变化、国家行为的改变、国际关系、贸易、外汇和世界市场等多种角度来分析金融危机，作出了富有价值的评述。这些说法的着眼点各有不同，但停留在问题的一定分析层面并作必要的详细探究也是完全合理的。然而，至少同样必要的是，要使特定层面的分析赖以建立的前提假设明确化、具体化。

---

① 《马克思恩格斯选集》第2卷，人民出版社1995年版，第26页。

在此，笔者无意把鉴别特定的缺陷作为讨论的重点，而是要指出，马克思的计划有助于我们做到这一点，它对其他的折中主义倾向或从《资本论》的层面过分随意解读当前危机的倾向提出了有力的挑战。

下文第一部分将对马克思的方法，特别是这一研究次序的基本根据进行简短的评论。接下来的五个部分对应马克思的计划内容。在这五部分中，笔者将简要地指出每一特定层级的重要性、它们在研究次序中各自所处的位置的意义，以及它们与理解当前危机的关联性。本文自然不打算概述未完成的《资本论》，也不会对当前危机作经验性的说明。的确，虽然马克思的方法指出了向具体研究发展的必要性，但本文篇幅有限，我们只能进行最粗略的概述，举几个说明性的例子。

马克思的方法

现在已有大量文献表明，尽管存在某些不恰当的说法，但马克思主义并不是它所经常被指责的那种粗鄙的经济决定论。然而，它也确实反对折中主义的自由主义，因为后者拒绝那种寻找最重要的决定因素的分析方法。辩证法不是要退回到马克思批评过的注重概念平衡甚过抓住事物真实联系的那种方法。粗俗的还原论的对立面，并不等于要求所有的决定因素都处于完全同等的地位。

确定和证明概念的优先顺序依然较为困难——不清楚从哪里开始，以及如何进一步推演。我们很清楚的是，不同事物的重要性是不断变化并且不受时空限制的。马克思采用了多种不同的方法，并认为"在科学上没有平坦的大道"。然而，通常最关键的是直接与中介之间的差异，以及透过表象看本质的必要性。像其他人一样，马克思主义者首先也是通过具体和直觉来感知世界的。但是，马克思也指出，如果仅有感性就足够了，那还需要科学做什么。主流经济学令人遗憾地接受了资本主义的表象，在这点上，它恰恰是"庸俗的"。它仍旧陷于"自由、平等、所有权和边沁"[1] 的王国幻象，看不到资本

---

[1] 马克思：《资本论》第1卷，人民出版社1975年版，第199页。

主义交换表面下的剥削性生产关系。事实上，在资本主义内部，被称作异化或拜物教的过程竭力掩盖了真实的本质。因此，"不言而喻，生产和流通活动的主体头脑中产生的关于生产规律的概念会与现实的规律极不相符"。①

与此同时，马克思批评了李嘉图"强制的抽象"（forced abstractions）的方法。就在前文所引《政治经济学批判大纲》导言中的五册计划之前，马克思明确指出，需要安排前后次序。他的确从表象世界的复杂性出发，但从中要构建更为简单、抽象的概念。这意味着应该将《政治经济学批判大纲》中描述的"方法"理解为马克思整体方法的第二步，而非理解为一个包罗万象的系统，这样，它包含的从抽象回到具体的运动就不仅仅代表着演绎的方法。当我们继续推进时，每一层次都提示了下一层次，但后者又不可简化为前者，或由前者来规定。在前一层次上真实的，在下一个层次上仍然是真实的，可以根据上一层的意思来理解，但每一层次又有自身特殊的限定条件。正如伊斯特万·梅萨罗斯（István Mészáros）坚称的，这不是一个提供多少"自主权"的问题。人们对他们呼吸的空气并没有自主权，但也不能将空气还原为大气。因此，当不同层次的结论对现象进行进一步解释时，从抽象的每一个层次向下一层次的运动就在逐渐复杂和具体的规定中运用和检验着前一阶段的结论。所以，马克思的方法要求的是概念内在的相似性和概念的灵活性，而不是刻板地保持概念的精确，使之易受逐步具体化过程的影响。

我们是根据已经建立的更为一般的层次来理解不断推进的更为具体、复杂的层次的，即便这么做会要求我们一再反思和回到前一层次。举个例子，除了提示下一层的内容外，谁都无法想象我们仅从"或多或少属于一切社会形式的一般、抽象的"规定中就推演出《资本论》来，但是，某些一般特征，包括社会劳动的中心地位，确实提示了马克思后来的分析，尽管对此存在一定的争议（下一部分我们将会讨论到）。同样，第二层次，也就是《资本论》的层次，也没有告知所有我们需要知道的关于第三层次的内容。而危机在出

---

① D. Sayer, "The Violence of Abstraction", Oxford: Blackwell, *International Critical Thought* 373, p. Ⅺ.

现之前存在几个重要的调解层次。

在《资本论》中,有很多可以提示我们如何理解当前危机的内容。不同方法的鼓吹者都能为形形色色的,有时甚至针锋相对的解释找到文本上的支持。但是,如果由此认为《资本论》提供了一个简单和充分的单一危机理论,那就大错特错了。一般的、概括性层次的理论,例如消费不足论,或资本有机构成提高基础上的利润率下降论,即便只是作为一种趋势推测,也似乎由此就下了断言:资本主义的问题不可克服,并将长期持续。这样一来,我们就很难理解资本主义是如何从19世纪缓慢复苏的。然而确切地说,它们恰恰是在拼命解释资本主义的周期性,而这种周期性想必也包括从危机中复苏的能力。与主流经济学相映成趣的是,存在一种只看到失衡(主流经济学看到的是和谐)和把外生冲击当作恢复增长的必要条件的倾向。这不是说诸如此类的理论解释都是绝对"错误的",而是说它们往往是片面的。我们有必要既清楚地描述它们所界定的不同过程之间的联系,又进一步具体地描述它们如何体现在历史的具体性当中。

关于《政治经济学批判大纲》导言中这段话的地位是有争论的。卢森堡把它称为"粗略的"(back-of-the-envelope)计划,从计划内容没有得到缜密论证这一点来看,说得倒没错。而对不同层次特定内容的强调本身也将使马克思的方法得以具体化。当然,说马克思之所以克制自己,不参与关于危机的所有讨论,是因为中间几册书他一直没写成,这不是事实。马克思在公开出版的著作中确实提到了类似的计划,罗曼·罗斯多尔斯基(Roman Rosdolky)也有力地论证到,这一方法不断暗示了《资本论》的内容及其在马克思更庞大的计划中所处的位置。马克思宣称的方法看起来至少会为政治经济学的分析,同时也为从对资本主义的一般分析到具体研究(包括当前危机的研究)的发展提供一个很有价值的框架。

所有形式的社会或多或少呈现的一般特征

关于这一层次的内容存在一定争议,马克思在制订另外一些计划时把它抽掉了。后来的许多马克思主义者对这些社会一般性同样是轻描淡写的。为了反对将社会发展看作自然的过程（无论它体现在经济竞争、追逐国家权力的永恒规律上，还是体现在种族排斥问题上），有一点被认为很重要，那就是要再次声明，近来出现的问题实际上至少很多时候反倒是与资本主义同时出现的。有评论认为，这一层次过于抽象笼统，使之不能为我们提供对具体的资本主义进程的批判性理解。然而，了解不同人类社会的共性有助于我们避免将资本主义的特性过度具体化，虽然这些社会的一般性决定因素可能比我们普遍认为的要少。从逻辑上讲，要揭示资本主义的特殊性，我们需要同时对资本主义与其他社会的共性进行评判。由于没有从这一层次上进行讨论，马克思主义者很容易遭到制度主义和建构主义的批评（这些批评针对主流经济学更恰当），他们认为，一切经济关系归根结底根植于社会过程，解释经济混乱的根源正是要在这一层次上来进行。正如约瑟夫·弗拉奇亚（Joseph Fracchia）所说："范畴要么是超历史的和本体论的，要么具有历史的具体性和确定性。"据此，马克思主义的范畴划分应避免这种二重性。相反，由于每一层次都被系统地纳入了更丰富的内容，它也就具有了"更为全面的确定性"。

　　下面两个例子凸显了这一层次的重要性。第一，马克思的历史唯物主义包含了理解社会发展进程的一般方法，而不是只局限于从特定的以及总体的角度研究资产阶级。马克思和恩格斯断定，以劳动和社会劳动为核心是我们人类作为一个物种的特殊的本质属性，从而，他们的广义认识论与他们分析资本主义的核心位置劳动价值论的主要观点之间就具有了一致性。马克思主义的历史学家几乎毫无困难地以一种明显的马克思主义方式——例如，界定阶级与生产力和生产关系发展的核心问题——来理解其他社会。围绕封建社会崩溃问题的争论出来已久，且至今未衰。但无论是莫里斯·多布（Maurice Dobb）和保罗·斯威齐（Paul Sweezy）关于变革来自社会内部还是外部的争论，或是围绕罗伯特·布伦纳（Robert Brenner）关于阶级斗争和政治的作用的议题，以及围绕封建社会内部社会经济和人口统计上的变化问题，统统都是以马克思主义的方法适用于一个资本主义至多不过是少数人追求的目标的社会为前提的。对封建社会崩溃的了解也许有助于我们了解变革资本主义的可能性——这种看法同样反映了上述前提假设，尽管它有时表现得较为隐晦。

第二，人类的一切社会活动均在一定空间内进行，即便发生改变时也受制于周围环境。"大自然，而不仅仅是劳动，是财富的源泉"，许多环境经济学家不断重复这一发现，似乎它在某种程度上与马克思相互矛盾。然而，这也只不过是马克思本人在《资本论》和《哥达纲领批判》中的观点罢了。后来在《资本论》中发展了的许多观点都是以资本主义条件下使用价值及其与交换价值之间的变化关系的重要性为基础的。《资本论》不仅分析了资本主义的内在矛盾，而且分析了它们与广义的人类特性之间的关系。

人类社会的一般特征与资本主义的特殊社会形式——后者已经导致了经济崩溃——之间存在着大量的相互作用。打个比方，劳动力自身的生产和再生产还从未完全在资本主义内部实现过。这严重影响了劳动力的供给和成本，也影响了全球劳动力市场和终端消费品市场的巨大变化。近年来，我们也看到，由于通常与自然资源枯竭有关的商品价格暴涨，产生了一种新的马尔萨斯主义。此类观点存在重大问题。但是，我们需要对此进行讨论，而不是简单地否定，因为某种程度上支撑它们的解释变量是外在于资本主义的。的确，其他社会及其经济制度都已陷入危机。但承认这一点丝毫也没有削弱阐明资本主义特殊性的必要性。

构成资产阶级社会内部结构的范畴：资本、雇佣劳动和土地所有制

这是马克思的《资本论》和由其催生的众多文献所处的层次。笔者在这部分提出两个观点。第一，《资本论》导致了一场深刻而复杂的争论。这意味着，无论是支持者还是反对者都不应认为仅用几句话就能充分概括这一争论，更别说用几个公式了。第二，这一争论还远未结束。马克思去世时《资本论》确实还没有完成，因而引起了对恩格斯编辑的版本的质量，特别是它是否恰当处理了土地和劳动部分的争议的担忧。不可否认，资本主义在后来的150

年中已发生了变化，在此意义上，《资本论》同样应被看作是未完成的。最后，笔者的核心论点是，我们手头拥有的卷册原本是一项更为庞大的计划的组成部分，就此而言，《资本论》也并没有写完。

罗斯多尔斯基认为，《资本论》不仅原本是一项庞大分析框架的组成部分，而且在该书中，"从抽象上升到具体的同一过程一再被重复"。因而，要在任何部分或章节中发现完备的危机理论都犯了双重错误。当然，《资本论》谈了很多与理解危机相关的问题，例如从第一卷中对货币经济的无序本质的界定到第三卷中对资本有机构成变化的讨论。我们很容易把上述许多问题与当前的危机联系起来。但是，一旦把《资本论》看作一个整体（哪怕是一个还未完成的整体），那么那些有时被当成可供选择的危机理论最好被解释成相互补充的部分，每一部分都描述了资本积累的重要特征和局限性。这种解读存在着被暗示的危险，即暗示马克思主义提供了对危机理论的现成选择，相当于一种适合解释环境变化的折中主义的多因素说，认为马克思主义者应该回到对多重因果论的简单重复上来。回到理论多元论，这一点也很容易遭到较为传统的解读者的批评，他们认为这反映了一种改良主义的政治倾向。但是，与被看作某种整体分析的组成部分相反，理论多元论与其说是对改良主义的妥协，不如说是对资本主义波动起伏的历史过程的确认和解释指引。它承认，资本主义只有蹒跚步入新的并且终究是不可持续的运动轨迹，才能从特定的危机中复苏。的确，如果危机的原因是单一的，那它看上去会为有效的改革提供一个更简单的目标。

当前的危机与20世纪70年代的危机远远不同，但其发展受到资本主义特殊的复苏过程的影响。先前的危机都具有利润率下降，同时伴随着工资上涨和资本有机构成提高的特点。由此，我们不难理解70年代以后采取的以剥削劳工和扩大规模，而不是加强资本积累模式为基础的资本策略。与此同时，除其他原因之外，全球层面上企业储蓄（corporate saving）的提高和资本形成率的下降导致了金融化的过程。在这一背景下，以及在生产和消费之间的社会和地理距离扩大——它是贸易不平衡和金融失调加剧的基础——的条件下，生产以相对低的成本但同时也是低生产率的空间布局增长，同样是可以理解的。

不管围绕《资本论》的争论持续多久，有多复杂，它本身仍然是没有完成的。马克思逝世后，恩格斯根据他未完成的手稿来重新整理最后几卷。马克思（和恩格斯）是否或在多大程度上完成了原计划中关于"劳动"部分的设想，关于这一点有一场特殊的辩论。众所周知，我们看到对"阶级"的定义只用了一页纸的篇幅，而对劳动者自身能动作用的阐释不足，一方面，很容易落入机械论的解释，造成在阐释阶级时、在确定劳动力的价值和资本主义的特征时轻视"社会和历史"因素；另一方面，它又导致了能动论的解释，把工人的能动性而不是资本积累当作"独立的变量"，从而颠覆了马克思的理论。无论如何，缺乏对"劳动"彻底和完满的阐释为争论留下了余地。我们有可能将近来重新进行调整的原因诠释为全球工人阶级的政治挫折和资本主义全球经济的失败，而不是工人经济上的失败和资本的成功。但不管什么原因，社会必要劳动时间在全球范围的确立（这一直都在进行，但现在是以一种特殊的形式）削弱了劳动力价值与（任何形式的）工资之间任何简单的等同，并使得全球经济中工资品（wage goods）的生产和消费之间的地理不平衡加剧。

同样很清楚的是，如果没有太多异议，《资本论》中关于土地所有制的研究也是没有完成的。第三卷最后转向了地租，但讨论仍然非常有限。马克思确实认为，资本主义的利益将主宰土地所有制。然而，在最初的计划中是有土地这部分内容的，而这块内容的缺失使得我们在以下问题——诸如土地所有者从其他经济领域榨取价值的能力，以及有关土地初级产品（近来它成为金融投机的一大重要目标）的特殊经济学——上没有发出重要声音。在更广泛的意义上，土地的重要性标志着资本主义固有的地域性，它支持了生产的国际关系的转变，而从分析的角度看，也比生产的国际关系的转变更为基础，因而对当前的危机具有显著意义。

自马克思写作《资本论》以来，世界已发生了重大的变化，在这种意义上，《资本论》同样是未完成的。虽然马克思抓住了许多重要的、长期的显著特征，但是，资本主义在随后一个半世纪里继续得到发展，金融化的现代形式就是这方面的明显例子。在此种情况下还认为一切都没改变,是一种愚蠢的教条主义。

最后一点,也即本文的核心观点:现有的几卷原本是一项更庞大的计划的组成部分。笔者的这一观点并没有被普遍接受。例如,肯尼思·拉皮德斯(Kenneth Lapides)在此意义上就反对任何"未完成说",他把《资本论》,包括《剩余价值理论》看作是一个已完成的整体,仅有少许微小的遗缺和疏漏。然而,尽管对国家、国际关系和世界市场作了大量零零散散的相关说明,但是马克思在大段地讨论资本和劳动时还是将它们抽象掉了,这些后来也没有被系统地引入(或重新引入)分析中。如罗斯多尔斯基特别指出的那样,虽然这一层次的重要性和观点的创新使得马克思为之全神贯注,但他也没有抛弃早期的方法或放弃扩展具体分析的需要。因而,哪怕《资本论》最深刻的见解也不能而且从来也不是要提供一个对危机的充分、完整的解释。

以国家为形式的资产阶级社会的关切

毫无疑问,我们不可能回顾,更别说是解决马克思主义者围绕国家在资本主义社会中的地位展开的广泛争议。但是,在这一条目下讨论此问题提示了我们几点基本原则。国家策略并不外在于资本主义社会关系,但它们有自身的关键作用。

从马克思最早反对黑格尔的表述,到有时是晦涩难懂的关于资产阶级国家的马克思主义争论,至少有一点应该是清楚无疑的,那就是把国家理解成某种与社会分离或超脱于社会之上的中立的仲裁者具有极端的误导性。它对当前盛行的经济学话语是一种冲击,尤其是对凯恩斯主义,后者声称,新自由主义时期出现了一种可怕的政策错误,现在应纠正过来。

马克思的分析次序再次表明,这并不意味着国家仅仅只能作为理想的总资本家来行事。首先,虽然国家在资本主义社会中已具有高度的调解能力,但绝大多数社会,以及所有的阶级社会,也都拥有自身的一整套社会和政治制度,它多多少少包括成文法、习俗惯例及其实施机制,以保障社会秩序,提供特定服务和实现再分配（从直接生产者手中输送到不从事生产的社会上层集团手中）。现代（资本主义）国家也发挥着许多这样的作用，但是，其中的一些作用不能被简化为只是满足资本积累的要求，即便正是通过承担这些更基本的任务，国家的合法性才得以建立。

其次，不管国家在促进本国资本积累方面多么不可或缺，也不管它与资产阶级之间有着什么样的社会和个人联系，它的角色都不能被降低为仅仅发挥调解和执行作用的委员会。国家所依赖的前一个层次就是土地和劳动。土地和国家间的关系在两个方面看起来很重要。领土是国家的一个关键的定义性特征，对于任何资本逻辑来说都是必不可少的。与此同时，国家有责任创造并维持土地作为商品，作为有价之物。它要服从土地所有权的特殊利益。国家同样也要对劳动者的反抗有所回应，对其进行控制，如果有必要的话，作出些许让步。当然，国家的仲裁并非不偏不倚，改革只有被证明与资本积累没有冲突和矛盾，才能持续下去。但私人资本所不能放弃的，有可能从国家总资本的角度被证明是有效率的。

例如，"二战"后的长期繁荣与其说是凯恩斯主义政策精心谋划取得的成就，不如说是20世纪30年代和战后初期的阶级斗争无意识的结果。与此类似的是"新自由主义"的实践，它很可能受到了意识形态动机的驱使，竭力贴近所谓的完美模型，但仍然没有实现，同时在不同国家间也出现了很大的差异，并导致了自身无法预料的后果。

关于国家在这一分析次序中的地位的观点也反映出了它对于前一层次来说是必不可少的。不同的资本主义模式也许有利于不同的国家形式和不同的政策阶段（正如国家垄断资本主义传统所坚持的那样），但是我们仅仅从经济结构的变化看不出不同的政策有哪些重新定位。国家拥有自身的历史和结构，当它们对内部的社会斗争和资本矛盾作出回应时，会表现出不同的特征。国家在宪法和资本主义经济的实体组织中具有至关重要的地位。从历史上看，资本主义关系的巩固和正常化很显然与国家提供的直接权力和法律形式密切相关。国家保持着活跃的经济主体的地位，有时直接拥有或控制着大部分的生产型经济。它们为货币和信贷机构以及通过税收实行再分配提供了坚实的基础。在《资本论》和深刻的，甚至是预言性的《剩余价值理论》中，马克思对货币和信贷的论述颇多，但是，他的分析（与其分析的层次相匹配）仍然是抽象的，没有（也不应指望）清晰地说明国家在货币再生产中的基本作用。一旦货币采取了非商品化的形式，国家的作用就变得特别重要和积极了。只有在最一般的概述中，马克思才提示国家可以干预货币和金融事务，以管制本国经济。

如果凯恩斯主义的改革能承认现有的种种实践，那么，不同的政策至少会导致经济上的重大差异这一观点就会变得显而易见。国家作为能动的经济主体，或许是好事，也或许是坏事。这并非像凯恩斯主义的传统通常设想的那样，认为国家原本健康有益的作用和影响力由于转向了新自由主义而变成了恶。国家能做的事存在着某些严重的局限。举个例子，美国在 2000 年实行的低利率政策——"格林斯潘对策"，是经过深思熟虑作出的选择。它反映了强势集团的利益，尤其是那些对政府的影响力不断增长的金融部门的利益，体现了"新经济"作为一种经济意识形态的出现。"新经济"则描绘了一个利润不断上升从而驱动创新、扩张和利润增长的良性循环。但是，这种政策选择除了迎合了国内金融市场变革之外，至少也迎合了范围更广的全球政治经济变革。国家政策同样存在缺陷和效率低下等问题，它们是复杂和拼凑起来的官僚系统，并不比企业和个人拥有更多理想化的完美理性，也并不比他们更有能力，总是能达成目标。

最后，资本主义归根结底是一种世界体系，这也让我们回想起反对马克思在《共产党宣言》中阐述的不同意见，我们对这种反对之声已习以为常，但长期来看它们仍很重要。民族国家不能充当整个资产阶级的执行人，因为后者从本质上来说是跨国性的。这是资本的天性，不同于先前的财富形式，它要运动，包括超越政治边界而流动。在《资本论》中，马克思有时会把民族国家经济作为分析的单位，但原则上，他是抽象掉国家和国际体系，把经济作为一个整体来处理的，只有在后面的阶段才会把抽象掉的国家和国际体系重新还原回来。国家，以及国家的统治集团，对资本主义的全球组织来说具有关键性的作用，但这同样是以一种竞争性的和动态的方式而不是一成不变的和简单的强迫方式来实现的。

生产、贸易、外汇等的国际关系

在这一层面，对当前危机的充分说明需要具有高度的历史具体性，相应地，基本观点也要简洁明了。对先前的阶级关系层次和资本家之间合作与竞争的层次进行的概念分析，预示了一种政治经济学，当前的层次正是以它为前提的。在此，我们只需要作几点说明。

这是国家间竞争和帝国主义所属的层次。这些关系所采取的变化形式——例如，通过货币制度、贸易和保护模式的转变——对我们理解危机趋势如何具有十分重要的意义。打个比方，长期贸易逆差本身并不新鲜，我们需要做的是揭示这些关系的特殊形式和结构基础，找出这一次危机具有如此爆炸性特点的原因。此外，这种做法有助于把关系置于一个更大的背景下。我们可以从历史上追溯它们的发展，但将其与先前的分析层次、与国家战略和不平衡的资本积累联系起来也是很有效的。在国家和国际的层次上，它们本身都可以被理解为20世纪70年代的危机的产物，是对危机的（不完全的和矛盾的）解决。

从一开始就以全球的视角来理解资本主义的（或许还有人的）社会关系具有重要意义。资本主义从根本上来说，从来都不是民族性的。我们一再目睹了其自身的经济和社会进程跨越国界、挑战国家管理的方式不断表现出新的特征。

从知识界到政界的不同评论家都普遍承认，在这一层次上出现错位是构成当前危机的一个重要因素。例如，次贷危机并非只是美国金融市场的一个现象，它是受到美国贸易赤字支撑的（尽管美元出现了贬值，贸易赤字还是如脱缰野马般急剧上升），也是受到较穷国家的贸易盈余（以出口顺差为导向）支撑的，同时也是受到这一切所需的美元储备的积累和回流支撑的。前面的分析层次显示，这样一种"全球不平衡"的发展不管有多么重要，都不仅仅代表国际关系的失调。资本积累意味着，在国家层面上建立社会必要劳动时间的基础的尝试会经常遭到破坏。不管资本有多么依赖国家，为了满足竞争性的寻找利润的动机，它还需要超越国界。与货币经济如影随形的混乱状态是，或者说已成为全球性事件。在这里，《资本论》所属的层次和特定的民族国家的层次很明显也只是提供了一个分析的起点。例如，如果世界上同时有许多国家的货币并存，它们显然不可能全都充当一般等价物。

结论：走向对世界市场和危机更深层次的分析

在《政治经济学批判大纲》和其他一些地方，马克思概述了他认为正确的政治经济学方法。他提出的方法众所周知，却很少有人遵循。正如前面讨论的，马克思确定了五个相互独立且逐级具体化的分析层次。许多现有的对危机的解释都孤立地指明每一层次的重要特征及变化。然而，此类解释就像其他具体的类似原因一样被频繁地提出来，无论是债务的不可持续、房地产投机、金融监管的解除，还是全球失衡，都提供了一种充分的解释。然而，上述说法仍然停留在马克思主义意义上的"具体化"上，从而未能将现象形态与深层的社会生产联系起来。马克思的计划则提供了一种可能的方法，使我们能够克服这一点，并对危机作出正确的社会解释。最起码，研究的次序安排有助于把分散的观点组织起来，从而引导我们超越折中主义和过度教条主义。对马克思主义者来说，这意味着要超越那些广受追捧的特殊危机理论，承认《资本论》辨明了资本主义的内部矛盾，为更具体地研究特定危机奠定了基础。同样，马克思虽然认为"创造世界市场的趋势已经直接包含在资本的概念本身中"[1]，但是它在实践中如何实现，则在很大程度上取决于那些不可简化为《资本论》中的抽象的层次。

企图直接从《资本论》的层次来解读危机的做法也遭遇了严峻的挑战。于是，有些思维更开放的学者承认，以往某些很吃香的危机解释与现实的迹象并不相符。因此，一些马克思主义者接受了此次危机本质上是金融和金融化

---

[1] 《马克思恩格斯全集》第46卷上册，人民出版社1979年版，第391页。

以及解除管制和错误管制的结果的说法。用弗雷德·莫斯利（Fred Moseley）的话来说，这是海曼·明斯基（Hyman Minsky）的危机，而不是马克思的危机。其他人则更为谨慎，但大体上也持相似的主张。毫无疑问，马克思主义者可以探讨现代金融的各种细节，并吸收来自其他视角的观点。不仅如此，鉴于货币经济的变幻莫测，任何特殊的危机都很有可能出自具体的原因。马克思的理论不是每件事情都能解释得了。但是，这里备受争议的是常态中某些颇明显的问题。狡猾的银行家不是近来才发现欺诈穷人的好处，我们需要进一步挖掘的是使其变为可能的深层原因，以及它在次贷危机中采取的特殊形式。

《政治经济学批判大纲》中粗略勾勒的这一方法，不仅会使《资本论》继续为马克思主义分析当前危机奠定基础，而且也提示了在不同层次进一步推动加强历史具体性的分析的必要性。因此，正如前文所指，20世纪70年代的危机是通过新的资本积累策略来"解决"的，相对之前的做法，它更注重广度上的扩张而不是深度上的强化，包括劳资关系的转变，生产基地在地理上的重大转移，生产和消费之间不但在地理距离上而且也在社会距离上拉长，在"核心"经济体中更多地节约资本，家庭债务不断增长。特别是美国的国家战略，它牵涉与劳工更为直接的对抗，以及更明目张胆地解除资本管制的政策，例如，对贸易和资本流动的开放度不断增强。起码在最初阶段，金融化和对金融权力的再次推崇，是发达国家有意识推行的政策，并作为战略上重新调整以回应前次危机的部分手段，尽管解除金融管制制造了危机自身的竞争性根源。贸易和金融流动及失衡问题则在持续加剧。

即便是主流经济学也不得不承认当前危机的这些特点。但是，马克思主义的分析应该阐明的是，这些特点不能被看作是本来可以简单修正的特殊毛病。不然就理解不了导致上述特点和改革困难的结构上的根本问题。

笔者并非要断言，一个半世纪之前一本个人笔记中描述过的单一"方法"提供了一套简单的、普遍有效的秘诀。但从最好的方面讲，我们尝试为计划填补真实的历史内容会使马克思主义者反思和修正他们的概念。例如，某些内容的排序似乎是值得商榷的，尤其是假定"国际"的层次只能放在国家层次之后。从分析和历史的角度，我们有很好的理由认为这二者事实上是相伴而行的。然而，那种超越了单因素危机理论，并且没有回到折中主义的经验主义——它用具体调查来代替马克思的分析——上来的方法，将在推动对危机作出更为丰富的理解方面具有巨大潜力。

重温马克思主义对危机的解释[*]

约瑟夫·库拉纳[**] 著 陈宝国 方旭聪 译

[内容提要] 自 2008 年爆发全球性经济危机以来,西方左翼学者纷纷从马克思主义的视角对危机进行研究,对资本主义展开批判。本文对这些日益庞大的马克思主义著述进行了考察,并重点关注了戴维·麦克纳利的《全球衰退》一书。在肯定这部著作对马克思主义政治经济学所作出的贡献的基础上,本文对书中的许多观点进行了分析和批评,并进一步探讨了新自由主义蓬勃发展的动力、当代资本主义危机的制度性根源和周期性演变以及金融资本主义兴起带来的许多重要变化。最后,本文还就近年来日益高涨的反资本主义运动提出了策略性建议。

[关键词] 马克思主义政治经济学 资本主义 新自由主义 经济危机 盈利能力

戴维·麦克纳利(David McNally)的专著《全球衰退》和最新一期《社会主义年鉴》(Socialist Register)[①]成为研究当前资本主义危机的日益庞大的

---

[*] 本文原载《国际社会主义》(International Socialism)2011 年秋季号。译文有删节。译文原载《国外理论动态》2014 年第 11 期。

[**] 作者简介:约瑟夫·库拉纳(Joseph Choonara),《国际社会主义》杂志副主编。

[①] 即《2011 年社会主义年鉴:这个时代的危机》(Socialist Register 2011: The Crisis This Time)。

马克思主义著述的一部分。

麦克纳利的研究对象是那些"激进的政治经济学家",他们"认为西方资本主义经历了1/4世纪的大繁荣(1948—1973年),到头来却陷入了危机或萧条,即使过了40年也没有恢复过来"①。这些人中包括了《每月评论》学派的约翰·贝拉米·福斯特和弗雷德·马格多夫,他们倾向于将晚期资本主义视为一种停滞的制度。但是,麦克纳利也批评美国马克思主义者罗伯特·布伦纳。《国际社会主义》杂志现任主编亚历克斯·卡利尼科斯及前任主编克里斯·哈曼捍卫了一种更为微妙的立场,认为1982—2007年是资本主义制度较为软弱的一段时期,卡利尼科斯将其描述为"过度积累和盈利的长期危机"。那么,麦克纳利的论点是什么?他的论点是否经得起推敲?他的主要观点如下:

1. 我们错误地认为自1982年以来的时期是资本主义的衰落期之一。事实上,麦克纳利认为从1982年到2007年是一个利润率恢复和增长可观的时期,特别是东亚地区的经济。

2. 我们的论述错误地将20世纪50年代到60年代的长期繁荣视为衡量当代资本主义的标尺,对于这一点,资本主义的缺陷将不可避免地被发现。

3. 关于激进的马克思主义政治经济学中盛行的有关金融化的论述尚不充分,对此过程,麦克纳利提供了一种很好的、新颖的阐述。

综合起来,这些观点等同于对与这家杂志相关的作者以及许多其他的论述这一危机的马克思主义者进行一次毁灭性的批判。我将依次评估每个论断。

"新自由主义蓬勃发展"的动力何在?

麦克纳利写道:"我不同意许多激进理论家的观点……他们认为过去40年是一个不间断的危机时期或'长期低迷时期'。相反,我认为新自由主义时

---

① David McNally, *Global Slump: The Economics and Politics of Crisis and Resistance*, Spectre, 2011, p. 26.

期见证了资本主义增长的四分之一世纪这一周期,它改造并扩大了世界经济,最终产生了一个……全新的世界积累中心,同时还使世界工人阶级的规模有了显著增加。"而且,"虽然我一直赞同资本主义在20世纪70年代早期就进入了一个大衰退,但是我也认为一个持续的(新自由主义)恢复期始于1982年……在1982年之后的25年中,盈利能力呈上升趋势,同时该体系经历了一波持续的扩张,世界经济规模扩展到原来的3倍"。①

已故的安格斯·麦迪逊(Angus Maddison)所作的一项细致而长期的研究表明,全球GDP从1982年到2007年增长了140%(即2007年全球GDP的规模是1982年的2.4倍)。它的规模超过了2倍,而不是麦克纳利声称的3倍。但是,这是否是描述一个时期特征的有效方法?根据麦迪逊给出的数据,从1930年到1940年这10年间,资本主义经历了有史以来最严重的危机,同时也见证了主要经济体27%的增长率。这与1982年至1992年这10年间全球经济36%的增长率不相上下。

那么,麦克纳利关于利润率从1982年开始呈上升趋势的论点究竟如何呢?他论述了被称为"沃尔克休克法"(Volcker Shock)的那个时期,这个时期见证了美国的利润率自1979年底开始的急剧上升,"工资和通货膨胀持续上升,利润持续下降。结果正如道格·亨伍德(Doug Henwood)所指出的,'中央银行领导阶级斗争取得成功所创造的利润率超过了1982—1997年间非金融公司所创造的利润率一倍以上'。新自由主义的扩张显然正在进行着"②。

我们可以质疑两个与利润率成倍增加相关的问题:它在麦克纳利的数据中反映出来了吗?如果反映出来了,那么它是否构成了麦克纳利的研究案例?第一个问题很容易解决。麦克纳利展示了西蒙·莫恩(Simon Mohun)绘制的1964年至2001年美国利润率曲线图。从1982年到1997年,利润率从6.5%增长到不足10.5%。利润率显然不是增加了一倍。然而,在这幅曲线图下面

---

① David McNally, *Global Slump: The Economics and Politics of Crisis and Resistance*, Spectre, 2011, p.9, p.26.

② Ibid., p.36.

的短短几行文字中,麦克纳利宣称:"道格·亨伍德声称从1982年到1997年美国的利润率增长了一倍,毫无疑问,这是非常真实的。"①

莫恩的曲线图展示了美国经济的"税前平均利润率"。那么究竟如何衡量美国的非金融利润率(也就是麦克纳利宣称的这一时期增加了一倍的利润率)呢?幸运的是,安瓦尔·谢赫(Anwar Shaikh)在最新的《社会主义年鉴》中已经提供了最新数据。他指出,非金融利润率从1982年的约9%上升到1997年的13%。这并非想象中的翻一番。因此,麦克纳利"令人惊讶的争议"的论断不足为奇,特别是他轻蔑地称之为"知识分子左翼"。

但是,即使麦克纳利提供了准确的数字,也可以以这种方式真实地评估全球(甚至美国)经济的成就吗?答案是否定的。1982年标志着盈利能力的最低点……一个低谷。1997年则是一个后续的高峰。众所周知,利润率随着每个周期上升和下降,起伏不定。为了显示一个长期趋势,必须考虑整个周期的利润率或至少比较波谷之间、波峰之间的利润率。使用麦克纳利的方法,我可以测算出一年中开罗在夏季的平均气温为21度,并惊奇地发现下一年它已上升到36度。我可以通过简单地测量第一年晚上的温度和第二年白天的温度(从波谷到波峰)得出这个结论。这种数据无法告诉我每年的趋势。

这同样适用于麦克纳利进一步宣称的"1982年之后的25年",即从1982年到2007年,"盈利能力呈上升趋势"。终点就在下一个利润率高峰时(根据2006年谢赫的数据)。如果让我们测算从波谷到波谷,那么根据谢赫的曲线图,利润率大约从1982年的9%上升……直到2008的9%。

这里需要解释的不是利润率中虚构的上升趋势,而是从20世纪50年代一直到80年代早期的下降趋势为什么会结束。谢赫的另一篇文章提供了深刻的认识。他指出这种利润率是"反事实的"(counterfactual),即使"企业的非金融实际工资一直与战后企业的非金融生产力密切相关"。直到1983年,工资一直伴随生产力而呈上升趋势。但是,正如谢赫所说,工资的增长在此

---

① David McNally, *Global Slump: The Economics and Politics of Crisis and Resistance*, Spectre, 2011, p.49.

后大幅放缓。如果它们继续增长,利润率将在整个新自由主义时期持续下降。换句话说,有强有力的证据表明,稳定利润率的主要因素来自这一时期劳工发起的反抗及其不断加剧的剥削。

这与主要资本主义国家的有限重组结合在一起,至少在一段时间提高了80年代早期处于最低值的盈利能力。但是,由于利润率的恢复只是一部分,因而资本家日益转向经济领域(通过剥削工人获得新价值)之外。他们转向了可能产生短期利润的金融活动。因此,麦克纳利承认"复杂的金融工具"的发展,认为它"有可能在一段时间内产生利润,但它是模糊的、骗人的和不确定的。这些'资产'的价值是建立在幻想以及虚幻的和荒谬的公式基础上的,因而是不可测的"。这意味着,必须谨慎对待我们所看到的盈利能力的有限复苏,"因为这种虚构利润的普遍现象是建立在金融操作和会计造假的基础上的"。[①]

全球性繁荣?

在新自由主义时期,如果资本主义的核心远未充满活力,那么更为广泛的资本主义体系又会如何呢?麦克纳利认为,有必要"把世界经济视为一个整体",避免过于依赖处于核心的特定国家经济体。他坚持认为,我们也不能依赖"国家经济指标",例如通过 GDP 来评估世界经济。尽管如此,他仍然试图表明,"相比于资本主义历史上的其他阶段,新自由主义的扩张(1982—2007 年)尚未达到大繁荣的程度",为此,他制作了一个反映 GDP 年均综合增长率的表格。[②]

不幸的是,这些并没有真正展现出全部。他给出的始于 1870 年的全球数据,一方面在方法论上是值得怀疑的(麦克纳利本人也给出了原因),另一方

---

① David McNally, *Global Slump: The Economics and Politics of Crisis and Resistance*, Spectre, 2011, p. 19, p. 49.

② Ibid., p. 38.

面也是因为全球大部分地区还未达到快速资本积累的程度。该数据集将广阔的世界连在一起,而资本主义几乎还未确立自己的核心体系。撇开这些观点,我们发现全球 GDP 从 1870 年到 1913 年每年增长 2.11%,相比之下,1973 年到 2001 年,这个数值是 3.05%。一旦考虑到早期的世界人口增长大大低于后期,我们就会发现新自由主义"繁荣"时期导致了人均综合增长水平低于 1870 年到 1913 年,这个时期包括了众所周知的大萧条时期(1873—1896 年)。根据这些数据,把新自由主义时期视为一个与每个时期相比(而不是与长期繁荣相比)都呈现出增长的时期,是完全无法令人接受的。

当然,确定无疑(并且马克思主义者也大都承认)的是,最近一段时期资本主义在许多方面已变得更加全球化。贸易以及跨国生产和投资都大幅增长。但是,麦克纳利在这里使用了不可靠的数据,就像在其他地方一样。因此,他写道,1980 年至 2005 年"见证了所谓出口加权的(export-weighted)全球劳动力翻两番"。什么是"出口加权"的劳动力?它是"对向世界市场出口的工人阶级规模的评估",通过"一个国家的劳动力"乘以"出口占 GDP 的份额"来计算。按照这个标准,我们得知,在东亚,"工人阶级增长了 9 倍,从 1 亿到 9 亿",然后我们又被告知,雇佣工人阶级(这无疑是一种更为明智的测量方式)仅仅在 1978 年的中国就有 1.2 亿,到 2003 年又增长到 3.5 亿。鉴于如此巨大的差异,目前尚不清楚什么样的出口加权值会受到国际货币基金组织和世界银行的青睐,从而真正建立起来。采用这种测量方式,我可以举出各种荒唐的例子,例如,沙特阿拉伯的劳动力从 1998 年到 2008 年增长了 2 倍。

同样,在有关国外直接投资(FDI)的问题上,麦克纳利写道:"到 2002 年,中国是世界最大的外国直接投资对象国,仅用了 17 年就增长了 50 倍,1985 年至 2002 年,从 10 亿美元增长到 500 亿美元。"① 中国的 FDI 在 2002 年为 527 亿美元,略高于法国(515 亿美元)。然而,这是由于 2001—2002 年衰

---

① David McNally, *Global Slump*: *The Economics and Politics of Crisis and Resistance*, Spectre, 2011, p. 54.

退，导致进入美国的 FDI 萎缩。到 2004 年，进入美国的 FDI 已高达 959 亿美元，以相当大的差额超过中国（606 亿美元）。到 2010 年，这个差距继续拉大，美国接受的 FDI 为 2280 亿美元，是中国的 1060 亿美元的 2 倍多。这并非怀疑对外投资在中国经济的巨大增长中发挥的作用，但是，麦克纳利的草率及其对数据的选择性使用破坏了他的研究。

正如麦克纳利明确指出的，中国在许多方面确实表现出色，这是事实。投资仍然集中于北方国家的核心经济体以及中国的部分地区。北半球的几乎整个制造业确实都在衰退，他认为这恰恰说明了中国的崛起。但是，需要正确地看待中国的崛起。正如《新左翼评论》的一篇文章指出的："中国仍是发展中国家，还远未'赶上'发达经济体。虽然它的人口比其他高收入国家的总和还多近 3 亿，然而中国的国民产出却不到这些国家的五分之一，出口只占其十分之一。"① 中国还有很长的路要走，它在持续增长方面并没有什么必然性，正如已过去的十年所表明的。

改变分期

还需要指出麦克纳利对新自由主义"繁荣"的另一个分析。他认为，我们见证了在 25 年的时间中不断上升的盈利能力和令人印象深刻的增长，不过，"资本主义的扩张势头在 1997 年亚洲金融危机之后开始放缓……在这一地区性危机之后，以及在美国互联网泡沫于 2000—2001 年间破灭之后，信贷的大规模膨胀有力地支撑了增长率，却在金融领域制造了深刻的不稳定根源。因此，尽管无法用信贷创造（credit creation）来解释 1982 年之后的整个时期，但是却能解释总危机何以推迟到 1997 年之后"②。

现在，从多个层面来看，这是一种奇怪的阐述。当我指责他"将金融化

---

① Peter Nolan and Jin Zhang, "Global Competition After the Financial Crisis", *New Left Review* 64 (July-August) 2010, p. 107.

② David McNally, Global Slump: *The Economics and Politics of Crisis and Resistance*, Spectre, 2011, p. 41.

以及由信贷驱动的经济增长的时间从 20 世纪 80 年代早期移至 1997 年"时,他则在脚注中指责我对这一阐述的早期版本"相当不了解"。麦克纳利将金融化设想为一个更长的过程,可以追溯到 20 世纪 70 年代,这一点我乐于承认。然而,我还有其他批评:

> 关于它的分期……存在一些问题……目前尚不清楚东亚的快速积累是不是集中在 1981 年到 1997 年这一时期。中国的持续高增长是在 1997 年之后……相比之下,作为东亚最大经济体的日本则在 20 世纪 80 年代保持稳步增长,但 1991 年之后却停滞不前……麦克纳利没有充分考察东亚经济的积累与那些经济体之间的关系。是否有证据表明西方盈利能力的上升导致了 1997 年之前的集中于东亚的投资潮?当然,80 年代似乎并非始终如此,例如,进入东亚经济体的国外直接投资仍然相当稳定,不过与进入主要的经合组织经济体的投资相比则较低……
>
> 东亚经济体无疑推动了 1997 年后美国燃料信贷(fuel credit)的增长,例如,通过建立庞大的美国国债储备,导致比例失调进而彻底崩盘的各种要素已经具备。在美国,债务占 GDP 比例第一次急剧上升的时期是 1981 年到 1987 年之间,第二个急剧上升时期始于 1997 年,在 2001 年之后又出现了加速上升。①

事实上,麦克纳利的书中的新资料强化了我的猜疑。例如,他写道,在东亚,"20 世纪 90 年代初,投机性投资潮助长了过热的经济扩张,导致了房地产和股票的价格飙升。只要快速获利,热钱源源不断"②。在我看来,这就好像"信贷驱动"增长在真实舞台上的表现,麦克纳利认为它对全球资本主义在 1997 年之前的扩张至关重要。我们还可以用它来解释 80 年代后期以来

---

① Joseph Choonara, "Marxist Accounts of the Current Crisis", *International Socialism* 123 (summer), 2009, pp. 92–93.

② David McNally, *Global Slump: The Economics and Politics of Crisis and Resistance*, Spectre, 2011, p. 63.

日本债务的激增，这种激增导致了日本房地产泡沫的产生，正如胡戈·雷迪斯（Hugo Radice）在《社会主义年鉴》的一篇文章中所描述的，这是新自由主义时代一系列"投机'泡沫'危机"中的第一个危机。

迷恋黄金时代？

那么，麦克纳利的第二个论断又如何呢？也就是说，如何看待我们仍然迷恋于"二战"后的长期繁荣？他写道："这是西方资本主义的黄金时期，它已成为一个强有力的文化标志，即使许多左翼评论家也将其视为常态。如果资本主义不是在复制大繁荣，那么就表明这一体系将陷入危机。"①

如果确实如此，如果麦克纳利分析1945年之前的利润率是为了与1982年之后的时期进行对比，那么这将非常具有指导性。然而并非如此。他只是提到，长期繁荣之前的利润率参考了30年代的大萧条前夕："从1925年到1929年，美国和国际经济蓬勃发展……利润飙升……随着利润的上升，企业狂热地开办工厂、投资新技术，期待更大利润的到来。"② 然而，我们在该段论述的3页之后发现，"20年代的过度投资热潮实际上在1927年到1928年已经开始压低利润"。这似乎又一次在"上升"与"下降"之间出现了混乱。

然而，这种长期繁荣从资本主义的历史中脱颖而出。它出现的标志与国内生产总值在短期内增长的速度或利润率可以达到的水平没有太大关系，繁荣的标志是其持续性。根据最近一项对美国经济的研究，国民生产总值的增长往往在战前时期达到高峰，但它也会定期崩溃，造成经济的大幅收缩。1900年到1946年间，经济每年平均收缩3.9%，平均时长为18.1个月，实际国民生产总值平均降幅在6.7%。1947年到2007年间，每6.1年经济收缩一次，平均持续10.4个月，国内生产总值降幅为1.5%。至少在一段时间内，

---

① David McNally, Global Slump: The Economics and Politics of Crisis and Resistance, Spectre, 2011, p. 40.

② Ibid., p. 41.

曾经疯狂的繁荣和萧条会让步于更加平稳的震荡——其增长不会达到过去那种令人眼花缭乱的高度，但持续的时间更长，破坏性干预更少，从长远看来，会导致更大的整体扩张。

这种变化在其他主要经济体中一直重复发生，它建立在 20 世纪 20 年代后期资本主义深刻变革的基础之上，并在"二战"期间有所加速，克里斯·哈曼（Chris Harman）将其描述为"转向国家资本主义"。即使在战争动员结束后，政府支出和经济干预的水平仍然非常高。

这一转型对战后造成了影响。大萧条的影响，特别是战争本身，导致 40 年代后期利润率达到了峰值。马克思主义者也许认为这转化成了更高水平的积累，而积累反过来又给未来的利润率带来了压力。然而，盈利能力的下降在战后时期慢了下来，因为来自积累的大量价值由于产生废料的长期过程而流失——尤其是通过武器生产而流失，如冷战时期的美国和英国。这就是托尼·克里夫（Tony Cliff）、迈克尔·基德龙（Michael Kidron）、哈曼等人将其称为"永久性武器经济"的体系。

资本主义的转变并没有根除危机的趋势，而只是推迟了问题的到来，改变了它们最终出现的方式。因此，战后时期确实见证了主要经济体利润率的长期下降，但速度却比原来慢得多。其他矛盾也在发展中。这种繁荣包含少量军事化国家，特别是日本和德国，它们能享受体制更普遍的扩张，无须承担本身的军费开支，这使它们在此期间能够超越美国。

在繁荣的过程中，由于这一体系的传统核心领域之外也在增长，因而经济变得更加全球化，随着贸易的不断扩大，生产和资本主义越来越依赖跨国生产链。当利润率的长期下降产生了 1973 年到 1982 年的危机时，这一体系就开始应对国家资本主义积累的局限。这样做的结果是，国家经济在激烈的竞争中得以重组。因此，哈曼在 2001 年就美国经济指出：

> 当日本资本主义挑战美国的全球经济霸权时，美国统治阶级并未准备袖手旁观……通过使实施中的方案合理化以及重新配置设备，那些美国大公司回应了来自欧洲尤其是日本不断升级的竞争性挑战。这始于 20

世纪80年代。当时,比如为了与丰田和尼桑竞争,美国汽车巨头开始制定方案,旨在重新确立它们在美国和全球市场的统治地位……接着又加快了投资策略……在自由市场背后,当国家资本主义变为强化国内资本的支撑力量时,新自由主义试图将美国的贸易政策强加于世界其他地区,使其愿意依靠国家干预。[1]

持续高水平的国家干预是非常重要的,它与较高程度的生产浪费等的持续发生相伴而生。它们表明,即使资本主义现在是在比过去更加国际化的基础上组织起来的,并且废料的产生无法像过去那样推迟走向危机的趋势,资本主义在20世纪20年代到1945年期间发生的转型也是无法扭转的。正是这一点与长期繁荣——其中利润率高到足以持久地维持资本主义的发展形式（一种恰当的形式）——形成了对比。

在停滞与活力之间

如我们所见,70年代中期和80年代早期的危机没有将盈利能力恢复到战后早期的水平。在20世纪,特别是在长期繁荣时期,构成资本主义体系的"单位资本"得到了极大扩展。作为这一经济的主要参与者,政府尚未做好让危机席卷整个体系的准备,也未做好克服危机的准备。正如我们所看到的,摆脱困境和重建体系的努力与剥削工人的巨大驱动力联合起来,推动了生产的复苏。但是,要完全恢复利润率,还需要像卡尔·马克思在描述危机时所说的那样,所有劳动突然停止,大量资本瞬间毁灭,导致资本主义回到那个既能继续充分利用生产力又不至于自我灭亡的时期。而现在的情况是,资本主义仍然趋于停滞,并与活力共存,而活力的产生则源于主宰这个制度的那些竞争要素与资本重新组合,试图寻求全球扩张的新领域。

当然,这一体系不会永久停滞。然而,值得关注的是20世纪80年代拉

---

[1] Chris Harman, "Beyond the Boom", *International Socialism* 90 (summer), 2001, pp. 45-47.

丁美洲的停滞以及90年代日本（当时是世界第二大经济体）的停滞；苏联（其经济估计为美国的三分之一或一半）则在20世纪90年代早期解体，解体后的各国在1998年遭受了经济急剧萎缩；全球南方地区也忍受着彻底崩溃的折磨；而"亚洲四小虎"等经济体在1997年则面临着经济危机；即使在美国，也在20世纪90年代初和21世纪初发生了严重的经济衰退。

了解盈利能力的衰弱以及始于1982年的停滞，有助于把握这一时代的变迁。它有助于我们解决当前危机的根源，包括许多马克思主义者今天所说的金融化的兴起。已经到了需要我们来扭转它的时候了。

对金融化的独到解释？

麦克纳利同意我们所说的，即"危机从本质上来讲并不是金融，但金融部门确实承载了晚期资本主义的新内涵"[1]。不过，麦克纳利进一步阐述了他"对金融化的独到解释"。他告诉我们这是独一无二的，因为："我强调了世界货币在1971年后发生的历史性转变，当时美国政府停止了美元兑换黄金，从而开启了货币的浮动汇率时代。正是在这里，我找到了诸如金融衍生品这种外来赚钱手段泛滥的根源，其在2008年的金融危机中表现突出。"[2]

因此，"金融化的结构性基础"出现了，对麦克纳利而言，它出现在"1971年至1973年世界货币在法律上去商品化"的过程中。他还强调了早期"金融化的结构性基础"，它以"所谓的欧洲美元市场"的形式出现，并建立在以美元计价的贸易（这些贸易中以美元结算的资产在美国的法律管辖以外）的基础上。欧洲美元的首次出现可以追溯到1957年。因此，许多情况显然都出现了，包括1971年这个重要的转折点。但是，对于其根源，却缺乏这种独到的解释。例如，卡利尼科斯写道：

---

[1] David McNally, *Global Slump: The Economics and Politics of Crisis and Resistance*, Spectre, 2011, p. 10.

[2] Ibid.

以高度的国际资本流动为特征的重新崛起的全球金融市场一体化，是一个发展了几十年的进程。第一次真正打破这种在战后的最初几年受到管制的金融体系……是在60年代初。欧洲美元市场的出现使得货币可以超越货币发行国的边界进行交易。但是，金融市场的力量不断增强，这可以从始于50年代后期的英镑长期危机以及围绕美元货币动荡最终导致尼克松政府于1971年8月切断了美元与黄金的联系中得到证明。①

大卫·哈维则指出，1970年至2000年是新自由主义霸权时期，"一个全然不同的体系出现了，它在很大程度上处于美国的监护之下。作为货币价值之物质基础的黄金被抛弃了，之后，世界不得不生活在一个非实物化的货币体系中。货币资本的流动（已经通过欧洲美元市场向世界各地自由流动）……从国家的控制中完全解放出来"②。

彼得·高恩（Peter Gowan）认为："从80年代中期开始，金融和其他资产的账户交易成为了投资银行日益重要的核心活动，同样，商业银行也是如此。"这是布雷顿森林体系解体后第一次与外汇交易市场的新波动联系在一起的转变，进而通过国内金融自由化创造出机会。③

罗伯特·韦德（Robert Wade）写道：

当1973年布雷顿森林体系崩溃时，这一切（对贸易赤字的限制、对私人资本流动的限制、主要经济参数的稳定性等）都改变了……布雷顿森林体系下抑制贸易逆差的调节机制不再起作用。现在，美国没有义务为其进口支付黄金，或以美元支持黄金，而改为可用美元或没有供应方限制的国库券支付。随着美元在世界范围内的流通，美国的赤字开始增长。美国经常账户赤字的必然结果——现在占其国内GDP的6%——是

---

① Alex Callinicos, *Bonfire of Illusions: The Twin Crises of the Liberal World*, Polity, 2010, p. 61.
② David Harvey, *The New Imperialism*, Oxford University, 2003, p. 62.
③ Peter Gowan, *A Calculus of Power: Grand Strategy in the Twenty-First Century*, Verso, 2010, p. 172.

其他国家央行储备的膨胀，其中大部分是由美元或以美元计价的债务工具组成。央行储备金的增加为信贷的快速扩张提供了基础。

全球流动性的激增，以及金融所有者和管理者给政府施加的压力，促使政府取消了跨境资本流动的限制。一些主要的经合组织经济体，尤其是美国和英国，在70年代开放了其资本账户；其他经合组织经济体在80年代随之开放，在接下来的几十年中，越来越多的发展中国家也加入其中。同时，由于布雷顿森林体系规定取消融资的限制，私人金融组织大量增加。它们包括保险公司、养老基金、证券机构、投资银行、共同基金、风险投资、对冲基金和金融管理基金……这些规模庞大的基金已经改变了世界经济的面貌。①

世界经济中这些转变的意义，几乎被政治经济学领域的马克思主义者和激进左翼学者所公认。当然，应该强调的是，布雷顿森林体系的破坏（它有助于为金融化铺平道路）是其他事件的结果——永久性武器经济中的矛盾见证了德国和日本非军事化状态的国家资本主义超越了美国经济，并导致了美国贸易赤字。麦克纳利似乎得出了相似的结论，他写道："北方的其他资本主义发达经济体，其增长速度要快于美国，因为美国被其庞大的军费开支所拖累。"②

麦克纳利继续勾勒出外汇汇率投机的增长方式和浮动货币的新体系。他写道："在与货币相关的工具（衍生品）中，场外交易市场的额外交易从1992年的1.2万亿美元增加到15年后的4.2万亿美元。"③ 这些日期非常重要，因为它们表明，无论"结构性基础"在何时遭到破坏，市场真正急剧扩张的时间都将晚得多。其他金融市场同样如此。个人债务在20世纪80年代和21世纪初增长得很快；影子银行系统在90年代初超越了传统的银行部门，

---

① Robert Wade, "Choking the South", *New Left Review* 38 (March-April), 2006, pp. 116 – 117.

② David McNally, *Global Slump: The Economics and Politics of Crisis and Resistance*, Spectre, 2011, p. 90.

③ Ibid., p. 61.

呈现出令人难以置信的增长，直到 2007 年。麦克纳利指出，虽然"抵押贷款的证券化在 70 年代已经出现"，"但直到 90 年代早期也没有得到真正的运用……真正的、肆无忌惮的爆发是从 2000 年左右开始的"。① 同样，金融利润，作为总利润的一部分，在美国有两次大规模的激增，分别是 1985—1994 年和 2001—2007 年。

马克思主义者强调了资本主义金融业蓬勃发展带来的许多重要变化。对于麦克纳利强调的浮动汇率的出现，我们可以进一步补充如下内容：新技术的潜力（它可以简化银行的某些复杂运作），资本主义的全球扩张（它需要更复杂的金融市场来增加跨界资本的流动性），我们的统治者推动金融发展的自觉的政治决策，等等。这些变化有助于解释金融市场是如何扩张的。但是，总体来说，它们没有充分解释为什么金融市场会扩张、为什么会这么做以及为什么扩张如此之快。

新自由主义时期资本主义的缺陷是，无法产生它所投资的各种回报，无论是在 19 世纪 90 年代还是 20 世纪头十年，不过在刚刚过去的几十年中，资本主义在推动资本注入和金融市场扩张方面发挥了至关重要的作用。但是，麦克纳利拒绝承认这一点。

危机和反抗

麦克纳利用两个章节来总结全球经济衰退，包括危机对全球压迫和剥削以及对反抗的潜能的影响。这一部分讲述了许多故事，既令人震惊又鼓舞人心。但是，他提供的战略建议却有些令人失望。麦克纳利似乎看到了最受蹂躏和最受压迫的人当中所蕴藏的反抗潜力。例如，在美国劳工运动中，他讨论的重点几乎倾向于移民劳工，并补充说，"有色人种工人的自组织也将被迫面对将白人工人吸引到斗争当中去的问题"。这是"无法完成的，因为它只是

---

① David McNally, *Global Slump*: *The Economics and Politics of Crisis and Resistance*, Spectre, 2011, p. 102.

试图找到共同的'阶级团结'基础,却忽视或低估了通常用来分化工人的非常现实的社会等级制度,这种等级制度是以种族、性别、性取向以及能力为基础的"。① 在这里,与左翼学者的多数当代作品一样,阶级在瞬息万变的斗争中被视为多种身份认同中的一种。

有时,麦克纳利的著述让人联想到从1999年的西雅图世贸组织抗议到2001年的热那亚反八国峰会抗议的反资本主义运动,它们拉开了世界范围内反全球化运动的帷幕。他的叙述捕获了那个时期对团结的热情和渴望,但却通过新的庆典试图掩盖历史的争论,如议会制、国家的作用、阶级与压迫的关系等问题,这些争论都曾在后来的一段时期产生了深远的影响。

放大压迫问题在任何革命运动中都是至关重要的,但最重要的是,它意味着把这些问题放到社会团体当中,这些社会团体的集体反抗可以有效地挑战资本主义——并且仍然要保留工人阶级。麦克纳利写道:"如果没有群众性斗争的重生,就不可能超越小型激进组织的范围,在小型激进组织中,一些人会致力于行动,另一些人则更热衷于争论。"② 不幸的是,斗争往往不会如期而至。在这里,如果我们试图构想和加强未来的斗争,那么通过相对小型的革命社会主义者团体来开展当下的工作是非常重要的。

对于这些群体来说,明确过去以及我们正在参与的时期的性质至关重要。尽管本文提出了多种观点,但我认为麦克纳利是一位非常重要的革命者和马克思主义思想家。他的贡献和他在这个领域提出的挑战将会提高对危机性质进行评论的水平。然而,他的这部著作实在有愧于他的能力。我希望他今后能够避免夸大他所认同的这一趋势,或是避免夸大他自己的理论创新。

---

① David McNally, *Global Slump: The Economics and Politics of Crisis and Resistance*, Spectre, 2011, p. 171.

② Ibid., p. 178.

资本主义及其当前的危机[*]

巴帕·帕特奈克[**] 著　马　博　付筱娜　译

[**内容提要**] 2007—2008年的美国房地产泡沫破灭，引发了资本主义世界新一轮的经济危机。这一危机没有因所谓的美国经济"复苏"而得以缓解，反而愈演愈烈，并且已经向"新兴经济体"国家蔓延。当前资本主义处在以金融全球化为首要特征的全球化时代，它在结构上对经济长期停滞异常敏感。外生刺激缺乏与内生需求不足共同发挥作用，引发了当代资本主义的悲剧。全球化时代的资本主义经济危机使资本主义制度陷入旷日持久的危机之中。

[**关键词**] 经济危机　外生刺激　国家干预　内生需求

继资本主义"三十年危机"（包含两次世界大战和"大萧条"时期）后，资本主义国家步入了某些经济学家所谓的"资本主义黄金时代"。然而，目前资本主义再次陷入影响深远的危机之中。在此，我所指的并非20世纪70年代中期以来资本主义制度表现出来的经济平均增速总体放缓这一现象，而是自2007—2008年美国房地产泡沫破灭开始的危机，这一危机远未得到缓解，

---

[*] 本文原载《每月评论》（*Monthly Review*）2016年第67卷第8期，小标题为译者所加。译文原载《国外理论动态》2017年第4期。

[**] 作者简介：巴帕·帕特奈克（Prabhat Patnaik），印度贾瓦哈拉尔·尼赫鲁大学经济研究与规划中心教授，印度经济学家。

反而愈演愈烈。

一、美国经济是否正在"复苏"？

西方媒体的报道留给人们的印象是，资本主义世界正慢慢摆脱这场经济危机。由于欧元区持续处于经济停滞状态，所以西方媒体报道造成的这种印象完全源自美国的经验。在美国，人们一直谈论加息问题，其理由是美国的经济危机已经结束，而通货膨胀目前已成为新的威胁。然而，关于美国的经济"复苏"，我们需要注意以下两点。

首先，所谓的经济复苏在很大程度上受到消费需求增长的影响，后者反过来又受到原油价格大幅下跌的刺激。然而，尽管长期利率接近于零，亦即尽管美国的货币政策一直全力支持投资，但是投资活动并未随着消费需求增加而显著扩大。

其次，与美国这种有限的经济复苏同时发生的是极高的失业率。官方统计数据展现的是截然相反的情形：目前失业率下降至仅为5%。但是，这些数据遗漏了大量退出市场的劳动力：数百万人过于沮丧而没有继续求职，因而这些人没有被计入失业人口之列。事实上，如果我们计算2007年经济大衰退开始时就业劳动力占适龄劳动人口的比率（劳动参与率），并在此基础上重新计算当前的劳动力规模，那么当前的失业率约为11%。

因此，就工薪阶层的福祉和经济安全方面而言，声称美国经济正在全面复苏是错误的。而且，如果我们考虑世界其他地区，特别是"新兴经济体"的发展近况，情况会更加糟糕。

二、经济危机向"新兴经济体"国家蔓延

最为重要的是，印度和中国等国家的经济增长率正在下降，也就是说，危机已蔓延到所谓的新兴经济体国家，尤其是中国。

自2005年以来，中国的贸易加权汇率已上升50%。在2009年（当年贸

易加权汇率激增）至 2015 年期间，贸易加权汇率的增幅甚至达到 20%。这意味着中国为世界其他国家提供了与之展开经济竞争的更大空间，因此其他国家的经济增长实际上是由中国贡献的。在某种程度上，尽管中国在刺激经济方面的这种影响力不如美国，但中国却如几十年前的美国一样，正在支撑着世界其他地区的经济增长率。中国的这种支撑作用解释了经济危机尽管在持续，但却未以其原本会有的态势愈加恶化的原因。

但是，当前中国的资产价格泡沫，再加上全球经济停滞对中国出口产生的影响，共同导致了中国经济增长率的下降。

从很多方面来看，人民币贬值标志着一个全新的局面拉开了序幕。首先，这标志着货币竞相贬值的开始，进而标志着"以邻为壑"政策的开始，这重现了 20 世纪 30 年代金本位制崩溃后的情形。的确，在人民币贬值后，其他一些货币对美元也贬值了。这是因为市场（即投机商）已经预料到货币贬值，因此实施了相应行为来促成其发生。与此同时，各国政府要么不愿意干涉本国货币贬值，要么因为政府外汇储备不足而无力干预。

大量货币贬值（这可能会反复发生）实际上代表着各国为了在零扩张的世界市场中争夺更大的份额而展开角力。我接下来会讨论世界市场的这种零扩张，但是这场市场争夺战中有两点需要我们关注。

第一，美国在这场争夺战中处于劣势，因为货币贬值均是相对于美元来说的，这意味着美元本身不可能对其他货币贬值。正如预料的那样，美国推迟了联邦储备银行一直承诺的加息，因为美元加息只会导致美元进一步升值。不幸的是，由于利率已经趋于零，联邦储备银行无法进一步降息，而货币政策也无法将利率变成负值。

因此，美国无法利用货币政策来保护其净出口，以阻止因净出口减少所导致的失业人数的进一步增加，也无法寄希望于美元相对其他货币的价值维持在当前的水平不变。当其他货币相对于美元下跌时，只会加剧全世界财富持有者竞相持有美元的趋势。这就意味着，美国在净出口方面的地位会持续受挫，从而加重美国的失业状况。总而言之，美元作为持有财富的通用媒介（这使得美国能够为大量经常账户赤字提供资金），将会给美国国内的经济活动和就业带来沉重负担。

为了维持国内经济活动,美国没有其他政策措施可以选择,只能实施显性或隐性的贸易限制措施。即使美国打算克服新自由主义对追求更高就业率的积极财政政策的反感,并确实实施了财政刺激计划,但如果没有实行贸易限制,则该刺激计划在创造就业方面的效果会比以往更多体现在海外。然而,实施贸易限制将从根本上削弱由国际金融资本主导的新自由主义秩序,而这一秩序正是美国要坚定捍卫的。

关于零扩张的世界市场争夺战,第二点值得关注的是,从"零扩张"这一术语的引申意义上说,世界市场不只是"零扩张",实际上它即将开始萎缩。这是因为在货币大范围贬值的情况下,所有货币不会完全同时升值或贬值。由于成本和收入在任意时期都会产生波动,所以项目收益率的核算难度加大。因此,与投资相关的风险增加,从而导致世界各地的投资收紧,低于其应有水平,随之而来的是全球市场的整体萎缩。

下面再来看看新动态的第二个方面。近期,中国经济增长率下降,导致世界商品价格崩溃。这已经影响到如澳大利亚、智利和巴西等以商品出口为经济支柱的国家的经济增长率。目前,巴西"正式"宣布经济陷入衰退。商品价格的普遍下降将使世界市场进一步萎缩。

诚然,之前我提到了原油价格下降是提升美国国内需求的一个因素,并进而为世界经济提供需求刺激。但是,单纯的油价下跌与商品价格的普遍下降所造成的影响是不同的。在油价下跌的情况下,边际消费倾向(这里借用了凯恩斯式的术语)对于买家来说要高于卖家(因为卖家由国王和酋长主导);但如果其他商品价格普遍下降,则情况很可能相反。

虽然商品价格下降本身就是经济危机恶化的另一原因,但是它又通过另一渠道构成了更为严重的威胁,即 20 世纪早期的经济学家欧文·费雪(Irving Fisher)所说的"债务紧缩"(debt deflation)。费雪认为,如果初级产品价格下降,制成品价格进而跟着下降,那么对于那些将这些降价产品作为资产,同时又承担货币债务的人来说,实际债务负担就会加重。为改善自身的资产负债表,他们会试图变卖资产,此举只会使状况更加恶化,导致资产价格大幅下滑,进而走向破产,从而加剧经济衰退。发达资本主义国家长期处于通货紧缩的边缘,当前的发展状况可能会将它们推入通货紧缩,使经济危机更加严重。

当前危机的第三个特征是出现了股价下跌的趋势,这本身可能就是上述商品价格下跌诱发债务紧缩过程的一部分。如果经济增长放缓的前景导致股价下跌,且不受商品价格下跌的影响,那么它可能成为债务紧缩的独立性来源。换句话说,股票价格下跌也会增加调整资产负债表的压力,从而导致股价的进一步下跌等。

值得注意的是,汇率(相对于美元)下跌、商品价格下降以及股票价格下跌,这三个方面很可能彼此加剧,目前这种情况正在发生。简而言之,世界资本主义将面临一次更为严重的危机,其核心是不存在扩张性因素来扩大世界市场的规模。相反,长期趋势正朝相反的方向发展,市场正在萎缩。现在让我们来看下一个问题。

三、资本主义发展缺乏外生刺激

罗莎·卢森堡(Rosa Luxemburg)和米哈尔·卡莱斯基(Michał Kalecki)的一系列言论认为,资本主义经济需要区别于内生刺激的外生刺激,来维持其持续增长。"内生刺激"是提高生产能力的刺激,源于经济增长这一事实。内生刺激不足以解释经济持续增长的原因在于以下问题:倾向于增长的经济会使人们产生对未来经济增长的预期,进而激励资本家增加投入来提高生产能力,以期进行扩张,从而使经济保持继续增长的势头。而任何形式的经济增长放缓必然产生相反的结果,资本家必定削减对生产能力的投入,导致经济增长放缓进一步恶化。如果一国经济陷入停滞,没有任何扩张,则资本家没有任何理由期待经济增长(只有内生刺激),进而不会提高生产能力,这反过来会通过压制需求增长,使经济处于停滞。

由于这并非资本主义经济的实际经验,因此必然会有外生刺激的存在,带来投资或需求的自发性增加，这些完全不受经济是否持续增长的影响。简而言之，外生刺激阻止经济持续陷入停滞困境，并解释了经济持续长期增长的原因。

这一观点就是源自对萨伊定律（Say's Law）的否定，也就是承认有可能存在总需求不足的情况。总需求可能不足这一点使得资本家在决定提高生产能力前需要评估需求前景。相应地，这使得内生刺激不足以解释经济增长，从而需要外生刺激来进行解释。

在外生刺激中，有三种刺激尤其得到了经济学家们的关注：前资本主义市场、国家支出和创新。我是从最广泛的意义上来理解创新的：资本家为了在竞争中超过对手（或至少不落后）而采用新工艺或产品来提高生产能力的改进活动。然而，创新作为外生刺激受到了一些学者的质疑，依我看来，这些质疑是合理的。在寡头垄断市场中，资本家一般会避免损害竞争对手的利益进行降价销售，他们不再进行额外投资（即进一步提高生产能力），而是倾向于以创新所需要的形式进行投资。在这种情况下，创新不再是真正的外生刺激。经济史学家也证实了这一点，他们指出，在两次大战之间的经济大萧条时期，可行的创新实际上并没有被采用，即未能帮助资本主义战胜其危机，创新只是在总需求高的战后时期才被引入。

前资本主义市场，或者更广义地说，资本从宗主国向外扩张的现象，在"一战"前作为外生刺激发挥了重要作用。然而，情况并不像卢森堡阐述的那样简单：资本主义只是以牺牲殖民地的前资本主义生产者为代价来销售商品。情况要复杂得多。劳动力和资本从欧洲宗主国流向白人殖民者定居的温带地区，如美国、加拿大、澳大利亚、新西兰、南非及阿根廷，向外输出的资本中有超过五分之四流入了这些地区。但是，宗主国——特别是当时最大的资本输出国英国——生产的商品并不是这些发展中的新兴地区最需要的，这些地区需要的是热带地区的原材料和食品。因此，宗主国生产的商品销售到热带殖民地，而热带地区的商品则出口到新兴地区。

重点是，从热带殖民地出口到该体系（英国主导着这一体系）中的新兴地区的热带商品，与热带殖民地从宗主国进口的商品在价值上并不等同。这表明，热带殖民地不仅仅被用来改变出口到新兴地区的商品的形式。出口到"新世界"的热带商品，其价值远远高于热带国家从宗主国进口的商品的价值。尽管支付给贸易顺差商品的当地生产者的国内货币来自殖民地政府的税收收入（其中大部分榨取自同一批生产者），但通过贸易顺差赚取的黄金和外汇收入却被宗主国侵吞，热带殖民地没有得到宗主国的任何补偿。这种差价构成了宗主国对热带殖民地的无端压榨，而没有给予任何补偿。（这种失衡现象最先被印度的民族主义学者披露，称之为殖民地的"盈余流失"。）

换句话说，第一次世界大战之前的那段时间内，外生刺激源于殖民体系，该殖民体系通过复杂的机制，将掠夺型殖民地（如印度）和移民型殖民地（如美国）纳入其中。这一机制包含三个相互关联的要素：首先是"去工业化"过程，即通过从宗主国进口相关商品来强制消除掠夺型殖民地的前资本主义生产者，最明显的就是纺织业生产者，卢森堡曾着重论述过这一点；其次是上文提到过的盈余流失；最后是通过盈余流失，宗主国能够把商品形式的热带初级产品作为资本输出来开发新殖民地，这种形式的资本正是这些地方所需要的。1928年之前的50年间，印度作为最大的掠夺型殖民地，是世界上仅次于美国的第二大商品贸易顺差国，但其外汇收入全部被侵吞，用以支持宗主国的国际收支。

促成维多利亚时代至爱德华时代的经济长期繁荣的这一格局于第一次世界大战之后开始瓦解。在此，无须详细论述瓦解的原因，其中包括"关闭边境"，日本入侵英国在亚洲的殖民市场，以及导致殖民地外汇收入暴跌并削弱三角支付体系的世界农业危机。

随后，在两次世界大战之间，资本主义没有任何外生刺激，殖民体系不再发挥作用，甚至理论探讨也不再提及政府对"需求管理"的干预。20世纪30年代的经济大萧条恰好就发生在这一时期，这难道会令人感到意外吗？1931年，日本财政大臣高桥是清（Takahashi Korekıyo）首次尝试实施用国家干预刺激总需求的经济政策，但日本军国主义者的做法远远超出了高桥是清当初的想法，高桥本人最终因反对增加军费开支而惨遭杀害。1933年，随着纳粹党重整军备，德国开始实行用国家干预经济来刺激总需求的政策。由于受到法西斯主义的威胁，自由资本主义经济体在第二次世界大战前夕也开始实施这一政策，军费开支逐步增加。战后的数年里，这一政策成为资本主义的普遍特征，而不是视情况而定的权宜性需要。当时，资本主义面临着外部的社会主义和内部的工人阶级反抗运动的双重威胁，大都会资本主义（metropolitan capitalism）被迫暂时放弃"稳健财政"的原则。大城市里出现了工人阶级示威，因为这些在战争中做出重大牺牲的工人不愿意再回到战前，成为无业游民，过着贫穷的生活。

在战后实行国家干预需求管理的那段时期内，就业率在资本主义历史上空前上升，进而经济高速增长（以适应高需求），劳动生产率大幅提高，实际工资收入大幅增加，因此这一时期被称为"资本主义黄金时期"。尽管几乎每个资本主义国家都实施了国家干预政策，但整个资本主义经济体系仍然依赖美国庞大的军费开支来支撑，美国在全球范围内新建（并维持）了一系列军事基地。随着越南战争升级和美国军费开支膨胀，美国通过印发美元来提供资金。布雷顿森林体系的确立使美元与黄金直接挂钩，所以即使过剩需求可能导致通货膨胀，其他国家仍被迫持有美元。通货膨胀波及商品价格，随后是黄金价格，最终导致布雷顿森林体系崩溃。一场人为的经济衰退随之而来，即使在其他商品价格下降时，作为重要商品的原油的价格在石油垄断组织OPEC的控制下仍然居高不下，从而加剧了经济衰退。

但是，如果说20世纪70年代中期资本主义国家出现的经济衰退是废除国家干预需求管理的开始，那么废除国家干预需求管理的基础却不在于此。它取决于资本全球化，尤其是在20世纪60年代后期就已出现并且势头不断壮大的金融资本全球化。金融全球化机制意味着，尽管金融实现了国际化，但国家依然是民族国家。因此，为了阻止资本外逃，所有民族国家必须向金融资本的需求低头。

这反过来意味着政府要控制财政赤字，因为正如我们看到的，金融资本偏好"稳健财政"，厌恶财政赤字；这同样也意味着要减轻资本家的税收负担。这样就扼杀了政府干预需求管理的机会。无论是通过财政赤字，还是通过平衡预算乘数（通过对富人征税来提高国家收入，以匹配增加的国家支出），任何刺激活动都几乎不可能得到实施。随后，政府紧缩财政支出理所当然地被视为一种"美德"，理由是政府的"肆意挥霍"排挤了私人投资，这种观点只是萨伊定律（供给会自动创造需求）改头换面的说法。

我认为，当前资本主义正处在以金融全球化为首要特征的全球化时代，缺乏前资本主义市场和国家支出这两个主要的外生刺激来提振需求。因此，除采取负债消费提高消费支出（只是暂时性的）外，刺激经济繁荣的唯一手段就是形成间歇性资产价格泡沫。尽管此类泡沫会催生暂时的经济繁荣，但终将破灭，而通过繁荣和萧条来调节经济的综合效果要低于国家干预机制的效果。此外，资产价格泡沫无法按需求"定制"，资本主义制度也无法把枪抵在投机商的头上，逼迫他们对泡沫背后的经济繁荣抱持乐观期待。因此，甚至在经济处于总体缓慢增长的阶段，也可能存在很长的间隔期，在此期间，资本主义长期陷入停滞和衰退。然而，在全球化时代还有一个促使问题加剧的重要因素。下面，我们就谈谈这一因素。

四、资本主义发展中的全球内生需求不足

在全球化之前，世界经济被严重割裂。南方国家的劳动力不可以自由流向北方国家。阿瑟·刘易斯（W. Arthur Lewis）曾指出，19 世纪有过两次大的移民潮：一是大批劳动力从印度和中国等国家的热带和亚热带地区迁移到其他热带或亚热带地区做苦力或契约劳工；二是大批劳动力从欧洲温带地区迁移到美国、加拿大和澳大利亚等其他温带地区。随着奴隶制时代的结束，通过严格限制热带向温带地区移民，上述两股移民潮被严格分离开来。

虽然热带劳动力不能自由迁移到温带地区，但资本却可以从温带地区自由流向热带地区。虽然形式上是自由的，但是资本仅选择性地流入某些特定的领域，如采矿业、种植园以及对外贸易。值得一提的是，尽管热带地区的工资普遍很低，但资本不会将制造业迁移到那里——这就是上文提到过的去工业化进程的结果。温带地区的资本一般会流向温带地区的其他国家，与劳动力的迁移流动相结合。

因此,世界经济在热带地区与温带地区之间发生了断裂。在这种状态下,当北方国家的劳动生产率提高时,南方国家的劳动力储备却无法抑制北方国家的实际工资上涨。结果,一方面,北方国家与南方国家(甚至包括工人在内)之间的不平等现象日益扩大;另一方面,北方国家的工资上涨刺激了需求增加。

当代的全球化已经结束了这种经济分裂。尽管南方国家的劳动力仍然无法自由进入北方国家,但是北方国家的资本现在更愿意投资于南方国家的制造业和服务业(投资于服务业主要是通过外包的形式)。目前,这种现象使得北方国家的实际工资水平因南方国家存在大量劳动力储备而受到不利影响,但这并不等于美国或其他发达国家的实际工资水平与南方国家的实际工资水平能基本持平。即使北方国家的劳动生产率有所提高,但其实际工资水平也还是停滞不前。事实上,在全球化阶段,尽管受第三世界劳动力储备的制约,世界范围内实际工资的矢量基本维持不变,但世界范围内劳动生产率的矢量却在提高。因此,无论是在各个国家还是整个世界,产能过剩的趋势将会加剧。这种大环境解释了约瑟夫·斯蒂格利茨(Joseph Stiglitz)的研究发现:虽然1968—2011年间美国劳动生产率大幅提高,但美国男性工人的实际工资并未上涨,如果真有什么变化,那就是工资反而有些许下降。

这主要包括两层含义。首先,目前世界两大地域(南方与北方)之间不平等增加的幅度(的确,一些第三世界国家人均收入的增长已经超过发达资本主义国家)没有全世界劳动阶层与全世界资本家以及其他富裕阶层之间不平等增加的幅度那么大。这是"纵向"不平等的加剧,它不同于"横向"不平等的加剧,托马斯·皮凯蒂(Thomas Piketty)等一些主流经济学家最近的著作对此有所反映,尽管他们将不平等现象归结为完全不同的、没有说服力的原因。

其次,由于工资收入带来的"边际消费倾向"(再次借用凯恩斯式的术语)要高于经济盈余收入带来的"边际消费倾向",不断增加的纵向收入不平等(或者,更准确地说,世界产能剩余份额增加的趋势)导致了总需求不足的趋势以及经济剩余的吸收问题。

当然，这是一种事前趋势（ex ante tendency），保罗·巴兰（Paul A. Baran）和保罗·斯威齐（Paul M. Sweezy）曾关注过美国半个世纪前出现的这种停滞态势，正如他们所认为的，如果适当增加国家开支来削弱这种趋势，则这种趋势是可以被制止的。但是，关于当前的全球化时代，值得关注的是，由于既得利益阶层反对财政赤字和向富人征税，所以全球化既形成了全球需求不足这一事前趋势，又禁止一切可能的对抗性国家支出来制止这一趋势。（应当注意的是，向高消费倾向的穷人和工薪阶层征税来支撑大额国家支出，并不能提升经济总需求，因此也无法对抗需求不足的趋势。）

因此，唯一可以抵消这种需求不足趋势的办法就是前面探讨过的间歇性资产价格泡沫。但不幸的是，由于间歇性资产价格泡沫无法按需求"定制"，终将不可避免地破灭，所以全球化时代的世界经济特别容易受到衰退和停滞危机的影响，这也正是我们现在所经历的。

换言之，若将当前全球化的两大特征——外生刺激缺乏与内生性全球需求不足的倾向——结合起来，我们会察觉到当代资本主义对于长期停滞在结构上是敏感的。两个特征中的任何一个，即内部矛盾和外部矛盾中的任何一方，都可能导致停滞趋势。然而，在当前时期，两大特征共同发挥作用，从而引发了当代资本主义的悲剧。

五、经济危机对资本主义民主制度的影响

在此，我并不打算探讨长期停滞造成的经济影响以及在宏观经济层面可能产生的系统性反应。在本文结束之前，我想谈谈长期停滞对政治产生的明显影响，这一影响与长期停滞对民主构成的威胁相关，这对印度尤其意义重大。

资本主义与民主之间的不相容过于明显，这里无须赘言：资本主义是一种受其内在趋势影响的自发系统；而民主的本质则在于人们通过集体政治行为来干预政治，从而决定自己的命运，特别是其经济命运，这反过来影响了资本主义的自发性。凯恩斯主义认为，通过国家干预需求管理，资本主义几乎

可以做到充分就业,从而成为一种富有人道主义的制度,但凯恩斯主义的命运表明,维持资本主义与克服其自发性不可兼得。

在全球化时代,金融资本日益全球化,而国家仍然是民族国家,仍然是人们出于自身利益而干预政治的唯一可能手段,于是,资本主义与民主之间的这种冲突变得格外激烈。如上所述,只要国家仍处于全球化金融的旋涡之中,那么国家就会顺应金融资本的需求,这样一来,无论谁当选,都会采取相同的政策。而希腊只是最新的一个例证而已。

但是,一旦我们认识到,全球化时代资本主义制度趋于陷入旷日持久的危机之中,这种不相容性就愈加严重。在金融危机引发大规模失业的境况下,掌控着许多国家的公司金融寡头积极推进分裂主义、法西斯主义以及半法西斯主义运动,如此一来,民主的外壳保留了下来,但任何协调一致的阶级行动都无法威胁到他们的统治。由这些寡头组建的政府,即使不像古典法西斯主义那样立即向法西斯主义国家靠拢,但却朝着社会"法西斯化"、否定民主政体的方向迈进。在第三世界社会中,这种法西斯化不仅仍在继续,甚至以牺牲小生产者为代价(这也确保了世界劳动力储备不会枯竭)来扩大"原始资本积累"的范围。

但这还不是全部。由于这种法西斯主义会遭到反法西斯主义运动的反击,所以最终结果是导致社会解体。这种解体是当前全球化在印度导致的结果,毫无疑问,在许多其他国家,结果也是如此。与法西斯主义作斗争固然重要,但当下,没有国际工人运动,更没有国际农民运动,因此看不到同步超越资本主义全球化的希望,任何此类斗争都必须经过一个与资本主义全球化"脱钩"的过程。这种"脱钩"需要进行资本管制、外贸管理以及通过保护和鼓励小规模生产(包括农民经济)、扩大国家福利支出和更加平等地分配财富和收入来扩大国内市场。

当代资本主义经济金融化与金融犯罪*

威廉·K. 泰伯** 著 王 燕 译

[内容提要] 金融资本活动已成为美国经济的一个显著特征,集中在华尔街的美国金融机构进行的经济活动导致经济泡沫产生,最终在 2007—2008 年间出现了经济大衰退,使得后来美国的经济增长雪上加霜。美国政府为应对经济危机实施的刺激手段难以解决一系列经济难题、社会问题乃至政治问题。贫富差距、收入不均、失业、不公正、房屋资不抵债等现象越来越严重,金融业虽采取了降低利率等举措,但仍旧通过抵押房贷、信用卡贷款及助学贷款等为自身牟利。政府为大银行提供了补贴,然而承担财政赤字压力的恰恰是工薪阶层的民众。本文通过对上述美国经济现状的客观陈述,指出美国经济体制的诸多问题以及人们对此体制的质疑,进而论述左翼人士致力于为社会谋求更公正合理的经济体制的合理性。

[关键词] 资本主义 经济金融化 经济危机 华尔街 左翼

现阶段资本主义的一个显著特征就是金融资本权力的增强。对左翼或者

---

* 本文原载《每月评论》(*Monthly Review*) 2014 年 9 月号,原文标题为:"The Criminality of Wall Street"。译文原载《国外理论动态》2016 年第 7 期。

** 作者简介:威廉·K. 泰伯(William K. Tabb),美国纽约城市大学皇后学院教授。

更大范围的社会人群来讲,当前的主要问题是怎样理解这种经济状况的转变及其政治含义。毋庸置疑,当今我们所处时代的标志性进步就是金融和垄断势力的增长。

20 世纪 80 年代,全球金融资产的名义价值几乎与 GDP 相等,然而到 2005 年,该数值已达到了全球 GDP 的 3 倍之多。1980 年,外汇交易的名义价值是全球贸易值的 11 倍,到 2009 年竟增至 73 倍。当然,名义价值会大幅波动,这已经在重大金融危机中有目共睹,因而很难断言这样的增长到底意味着什么。在没有对实体经济中的价值增值部分设置任何限定条件的情况下,无法将这些数值进行直接对比。不过,随着金融势力的增长并且逐步掌控经济,这些庞大的数值的确令人过目难忘。

在 1980 年到 2007 年间,全球各种金融衍生合同从 1 万亿美元扩大到 600 万亿美元。各种对冲基金和私人股本集团、特殊投资载体以及操纵大型银行的控股公司共同改变了西方资本主义的模式,由此导致的经济崩溃使我们至今仍深受其害。普通人可能不太了解这些数字的含义(即便最通晓这些数字的人也不能确定这些数字的意义),但是渐渐地,人们以另一种更深层的方式意识到所发生的一切意味着什么,这是一种持续的、已经削弱了生产活动的金融化进程。

尤为重要的是,尽管金融的增长性转移产生了巨大的泡沫,经济却并未如战后时期那样飞速发展,不久,制造业便失去了雇佣优势,当政府支出也主要用于推动增长时,这种雇佣优势转而被其他经济部门占据。当然,对于当时金融增长中的大部分产品而言,其本质可以接受各种立场的评判。当时政策制定领域的普遍观点认为,政府支出有必要吸收资本主义产生的剩余价值。

无疑,通过政府支出和金融通胀相结合的方式来促进经济增长变得难上加难,与此同时,资本积累过剩变得越来越不正常,到 2007—2008 年"大衰退"期间已经登峰造极。短期性经济刺激手段应运而生,"虚拟资本"大肆出现,它以债权的形式表现出来,却没有形成与这种债权相对应的具有实际价值的资产。这种短期经济刺激的手段难以为继,人们也不会期望在这样的金融危机大爆发中经济再有实质性的"增长"。想要厘清一切何以至此，我们可以从马克思主义经济学家对一些经济现象的部分接受着手，这些重要的、主流的马克思主义经济学家预期经济会出现长期性的停滞。早在 1966 年，保罗·巴兰（Paul Baran）和保罗·斯威齐（Paul Sweezy）在他们的著作《垄断资本》中就对此现象进行了更深入的探讨。

2013 年 11 月 8 日，拉瑞·萨默斯（Larry Summers）在国际货币基金组织发表演讲，提出美国可能陷入了他认为应正确表述为"长期停滞"的状态，而《布隆伯格商业周刊》将此现象描述为"衰退不是经济周期引发的，它恐怕是一个永久的状态"。萨默斯的结论很是悲观："如果这种说法是真的，在没有金融泡沫或未采取大规模经济刺激手段的情况下，经济就无法创造充分的就业机会，结果将会非常糟糕。"萨默斯的演讲受到了极大关注，毕竟他曾任美国财政部部长，他虽然不是最出色的政治家，但还可被视为最睿智的经济学家之一。他曾给许多大型金融公司出谋划策，获利数百万，作为以华尔街为导向的政策制定者而知名，许多重要人物也会认真考虑他作出的经济分析。这种长期停滞不仅是对金融资本的有力谴责，也是对资本主义自身的谴责，如今，其发展的逻辑的确遵循了它固有的模式。

经济危机一直存在，正如马克思早就诠释过的那样，经济危机是资本主义的一部分。现在的问题是，我们经历着的寄生性金融操控的扩张是否是前所未有的。经济体系的疲软可促使人们对商品生产及服务进行再投资。简言之，问题在于体系自身，越来越多的人已经意识到这一点。虽然我们可以创造就业机会、保障经济安全、保持生态可持续发展，并且促成我们渴望的参与式民主制度，但现存的阶级力量却阻碍着以上种种可能。在此，笔者将尝试解释此现象是怎样出现的，又为何会出现。

首先，让我们着眼于经济金融化导致的诸多问题：随着跨国公司以及国际金融力量的壮大（经济金融化已成为全球化现象），以及电脑、互联网和机器人技术提供了种种新的可能性，美国丧失了一些中产阶级的工作岗位，全球就业已进入竞次状态（race to the bottom）。美国巨富阶层的政治权力得到极大提升，达到足以逃避收入税的地步——就像处理公司资本一样，他们将大量的金钱寄存在境外避税天堂,将丰厚的利润转移到低税司法辖区。随着消费者借贷的增长以及向投资者推销新型金融产品的举措的实施,金融业高速增长。1950 年,金融资本只占 GDP 的 2.8%;1980 年达到 4.9%;到 2007 年则增至 7.9%。金融行业在互惠资金、对冲基金以及私募股权等方面收取的资金管理费用已超过此行业在 GDP 中所占增长额比重的三分之一(36%)。另一个主要增长来源是消费借贷,特别是抵押贷款。据国际货币基金组织的统计,2007 年发达经济体的家庭债务占收入的平均比率由 39% 上升至 138%。这样的信贷激增一旦崩溃,漫长且痛苦的经济衰退期也就在所难免。

FIRE(金融、保险以及房地产)行业的收入以及"财富效应"(即资产价值收益促成的消费增长几乎都是奢侈品消费)是金融行业推动 GDP 增长的主要方式。但是,这对使用价值几乎没有起到什么促进作用,可以将其视为对经济中其他领域工作人员所创造价值的攫取。由此,迈特·泰比(Matt Taibbi)对高盛投资做了精彩描述:"一只披着人道主义面纱的大吸血乌贼不断地把吸血触角伸到有金钱味道的地方。"

哈佛大学经济学教授杰里米·斯坦恩(Jeremy Stein)指出:"银行私自进行的经济刺激手段有些过激。"可以体现今天的新兴金融贵族手段"过激"的一个表现就是金融收益被视为国内总收益的一个百分点。在 1998 年到 2007 年间,金融收益占国内总收益的平均比率为 33%,其中有几年(2001 年、2002 年以及 2003 年)比率超过了 40%。毋庸置疑,经济崩溃后,承担损失的是我们,而不是银行家。

两家投资银行雷曼兄弟和贝尔斯登的倒闭备受关注,不过这两家公司的高管却运作有方。从 2000 年到 2007 年,贝尔斯登的五位高管得到的现金红利高达 3 亿美元之多,雷曼公司高管的现金红利也高达 1.5 亿美元。此外,他们还可以从头卖公司股票中获利。抛售两家银行的股票就让 10 位高管净获 20 亿美元的利润。

经济刺激手段给很多美国公司及其雇员带来了毁灭性的影响,实现股东价值最大化与精选高管相结合的做法不但使得资源从其他股东的手中得以转移,而且削弱了整个美国未来的经济前景。当《多德—弗兰克法案》及其他立法想要确保整个系统的安全时，那些规模大到不能破产的银行比金融危机之前的规模又大了很多，六家最大银行的资产已经占美国 GDP 的 60% 以上。

以上种种导致美国呈现出一种截然不同的经济状况。根据收入不均等程度，美国中央情报局进行了国家排名，发现美国的收入不均程度远比埃及或突尼斯高。如前文所述，占美国 1% 的人口拥有的财富要比底层 90% 的人拥有的财富还多。据国会预算局 2011 年的报告，在过去的 30 年内，1% 最富阶层的收入在国家收入总额中所占的份额已翻倍增长，其中很多人从事的就是金融业。

从政治层面来看，金融资本之所以如此所向披靡，是因为它已成为政客们主要的资助来源，例如，希拉里·克林顿就得到了华尔街的大笔资助，其中包括高盛之类的投资公司提供的巨额演讲费。人们对伊丽莎白·沃伦（Elizabeth Warren）可能带来的挑战一直议论纷纷；奥巴马未能使得自由派参议员支持萨默斯担任美联储一把手，人们普遍认为，这些都暗示着民主党主流已被华尔街尽收囊中。萨默斯不仅从风险投资和资产管理公司那里获利上百万美元，还为花旗银行和纳斯达克提供咨询服务。华尔街如此叱咤风云，对它的金融监管已形同虚设，当然，对金融诈骗的惩罚力度也几近于零。前特拉华州参议员爱德华·考夫曼（Edward E. Kaufman）曾在《纽约时报》上对司法部未追究造成房地产泡沫破灭的金融违法者一事发表过如下见解：金融欺诈执法工作组的报告"符合一种对民主国家来说较为可怕的模式，这样的民主国家的确有两个层面的公正，一个层面是有权有钱人的公正，另一个层面是其他人的公正"。

右翼人士总是责备工人、工会以及穷人（当然其中许多还是工人）贪婪成性。我们的任务之一就是将最基本的事实公之于众。

我们理应聚焦这 1% 的人，他们的税后收入在过去的 30 年里已经翻了一番，在 1998 年至 2006 年间，其增幅几乎是原来的 3 倍。在 2009 年到 2012 年间，1% 的最高阶层占有了 95% 的收益。25 岁到 64 岁的全职工人实际收入的中位数一直处于停滞状态，还停留在 20 世纪 70 年代的那个高峰值。这或许可以解释为什么近来的民意测验显示 75% 的美国人将本国经济状况定位为

"消极"或者"贫困"状态。

伊曼纽尔·赛斯（Emmanuel Saez）的研究显示，2000年至2007年，0.001%最富有的美国人的收入占全部收入额的比例已翻了一番，高达所有美国人收入总额的6%。1993年到2007年，1%最富阶层的经济增长占整个经济增长总量的一半。1993年到2012年间，这1%最富阶层的收入增长占收入总增长的三分之二以上。这1%的群体就是共和党人冒着政府关门的威胁也要保护的人，为克林顿夫妇和奥巴马提供部分资金的也是这些人。

税收体系对顶尖公司来说已成为笑柄，因为它们能合法避税。据估算，每年跨国公司有30%的盈利可通过避税天堂转移，美国每年因此而损失2550亿美元的税收；这不仅包括个人所得税的损失，也包括更大量的公司税收损失（据美国政府会计办公室2008年对100家规模最大的美国公司的海外分公司，特别是对设在避税天堂的海外子公司的粗略统计）。仅花旗集团就拥有400家避税天堂子公司，91家在卢森堡，另外有90家在开曼群岛。作为世界上盈利最高以及最具价值的公司之一，苹果公司也将收益转移到了低税收国家。苹果公司是税收领域的创新者，其在财务方面的"双爱尔兰夹荷兰三明治"（Double Irish with a Dutch Sandwich）已成为众所周知的避税手法，可谓避税先驱，现在，这种手段已推而广之，此策略将利润从爱尔兰分公司和荷兰分公司转移到加勒比海地区。ITunes收入的避税就是这样进行的，在卢森堡只需一个信箱和几个雇员就可以搞定，由特别设在非洲、中东或者其他地区为避税而注册的公司下载卢森堡的资料来进行。苹果公司海外商店也是整个避税体系的一部分，公司产品都是通过设在爱尔兰的科克公司进行销售，此公司已经重新构建了公司结构图，这样，它只需对外界透露很少的商业运作信息。通过此手段，苹果公司交纳的企业所得税不到它在美国需要交纳所得税的10%。就规避州立企业所得税来讲，虽然苹果公司真正的指挥部在加利福尼亚州的库比蒂诺，其对外宣称的办公地点却是内华达州的一间小办公室，这样就可以逃避加州以及其他20个州征收的数百万美元税收（加州公司的企业所得税是8.84%，而内华达州则无须缴纳此税）。公司称一切完全合法，或许如此。

不平等现象越来越严重，这使得恢复经济增长很难进行，因为工薪阶层可用来消费的钱更少了，需求不会出现增长。富人获取了大量的剩余价值，这就催生了一种新的投机活动，形成一种新的崩溃威胁。大部分剩余价值被1%的人群攫取，如此一来，就无法通过扩大产出的销售来实现剩余价值，这些都属于金融投机行为（包括借贷——学生贷款、信用卡、抵押贷款——以及这些贷款产生的一系列应收账款的收据形成的抵押债券，这些债券数额如金字塔般叠加起来，最终坍塌）。

明白这一点至关重要，近些年来，各种资产泡沫大部分是由大量的剩余资金造成的，这部分剩余资金无法在"实体经济"中找到获利的投资项目，因为在实体经济中，出售给企业、政府或者家庭的都是商品和非金融类服务。从1980年开始，工薪阶层的收入开始进入停滞期，至今已经持续30多年，并且生产增长中的所有获利都进入了资本领域，收入不均更加凸显。普通美国人拮据度日，若不借贷，则难以维持生活水平，由此，他们成为银行以及其他金融机构获利的巨大来源。抵押贷款、信用卡借贷以及学生贷款有了绝对数量的增长，并且已成为国家收入的一部分。取消税收合法化的运动迫使政府用借款代替税收，使得政府的借贷同样有增无减（伊拉克和阿富汗战争使借贷更是显著增加）。

美联储纽约银行的大部分援助资金都用于资助华尔街各大银行，后来成为财政部部长的蒂莫西·盖特纳（Timothy Geithner）执掌美联储纽约银行期间，进一步增强了对这些大银行的资助力度。美联储纽约银行的董事成员都是摩根大通CEO杰米·戴蒙（Jamie Dimon）这样的人物。戴蒙曾在参议员听证会上遭到议员伯尼·桑德斯（Bernie Sanders）的质问："你作为董事会成员，怎么能给自己批拨3900亿美元的低息贷款呢？"戴蒙并不是董事会中唯一一位谋取私利的银行家。参议员芭芭拉·柏克瑟（Barbara Boxer）表示："违背公众利益的行为非常明显，对银行行长和银行雇员来说，当监管他们的董事会又在帮助他们摆脱困境的时候，这不是想象中的而是真实存在的违背公众利益的行为。"参议员伊丽莎白·沃伦也敦促戴蒙辞去美联储纽约银行董事的职务。

大银行对金融机构的支持力度也有了大幅提升。2007年至2012年底,这些大银行向市场注入数万亿美元的流动资产,以支持资产市场以及保持银行的偿付能力。这一过程持续伴随着量化宽松的货币政策——主要以印刷货币为主——来防止经济崩溃,同时还要保持利率处于历史最低水平。然而,尽管做出了上述努力,全球经济仍旧停滞不前。

此举的目的是降低借款成本并刺激金融市场,这一点已经做到了,但预期效果——进一步鼓励消费以及向金融市场以外进行更大的实际投资——却令人十分失望,这也不足为怪。大银行的银行家们最先提出:扩大货币供应量并不是财政政策更好的替代品,如果政府不去创造需求来弥补个人支出不足,也不去着力解决经济结构问题,大银行能发挥的积极作用就十分有限。家庭已经背负了巨额贷款,人们不愿意再有更多的借贷——事实上,消费借贷在不断攀升,其中大部分是学生贷款,这更是一种不计后果的家庭贷款表现。

继续扩大低利率借贷范围会造成新的资产泡沫,之所以会担心产生这种后果,原因有很多方面。人们或许应关注一下美联储每个月都要买进价值上百亿美元的按揭抵押债券的质量。日本银行也在购买公司债券和股票,这是一种对金融市场的干预,在保持经济增长的同时也会扭曲信贷分配。如果长时期使用这些应急措施,当央行和政府想要将这些头寸进行平仓时,这些措施反过来会让它们骑虎难下。

几乎每天的新闻头条都会报道某家银行被卷入某起诉讼案,它们因无所顾忌的欺诈活动,如自动签名丑闻以及诈骗一些运作不成熟的公司等行为,被司法部门指控。那些同意向政府谋求解决问题方案的人们在美国金融业名人榜上赫然在列,涉案内容从欺骗业主的有缺陷的抵押过程,到不良托收以及丧失抵押品赎回权,再到信用卡诉讼。信用卡诉讼案往往出现银行或者收账代理商并不能证明持卡人欠款的情况(根据一名一天经手过上百起此类案件的法官所言,90%的案件都是如此),新闻头条中此类案件从未间断。2012年,旧金山官员对最近几百起丧失抵押品赎回权的案件做了一次审核,审核结果发现,几乎所有案件都属于法律违规或者文件可疑。违规形式各种各样,有的属于借贷者未能还款（根据法律），还有的是银行和其他代理人在没有所有权证据的情况下对其资产进行拍卖，却未告知借贷者。从全国范围来看，人们发现，丧失抵押品赎回权系统饱受伪造文件、伪造签名以及各种其他的滥用公共权力行为的侵蚀。

　　大银行一直在进行游说，企图影响房屋抵押规则，这样一来，它们就能继续维持那些生财之道。联邦及政府机构为银行提供了260亿美元的救济金，允许银行用来满足其大量的非法活动。但是，与银行造成的损失相比，这只是银行非法活动的九牛一毛——它们非法否定了某些贷款动机，非法取消了抵押品的赎回权，还有记录在案的职权滥用。当然，这种举措并没有杜绝银行滥用权力的行为。早就还清了债务的人们还会受到托收机构的骚扰；房屋抵押贷款中的受骗者在银行新一轮滥用职权的行为中会再度受骗，银行会重新提供贷款，美其名曰帮助他们拥有自己的房子——房地产经纪人将新的房屋抵押贷款瞄准了老年人；外资银行因帮助美国公民避税而被指控犯有洗钱罪；个人投资者购买了银行出售的不良债务抵押债券，银行在出售这些债券时其实知道它们马上就会暴跌，这些个人投资者将会诉诸法庭寻求补偿。

　　大萧条除了对经济复苏形成阻碍外，最为持久的影响是房地产市场的崩溃。数百万人失去了住房，同时，还有数百万房产拥有者陷入泥潭，因为他们需要偿还的房屋贷款数额竟高于房屋价值。许多人的贷款数额高达房屋售价的90%，形成了负资产，面临着丧失抵押品赎回权的境地。数以百万的房屋空置着，房价低迷，房屋只能降价出售。

　　奥巴马政府不得不制订一个又一个计划，甚至联邦政府对银行的补贴也被列入计划，但没有一个计划是从业主的立场出发的。房产价格急剧下跌，空置房屋致使整个社区的房价下降。在这种情况下，当地政府面临降低房产税收的问题。这对当地财政有着毁灭性的影响，预算赤字也因此增加。政府此时已别无选择，只能更大幅度地削减公共服务开支，紧缩教师和警察岗位。为银行重获利益买单的就是我们这些所谓的99%的群体，对这些大多数人来讲，经济无限期停滞状态有增无减，劳动人民叫苦不迭，而从社会主义角度来讲，劳动阶层没有必要来承受这些。

皮尤民众与媒介研究中心的民意调查显示，年轻人中有半数赞成社会主义，反对资本主义，他们一直经受着不断恶化的经济状况的困扰，同时腐败和任人唯亲现象日益严重。因此他们认为，如果不能从根本上改变这种状况，他们就不得不在这样的经济状况中继续艰难度日。由于就业前景渺茫，年轻人负担着根本偿还不起的助学贷款，逃脱不掉被银行奴役的命运。

偏激的极右势力来势汹汹，主流媒体反应迟钝，两者都令人无法忍受，整个体制的本质暴露无遗。不同年龄段中越来越多的人认为，美联储和财政部不惜一切代价对大银行进行保护，是在阻止他们可以接受的变化发生。政府对银行的这种关注态度被称为"盖特纳主义"，它将目光聚焦于明确的政策选择，从而令银行在救助后的恢复期内免受任何威胁。虽然大多数人并不清楚公司滥用权力和金融操控的详细情况，但在那些著名的活动中喊出的口号还是准确地抓住了华尔街犯罪行为的本质，也提出了解决方案。其实，人们对海报上的口号已耳熟能详："美国没有破产""向富人征税""金钱不能说明一切""保障每人有一份好工作""年轻，受过教育，却失业""公司是公司，人是人""停止粉饰""投机无法创造任何东西""华尔街：犯罪会受到惩罚""经济不平等是繁荣的绊脚石""停止战争"。人们对"占领华尔街运动"及其规划的大力支持显示，普通人能够理解这项运动的诉求。

以上海报揭露了事情的不公正状态。人们其实并非想要让腐败的政治体系去迎合他们的要求，也并非想要从那 1% 的人身上得到什么，他们要求的是："我们需要这样一个社会——我们要去创造这样一个社会，没有 1% 和 99% 的区分，不公正现象将不复存在。"这并不是说人们不想让奥巴马政府进行改革，也不是说他们不知道怎样改革才有意义。但这的确表明，自 20 世纪 30 年代以来，这套经济体系还从未经受过这样的拷问。从底层进行的最温和的改革以及最理想化的希冀，也是对我们的制度的一种潜在的反抗。社会运动的先驱桃乐丝·黛（Dorothy Day）曾说过："问题的根源就是我们接受了这个乌烟瘴气、腐败肮脏的体制。"事实真相的确如此。人们已经越来越不能接受这个体制,但问题不仅仅是列出人们不接受的清单,而是应该培育出可持续的、能够与现有体制抗衡并转型的一种新体制。

欧洲债务危机：增量改革、紧缩政策和制度失灵[*]

丹尼尔·卓凯[**] 著　张建刚　译

[内容提要] 本文主要讨论了应对危机的制度变革方式。通过缓慢而痛苦的干预和摸索，欧洲央行为濒临崩溃的欧洲金融和银行创造了新的政策空间。但是，实施紧缩和大幅削减政府支出的承诺，使得实现更强大联盟的目标比以往任何时候都更加渺茫。尽管欧洲资本主义通过不断的巨额公款紧急救助得以继续生存下去，但是欧元区经济在不久的将来会面临某种崩溃的局面是显而易见的。

[关键词] 欧洲一体化　全球金融危机　治理　公共政策　欧洲战略选项

当前的状况

对发轫于2008年的欧洲金融危机进行透视分析是非常重要的。我们将通

---

[*] 本文原载《世界政治经济评论》（*World Review of Political Economy*）2014年第1期（第5卷），译文有删节。本译文为中国社会科学院马克思主义研究院"经济危机与经济周期的马克思主义研究"创新项目的阶段性成果。译文原载《国外理论动态》2015年第10期。

[**] 作者简介：丹尼尔·卓凯（Daniel Drache），加拿大约克大学教授，罗巴茨加拿大研究中心副主任。

过提出几个重要问题展开这一分析。到目前为止，我们了解到，这些重要问题涉及欧盟的制度差异、创新过程、设计缺陷和欧洲中央银行（ECB）的中枢功能等方面。各国中央银行的一致干预最为关键，这使全球资本主义免于崩溃，并获得了生存保障。欧洲央行、美联储、日本银行和英格兰银行在全球金融市场不断地进行干预，这些干预包括量化宽松、发放巨额贷款救助银行、紧急救助主权债务。据估计，纳税人高达 8 万亿美元的款项已被投入进去，而且账单还在继续增加，但完全计算出所付成本还有待时日。当前的情况非常复杂，欧洲央行的这种"渐进战略"带来的问题总是比答案多。本文接下来将要考察出台特别决议这种制度安排具有的有效性和局限性，并指出，尽管通过巨额的和不断的紧急救助，欧洲资本主义得以存活下来，并取得了一些成就，但在不久的将来，欧元区经济将面临某种崩溃，这种最糟糕的情形已逐渐明朗化。相比之下，使联盟更加强大的目标则变得更加遥不可及。

渐进战略：各国首选但却是代价昂贵的选择

多年前，著名经济学家查尔斯·林德布洛姆（Charles Lindblom）发表了《渐进调适的科学》一文，为渐进式工具主义辩护，认为政策精英在选择实现目标的政策工具时只怀有有限的抱负是合理的。当单个管理者的行为能与其他管理者协调起来时，就会达到更好的决策效果，但这一协调过程经常被打断。管理者并非拥有教科书知识的理性行为者，因为他们并不了解现实的替代方案。实践者都是短期主义者，因为在最好的情况下，"他们也只能期望达到部分目标"。政策陷阱是指，政策精英的政策选择方法被锁定，不断地重复熟悉和可靠的程序，并先入为主地选择他们最了解的政策工具。他们依赖过去按部就班的方法，避免为解决复杂问题而进行根本性的变革。这样做的缺点就是，难以找到这次灾难的根本原因，也难以提出摆脱这次危机所需要的结构性改革方案。

大多数专家认为，欧盟并没有处理银行和主权债务紧急情况的预备方案，也没有应对如此大规模银行和主权债务危机的故障安全保护机制，同样没有解决持续增加的银行失灵问题的计划，更没能预料到需要对西班牙、爱尔兰、葡萄牙、希腊、塞浦路斯和意大利进行紧急救助。与此同时，法国可能就是下一个救助对象。这并非只是制度设计不可分割的组成部分。西蒙·约翰逊（Simon Johnson）已经展示了将实际经济与符号经济脱节后导致的后果。自20世纪90年代以来，对金融市场放松管制已经成为公共政策的基调。在欧盟，实际经济与符号经济脱节的扭曲效应就是产生严重的经济比例失衡问题。银行业是如此集中，以至于它已变得太大而难以管理。欧盟已经设法通过欧洲央行创造新的政策空间，以克服银行和主权债务危机带给它的震荡和痛苦，这样做很有必要，也得到了德国的支持。

欧盟的电话银行和一揽子紧缩救助方案

历史学家无疑会认为，是欧洲央行作为救助银行的统一干预，而不是任何其他行动，将欧盟从崩溃的边缘拯救了过来。国际货币基金组织金融稳定部负责人说："他们做了绝对必要的事情。"现在他们不得不修复金融制度，并处理低息贷款带来的意外后果。欧洲的经济展望已经20年没有这么悲观了。

欧洲经济的停滞很明显是由于强加给欧盟成员国的经济紧缩措施和大幅削减政府支出所导致的。在南欧，尤其令人担忧的是，中小型企业无法获得银行贷款。除非再融资的利率进一步下降，否则令人担忧的经济仍然会陷入衰退的泥潭，新的就业机会的出现也将成为泡影。欧洲央行没能很好地履行其职责，以结束各自为政的借贷利率问题，它在2012年秋曾宣称，实施《直接货币交易计划》（Outright Monetary Transactions Program）是合理的，因为它将结束上述问题。这一计划拯救了欧元，但却使欧洲南部的外围经济体深陷麻烦之中。

欧盟正在经历乏力的增长和史无前例的失业潮——特别是30岁以下人员的失业猛增。据估计，在西班牙、葡萄牙、塞浦路斯、爱尔兰、法国和英国的30岁以下人口中，将近50%没有工作。在西班牙，有190万家庭处于零就业状态。西班牙的失业人口突破了 600 万，创造了新的纪录。法国的失业人口也突破了 320 万的界限。2012 年，德国总理安格拉·默克尔再次建议德国提高借贷率，至于欧元区的外围经济，她建议欧洲央行增加流动性，使中小企业能够得到贷款。她的这个结论是在经济条件不断恶化和成千上万欧盟居民遭受经济折磨的背景下得出的。然而，在经济复苏之前，失业人数不可能下降。此时，治理危机正在创造一个双速（two-speed）或多速（multi-speed）发展的欧洲，有证据显示，政策失误将会导致更加困难的局面。

自 2008 年以来，欧盟已经经历了紧缩之火的洗礼，但却比以往更加分裂，而且南北欧之间的深层结构性危机愈加明显。四个最痛苦的欧元区成员国的债务水平持续上涨。葡萄牙正在接近并将超过意大利成为第二大债务国。爱尔兰、西班牙和葡萄牙看到，自从将"财政协议"中的紧缩政策（合法限制预算赤字的规模）奉若神明以来，这些国家的债务水平就不断增加。

阿瑟·唐纳（Arthur Donner）警告说，财政紧缩使大多数欧洲国家的债务变得更加糟糕。国际货币基金组织预测的结果也表明，政府债务将继续保持比今年和明年的经济增长更快的势头。欧盟委员会主席若泽·曼努埃尔·巴罗佐承认，现在欧洲已处于紧缩的极限。法国的债务占其国内生产总值（GDP）的 80% 多，而意大利的债务则超过了其 GDP 的 125%。欧洲央行的紧缩政策与创纪录的低利率结合起来的即时效应就是：即使法国能够以最低利率借款，而且西班牙的借贷成本已经下降，但两国仍然会遭受失业潮，因为紧缩政策已经使它们深陷衰退之中。

渐进政策措施的功能及其局限性

随着欧洲深陷麻烦之中，日益不安的欧洲公众正在为主权债务危机和银行破产危机埋单，如本文所述，更多的大戏正在上演。卡门·莱因哈特（Carmen Reinhardt）和肯尼斯·罗格夫（Kenneth Rogoff）两位教授在他们合著的《时过境迁：八个世纪的金融失误》这部开创性的著作中指出，欧洲就像全球其他地区一样，正处于一个 10—15 年的衰弱的、缓慢的、走走停停的复苏周期之中，在这一时期，更多的动荡可能会不断出现。欧盟的政策教训是：进一步的紧缩将使欧元区离其经济增长的最高水平更远。其次，虽然通货膨胀率很低，但是消费者的信心由于大幅的支出削减而遭受沉重打击。由于欧洲央行的政策基本上缺乏灵活性，欧盟经济也处于低迷之中，紧缩措施和不切实际的通货膨胀目标妨碍了银行对日益加剧的衰退做出有效的反应。到目前为止，消费者的信心还没有任何复苏的迹象。

国际货币基金组织警告说，金融环境的改善不得不通过消除潜在的不稳定性和促进经济复苏的政策行动来维持。按照马丁·沃尔夫（Martin Wolf）的观点，银行的工作就是在保持稳定的通货膨胀率的前提下确保经济活动维持在最高水平，特别是在经济形势正在恶化的情形下。摆脱这种金融困境要比维持低通货膨胀率和实施稳定的紧缩政策困难得多。如果失业水平仍然保持在历史纪录附近，暂时性的失业就有可能成为永久性的。法国如果无法降低其债务水平，就可能要求实施主权债务紧急救助。愤怒的市民使宪法法院面临新的挑战，这可能导致由所谓的国际货币基金组织、欧洲央行和欧盟委员会三驾马车谈判达成的紧缩方案流产。2013 年 4 月，葡萄牙就发生了这一幕，原来提出的紧缩方案流产了，不得不按照宪法法院的决定来重新谈判。因为，在原有的方案中，政府没能有效保护公共部门雇员的养老权利。欧洲三驾马车的精英管理者还有很多问题有待解决。即使管理最好的德国银行也需要重组、救助、兼并，实际上，改革还没有真正认认真真地开始。货币政策对银行自身毫无效果，银行不得不辅之以其他措施和政策，比如，构建一个具有更高资本标准且更富有弹性的金融制度，实施能够有效地增加需求、创造就业的宏观经济政策。

特别决议和政策创新：欧盟过去曾成功，但这次却有所不同的危机管理策略

理论上讲，欧洲央行的反应必须被理解为是一次在非正常时期的非线性干预。像欧盟这样的超国家实体，通过不断地出台特别决议和政策创新等危机管理，已经度过了困难期。当前的金融危机是半个世纪以来超过 6 亿人口

所面临的最大的生存挑战。在过去，不停的创新拯救了欧盟，但今天，这可能是一个"黑洞"，是错误的过程驱动管理策略。在成立煤钢共同体的早期，欧共体设法应对了历史上的每次危机，并进入了一个新的发展阶段。在最后时刻来临的前两分钟，它仍在进行制度建设和创新活动。1997 年的《稳定与增长公约》（The Stability and Growth Pact）就是另一个在匆忙中制定政策的例子。它的近期目标是通过采用严厉的措施迫使结构性赤字遵守财政纪律，从而纠正这种失衡状况。但是，当法国、德国、意大利等国总是难以达到规定的不超过 3% 的赤字目标要求时，公约陷入了混乱。作为回应，欧洲央行在这个令人震惊的集体责任制失败的例子中，不再坚持原有的一些原则。即使在 2013 年，法国、荷兰和意大利也将难以达到 3% 这一门槛。

欧洲政府间协议规定，次级经济体，比如意大利，每年要偿还价值超过 2% 的债务。这就要求它们至少要用一代人的盈余来偿还债务。但是，有人惊奇地发现，在异常的情形下，"财政协议"中限制预算赤字的原则可以在某种程度上进行改变。在法国债务水平降低之前的 2013 年，德国曾给予法国一年的债务宽限期，这样做是有政治动机的。德国官员不想在大选刚刚结束几个月之后，就挑起法德之间的争吵。这样的临时政策决定进一步强化了南北欧之间在管理上的分水岭，并成为最终的整体危机的一部分，这使得欧元区的经济发展速度呈现出很大差异。法国、意大利、爱尔兰和葡萄牙等成员国在谈判中条款差异很大，偿还债务的时间表也大不相同。为什么会这样呢？

欧洲央行开始行动起来并突破了欧盟的宪法限制条件

作为应对危机最重要的角色，欧洲央行并未发挥其领导作用，这实在出乎意料。根据《欧洲联盟基础条约》（Functioning of the EU Treaty）第 125 款和第 123 款，欧洲央行被禁止成为最后贷款人。2008 年，雷曼兄弟公司破产后，围绕这些限制条款找到了一个创造性的办法，即保罗·克鲁格曼所称的非常时期的"规则变通"。欧洲央行对使爱尔兰、葡萄牙、西班牙、希腊、塞浦路斯和意大利的经济陷入困境的主权债务危机进行了干预，这成为一个转折点。

  2011年，欧洲央行向商业银行提供了无条件的三年期贷款，并开启了一项债券购买计划。欧洲央行连续的干预促使欧盟生存了下来，但是也为此付出了很大代价。经济没有增长，打造一个强有力的欧洲联盟是不可能的。在第三年，国际货币基金组织下调了预期，认为欧盟经济复苏将是缓慢的。国际货币基金组织总裁克里斯蒂娜·拉加德警告说，存在三种速度的复苏，一些国家复苏得比较快，一些国家在慢慢好转，而其他国家则依旧深陷麻烦之中。直到2012年，拉加德还公开要求国际货币基金组织与商业银行、欧盟委员会和德国保持距离。虽然银行联盟是否能够形成或者说如何形成还不明确，也会面临默克尔的反对，但它将会分散风险，并将欧盟变成一个更加强大的联盟。如果最终目标是欧盟重获新生并变得更加强大，那么许多欧洲人在对当前的经济复苏和制度改革进行评价时依旧感到前景黯淡。

缺乏可行的政治方案的欧盟能否生存下去？谁拥有真正的权力？

  前景黯淡是由于欧盟内部的严重分裂以及治理结构难以发挥作用导致的。各国政府想要更多的决策权，成员国都不想由另一个像托尼·布莱尔或前欧盟委员会主席雅克·德洛尔这样强有力的人物来掌控一切。欧盟委员会曾经是德洛尔领导下的欧盟的权力中心，现在权力已经转移到欧洲理事会，在这里，成员国希望确实能在确定重大问题的议题上发挥更大的影响力。从制度上讲，权力现在已分为几个部分，并在几家相互竞争的决策核心之间分配，包括欧盟委员会主席巴罗佐、首任欧洲理事会常任主席赫尔曼·范龙佩、欧洲议会议长马丁·舒尔茨和欧洲法院（ECJ）。欧盟的经济目标曾是为非常明确的政治方案服务，因为欧洲一体化的意图就是要构建、拓展和塑造"一个真正的政治共同体"。政治方案由创始成员国决定，按照亨利·保罗·斯帕克（Henri-Paul Spaak）的话来说："这是一个更为重大的政治革命的第一阶段。"欧洲需要超越对默克尔的传统自由主义的盲目执着，在民众当中建立起对欧洲的忠诚感和责任感。欧洲的第一要务是要维持稳定的就业和确保未来的安全。紧缩政策已经重创了欧元区的社会市场，因为实际经济状况正在持续恶化。就像雅克·德洛尔尖锐地指出的："爱上共同市场是很难的。"欧元区中的南部、北部与很多苏联阵营成员国之间的社会经济鸿沟日益扩大，导致本来就一团糟的治理更加混乱。没有任何人会感到惊奇的是，这个共同体将永久性地处于危机之中，也没有能力为其未来作出艰难的决定。

实际决策者德国并不打算对欧洲的金融制度进行根本变革，从而允许欧洲央行直接借钱给政府。德国的财政部部长警告说，目前设立救助基金和欧盟紧急救助机构的提议需要修改以前的《里斯本条约》，或者使这一重要的提议能够成为法律。这个两阶段过程即使不需要数年才能生效，也需要花费数月的时间。德国民众及其政治精英似乎一致反对对陷入麻烦的欧元区国家实施紧急救助，因为这些措施会违反现有的条约限制条款。因此，到目前为止，银行是否将拥有法定权力成为一个共同的强有力的集中化管理机构，还具有新的不确定性。德国已经在紧急救助计划这一影响深远的规制改革方面放缓了脚步。如果欧洲央行打算将欧洲最大银行的监管权集中起来，那么到目前为止，欧洲内部之间现有的协调是不够的，实现有效的合作要求得更多。

例如，欧洲央行需要保护那些在《融资换贷款计划》（Funding for Lending Scheme）下获得低贷款利率的成员国不受任何损失。但是，并没有协议说明应该如何去做。在艰难的改革进程中，大量的技术和政治问题依然悬而未决。一旦2013年默克尔赢得大选，德国就有可能在苛刻的紧缩目标上软化立场，并会减少对欧洲央行传统政策的支持。自2008年金融危机使欧盟经济挂上倒挡以来，默克尔就一直是"铁娘子"。专家们给出的解释是，她坚决反对欧洲央行扩大权力的立场开始软化，这主要是由于金融危机击垮了很多银行并把成员国的经济推至破产的边缘。对于全欧洲3000万的失业者来说，德国的选举不可能改变什么。公共支出的缩减、经济增长的放缓、更多紧缩政策的出台将使2014年的经济进一步紧缩。

欧盟的多方面监管失灵

主权债务危机粉碎了很多神话,包括欧洲监管制度的优越性、治理结构的重要性以及与欧盟社会市场相联系的正外部性(positive externalities)。与奥巴马政府的快速干预及其对银行和准银行的大规模救助相比,欧盟作出的反应仅仅算得上及格而已,虽然欧洲央行行长马里奥·德拉基(Mario Draghi)最终承诺无条件地动用欧盟资源,以防止危机的蔓延。德国、瑞士、荷兰和英国的"A"级银行投资了数十亿欧元,用来购买次级债和其他风险很高的资产,这已经严重影响了它们的资产负债表,而欧洲人还是没有充分吸取这些教训。欧洲人相信,他们的监管安全网络可以使他们的金融体系不会发生危机,但结果证明,这只是幻想而非事实。大量遭受损失的银行没能通过布鲁塞尔要求的关于清偿能力和稳定性的"压力测试",这震惊了欧洲民众,也在欧洲政治精英与普通大众之间制造了分裂。强加的严厉的紧缩措施导致短期失业人数和长期失业人数不断创造新的纪录,经济增长受到严重阻碍。由于受到不断攀升的借贷成本、不断恶化的资产质量、低利润率和破损的社会保障体系的影响,欧元区的很多国家步履艰难。国际货币基金组织警告说,如果没有更多的改进,欧元区的金融状况将不断恶化,导致"金融不稳定性的事件将反复出现"。可以肯定,经济不稳定的后果是由于紧缩政策这杯毒酒和监管失灵造成的。

第二个被粉碎的神话(虽然远未消失)是,根据新自由主义的基本原理,并不需要有一个自动保险机制来应对主权债务危机和整个银行系统失灵的可能性。一旦金融系统发生崩溃,也没有充分的安全保障机制可以提供。《马斯特里赫特条约》的狂妄自大,已经导致人们对欧洲政体的基本可行性提出了质疑。成员国想要保留本国的标准和一些惯例,但同时又支持(在理论上)金融制度实现超民族国家的真正转型。随着反紧缩阵营在遭受危机打击的欧洲出现,纪律严明的德国人的领导地位本身却成为重新赢得公众支持民主改革和金融制度改革的障碍。问题是:联邦银行是对欧洲政体负责,还是仅仅对德国的选民负责？在欧洲这个层面上分享权力并非德国的宪法文化，而且从来也不可能是。真正的后台老板只能是联邦银行和德国的国内政治。随着全球经济千篇一律地陷入困境之中，没有理由相信，欧洲经济能够通过渐进的改革获得持续的高速增长。一点也不令人吃惊的是，由于在欧洲央行与真正享有权力者之间存在这么多模棱两可的地方，因而不同的银行机构从危机后的计划中吸取的教训在整个欧洲将有所不同，不会完全一致。

由于缺乏对发展一站式金融监管机构作出回应的协调机制，银行建立具有唯一监管者的单一决议制度的前景非常渺茫。塞浦路斯的干预证实了欧盟的治理模式存在缺陷的怀疑论观点。这里根本看不到监管的经验积累过程，德拉基后来曾直言不讳地称欧洲央行的塞浦路斯银行和主权债务救助是一个"拙劣的"动议。塞浦路斯银行将独立银行（individual bank）的存款充公的做法——这是德拉基作出的一个回应，并非未来其他危机干预的样板——在欧元区长期的主权债务危机中开启了新的且有争议的篇章。

欧盟社会市场的解体

从这次金融危机中学到的一个教训就是，物质世界具有高度的模糊性，难以被统计模型捕捉到。不确定性和流动性在促进传统思想被某些事件取消其合法地位的过程中成为决定性的因素。自2008年以来，精英与非精英之间的力量对比已经大大改变，谁可以评论金融危机和确定公共议题不再由政治精英决定。在群发短信和社交媒体的时代，公众不再轻易地被国家精英所主导。社交媒体和网络行动主义者成为重要的变量，这使得对布鲁塞尔强大的官僚机构、财政部部长、总裁和首相之间关系的理解更加复杂化。尤尔根·哈贝马斯在其最新著作中写道，欧元区正处于危机之中，资本主义以目前的方式组织起来是无法维持自身的。公众已经掌握了这一至关重要的真理，但到目前为止，只有在西班牙、意大利和法国能够进行战略性的干预，并取得有限的效果。已经得到证明的是，没有欧元区的强大，建立一个更强大的联盟是不可能的。

欧洲政治及其领导人的醒悟导致意大利和希腊反对建立政党的运动取得了惊人的胜利，但是，这在西班牙和爱尔兰却并不令人感到惊奇，因为这两个国家一直有坚持草根政治、反对建立政党的传统。在2013年初，民众对欧盟政策的不满已经被欧洲的政治精英们充分了解。巴罗佐被迫承认，"欧洲已处于紧缩的极限"，并认为如果紧缩政策得不到最低限度的政治和社会支持，就是一个失败。

提振国内经济增长需要银行的支持，特别是在南欧，对处于麻烦之中的中小企业应给予额外的贷款。欧洲央行提供给欧洲各银行的低利率放款业务尚没有延伸到公司和家庭。当各银行有后援支持时，令人担忧的欧元区劳动力市场是无法复苏的。与鼓励私人部门增加支出的努力相比，紧缩给劳动力市场带来的严重副作用只是小巫见大巫。当面对来自联邦银行的坚决反对时，新的公共投资（到现在为止）既不是振兴计划的一部分，也没有优先考虑扩大需求。这些国家并没有通过支持庞大的借款计划而获得喘息，以便修复它们停滞的经济。

欧盟未来的四个选项

由于目前有四种相互矛盾的经济方案在较量中，未来的图景十分令人困惑。

1. 继续采用渐进的方式应对欧元区的危机。就像先期欧洲央行所做的那样，对金融制度进行有限的改革，提高资本准入条件，进行更积极的监管。而一些结构性的改革只能有待未来。

2. 建立一种多速增长的欧元区经济。其中，核心经济体运行良好，主权债务处于低风险水平，预算赤字风险适中，通货膨胀率较低，银行资产负债状况尚佳。真正需要采取的措施就是改善经济增长的环境，阻止国民收入进一步下滑和缩减。对于那些受到紧缩政策打击的欧洲外围经济体来说，留给政府的政策空间就是它们可以且有能力自主设计和实施它们自己选择的公共政策。

3. 一个最极端的选项就是欧元崩溃和欧盟在金融危机中解体,成员国逃离欧元区或复苏无望。由于英国威胁退出,第三种选项的吸引力越来越大。

4. 最乐观的目标就是通过进行重大改革重建欧盟。通过改革解决需求不足、增长乏力、金融制度陈腐、公共债务过高等问题。这个"遥远的彼岸"似乎只是一个乌托邦式的想法。还没有一个路线图能清楚地说明如何使这个共同体变得更加强大,而不只是把决策权力转交给一个超国家体。由于在欧洲理事会和其他机构中没有像在《里斯本条约》中所预想的集中的政治权力,决策将会继续受到那些在制度层面难以刺激创新的政治文化条件的限制。

所有这些选项都摆在了桌面上。然而,由于欧元区经济正在为生存而战,欧盟委员会和银行只有接受最后时刻的特别决议,选择违约。由于持有不良资产的金融系统和大量没有改革的银行系统的拖累,欧盟经济在第三年仍处于衰退之中,为此,布鲁塞尔的精英们致力于构建一个更加强大的欧盟,所以,紧急救助措施会一个接着一个。国内政治是进行结构改革的最大障碍。德国最终拒绝了建立一个具有监管和存款保险职能的银行联盟的想法。这样,由于没有有效的集体行动,狭隘的利己主义将"难以保护公共利益"。

很多人像沃尔夫冈·明肖(Wolfgang Münchau)一样,相信欧元区很快就会解体。他强调,最大的风险来源于错误的政策不断重复,应对缓慢,累积了不少矛盾,但这并非一个严重的灾难。从危机管理不规范的意义上来说,他的分析并不令人意外。作为被指定的第一救助者,公共机构和政治精英对实时需要作出了及时反应。他们的政策反应是为了避免大动作,但是,最终证明,权宜之计的政策不足以应对结构性的经济停滞,需要采用新的制度和实践来应对迅速升级的系统性金融危机。反紧缩运动在欧元区外围的国家中迅速兴起,这主要是由于这些国家的经济和人口遭受到了沉重打击。当然,欧盟已经犯下很多灾难性的重大错误。最严重的错误就是,一些合理的紧缩政策因要求政府退出严厉的紧缩政策的新压力而被取消。到目前为止,向陷入麻烦的经济注资的做法所提供的政策空间并未产生能够修复金融体系的措施。如果利率水平长期接近于零仍不能改变欧元区的经济状况,接下来会发生什么呢?

值得欧洲学习的教训：政治变革中民众运动的主要作用

在发展速度不均衡的欧洲，权力下放带来了新的挑战，因为这样一种制度设计把大部分事务留给了政治精英，他们的任务就是使基本的制度进程得以运行并作出决策。欧洲学到的教训就是：由于现代欧洲的大多数民众被排除在政策制定之外，因而在街头以及民主选举中面临着更多的骚乱。哈贝马斯尖锐地指出，公众舆论——民意测验的产物——与通过公共协商而形成的民主意志的结果是不一样的。

欧洲的命运是共同的，将不会独立地演变。它需要一大群有远见的公共活动家来结束这些正在扼杀更强劲的经济增长机会的紧缩政策。哈贝马斯不相信，对建立强大联盟的政治支持将会使成员国的主权转移到欧盟的核心领域。最重要的是，由于公众对欧盟的政治计划的支持度已经大大下降，因而这一计划已经搁浅。哈贝马斯认为，如果这一精英计划由行政计划的运作方式转变为由赋予欧洲公民权来推动的运作方式，那么该计划仍会继续前行。在可预见的未来将发生什么，还具有很大的不确定性。社会媒体正在劝导人们反对紧缩政策和欧盟计划，但反紧缩运动直到目前为止也没有在争论中占据上风。

相比之下，德国则重新发现了自己。纪律严明的德国所发挥的作用使得其作为游戏规则颠覆者能够把它的政策模式强加给希腊、葡萄牙、塞浦路斯和西班牙。很显然，由于德国并非在联盟中选举产生的权力代理者，因而它在民主政体中的地位不可能一直维持，在构建跨国民主方面也会充满问题。一旦有机会，邻国最终是否会反抗德国的统治？这与《北美自由贸易协定》不同，在这一协定中，美国是核心国家，其政策并不受制于最高宪法机构的法律审查，而德国根据宪法是有责任服从于欧洲的超国家管理机构的。德国正在其国内政治与整个欧洲的紧缩政策之间走钢丝。德国是欧洲唯一具有至高无上特权的国家，也是防止欧元边缘化的避雷针。

把公众推到台前：欧洲公民权利能在紧缩时代保护欧洲人吗？

把公众推到台前是一个重要的挑战，但在欧元区这个选民愤怒的政治中心地带尚未遭遇这种挑战。意大利反权威的"五星党"（Five Star Party）成功赢得了意大利25%选民的支持，这极大地动摇了欧洲政治精英的地位。在完全失去对政策议程的控制之前，政策精英们现在不得不做些安抚选民的事情。问题是：欧元区的经济是会一如既往地摸索前行，还是有实力和意志走出危机？

准确地说，欧盟一旦被政策之刀扼住喉咙，迫于压力，替代方案将会迅速出现。建立更强大的欧盟需要策略、路线图和能力，以便使欧元区经济朝着这个方向前进。马格努斯·莱纳（Magnus Ryner）援引对专业知识生产的分析强调指出，从政策的角度来看，恰恰是曾经使欧洲银行、欧盟委员会、欧盟理事会的核心人物着迷的新自由主义阻碍了欧盟的发展，任何根据华盛顿共识和德国的货币纪律制定的政策都被拒之门外。当然，人们也不会考虑退出欧盟这个选项。按照莱纳的说法，单一的市场显著地削弱了民族国家的特权，但却没有导致泛民主政体的建立，新自由主义追求实行一体化的目标需要改变，目标应该是建立一个政治和社会团结程度较低的社会。

呼吁将欧洲的公民资格作为一体化的重要支柱的人将会非常失望。多级公民权的政策无法减轻欧盟委员会和欧盟理事会的紧缩政策的影响。讽刺的是，工人转向法院寻求救济，而在最近一次裁决中，欧洲法院裁定，由于经济危机，沃特福德水晶厂（Waterford Crystal）不用向工人支付养老金的《都柏林决议》是非法的。法院驳回了都柏林认为"这不构成一个例外情况"的判决依据，并要求向工人提供更高程度的保护。法院并未裁定精确的补偿额，但是，根据先前的判例，可能高达几百万英镑。由于很少出现这种情况，所以像这样的小胜利也是很重要的。

一个更强大的联盟：远期目标

今天的欧洲距离强大的欧盟还有很长的路要走。其权力仍然很分散，各成员国的政府更珍惜本国政府的权威。欧洲人民还是心怀不满，并开始疏远认为欧洲公民权已经给他们的生活带来了很大变化的观点。对欧洲的未来持怀疑态度的观点又回来了，这并不仅仅是因为戴维·卡梅伦承诺要就英国的成员国资格进行公投。欧元区处于失去社会市场的危险之中，而社会市场是现代欧洲计划的重要支柱之一。覆盖了 6 亿人社会权利和权益的社会市场被设计成一个以市场为导向的一体化动态过程中的砝码。社会权益的大幅削减、政府支出的削减和高额税收煽动起普遍的不满，并且加深了精英阶层与普通民众之间的裂痕，而这并没有马上给经济状况带来任何改善。

由于仍存在一些难以解决的长期问题，如政府融资问题、区域经济欠发达问题、持续的结构性失业问题，欧洲经济的前景依然黯淡。在政治方面，前景仍不明朗。事实上，欧盟仍未找到推进联邦银行金融改革的政治意愿，并且欧洲央行试图创建欧盟唯一的调节者的努力，经过 4 年的讨论之后正陷入麻烦之中。同样令人不安的现实是，用国际货币基金组织总裁的话说，严厉的紧缩政策已经使欧洲远离了"有利于经济增长的政策"。

脆弱的治理实践和英国的退出战略

欧洲的治理结构破败不堪，摇摇欲坠，在欧洲银行、欧盟理事会、国际货币基金组织联邦银行、未经选举的权力经纪人和规则执行者以及议会和民众领袖之间存在着尖锐的内部分歧。流程决定了决策，这使欧盟理事会的治理结构流于形式，政策辩论失去意义，这已经到了一种不健康的程度。远远看起来，好像是几个相互竞争的权力中心在进行拔河比赛。联邦银行是非选举产生的权力经纪人，战略决策中心的指挥者。它并非一刻不停地制定政策。

联邦银行正在推动将一些欧盟条约中的法律规定写入宪法，这些规定要求成员国向布鲁塞尔移交更多制定金融政策和经济政策的权力。这将是一场紧张而激烈的辩论。对被提议条约的修改将意味着经济一体化的深化，以及赋予布鲁塞尔更多监督国家预算的权力。这将使只具有一个欧盟监管者的银行联盟的成立成为可能，并将创立一个在欧洲具有广泛的权力和权威的第二机构，以便救助和重建那些正在破产的欧洲银行。还将会有一个欧盟存款保险计划，这一计划将赋予布鲁塞尔对银行进行资产重组或关闭银行的权力。所有这些都可能给英国首相卡梅伦提供退出欧盟的机会，他一直对上述做法持反对态度。被称为紧缩主义者的那些人已经积累了新的权力，尽管对南部欧洲来说，向广大民众传达一种得过且过的精神，事实上并非正确的战略。欧洲的外围成员国已经为紧缩政策付出了高昂的代价，并且它们的复苏之路也将面临很多暴风骤雨。这一欧洲的宏伟规划存在的理由就是要创造一种欧洲存在感以及在制度和网络上使欧洲成为一个整体。跨欧洲市场的建立是与社会制度的建立密不可分的。卡梅伦提议的全民公投背后的诉求清单是与欧洲一体化的进程背道而驰的。他设计的去中心化和放松管制并非以欧洲为中心，是对欧洲经济文化的严重误导。规则、规定、预算捐款和现金转移对于这个挣扎中前行的共同体具有正外部性。

英国公众从来就不喜欢布鲁塞尔和欧洲跨民族国家。大部分英国民众都有一种强烈的不满情绪，带有种族主义和民族主义偏见的反移民情绪使这种不满更加强烈。因此，如果是在6个月之前，退出欧盟的选项将被看作是软弱的政治而被驳回，现在，在保守党中却风头正劲，并且在英国民众的观念中根深蒂固。

新自由主义紧握权力和第三次深度衰退：还有替代战略吗？

渐进的改良主义对欧洲金融危机过度谨慎的观点已经导致了欧洲社会的共同价值和共享制度的弱化。2012年，为欧洲委员会提供的《2030年欧洲展望报告》（Augur Report Europe 2030）警告说，停滞期的延长所产生的不稳定将会导致在所有主要活动领域的支出下降。内部的竞争将日益以社会成本为基础，并且竞争将对政府的职能提出新的要求。在最近5年的预算和支出有所削减之后，社会福利制度发生了很大变化，成员国要确保社会项目在全社会普遍实现是很困难的。带有严重信贷紧缩和家庭消费缩减特点的第三次深度衰退正在扼杀经济增长，并且使企业和消费者对捉摸不定的经济复苏感到非常悲观。很显然，家庭福利将继续减少，工资将继续维持在低水平，在一些行业甚至会下降。在这种背景下，欧元区将更少地依赖国际机构获取市场准入，而更多地依靠区域贸易和具有出口导向的跨大西洋自由贸易协定来解决欧洲宏观经济的困难。

对于大多数脆弱的欧洲成员国来说，严厉的紧缩政策是不可持续的。另外，可以刺激经济增长和降低失业水平的合理政策选项受到制度结构的严格限制。替代方案就是采用措施使欧洲重新正常运转起来，并使经济增长回到正常水平。同时，有迹象表明，欧洲委员会最终将不得不放弃紧缩政策，它们只能凭直觉筛选出暂时的替代方案。这也是查尔斯·林德布洛姆（Charles Lindblom）的基本见解之一。依赖于增量改革的战略延迟了结构变革和基于增长的新宏观措施的出台。建立更加强大的联系的目标在金融危机中变得越来越难以实现。

欧盟不得不艰难地进行结构调整，而这种调整不是通过另一个紧急救助或另一轮量化宽松政策能够实现的，欧元区将面临更多的考验。巴罗佐在2013年初就已经给出放松紧缩政策的信号。欧洲民众与联邦银行的关系日益紧张，并将最终演变为一场与德国的冲突。这可以解读为一种欢迎反紧缩阵营成为游戏规则制定者的信号吗？他们的势力在布鲁塞尔的权力圈中增强也将会受到欢迎吗？

资本主义将何去何从?[*]
——五位马克思主义学者论世界经济

阿什利·史密斯[**] 著 禚明亮 刘 蕾 译

[**内容提要**] 2007年的金融危机使世界经济陷入经济大萧条以来最严重的衰退。资产阶级通过刺激经济、廉价信贷和针对世界工人阶级的大规模紧缩措施,成功地拯救了金融体系。尽管这些行动带来了新一轮复苏,但从历史的角度看,这是一种疲软的复苏,受到了各种政治和经济矛盾的困扰。

[**关键词**] 资本主义 金融危机 工人阶级

美国《国际社会主义者评论》杂志邀请了五位马克思主义经济学家对当前经济时代的主要特征及其未来发展走向进行了评估。学者哈达斯·蒂尔(Hadas Thier)探讨了全球实体经济衰退的原因;大卫·麦克纳利(David McNally)解释了经济复苏是如何加剧阶级不平等和政治两极分化的;李·苏斯塔尔(Lee Sustar)分析了危机和随后的繁荣如何引发了贸易战争,加剧了

---

* 本文原载《国际社会主义者评论》(*International Socialist Review*)杂志2018年9月刊(总第110期)。本译文系2016年北京高校思想政治理论课青年教师"扬帆资助计划"教学科研专项资助课题(JGWXJ-CYF201649)和北京高校中国特色社会主义理论研究协同创新中心(中国政法大学)的阶段性成果。译文原载《国外理论动态》2019年第5期。

** 作者简介:阿什利·史密斯(Ashley Smith),《国际社会主义者评论》杂志编辑。

世界主要经济大国之间的冲突;李·文格拉夫研究了当今这些帝国主义列强在进行世界扩张时的掠夺性影响;迈克尔·罗伯茨(Michael Robert)则分析了他所称的"当今的经济大萧条"的成因及其克服路径,即要么通过工人革命建立国际社会主义,要么通过新一轮资本主义发展,给社会和环境带来灾难性的后果。

一、哈达斯·蒂尔[①]:实体经济中的危机、停滞和金融化的根源

在经济大衰退过去 10 年之后,近半数美国家庭仍难以实现"住房、儿童保育、食品、交通和医疗保健等基本家庭预算"。尽管我们病态的首席推特主在推特上不断地大肆吹嘘,但失业率下降并不能准确地衡量工人阶级的状况。即使不将"气馁"的工人(那些已经放弃找工作的人)以及未被计入失业行列的失业工人计算在内,劳动参与率仍然比衰退前低四个百分点,低失业率并没有提高工人低得可怜的工资。

或许,美国人应该料到,在新自由主义繁荣和衰退之后出现的将是新自由主义的复苏。如果硬要说艾伦·格林斯潘在担任美联储主席期间做对了什么事情的话,那就是数十年的经济两极分化留下了一群"受到创伤"的工人。经济复苏后新增的工作大多是低工资、低技能、临时或兼职的工作,事实上,美国社会的两极分化又达到了新的高度。正如最近伯尼·桑德斯指出的那样:"美国最富有的三个人拥有的财富超过了收入最低的 50% 的人群——1.6 亿人——的财富之和。"

(一) 金融化的事实

尽管股市已经大势回归,企业利润也创下新高,但对新产品的投资依然

[①] 哈达斯·蒂尔,纽约"国际社会主义组织"成员,《国际社会主义者评论》长期撰稿人。

疲软。经济复苏导致美国经济整体增长乏力，GDP 的年增长率仅略高于 2%（与过去几十年的 3% 或 4% 相比）。严重衰退的经济及其缓慢的复苏给左翼人士提出了一些亟待解决的问题。我们是否进入了前财政部部长劳伦斯·萨默斯（Lawrence Summers）所称的"长期停滞"的新常态？如果是这样的话，又是什么导致的呢？

一个常见的、看似合理的答案认为，当前的经济状况应归咎于金融资本在当今社会中不断上升的地位。毫无疑问，自 20 世纪 70 年代以来，金融部门的放松管制以及日益增强的自主性为金融市场的爆炸式增长和一切事物的"证券化"开辟了道路，如将债务（从国家债券到工人抵押贷款）转化为可公开交易的金融工具。在"大衰退"的加速和加深过程中，赌场资本主义发挥了重要的作用，而且毫无疑问地将在下一场衰退中继续发挥作用。

尽管金融关系的扭曲作用在经济衰退后的几年里已被广泛认知，但今天人们仍在喝着同样的"毒鸡尾酒"。"次级抵押贷款"已经被"非优质抵押贷款"所取代，抵押贷款证券市场再次增长，但这一次与学生贷款证券市场（市值 2000 亿美元，且仍在增长）相比显得微不足道。如果你认为再也没有比华尔街从工薪家庭的住房噩梦中获利更糟糕的事情了，那么现在投资者正瞄准那些承受着沉重的债务负担和无情的破产法重压的数百万人，在他们身上赚得盆满钵满。目前，特朗普政府正在彻底废除奥巴马执政时期制定的尚不完善的金融机构监管制度。

（二）盈利的增长而不是盈利的停滞导致了金融化

这个说法似乎不难被理解，金融化时代如同迎来了资本主义的一个新阶段，《每月评论》编辑约翰·贝拉米·福斯特称其为"垄断金融"。他认为，金融化已成为"易停滞经济的一种永久性结构需要"。"由于资本无法通过传统的商品生产产生足够的利润，它越来越依赖复杂金融产品带来的易获取却始终存在缺陷的利润。"然而，由于金融资本最终不可能在没有生产性经济基础的情况下无限扩张，所以它既容易导致投机泡沫，也容易导致泡沫破灭。

事实上，投资金融鸡尾酒是一个相反趋势的结果。新自由主义繁荣之后，盈利能力的大量恢复使资本需要更多的投资渠道。自20世纪70年代以来，生产和产出实现了巨大的物质增长。21世纪初，随着石油价格的急剧上涨，这一进程加快了。"每个人都在寻求利益，"摩根大通团队早期成员之一T. J. 林（T. J. Lim）解释说，"人们会相信他们能想得到的几乎都可以做到，所以，每个星期都会有人尝试想出一种新的产品。"资本投资以消费者债务的形式找到了一条有效的渠道，并从此迎来了"证券化时代"。

正如马克思所说，危机并非起源于信贷领域，而是首先出现在信贷领域。他写道："在再生产过程的全部联系都是以信用为基础的生产制度中，只要信用突然停止，只有现金支付才有效，危机显然就会发生，对支付手段的激烈追求必然会出现。所以乍看起来，好像整个危机只表现为信用危机和货币危机。"[①] 换句话说，由于金融体系依赖于信贷，信贷的扩张既会使生产扩张得以延续，也会在经济从繁荣走向低迷时枯竭，它会让人以为，危机是从这里开始的。

（三）生产资本与金融资本的整合

用于"实体"经济中的工业资本与用于流通中的金融资本之间并没有本质性的区别。工业资本用于商品的生产和销售，但在开展这一活动的过程中却几乎提供不了资金；金融资本在流通过程中起着纯粹的促进作用。与这二者相反的是，在过去的几十年里，生产性资本和金融资本的重叠与融合越来越多，非金融企业已经有了更多的进入和连接金融市场的机会。

谈到这两种资本之间的分离，实际上它们仍然是完全相互依赖的，生产一直依赖信贷。金融资本只不过是精英阶层推广并管理着的一个分支，它们通过信贷扩张汲取丰厚的利润，即使这些丰厚的利润已变得更加夸大和疯狂。不管失常的金融化与生产领域的投资是多么的无关紧要，也不管它的影响力

---

① 《马克思恩格斯选集》第2卷，人民出版社2012年版，第588页。

变得多么强大，经济就像万有引力一样是建立在物质条件之上的。

在经济大衰退的情况下，美联储设定的低利率让美国债务不断增长，为全球生产扩张提供了支撑，但也加剧了全球的商品过剩。在房地产行业，房屋建造过剩，而人们的工资却不断下降，这意味着数百万人无法支付高得离谱的利率。反过来，违约的抵押贷款导致金融衍生品跌破底价，数万亿美元在这个过程中蒸发殆尽。所以，实体经济必然要发挥出自己的作用，而不是在永无止境的科技或房地产循环中创造更多的财富。用马克思的话来说，这暴露出由抵押贷款支持的债券背后的"虚拟资本"是完完全全的有毒资产。

二、大卫·麦克纳利①：经济增长不温不火、社会两极分化、左翼的良机

在经济"大衰退"的最初阶段，两位非主流经济学家发表了一项有先见之明的论断。他们写道："2010年代末期的全球金融危机是自经济大萧条以来最严重的全球金融危机。这场危机是全球经济史上的一个剧变时刻。"这一说法之后得到了有力的证明。

首先，我们来看看在世界上占主导地位的资本主义经济在这一时期的表现。自2007年以来，美国的GDP年均增长1.4%，而在过去的35年里（1970—2006年），美国的GDP年均增长3.2%。

（一）工资水平持续走低

与工资水平持续走低形成鲜明对比的是，商界专家对美国表面上"繁荣"的经济赞不绝口。然而，最关键的是，这一时期并没有出现所谓的"繁荣"，企业投资的持续增长是通过更新和改造生产和销售工具来推动的动态增长。

自2009年以来，美国经济的增长实际上受到了两个特殊因素的推动。首

---

① 大卫·麦克纳利，加拿大约克大学政治系教授、加拿大"新社会主义团体"成员。

先,各国央行实施了大规模的银行救助和财政刺激计划,这极大地增加了政府债务,但它阻止了金融体系的崩溃,人为地将利率保持在低位,并允许问题严重的企业通过借款维持运营;第二个关键因素是重塑政治格局的决定性因素,包括财政紧缩政策和降低工资政策,这些政策提高了企业利润,但同时也显著加剧了贫困化和社会不平等。到 2011 年,虽然利润不再下降,但工薪阶层的生活水平已经连续 10 年持续下降。让我们探讨一下这些趋势。

2009 年,面对金融系统崩溃、金融机构纷纷破产,资本主义核心国家的央行做了它们在 20 世纪 30 年代未能做到的事情——直接向金融系统注入数万亿美元。作为银行救助计划的一部分,美联储收购了大约 2.5 万亿美元的私人银行"资产",其中大部分是不良资产。与此同时,美国财政部就像醉酒后的购物狂一样发放资金和购买资产。结果,美国的政府债务增加了两倍多,从 2007 年的 5 万亿美元增加到现在的 15 万亿美元。新自由主义的政治家可能会说,他们负担不起在教育、医药保健和公共住房等方面的公共投资,但在拯救私人银行的时候,他们的负担能力则没有上限。

通过向金融体系注入大量现金,各国央行将利率压至历史低点,这样做会出现相互矛盾的效果。一方面,可以防止全球经济大萧条;另一方面,则降低了投资和积累的速度。毕竟,资本主义经济衰退的影响之一是使资本运转当中效率最低和利润最低的公司破产,为生产率最高的公司开拓市场,并为发起新一波的投资扫清道路。

人为压低的利率使成千上万的"僵尸企业"通过几乎免费的借款生存下来。边缘企业没有倒闭,而是以死气沉沉的方式蹒跚而行,这也阻止了盈利的公司吞并市场和启动新的投资项目。但与之相伴的趋势——经济紧缩和工资下调——正以既危险又充满希望的方式直接重塑着政治生活。

(二)不平等和贫困化加剧

2018 年 5 月,美国联合慈善总会发现 43% 的美国人,也就是说超过 5100 多万家庭无法负担生活必需品(住房、食品、医疗保健、交通等)的支出。

与此同时，联合国的报告称，美国在有 4000 万贫困人口的同时，也有 2208 个亿万富翁。

这种社会中大部分人的贫困化是系统性地从下向上转移财富造成的。例如，在 1978 年，美国收入最低的一半人的收入占美国全部人口收入的 20%。如今，他们所占的份额已经下降到 12%，所以收入最高的 1% 的人群的收入比例从 11% 上升到 20% 也就不足为奇了。

大多数人收入的锐减导致了社会的全面倒退。2016 年，美国人的预期寿命出现了近 25 年来的首次下降。在老年人的保障方面，100 位公司首席执行官的退休储蓄与 1.16 亿美国人的储蓄相当，这一数字是惊人的。加拿大和欧洲大多数国家也观察到类似的趋势，尽管这一现象目前还不太明显。

所有这些趋势都呈现为极端的种族化和性别化的特征。如果在全球范围内加以审视，这些趋势更令人震惊。根据牛津饥荒救济委员会的数据，世界上最富有的八个人所拥有的财富相当于全球一半人（36 亿人）的财富，最富有的 1% 的人群拥有的财富超过了地球上其余 99% 的人。

正是在这种背景下，阶级愤怒不断扩散，而这种愤怒通常是以惩罚那些导致不平等加剧的政治精英的方式得以发泄。然而，由于工会组织和社会运动的衰弱，右翼分子经常利用这种愤怒，并以种族主义、性别歧视和攻击移民的方式发泄出来。然而，正如美国教师罢工运动体现出来的那样，针对新自由主义的紧缩政策，工人阶级的沮丧情绪也有可能推动基于团结和联合的抵抗运动。

这一点至关重要。因为全球经济的缓慢复苏最终将被新的衰退取代。当这种情况发生时，新的危机将会出现，届时将会出现更大的抵抗。而且，全球经济的持续衰退将再一次让致力于社会主义的左翼人士重新重视对工人阶级的组织和动员。

三、李·苏斯塔尔[①]：从停滞到繁荣？

国际货币基金组织在 2018 年 4 月指出："大约始于 2016 年中期的全球经

[①] 李·苏斯塔尔，美国左翼报纸《社会主义工人》的编辑、《国际社会主义者评论》的撰稿人。

济回升已经变得更加广泛和强劲。"但该组织同时也对危机后遗症发出了警告,这主要包括"全球债务水平上升"以及会导致"民族主义政策"的政治冲击。

当然,国际货币基金组织是在暗指曾居于世界经济核心的国家发生的政治动荡:英国脱欧、特朗普上台、老牌政党的危机,以及极右翼势力在法国、德国和意大利的崛起。这种向经济民族主义的转型可能会破坏世界经济的稳定,因为美国发动的贸易战首先针对的是欧盟和北美自由贸易协定的伙伴——加拿大和墨西哥。这标志着资本主义的新自由主义时代的终结,亦即由美国主导的、建立在自由贸易协定以及全球金融资本基础上的国际经济秩序的终结。

(一)复苏的根源

鉴于这些新的、不稳定的形势,经济预测的准确性比以往更让人怀疑。我想讨论的关键因素是经济复苏以及导致下一次衰退的经济矛盾和政治矛盾。

2015年以来,世界经济的较快增长主要通过三种方式实现。

1. 发达国家继续实行超低利率和量化宽松政策,以提高就业率和消费者的有效需求,尽管见效缓慢,但这些政策仍在继续。其中尤为突出的是,欧洲央行在2016年3月再次采取危机级别的干预措施,将欧元体系再融资利率降至0%。

2. 中国在2016—2018年的另一波财政支出超过了2009年的经济刺激计划,这次支出是为了向发展中国家(中亚和南亚、非洲,以及部分拉美国家)输出资本并拓展市场。国际清算银行(BIS)估计,到2017年年中,中国的债务与GDP之比已达到256%,相比之下,新兴国家的平均水平为190%,美国为250%。

3. 由于公众承担了2008年金融危机期间的银行债务,加上近年来全球信贷的扩张,全球范围内私人部门和政府部门的债务都出现了大规模的增加。到2017年底,全球债务达到237万亿美元,比10年前金融危机爆发时增加了

42%。

由于长期货币刺激政策以及美国和欧洲放松信贷的影响，全球消费和整体需求得到提振，这些因素相互影响，并且最终波及中国。2018年4月，中国的消费和总需求同比激增12.9%。

（二）贸易战威胁着新自由主义秩序

然而，美国的经济复苏仍然相当疲软。自2009年经济衰退结束以来，美国经济的年平均增长率约为2.2%。而"二战"后，美国经济的年平均增长率约为3%，尽管2017年美国的经济增长率在年底时有所加快，仍仅有2.3%。美国的GDP花了近10年的时间才恢复到衰退前的水平。简言之，美国经济仍处于"长期停滞"状态。这一说法最早出现在经济大萧条时期，近年来再次由前财政部部长萨默斯提出。

此外，特朗普的刺激计划可能加剧贸易紧张局势，因为中国对美国的出口直接受益于美国的经济增长。对于特朗普和主张制造业为导向的经济民族主义者、寻求保护知识产权的科技公司和航空公司、希望在中国获得更大的市场准入的华尔街金融家以及五角大楼和国家安全机构中的强硬派等各派人士来说，中国的崛起是他们的主要威胁。他们往往有着不同的目标追求，但是他们都有一个共同的想法，那就是必须遏制中国的崛起。

如果欧盟、墨西哥和加拿大成为中美在钢铁和铝方面的第一波贸易战中的间接受害者，这不仅是因为真正的市场竞争，而且也是因为美国有能力使这些参与国让步，并制定出有利于美国的双边贸易协定，这种局面的出现应归咎于世界贸易组织。在华盛顿，世界贸易组织曾被视为巩固美国在世界经济体系中的顶层地位、遏制中国的一种手段，但如今它被越来越有影响力的资产阶层视为一种桎梏。应该注意的是，特朗普的美国贸易代表罗伯特·莱特希泽（Robert Lighthizer）曾在20世纪80年代主导了美日贸易谈判，谈判最终压制住日本并控制了美国的贸易赤字。

（三）帝国间的竞争

美国贸易政策转变的原因远不止是因为特朗普上台。今天的中国已今非昔比，它已不再像20世纪90年代那样，是欧美制造商与日本竞争的一个廉价生产平台。如今，中国经济政策的目标是要打造高利润、高精尖的产业，这些产业在历史上一直由美国和其他发达国家垄断，如航空航天、机器人、芯片的设计和生产等。

这就是特朗普政府对中国施加贸易压力的背景。对此，特朗普采取了对钢铁和铝加收关税、向中国施压将贸易赤字削减2000亿美元、重新考虑跨太平洋伙伴合作关系贸易协议等相应政策。倘若这些政策显得踌躇不定，貌似也不连贯的话，它反映出美国与崛起的中国之间的矛盾的经济关系，它们之间既有合作也有竞争，一如特朗普在对手身上使用华丽辞藻的同时政策上又不断地转变等方面表现出的反复无常。但主要趋势仍是双方在经济、军事和政治等多个领域展开了竞争。美国退出伊朗核协议，同时威胁要对与伊朗做生意的欧洲公司进行制裁。这一切的结果是对全球政治经济版图的重绘，这将对帝国主义国家之间的关系以及发达国家的国内政治进程产生深远影响。

（四）政治极化

上述情况是极右翼势力崛起和新左派重新出现的主要背景。但新左派仍在应对如何对这个体系发起根本性挑战的各种问题：21世纪的前10年里，在拉美兴起的"粉红浪潮"政府要么已经转向右翼，要么被右翼势力取代，它们的再分配政策已经被废除。属于左派政党的激进左翼联盟在希腊上台后，接受了紧缩政策。西班牙反紧缩的极左翼政党"我们能党"在西班牙也面临着类似的发展趋势及挑战。英国工党中复兴的左派也面临着同样的挑战。

虽然社会民主党左派未能提出一个激进的计划来对抗资本，但右翼民粹主义正试图填补这一空白。随着新自由主义经济政策不再能使中产阶级成为主流政治的支柱，保守党正在适应极右翼，甚至要与之结盟。一些主要政治人物，如美国的特朗普、匈牙利的欧尔班、波兰的卡钦斯基、意大利的萨尔维尼和支持英国脱欧的政客们，正试图以各种方式利用严厉的反移民政策、种族主义、维护法律和秩序的说辞，用经济民族主义的资本主义方案来调和中产阶级与工人阶级的保守派之间的关系。像法国国民阵线（French National Front）和德国另类选择党（Alternative for Germany）等极右翼政党的崛起，以及公开活动的法西斯组织，是这些事态发展带来的不可避免的"副产品"。

（五）未来的经济、政治和国际危机

当现在疲软的复苏被衰退取代时，政治波动和两极分化将会加剧。下一场危机在何时、何地以及以何种形式爆发，都是无法预测的，但现在可以确认几个经济上的薄弱环节：（1）中国国内在债务方面面临一些问题；（2）美国消费者债务扩张造成的损失；（3）创历史新高的股票市场大幅收缩打击了实体经济；（4）美联储和发达国家央行试图在经济衰退时"重新加强"其刺激政策的能力，从而过早地加息和抛售资产。这些只是可能引发新一轮衰退的部分原因。

无论当前的繁荣将持续多久，我们已经可以勾勒出后新自由主义（post-neoliberal）世界经济的轮廓，其特征是经济民族主义、新重商主义和不断变化的贸易集团。因此，建立社会主义组织、带领国际工人阶级和被压迫人民走出这一困境的任务比以往任何时候都更加紧迫了。

四、李·文格拉夫[①]：撒哈拉以南的非洲及其危机

在新自由主义时代，全球南方的经济受到尖锐矛盾的打击，不均衡地融

[①] 李·文格拉夫，《国际社会主义者评论》撰稿人，2018年著有《获利：帝国主义、新自由主义和对非洲的新争夺》。

入了世界经济并且过于依赖初级产品的出口，使这些经济体极易遭受生产过剩与产能过剩带来的系统性危机。目前，全球南方的大部分地区都处于经济复苏乏力的状态之中，麦克纳利将这种状态形容为"全球经济持续低迷时期"。这里严重依赖中国经济的刺激维持经济增长。但与其他地区一样，在撒哈拉以南的非洲地区，这些新出现的调整性增长只会使该地区的根本性问题更加恶化，如工业化倒退、阶级分化加剧和政治不稳定。

（一）采掘业的发展

在世纪之交的时候，"崛起的非洲"的说法在商业新闻中占据了一席之地。当时非洲的燃料和矿物出口猛增数千亿美元，大宗商品价格高企支撑了这种新的繁荣。从石油、采矿到大规模土地征用带来了前所未有的经济增长和投资，也为非洲统治阶层和国际资本带来了巨额利润。但这种繁荣却伴随着贫困的加剧。

与殖民时代类似，自然资源的开采一直主导着非洲经济。在21世纪的前10年里，非洲与世界其他地区的贸易增长了200%，尤其是在中国工业大规模增长的推动下，非洲吸引了巨额投资以满足日益增长的全球需求。中国使用了世界上大约三分之一的钢材、40%的水泥和40%的铜；预计到2020年，中国将成为全球最大的石油进口国。2009年，中非贸易额超过了美国与非洲的贸易额，使中国成为非洲最大的贸易伙伴。

非洲经济的迅猛增长不仅得益于中国的崛起，还取决于20世纪新自由主义对非洲经济的毁灭性开发。由于20世纪70年代中期全球大宗商品价格急剧下跌，非洲由60年代拥有4%—6%的可观的经济增长率陷入了经济衰退和波及整个非洲大陆的债务危机。国际货币基金组织和世界银行介入并强行实施"结构性调整"，以推进私有化为条件提供贷款，要求非洲各国取消关税和贸易补贴、放松管制，同时缩减社会计划、解散工会、取消粮食和燃料等生活必需品的补贴。这个过程为21世纪"有利于投资者"的非洲经济奠定了基础。

值得注意的是，贷款所附带的"条件"要求非洲各国将其经济定位于出口初级商品上，特别是采掘业上，而不是建设具有更广泛的经济发展和就业增长潜力的技术和工业基础。这些"出口导向型"经济体还被迫从西方进口制成品。这是全球资本和国际金融机构在经历了70年代经济衰退后，为恢复盈利能力而采取的整体性战略。到20世纪末，非洲的出口主要由初级商品主导，占全部出口商品的80%，而在"发达"经济体中，这一比例仅为16%。

（二）重返落后状态

接受这一系列做法的结果是，现在撒哈拉以南地区的经济体的工业化程度比刚独立时还要低。经济学家丹尼·罗德里克（Dani Rodrik）将这一过程称为"过早地去工业化"。从1980年开始，在接下来的35年里，这一地区的制造业在GDP中所占的比重从16.5%下降到10%。石油资源丰富的国家，如安哥拉、尼日利亚和赤道几内亚，目前90%以上的商品出口收入依赖这些初级商品，这一比例远远高于世界其他地区。南苏丹是世界上最依赖石油的国家，几乎百分之百的出口收入来自石油。

因此，虽然在撒哈拉以南非洲的投资和贸易激增，但殖民主义和新自由主义经济政策在这里留下了后遗症，使非洲经济以极度不平衡的方式融入了全球资本主义体系，这种方式很容易受到商品价格波动的影响。因此，2002—2011年间，当石油价格翻了三倍，大宗商品价格急剧上升380%时，非洲大陆的经济增长率在5%—6%之间，高于世界平均水平。然而，当石油和原材料供过于求时，在2014—2015年间，全球大宗商品价格暴跌，给全球产油国带来了严重的财政危机。

困扰当今世界体系的产能过剩危机对包括非洲经济体在内的全球南方经济体的打击尤为沉重。2016年，撒哈拉以南非洲地区的平均GDP增长率仅为1.3%，次年仅上升至2.4%。世界银行将该地区2018年和2019年的经济增长预期分别上调至3.2%和3.5%，但同时警告称，这一预期并不均衡，因为增长是由非洲大陆最大的经济体尼日利亚、南非和安哥拉推动的。

非洲大陆的其他地区一直受到经济增长缓慢的困扰。缓慢的复苏带动新一轮的危机和救助，会引发一些迫在眉睫的风险，如恢复世界银行和国际货币基金组织主导的紧缩政策，还有在经济再次下滑时会出现的违约。

（三）对非洲的又一次争夺

在国际金融机构的推动下，新自由主义政策在不知不觉中不仅为西方帝国主义带来了投资机会，也为其不断增加的竞争对手带来了投资机会。在这种环境下，非洲资产阶级扮演着全球资本的热心"伙伴"的角色，他们根据自己的条件致力于推动积累。这种"伙伴关系"日渐包括从非洲之角到萨赫勒以及其他地区的非洲大陆的军事化。

列宁和其他经典马克思主义者对帝国主义的描述得到了证实，围绕市场和资源获取的经济竞争加剧，进入了帝国主义国家之间竞争的新时代。帝国主义国家都利用所谓的"反恐战争"和政治动荡等理由在非洲部署军队和建立军事基地。在乔治·W. 布什于 2007 年成立的非洲司令部的基础上，奥巴马政府扩大了美国对非洲大陆的军事干预。现在，一个由军事基地、秘密行动和军队组成的庞大网络覆盖了非洲。

这些帝国主义列强在大宗商品繁荣时作出的预期收益的承诺未能兑现。尽管非洲的 GDP 以及非洲 1% 的人口所拥有的财富以前所未有的速度增长，但绝大多数人面临着日益严重的贫困。世界银行的报告说，截至 2012 年，非洲的贫困人口比 20 年前增加了 1 亿人，这一数字令人震惊。

五、迈克尔·罗伯茨[①]：资本主义的现在和未来

资本主义的发展从来都不是和谐的。自 19 世纪初以来，经济出现了经常

---

① 迈克尔·罗伯茨，马克思主义经济学家，2016 年著有《长期的衰败：马克思主义与全球资本主义危机》。

性和周期性的繁荣和衰退。但在2008—2009年全球银行业崩溃后，我们经历了一次非常严重的经济衰退。这次经济大衰退是自20世纪30年代以来最严重的一次。

此次经济衰退的结果是，世界上所有主要经济体的国民收入都急剧下降。为了应对这一情况，各国政府采取了削减福利和公共服务支出的措施，即所谓的"紧缩"性财政政策。数千万人的生活被毁，人们失去了工作和家园。民众的社会福利遭受永久性损失，这种损失是永远无法弥补的。

从这次经济大衰退中复苏的势头表现出令人难以置信的疲软。大多数经济体的产出、就业和国民收入尚未恢复到2007年的水平。麦肯锡管理咨询公司的一份报告显示，与2005年相比，26个经合组织国家中，有三分之二的家庭2015年的生活水平偏低。因此，这不是一场"正常"的经济衰退，而是一场经济大萧条。

（一）经济大萧条

在经济大萧条时期，经济复苏非常疲软，以至于在很长一段时间内经济都无法恢复到大萧条以前的增长率，甚至无法恢复到以前的产出水平。这种情况并不经常发生，在资本主义的历史上，经济大萧条只出现过三次——19世纪末期、20世纪30年代和现在。

20世纪30年代的经济大萧条始于1929年美国股市的崩溃，这与2007年美国房地产和信贷市场的崩溃相类似。美国在1929年股市崩盘后，出现了长时间的经济低增长和大规模失业。当美国参加第二次世界大战后，情况出现逆转，政府投资成为经济发展的主要推手，最终导致美国"战争经济"的出现。

1945年至20世纪60年代中期，这段短暂的时期比较特殊，它被称为资本主义的"黄金时代"。发达资本主义经济体保持了相当好的增长态势，基本实现了充分就业；许多国家能够支持福利国家、免费教育、医疗服务、国家住房计划和适当的养老金等福利政策。

（二）盈利能力下降引发的危机

资本主义经济的健康发展取决于资本的盈利能力。在第二次世界大战结束后的欧洲，由于原有的大多数机器和工厂被战争摧毁，出现了大量的廉价劳动力，资本的盈利能力急剧上升。与此同时，欧洲还从美国获得了廉价的（甚至免费的）信贷。

但随着资本主义的资本积累，盈利能力有下降的趋势，危机爆发得更加频繁和严重，这就是马克思所说的危机理论。在20世纪60年代中期，资本的盈利能力开始急剧下降，且一直持续到20世纪80年代初期。

20世纪70年代中期和80年代初期的经济大衰退摧毁了制造业就业和工人运动的发展，工人运动在斗争中被束缚和挫败了。当时，资本主义通过削减公共支出、私有化、取消对劳动力的所有保护以及推进全球化，逆转了"黄金时代"的大部分成果，这就是所谓的新自由主义时期。

（三）新自由主义扩张与金融化

在发达经济体的生产性部门，盈利能力仍然相对较低。因此，资本更多地流向了可以赚取更高利润（即使最终证明这是虚构的）的金融部门。生产性投资占产出的比例下降，"金融化"是无法提高生产性资本的盈利能力的一种表现。

在这一时期，美国的经济强国地位相对衰落。它在全球制造业产出中所占的份额先是输给了德国，然后是日本，最后是中国。即使在服务和技术领域，美国也正在失去优势。但它仍然拥有庞大的金融业，控制着全球的货币资本，而且它是迄今为止最大的军事强国。这些优势使美国得以延续其霸权地位。但经济大萧条标志着"自由贸易"和资本全球化时代的结束。

资本主义最终会摆脱当前的经济大萧条。在过去，如果能恢复较高的利润率，资本主义总能找到一条出路，就像"二战"后和19世纪经济大萧条末期那样。但这意味着要清除更多不再盈利的旧资本，整个体系需要摆脱在长期萧条中积累起来的大量债务。这就意味着未来还会出现进一步的衰退，并将以牺牲就业和生计为代价。

（四）走出长期萧条

如果劳动人民不推翻资本主义，代之以社会主义，这个制度就可能获得新的发展空间。它可以开始使用机器人、人工智能、物联网等新技术来提高盈利能力。此外，它还可以开发世界上仍拥有大量廉价劳动力的新地区。

但即便如此，资本主义也不会无限期地解决自身的问题，资本主义在未来 20 年里将面临着重大挑战，其生产率增长将长期放缓——资本主义越来越无法扩大生产能力，以满足人们的需求。

此外，全球收入和财富的不平等已经达到了马克思的《资本论》问世以来的最高水平。这已经加剧了社会紧张局势，削弱了主流资本主义的政治统治，并滋生出"民粹主义"。除此之外，气候变化和全球变暖威胁着人类和地球的未来。

资本要获得新的生命力变得越来越困难，在全球资本主义体系之外，世界上可供开发的领域越来越少。变革的推动者和资本主义的掘墓人——工人阶级——在全球历史上从未有现在这么大的规模，资本主义正在接近它的末日。

资本的历史循环正在闭合：安全退出面临的挑战[*]

伊斯特万·梅萨罗斯[**] 著　谢来辉 译

[内容提要] 资本体系已经在全球化的推动下发展到全球范围，并且因为资源和环境的约束而不可避免地走向闭合。资本体系走向闭合的过程是历史发展的必然，但是它同时也会带来毁灭全人类的巨大危险。在军工综合体的既得利益推动下，大规模杀伤性武器仍在大量生产，大国之间正在加速酝酿对抗性的国家意志。而且从历史上看，由于代表国家意志掌控战争机器的政治家和指挥官们的愚蠢错误而导致毁灭的例子比比皆是。从资本体系的封闭循环中退出并且避免上述危险的唯一希望是走向一种新的社会主义代谢秩序。这种新秩序以实质性平等作为典型特征，它要求对社会再生产关系进行根本性重构。

[关键词] 资本体系　历史循环　资本主义国家　自然　实质性平等

---

[*] 本文原载《每月评论》（*Monthly Review*）2017年第7期总第69卷。本文作者已于2017年10月1日去世。本文是作者即将出版的著作《超越利维坦：对国家的批判》（*Beyond Leviathan: Critique of the State*）的节选。译文有删节，摘要为译者所加。译文原载《国外理论动态》2018年第5期。

[**] 作者简介：伊斯特万·梅萨罗斯（István Mészáros），匈牙利马克思主义哲学家，曾任英国萨塞克斯大学名誉教授。

一、资本的结构性危机与国家

我们现在距离富兰克林·罗斯福总统就职演说的第一个百年并不遥远。事实上，到现在为止超过六分之五的时间都是在朝着这个值得纪念的一百周年走去。然而，这几十年来所做的改变，与当时他曾经郑重宣布的以及长期以来人们真诚信仰的初衷相去甚远。

当罗斯福入主白宫时，恰逢1929年至1933年间通常被称为"世界经济大危机"之时。他的第一次就职演说发表于1933年3月4日，其中承诺要使世界经济发生根本性的变化，而且是深层次的永久性变革，并不是只会延续数年的有限改善。大规模无阻碍的资本扩张被认为是以一种重要的方式获益于罗斯福作为美国总统候选人在1932年7月2日所宣布的新政计划，当然这也帮助他在选举中获得了压倒性的胜利。

事实上，从1933年下半年到1937年初的几个月里，美国的经济扩张似乎发挥了巨大的作用。然而，美国经济在1937年下半年重新开始陷入了停滞状态，1938年经历了深度衰退。但是，可以理解的是，第二次世界大战的爆发把美国经济从衰退中"拯救"了出来，并在全球战争结束之后，支撑这个国家进行了大规模的生产性扩张并在战后20年里获得了成功增长，战后重建也在欧洲和世界其他地区广泛展开。

罗斯福总统在为充满活力的资本主义经济所作的最初设计中，明确倡导要去除当时大英帝国和法兰西帝国所代表的"人造"保护性装置。他在第一次就职演说中就已明确表示：他"将不遗余力地通过调整国际经济以恢复世界贸易"。几年后，他遵循同样的精神主张"在免受不公平竞争和国内外垄断控制的情况下进行贸易"。在第二次世界大战期间，罗斯福总统也很清楚地表明：他不仅反对英国在战后继续统治印度，而且同样反对法国在印度支那保留的领土及在北非的殖民地。

因此，罗斯福真诚地相信：终结那些传统的帝国将为全球经济的健康发展创造条件。而且，他还预测，美国的领导力不再来源于殖民地/军事统治，而将源于美国经济发展的内在原则,并以"免于国内外不正当竞争和垄断的自由"为导向。在"新政"使得美国通往成功扩张的高峰时,他甚至用这种方式对"命运"的作用予以了非常积极的评价:"一种比我们所知道的都要好的文明将诞生在美国,而且也可以通过我们的示范而遍布于全世界。命运似乎已经在这里等待我们很久了。"

然而,与这种期望相反,战后的事态发展(当时罗斯福已经去世)并没有给人们带来"免于国内外垄断的自由",而是带来了在美国统治下继续帝国主义的新权力关系的主张。在这种情况下,世界经济的特点是普遍存在极不公平的对全球劳动力的差别化剥削;其中劳工在资本主义更为发达的美国经济中占据了相当有利的地位。然而,在这些问题上最为重要的是,自20世纪70年代初开始,我们一直在经历着资本体系不断深化的结构性危机,而不是原先预计的让所有人从世界经济发展中受益。在一个较长的历史时期里,资本体系的竞争对手之间的次生性对抗促成了扩张,并且反过来也得到了持续扩张的大力支持。这就是为什么它可以以无限扩张的名义得以理想化,而忽略其性质和后果。然而,随着资本结构性或系统性危机的爆发,事态不仅在变得更糟,而且是变得最为糟糕。

因此,尽管资本主义国家越来越直接地参与经济活动,即使以数万亿美元的资金注入破产的资本主义企业的无底洞之中,各种问题仍然在不断加剧。与此同时,新自由主义的资本理论家们伪善地继续鼓吹"自由企业制度"不可逾越的美德,甚至编织"国家的界限在后退"的谎言,但实际上自20世纪70年代以来我们倾向于从一个危机蹒跚步入另一个危机。然而,与1939年相反,由于当前的全球战争已具有自杀性危险,所以全球战争的可能性已经无法将资本体系从其深化的结构性危机中"拯救"出来。因此,资本与劳工之间的首要对抗——这同时也代表劳工对体系的社会再生产形式的积极的支配性替代(positive hegemonic alternative)——再也不能被忽视了。

二、资本的封闭循环[①]

由于整个资本体系的结构性危机,而不仅仅是资本主义的结构性危机,长期以来一直受资本支配着的人类的扩张性历史循环正在充满危险地走向闭合。这种闭合带来了人类彻底毁灭的危险。自20世纪70年代以来,我就一直试图强调资本主义(历史上仅限于几个世纪)与资本体系更基本的参照系之间的根本区别,同时关注正在面临的历史进程中的严重危险。在这种情况下,有必要明确强调那些指示资本的这种危险特征本身的主要因素,它们正在破坏性地抵制其历史循环的必然闭合。众所周知,我们一直都被告知,对于资本复制社会秩序的模式"不存在其他替代选择"。对于这种说法我们必须进行仔细研究。但在此之前,有必要尽可能简要地总结一下资本体系之结构性危机的本质特征。

资本的结构性或系统性危机的历史新奇性与其周期性反复发生的趋势性形成了鲜明对照,这主要表现在四个方面。第一,它的特征是普遍性的,并不局限于某个特定领域(例如金融或商业),或影响这个或那个生产部门,或适用于此类而非彼类具有其特定的技能范围和生产力等的劳工。第二,它的范围是真正全球性的,并不局限于某个特定的国家。第三,它的时间尺度更长,而且是连续的(也可以说是永久性的),而不是有限的和循环的。第四,它的演变方式可能被称为蠕变式的(与更加壮观和戏剧化的爆发方式和过去的崩溃性情形相反),同时也增加了附带条件:如果考虑到未来的某种情况,不能排除最为强烈或暴力的社会动乱。

考虑到上述特征,非常有必要特别强调指出,作为一个整体的资本体系与作为整个资本体系组成部分的资本主义的有限历史阶段之间存在重要的根

[①] "封闭循环"这个概念最早可以追溯到 Barry Commoner, *The Closing Circle*: *Nature*, *Man & Technology*, New York: Bantam Books, 1971(巴里·康芒纳:《封闭的循环——自然、人和技术》,侯文蕙译,吉林人民出版社1997年版)。——译者注

本性区别。以下事实怎么强调都不为过：资本主义私人企业的生产形式以及作为"资本人格化"的个别资本家可以被推翻而且曾被推翻过（例如，1917年的俄国十月革命就曾经做到了），但是资本体系作为一个整体却没有被推翻。这个体系必须通过根本性的重组过程并由完全不同的社会主义代谢秩序取而代之才能得以彻底根除。同样，资本主义国家也可以被推翻，而且也已经发生过，但是这种国家本身却未能被彻底推翻。不过这种国家最终必须被完全根除，并代之以一种性质上完全不同的新国家形态。为了实现这种替代，需要人民通过社会代谢本身在性质上进行重构，从而真正自主地全面控制社会决策。

对未来而言，这是一个根本性的教训。实际上，资本体系与资本主义之间差异的重要性对我们而言并非只涉及过去，而更攸关现在和未来。因为我们的重大问题在于，人类生存面临的危险，不仅是由于当前我们所知的这种或那种特殊形式的资本的国家形态，也可能是它在未来的任何一种可以想象到的变体；如果资本的社会新陈代谢秩序不以历史上可行的社会主义方式进行重组，那么这些变体就注定会产生。另外必须强调的是，那种所谓"全球强制性国家"（global coercive state）的概念，无论获得谁的支持，都近乎疯狂。

三、打破自然的界限

可以肯定的是，为了延长其规则的存续时间，任何资本的人格化都必须不惜代价地抵制其体系历史循环的必然闭合。由于那些指向这种历史闭合方向的全球皆可感知的社会力量也都是压倒性的，并且紧密地交织在一起，因此传统上的强制调整以及国家调节措施再也无法发挥作用了。让我们考察一下那些表明资本体系的历史循环必然闭合并需要可行的替代方案的主要因素。

即使是最差的资本辩护人也不能否认的是占统治地位的国家通过全球军事冲突摧毁全人类的能力。显然，过去并不存在当前这种通过全面运作的大规模杀伤性武器而取得的所谓成就。然而，这种威胁性的终结与资本历史循环的闭合同时出现在了我们的视野里。当前，政治/军事领域的所谓"战略思想家们"都毫不犹豫地赞扬并积极去"规划不可思议的事情"，而某些首脑们则颁布法令：一旦发生某种全球性对抗，他们会毫不犹豫地伸出其在政治上值得信赖的"安全手指"，去按下核按钮。通过这种方式，资本体系的热情捍卫者将自己的命运寄托在大规模杀伤性武器的安全性和可行性上，并毫无根据地假定相互确保摧毁（MAD）可以作为补救措施。当然，替代办法是积极克服导致致命对抗的原因，这种对抗恰恰与资本体系本身的性质密不可分，特别是在其全球发展的下降阶段。但正是由于这种系统性的对抗内生于资本的社会新陈代谢秩序之中，不能归结到其政治/军事上层建筑之中，因此过去在敌对国家之间通过极端的军事暴力来实施的措施，在当前已经不可能再使用了，因为代价实在太高了。

提倡"确保相互摧毁"作为假定的自动威慑在本质上是一种非理性的战略。其必然和可行的替代方案只能是深入经营一种性质上完全不同的社会代谢秩序。这种新秩序并不会由于既得利益产生系统性对抗而导致负担过重。这种社会代谢的运作是控制和适时彻底消除当前具有威胁性的大规模杀伤性武器的唯一途径。相比之下，既有的经济和政治秩序中考虑对抗原因的方式具有极端的不相容性，它预示了资本的历史循环的必然终结。

另一个在全球范围内极为重要的决定关系到世界上有限的物质资源。当然，这也是一个历史性的发展，它通过资本主义比过去更高级的工业生产模式在全球范围内的传播而得以实现。资本的辩护人只会注意到人类对有限的物质资源的需求在大大增加，甚至将其以一种严重扭曲的形式意识形态化地冠以"人口爆炸"之名。不可否认，这些因素越来越重要，但也有必要强调一些社会和经济方面的力量，它们不可避免地要求我们的社会再生产秩序发生根本的结构性变化，并表明，在资源的分配和利用的模式方面存在着一些严重恶化的情况。两种最重要的恶化情况表现如下：首先，无法控制的资本扩张只是为了获得交换价值而损害使用价值，从而造成稀缺性，而如果没有资本无尽扩张的必要性，稀缺性不断增加的危险就会被替代；其次，是破坏性生产以及随之而来的浪费，加上资本体系"创造性破坏"的自我神话，这些处于资本的系统性发展的下行阶段。

解决上述两个恶化的问题明显且可行的补救措施就是对经济进行积极而有计划的战略干预，以最大限度地提高社会所需的使用价值，并同时关注最严格的废物控制。但那种理性的计划经济（如果没有实质性平等作为其社会基础，这是不可想象的）与资本主义生产的长期既定模式完全不兼容。此外，我们还必须考虑到对地球物质资源的需求增加（包括对水的基本需求）所产生的普遍性问题。几个世纪以来，资本主义生产体系都几乎没有考虑过把"经济"视为节约，而这正是此术语最初的含义。然而，如果不去有意识地遵循适当规划和负责任地节约资源的原则，未来所需的社会再生产将是完全不可想象的。因此，从这个意义上也可以意识到资本体系历史循环闭合的必然性。

在这里，我们还必须强调一下资本的社会新陈代谢再生模式与当前可持续的合理需求之间的生态不相容性。这一点今天已经清楚地表现出来，而且以一种新的地质时代的名称来表明人类对地球的影响极大，且最为危险。这个名称就是"人类世"，其对应的是地球因为资本体系而遭受无法挽救的损失的近百年的时期，其中包括最初的核爆炸的残余以及海洋中的永久性塑料沉积物。

当然，资本与可持续发展所要求的生态不相容性，远远不只局限于一些无可争议和不可消除的标志着新地质时代的现象。在大范围的生态破坏问题上，我们不仅要考虑化学污染和土壤侵蚀，还要考虑"全球变暖"、海洋的酸化、生物多样性遭到的严重破坏以及为了利润而不负责任地处理核废料等问题。事实上，为了维持不受控制的增长目标和无意义的盈利能力，早先提到的破坏性生产的日益加重与资本对生态可持续性的敌意密切相关。大量沉重的事实也都表明，资本体系的历史循环必须闭合，这一闭合过程不可逆转。

未来的前景如何，这是一个非常难以回答的问题，因为在与资本的历史循环的闭合相关的所有可以确定的力量中，我们发现了强大的既得利益，它与利维坦国家的整体控制模式密不可分。对变革的理性呼吁在此显得非常天真。当那些在结构上根深蒂固并进行全盘决策的大国不能以任何其他方式获胜时，就会诉诸冒险主义。无数个世纪的历史证据往往都会证实这种在风险上升时应对竞争国的根本性挑战的方式。

四、愚蠢进行曲

关于利维坦国家不可避免的冒险主义，有必要区分一下国家在危险情况下必然发挥指挥职能的"非神圣命令"（unholy imperative）以及履行这些职责的指挥人员本身的角色。以黑格尔构想的最伟大的哲学阐释为例，在唯心主义哲学对历史发展的阐释中，国家指挥人员倾向于以"世界历史人物"的崇高名义扮演一种略显神秘的角色，比如亚历山大大帝、恺撒大帝、路德和拿破仑，这一再被黑格尔称赞为是被"世界精神"狡猾地用于自身设计和目的的工具，而有关的历史人物自己则被隐瞒不知。在描述这些人物充满矛盾和不幸的命运时，黑格尔告诉我们："他们没有平静地享受，他们的一生都是劳作和麻烦。他们的整个本性除了其支配性的激情以外别无其他。当他们的目标达到时，他们就像内核中的空壳一样脱落。他们或像亚历山大一样英年早逝；或像恺撒一样被阴谋暗杀；或像拿破仑一样被流放圣赫勒拿。"

然而，为何"世界历史人物"在不同的历史环境中都遭受了不幸的命运？这一问题仍然笼罩在谜团之中。"世界历史人物"即使犯了毁灭性的错误也不会出错，因为即使其行为带来灾难，他们实际上也实现了"世界精神"无可指责的目的。通过这种方式，即使他们追求的是最不负责任的行为，他们也是"负责任的"，甚至是"理想的"，因为它带来了所需的世界历史阶段的事件和发展，以及它们的客观体现。

"世界历史人物"因之胜利或失败的具体制度形式和工具根本没有被提及，更不用说德国伟大哲学家的批评了，因为他们自己被说成是工具。事实上，他们没有被认为是可能令人反感的特定国家形成的工具，而是"世界精神"本身的工具，而其最终设计是日耳曼国家在道德上不可超越的制度。这种国家在人类意义上不能被视为一种工具，因为它据说比"地球上存在的神圣思想"还要崇高。

在这方面的一个重大问题是，在现实世界中，为了其所代表的特定对抗性国家的利益，作为决策者的军事指挥人员——即黑格尔所谓的"世界历史人物"——迟早会为了取得军事行动成功而进行冒险，并超越自己的权力，直到受到更大的国家政权的对抗。在致命的冲突之前，他们的指挥权似乎也没有被限制，必须承担甚至最极端的风险，因为这是由客观上的国家命令，要求他们去代表国家取得成功，并通过他们采用极端计谋以智取胜，战胜对手或敌人。

拿破仑无疑是距今最近的一位黑格尔所谓的杰出"世界历史人物"。丘吉尔称他为"自凯撒大帝以来出生于欧洲的最伟大的人物"。事实上，他远不止于此。他是一位伟大的军事领袖兼指挥官，也是一位组织天才，拥有自己的国家视野。而且，1804年法国颁布的《拿破仑法典》在法律领域消除封建残余方面具有超越其竞争对手的伟大进步。然而，拿破仑在1812年发动了进攻俄国的灾难性的冒险行动，法军几乎被全歼。此外，他甚至试图在拉丁美洲的法国殖民地恢复奴隶制，以此作为取得军事胜利的一种方式，尽管这与他自己的政治启蒙观念背道而驰。数千年前，亚历山大大帝似乎总是立于不败之地，但是他也面临几乎毁掉其军队的风险。那一次，尽管存在替代的路线可供选择，但他还是决定跟随其大军通过马克兰沙漠，从而不得不承受几乎灾难性的损失。

这并不是历史的全部。因为在当今时代的实际历史发展过程中，这方面的条件已经发生了根本性的变化，今天的情况更为糟糕。无论指挥人员代表社会对抗的哪一方——进步的或倒退的，他们超越自我权限的行为都能够完全摧毁人类，甚至可能完全摧毁这个星球上的生存条件。

这远非假想的危险。1962年至1963年期间，苏联领导人赫鲁晓夫在古巴境内安装了先进的弹道导弹，能够在美国附近发射核弹头。他被一种致命的误解所鼓舞，即认为这样做有可能保护古巴，因为在"猪湾事件"之后，古巴明显受到了美国的威胁。然而，赫鲁晓夫这一行动的后果是，整个世界都被置于可能的核破坏危险下，直到这些弹道导弹从古巴撤出并运回苏联。毋庸置疑，今天没有人能排除以某种形式再次发生类似的冒险决策所导致的人类自杀行为。没有人应该拥有这种权力，但事实上有些人还会这样做。只要利维坦国家以任何一种可以想象的形式继续存在，那种危险就一定会持续存在。

五、实质性平等与一种新的社会代谢秩序

正如我们所看到的，80年前，罗斯福总统承诺世界将"比我们所知道的任何一种文明都要更好"——同时还有世界各地预计的无阻碍的经济发展以及帝国主义的终结——因为"命运似乎已经等待很久了"。然而，在罗斯福总统去世后不久，他的继任者杜鲁门总统就下令在广岛和长崎投放了原子弹，导致13万人（其中大部分是平民）的死亡。与此同时，与预期相反，全世界无数人民仍然被束缚在以往那样的悲惨境遇之中。而且，帝国主义在同样的古老文明中仍继续存在，即便美国在新的国际力量关系中成为了主要的经济、政治和军事力量。

然而，由一个帝国主义大国替代另一个，从而重新定义前帝国主义国家间的国际力量关系，并不意味着整个历史发展可以带来一种划时代的停顿，以至于在总体上再生产的社会代谢的意义上，完全从属于新的占统治地位的国家。这种荒谬的政治还原论只适用于一些反动的冒充理论的帝国梦。在真实存在的世界中，社会代谢再生产的每一种模式都有其历史局限性，并通过综合性的划时代的术语得以客观地界定。正是在这种根本的划时代的意义上，整个资本体系的历史循环正在危险地走向闭合，而且这种闭合对每个国家都会产生深远的客观影响。

位于守成国家（the established state）顶端的政治家们常常一再声称："别无选择"。撒切尔和戈尔巴乔夫一直都是这样做的，不过最终他们还是发现必须存在一种替代其两国模式的选择。在某种程度上，这种"别无选择"的说法恰恰是对的，尽管不是这些高级政治家们根据其制度上定义的（并且受到限制的）立场所假设的那种方式。在资本的历史循环必须闭合的问题上，这方面的变化具有开创性的重要意义。

在多个世纪以来，以政治/军事制度形式体现的社会控制的主要功能就是保护和加强已有的社会代谢秩序，它是不可缺少的组成部分并且自我强化。这就是为什么过去那些试图从根本上改变代谢秩序的周期性尝试必须从一开始就假设要对现有的政治/监管框架本身进行某种形式的"革命性推翻"。因为他们不得不试图"打开大门"，从而引起对社会和物质阶级关系本身的根本性改变。

但是，对这些初步收益的巩固往往非常有限。这是必然的，因为继承下来的结构性意志的惯性——制度化的政治形式本身就是其中一个组成部分，因为它自身固有的等级结构的嵌入性——阻碍了持久的成功。这就是为什么历史发展往往显示出一种显著的规律，革命性的尝试仅仅只是换来某种形式的人事变化，例如从封建制转变到资产阶级的国家秩序，即便出现了重大转变，最终也仍然只是再现了统治和隶属关系的结构性意志。

现代资本主义国家的出现改变了阶级决定结构性主导和隶属关系的形式，但却没有改变其实质。在资本的社会代谢秩序处于上升阶段的条件下，物质生产力的发展可以朝着其全面完成征服全球的方向前进。然而，在其下降阶段却带来了一些严重的负面变化且不可避免，因为地球资源的有限性会加速资本的历史循环的闭合。

在物质领域，资本体系无法避免的无休止扩张导致了浪费的破坏性生产，最终对自然产生了灾难性的影响。与此同时，在政治/军事层面，它们造成了垄断的帝国主义的军事破坏力，给人类带来了彻底自我毁灭的危险。而资本的利维坦国家只能通过其大规模杀伤性武器对人类施加全面的破坏性威胁——它继续"现代化"和扩张——却无力阻止这一进程。因此，按照马克思出于重要原因所设想的理论精神，彻底根除利维坦国家是我们这个时代的必然需要。这是19世纪最后几十年以来人类在垄断帝国主义条件下经历长期破坏性偏离之后必然遵循的过程。

在这里，我们可以看到一些重要的政治家（局限于政治领域）一再指出的"别无选择"的矛盾性真理。当然，在他们所设想的意义上确实别无选择，因为不可能在国家意志的政治/军事框架内或通过相关框架来阐述急需的社会再生产选择。由于所涉及的基本问题的固有性质，历史性的可持续的替代方案只能是完全不同的社会代谢秩序。可持续性原则的要求意味着要有一种全新的社会再生产秩序，它要求实现一种社会全体成员自主计划并共同决策的新模式，它要取代我们所知的历史上各种通过根深蒂固的等级制和充斥对抗性的利维坦国家篡夺权力的威权主义政体。必须以毫不妥协的方式实现实质性的平等，并且维护这种秩序以避免发生过去那种长期剥削性的物质和政治既得利益的复辟，我们才有可能确保从资本的历史循环中退出。

在实质性平等的秩序得以实现之前，在思想领域也要进行一些必要的纠正。本文在此只集中关注直接涉及实质性平等问题的社会结构调整的一个至关重要的层面。即便是黑格尔，作为历史上最伟大的唯心主义哲学家之一，竟然也拒斥对平等的要求而赞同隐藏的既得利益特权。他曾经这样写道："人在本质上是不平等的，而不平等是自然的元素，在市民社会中，个性的权利迄今为止远不能消除这种自然的不平等现象，以至于还会在无意间产生并提升为一种技能和资源（财富）的不平等，甚至是作为一种道德和智力成就上的不平等。对平等的要求反对这种权利，其实是一种愚蠢的理解，因为它误将其抽象的平等和'应然事物'认为是现实和理性的。"实际上，黑格尔关于与人类有关的自然不平等所作的断言与事实正好相反。自然领域的差异当然存在很多的证据，但是在将自然差异转化为人类不平等时，这显然是主观性的，这是社会制度应该负责的问题。但是，以自然的名义对历史上确立的社会不平等进行合法化的黑格尔意识形态之所以产生，是由于自法国革命以来一些社会力量一直在强有力地与之斗争。这正是黑格尔不得不以其绝对有效的哲学范畴的名义，以一种绝对性的断言而坚决加以驳斥的对象。

与法国大革命的特定对抗作用相反，在那一个半世纪之前，也就是在托马斯·霍布斯（Thomas Hobbes）撰写他的《利维坦》之时，对实质性平等的要求不能作为强大的社会挑战出现在历史议程上。在霍布斯的哲学观念中，没有必要假设一种主张平等的倒退立场，并以伪装的偏好去提及自然。相反，霍布斯出于其特定的哲学理由，绝对能够清楚地表述他认为自然与人类平等完全一致的观点。他指出："大自然使得人类非常平等，无论在身体还是心智的能力方面；因为尽管会发现一个人有时身体更强壮，或者是另一个人脑子比较快，然而，当所有人都算在一起时，人和人之间的差别并不是那么明显，以至于一个人可以随时声称自己具有某种优势，而另一个人却可能并不同样具备。至于在体力方面，最弱的人也有足够的力量杀死最强壮的人，无论是通过秘密的诡计，还是通过与其同样危险的他人进行结盟。"

在这里需要强调的是，对建立实质性平等的迫切要求绝不能从我们的历史议程中删除。因为如果没有它，我们所需要的从根本上是全新的社会代谢秩序的阐释以及其有效的社会再生产的运作，都将是不可持续的。它是社会主义代谢秩序的关键性特征。我们能否从资本的历史循环的危险闭合中实现可持续的退出，其成败将取决于它。

六、从资本的封闭循环中退出

在我们的视野中存在着不可否认的危险，是否依然有可能确保从资本体系必然闭合的历史循环中退出呢？这是一个非常难以回答却又不可回避的问题。在当前的历史阶段，即便我们这边有"希望原则"（principle of hope），这个至关重要的问题也只能得到一个有条件的尝试性答案。

在第二次世界大战结束时，出于对战争年代悲惨沧桑的反思，让-保罗·萨特（Jean-Paul Sartre）写了一部很棒的独幕戏剧，并以《禁闭》（*No Exit*）为题。他想在其中传达一种绝对麻痹的无力感，这种感觉似乎统治着生活在表面上无法控制的战争条件下的人们。

起初，他想要在逃生路线被封锁的塌陷的防空洞中设置舞台。但后来他意识到，在这种情况下，埋在那个庇护所的人们之间的团结力量可能开始发挥作用，并敦促他们一起努力寻找出口，这会破坏其试图在剧中所表达的意涵。因此，凭借出色的戏剧洞察力，萨特将他的戏剧背景置于地狱之中，从此任何人都无法逃脱。最后的总结强调了剧中三个人之间不可调和的对立，给萨特式的话语带来了噩梦般的意义："他人就是地狱！"这里提到了"他人"，无论他们身在何处，他们都可以给他人和自己带来战争，他们无法控制地陷入类似的地狱行为，以及在地狱中陷害他人和他们自己的行为。

在杜鲁门以民主和自由的名义命令一举毁灭广岛和长崎的几个月之前，萨特构思了他那令人难忘的戏剧。在此后的几十年里，萨特继续以富有激情的决心和勇气去对抗被核地狱强加给地球的真正危险。在这些年里，在萨特不知疲倦的抗议活动背后，总能感受到他关于人们、无处不在的"他人"给这个世界带来地狱式行为的痛苦警告。

今天，各种国家意志仍然在无数次地实施地狱式的行为而不受惩罚，无法合理化的理由得以在无尽的自我合法化的矛盾中随意扭曲。自我合法化的自我矛盾的逻辑在大规模杀伤性武器问题上同样普遍流行。军工综合体可能不时地会遭到批评，但其高利润的产品（尽管其资金主要由国家向劳动人民征税来提供）却不会受到严重挑战。占主导地位的国家不会考虑放弃这种武器。英国工党领袖、左派政治家安奈林·贝文（Aneurin Bevan）曾经宣称，他"不会光着膀子走进谈判室"——也就是说，作为未来的外交大臣，他拒绝将核裁军这个备受争议的议题采纳为工党的政策。在这方面持此观点的人并不仅限于他。在他们的国际协议中，占主导地位的国家的政治家们同意销毁其核武库中的几百枚核弹，但同时又命令其军工综合体再制造数千枚核武器。因此，成千上万的核武器可能被投放在我们的星球上，而根据有关的科学评估，只要有两百枚这样的核武器就足以摧毁全人类。

当然，一些大国受制于军工综合体既得利益的程度要低一些。但在目前情况下，这是无关紧要的。没有任何一个占主导地位的国家可能会放弃自己的核武器，这不仅仅是考虑到当前这种大规模杀伤性武器在维护国际权力结构的军事实力方面发挥的普遍公认的作用，而且也是因为它们本身可能担心单方面的核裁军将令其更加暴露于核毁灭的危险中。因此，现有的庞大的核武库很可能在可预见的未来继续与我们同在。与此同时，随着资本的历史循环越来越接近不可逆转的闭合，日益加剧的国内同国际经济和社会对抗势必带来越来越大的危险。而且，由于在当前情况下物质基础牢固的全球化是不可逆转的，国家间对立的政治/军事决定只会加剧系统性的对立。在这方面，人们能够期望的最好结果就是，处于支配地位的国家之间不会发生根本性的直接对抗，从而避免灾难性的后果。

这些挑战无法在政治/军事领域的等级制和对抗性框架形成的麻痹性束缚下得以解决。如前所述，为了找到一个解决方案，我们必须彻底改变决策模式，这不仅影响到我们社会再生产的基本组成细胞，而且还将影响到全球相互依赖的最广泛的维度。这种转变的根本指导原则只能是在实质性平等的基础上普遍采用生产性工作的积极原则，而这与彻底根除等级制的和必然对立的国家形态是分不开的。

近两个世纪前，歌德在他的《浮士德》中以精彩和微妙的讽刺手法描绘了最后时刻的浮士德。在那个最后的场景中，歌德的英雄因为不愿屈服而被索尔格（意即苦闷）女巫施法导致失明。他错误地因为狐猴们的声音而欢喜，以为那是挖掘运河时产生的令人愉悦的噪声，却不知对方是在为他挖掘坟墓。挖掘运河意味着他的伟大的社会项目和自我实现，那也是他注定要输给魔鬼的赌注。

在《浮士德》中，神圣的上帝将英雄从魔鬼的魔掌中拯救了出来。我们不能指望通过参考久远历史中帕拉塞尔苏斯的合法化和更新的现代意义来获得解决方案。歌德使用的这种反讽手法是可以理解的，但是，在我们思考当前真实存在的世界时，必须去除歌德的这种浪漫化做法。

在歌德描绘的条件下，浮士德/帕拉塞尔苏斯无法实现他们的历史梦想。歌德在其经典巨著中也表达了这一点。即使在当前时代，前面提到的疑问依然存在。那是因为这种涉及乐观导向和人类真正自主决策的宏大历史性成就绝对需要以实质性平等作为持久的基础。这只有在充分阐明全球团结的精神氛围中激进群众的必要性的条件下才务实可行。再加上实质性平等，这是在历史可持续的意义上对利维坦国家进行必要批判的唯一可以获得成功的基础。

第三部分
新自由主义批判

新自由主义辨析与批判[*]

丹尼尔·罗杰斯[**] 著　吴万伟　译

[内容提要]"新自由主义"是有可能吞噬掉与其词义相近的其他词汇的新词。在探索了新自由主义的根源之后，文章指出，新自由主义是不同群体出于不同的目的而提出的术语，且多次被弃用。文章通过深入分析指出，"新自由主义"一词被用来指代四种不同的现象，包括代表我们时代的晚期资本主义经济、一系列思想观念、在全球范围内传播的一系列政策措施、围绕在我们周围并意图使我们落入陷阱的霸权主义文化。文章认为，新自由主义的身份问题是该词汇的含义过度延伸的产物。它所代表的每一种现象都有现成的名称，即金融资本主义、市场原教旨主义、灾难资本主义的周期性政策、商品化自我与商品化社会想象的广泛文化。

[关键词]　新自由主义　金融资本主义　市场原教旨主义　灾难资本主义

新自由主义是当前时代的"杂食性"语言，是有可能吞噬掉与其词义相近的其他词汇的新词。20年前，"新自由主义"这一术语极少出现在英语辩

---

[*]　本文原载《异议》杂志（Dissent Magazine）2018年冬季刊。译文原载《国外理论动态》2018年第6期。

[**]　作者简介：丹尼尔·罗杰斯（Daniel Rodgers），普林斯顿大学历史系教授，美国历史学家。

论中。而现在，它几乎不可避免地被广泛应用于从建筑、电影、女权主义到特朗普和希拉里的政治活动等各个方面。如果在 ProQuest 数据库中搜索 1989 年到 1999 年间"新自由主义"的使用情况，你会发现网页点击次数不足 2000。而从 2008—2009 年金融危机至今，这个数字已经超过 33000。

左翼用"新自由主义"这一术语描述自由放任观念的复兴，它在很多时候仍然被视为"保守派"的经济思想；攻击遍及里根和撒切尔夫人计划、茶党抗议和自由党团（the Freedom Caucus）的反税收、反政府和反工会议程；描述当今世界占主导地位的全球市场经济；严厉批评比尔·克林顿和希拉里·克林顿的温和派民主党的政策。此外，左翼还用"新自由主义"这一术语来为弥漫在我们思想和行动中的文化和情感命名。

在所有的这些辩论中，重要的实质性争论处于险境。但是，语言的政治力量仍在起作用。命名很重要，因为它可以聚焦议题和关注点，还能够确认因果关系和行动策略，也能聚拢（或轻蔑回绝）盟友。一夜之间新自由主义术语的无处不在是一日千里的标志吗？或者是一种警告，警示我们一个拥有太多含义、被运用于太多的辩论中将太多种现象聚合在一起并吞噬掉太多相近词汇的术语，可能会让我们难以看清时代释放出的力量以及在何处能找到可靠的抗衡力量。

一、新自由主义的根源

新自由主义在美国左翼中使用的历史比我们通常想象的要混乱得多。它的旋风式增长模糊了一系列现存的术语，而这些术语的分析能力和政治影响力要比新自由主义所能涵盖的更为清晰明确。在语言中的社会现实主义比以往都更加重要的时代，新自由主义的严重缺陷就在于进步人士试图把它用于政治领域。新自由主义在文字和概念上具有延展性，但是在它吞噬掉与其相近的词汇前，我们有必要思考一下自己的付出与代价相比是否值得。

新自由主义并没有单一的起源或血统，它以一系列错误的开端开启其语言生命力。在 19 世纪，最强大的政治术语是自由主义。在整个欧洲和拉美，自由主义政党代表经济和个人自由最大化,包括自由贸易、自由放任的经济、弱政府、更多思想和良心自由等。到了 19 世纪中期,自由主义是一个战斗性的术语,是争取把自由扩展到更古老的重商主义者和君主制社会秩序的多领域斗争的旗帜,它根本无须修饰语。

第一批将前缀"新"加到"自由主义"之前的人是英国自由党内部的反叛者,他们试图将自由放任的自由主义规划与自由的承诺分割开来。从 19 世纪 80 年代的艰难时期开始,他们就认为,从国家权力中获得的最大限度的自由并未将真正的自由最大化。在反对贪婪地主、剥削性雇主和寻求垄断的利益集团的利己主义行动中,自由需要由政府提供对抗性的手段来保障。在 20 世纪中期,英国和美国福利国家的思想框架在很大程度上是这些新的、具有社会意识的新自由主义者的杰作。约翰·梅纳德·凯恩斯(John Maynard Keynes)和威廉·贝弗里奇(William Beveridge)以及富兰克林·罗斯福(Franklin D. Roosevelt)都是这类新自由主义者。直到 20 世纪 40 年代,新自由主义的这种含义才消失——从英国的政治术语中消失,被美国的"新政自由主义"(New Deal liberalism)标签所覆盖。

20 世纪 40 年代末,新自由主义这一术语在欧洲大陆又出现了第二次变化。以弗里德利希·冯·哈耶克(Friedrich von Hayek)为核心的一小部分经济学家和政治哲学家在社会主义和古典自由放任经济自由主义之间开辟了一条道路,既要维持自由的优势地位,又要使其不易受到 20 年代所经历的压力和动荡的影响。"新自由主义"成为各类术语的概括性词汇。但是,这个标签并没有持续很长时间,哈耶克不喜欢这个词。最有影响力的德国参与者很快放弃了新自由(neoliberal),而改用"秩序自由主义"(ordo-liberalism),并最终采纳了"社会市场经济"(social-market economy),这是一种经由基督教民主党开始在战后德国的政策制定中起主要作用的混合型经济计划。40 年代这个学术圈里最年轻、也最盛气凌人的美国人米尔顿·弗里德曼(Milton Friedman)在 1951 年的文章中将其思想描述为"新自由主义"。但弗里德曼的政治经济学中并没有持久性的新内容。他一个人就制造了现在自由党团渴望实施的许多不加掩饰的自由放任经济方案,但是他很快放弃了新自由主义标签，反而更喜欢激进的自由主义或古典的19世纪自由主义。

新自由主义的第三种含义在后来的一个事件中体现出来：智利军事独裁者在20世纪70年代强行推翻了本国社会主义政府后，在芝加哥学派顾问的指导下实施了用来应对恶性通货膨胀的休克疗法。那些见证了阿连德政府经济政策的突然中断以及紧缩预算、国有企业和养老金体系私有化、废除价格管控、放弃外贸限制、遣散工会等替代性政策的人都不会声称自己是新自由主义者。智利的一些经济学家从德国著作中挑选出"新自由主义"这个术语。但是，在智利使用这个术语的绝大多数人都是智利军事政权的批评者，他们对该政权在智利实施新的自由放任的自由主义经济计划感到震怒。对智利的军事政权批评者来说，新自由主义意味着19世纪被剥夺了政治自由的自由主义。这个术语持续出现在拉美国家的讨论中，并从那里重新回到欧洲有关政治经济的讨论中。

最后，与前三种意思不同的新自由主义的第四种含义来自查尔斯·彼得斯（Charles Peters）在1983年发表的《新自由派宣言》。彼得斯认为，使用新自由主义不是呼吁要复活19世纪的经济自由主义，而是为了降低新政社会自由主义（New Deal social liberalism）的"野心"，尤其是在涉及工会特权和福利待遇方面。这种主张对比尔·克林顿政府的政策有着强大的影响。但是，持续出现在政治演讲中的术语是"政治三角"（political triangulation）而非新自由主义。

在每一种路径中，新自由主义都以不同的含义和场合被循环使用，而又不完全归属于其中任何一种。如果沿着谱系寻根溯源，你会发现这一轨迹布满了变化和断裂。新自由主义是不同群体出于不同的目的而提出的术语，有好几次甚至被弃用，然而在20世纪90年代中期，它又再次兴起。在左翼学界，它俨然成为语言时尚和时代霸权。

二、探析新自由主义的各种含义

对于那些对政治话语的突然转变感到震惊的人来说，新自由主义的成功恰恰反映了其实质上的空洞。2009 年，两位政治科学家在仔细研究后，为新自由主义贴上了"概念垃圾堆"（conceptual trash-heap）的标签：一个几乎任何现象都可以被其解释、任何含义都可以被归为其中的词语。也有人称之为空洞无物的别号。

但是，新自由主义的问题既不是它没有意义，也不是它具有无限大的意义，而是该术语被用于四种截然不同的现象中。新自由主义一是代表我们时代的晚期资本主义经济，二是代表一系列思想观念，三是代表在全球范围内传播的一系列政策措施，四是代表围绕在我们周围，并意图使我们落入陷阱的霸权主义文化。这四种新自由主义有着内在的联系，但是，将其捆绑在一起的行为会将它们之间的差别、松散的目标以及实际关系都掩盖起来，从而会蒙蔽我们的双眼，致使我们无法看清最需要看清的地方。如果没有新自由主义这个词赋予的共同身份的掩盖，这些现象各自看起来又是什么样子呢？

（一）金融资本主义：作为经济形态的新自由主义

作为经济形态的新自由主义是资本主义历史的一个阶段，它代表全球金融资本已经在世界上盛行的经济体制。第一种含义的新自由主义在政治和文化中都灌输了对全球资本主义的需要，这种资本主义需要资本、商品、脱嵌劳动力（disembedded labor）的自由流动和市场友好型的国家政策。它并不依赖国家，也不是最小政府理论的产物。相反，它依靠由机构支持、企业友好型管理以及以不同的方式部署于全球范围内的自由的投资机会。

这种新自由主义很脆弱，需要国家定期的管理扶持才能从反复出现的流动性危机和过度投资中解脱出来，还需要国家的持续支持才能维持其利润空间。大卫·哈维在他的《新自由主义简史》一书中将新自由主义置于美国读者的视野之下。他认为，新自由主义重建计划诞生于 20 世纪 70 年代的全球经济结构混乱之中，并且由该时代的资本积累危机所引发。提供充满自由、选择、权利等冠冕堂皇词汇的伪善面具是新自由主义理论的天才之处。可残酷的事实是：新自由主义实际上是"赤裸裸的阶级权力的复辟"。新自由主义需要政治和文化认同，但其核心驱动力却是对资本积累的需求。

（二）市场原教旨主义：作为思想方案的新自由主义

新自由主义的第二种含义不是指经济结构，而是指一系列思想观念，其核心不是资本主义阶级权力的需要，而是一种思想方案围绕有效的市场范式来重构 20 世纪末期的经济思想。新自由主义经济思想的近期历史主要集中于哈耶克的学术圈，以及他于 1947 年组建的朝圣山学社（the Mont Pelerin Society）。正如 19 世纪自由放任的自由主义者们一样，自由是这个圈子所关心的首要内容。但正如历史学家安古斯·布尔（Angus Burgin）在《伟大的说服：哈耶克、弗里德曼与重塑大萧条之后的自由市场》一书中所指出的那样，朝圣山学社最显著的特点并不是其意识形态的顽固性，而是其多元的和矛盾重重的趋势。对哈耶克而言，战争年代的回归和社会主义国家计划的反转是这场运动的主要目标，而非福利国家的整体回归。德国人认为，秩序自由主义国家是为自由创造条件的组成部分，尤其是在抵制资本主义的垄断倾向时。

尽管人们对哈耶克给予了很多的关注，但新自由主义经济理论的真正引擎却是后来的微观经济学家的工作，在 20 世纪 70 年代滞胀危机之后，这些经济学家主导了这个领域。在公众眼中，凯恩斯主义者和货币主义者关于商业周期理论的争论是该时代最显而易见的理论争议。但更为持续的发展却是价格理论的工作越来越深入地涉及对人类行为的分析。人力资本理论、消费者选择和偏好满意度、个人效用最大化、自由贸易互惠互利和比较优势，以及最重要的市场效率原理，共同开启了进入经济学专业范式核心的漫长历程。

那些对经济学理论产生影响并留下印记的人，尤其是聚集于"公共选择"这一范式内的人，都对国家行为充满敌意。以下许多问题都在这个圈子和其他圈子里得到了充分的讨论：希望通过国家力量谋求非竞争利润的寻租行为，每一种政治行为根源上的利己主义，缺少国家支持的情况下保持垄断优势的不确定性，大多数管控措施的无效性，国家保护的道德危险，等等。然而，对他们来说，19 世纪自由主义者反国家主义冲动的重构并不能扭转局势。大多数经济学家都认为，经济监管仍然有其适当的合理性，即公共产品和市场失灵确实存在，在贫困或不平等加剧的情况下进行收入再分配是合理的公共职能，市场并不是解决所有人类问题的灵丹妙药。

微观经济革命所做的并不是提供一套统一的答案，而是为解决所有的最大化问题建立一个强大的概念工具箱。在这种形式下，从价格和市场功能的角度对人类行为作出详细阐释已经不属于当前经济学研讨的议题，也不是一种自我标榜的新自由主义计划，而是贸易的核心和常识性原理的组成部分。

（三）灾难资本主义：作为政策的新自由主义

新自由主义的第三种含义明确了一种不同的现象。与第二种含义相比，它在政治上更为强势，而在学术上却并不太连贯。它指出了一系列自20世纪70年代以来在全球广泛传播的商业友好措施。一些措施起源于经济学理论家，还有许多是自由政策企业家的贡献。现在，它越来越多地出自智库以及哈维所称的由各当权阶层所资助的游说团体。不论其源头是什么，这些措施所带有的理论和意识形态意味要比它们的实际价值更多。正如在饱受通货膨胀之苦的智利实施紧缩计划那样，他们宣称这样做是形势使然。正如玛格丽特·撒切尔所言，新自由主义的第三种含义是"别无选择"。

一般来说，危机时刻往往会为一些政策建议的实施提供机会。一个明显的案例是国际货币基金组织、世界银行以及其他国际债权人在80年代实施的财政紧缩改革，这些改革措施令债务国不堪重负。按照华盛顿共识，大幅度削减公共开支、淘汰国有企业、开放贸易和资本以整顿经济是债务重组不可避免的代价。不同类型的经济危机为撒切尔的紧缩计划和里根的减税政策的实施提供了政治可能性。娜奥米·克莱恩（Naomi Klein）指出，休克经济疗法采用的是与美军对伊拉克采取的震慑性军事入侵几乎一样的路径。经济灾难，如1975年纽约市濒临破产和2013年底特律的灾难性破产，为公共服务、预算和社会福利项目的回归提供了机会。卡特琳娜飓风在2005年之后为新奥尔良带来了同样的影响：其公立学校系统以异乎寻常的速度被关闭，私人竞争者争相取而代之。奥巴马医改则形成于一种政治困境而非彻底的灾难。但是，国家在医疗保险领域创立市场的实验则是类似动因的产物：在来自利益集团压力、政治紧迫性和政策不确定性导致的僵局之中，预先制定的市场友好型解决方案似乎是唯一切实可行的出路。

在所有这些例子中，并不存在看不见的政府之手。克莱恩和其他人称呼这些暂时性的政策计划为"灾难资本主义"（Disaster capitalism）。灾难资本主义支持处于公共救助计划中的国家在核心经济利益上作出让步，以便为其他企业家开辟新市场。寻租者们的美梦破灭了，但是寻求国家的支持与特权的争夺却愈演愈烈。新自由主义的第三种含义有时候会将自己置于一种乌托邦式的选择与语言偏好中，但是它很少像第二种含义所提到的那样作为自由的、不受操纵的市场运作。

（四）自我商品化：作为文化体制的新自由主义

新自由主义的第四种含义是最近才被提出的，也是这四种含义中内容最全面的。它命名了一种文化体制，这种文化体制把价格和利润烙印在生活于其中的每个人的灵魂深处。温迪·布朗（Wendy Brown）在《毁掉民主：新自由主义的隐性革命》（*Undoing the Demos*：*Neoliberalism's Stealth Revolution*）一书中借用福柯的说法指出，新自由主义不是一个经济阶段，也不是一系列观念或一整套政策，而是我们所处时代的"治理理性"。这是一个不需要有形的管理者而只需要规则的政府，它以其无处不在的力量将"市场的模式传播到所有的领域和活动中"。它"将人类毫无例外地设定为市场参与者，使得人们永远都是经济人"。政治、协商、公共行为都在争取为自我赢得更多的人力资本和竞争优势地位的无情压力下被统统消解。国家将自己重新定义为公司，大学变成了工厂，个人则变成了有价格标签的物品。新自由主义的第一种含义和第三种含义或许会在政治上受到挑战，第二种含义可能在经济学术研讨会上受到排斥。第四种含义则概括了最令人悲哀、也最全面的场景，在这一场景中，所有其他的含义和目的都退避三舍并屈从于市场资本主义。

三、新自由主义的身份问题

尽管我们很容易发现新自由主义这一术语在使用中的某些综合性观点，即对国家支配和控制权力的怀疑、对塑造人类行为的激励力量的尊重以及对市场的信心，但是这些观点之间的差别很大，也很重要。它们在命名客体、列举因果关系以及揭露脆弱性方面都有所不同。更为重要的是，它们在政治策略上也有所不同。

许多撰文严厉抨击新自由主义的人都注意到了其所描述的现象中的无序。哈维指出，资本主义世界通过一系列反复和混乱的试验跌跌撞撞地迈向新自由主义。政治经济学家杰米·派克（Jamie Peck）宣称，新自由主义挣扎于一个又一个的危机之中。布朗注意到，新自由主义是"无常的"和"易变的"，永远具有可重构性。它是"无常的、易变的、不系统的、自相矛盾的、不纯粹的"，是"任性的"，是"内部存在不统一和不一致的"。上述修饰语让情况变得更加复杂。"这些都可以追溯至哈耶克"的说法仍然可以在某些版本的新自由主义叙事中听到。但是，新自由主义的身份问题在多大程度上源于其阶段的转变和重构呢？又在多大程度上是过度延伸"新自由主义"词汇含义的结果呢？

每种现象都有一个现成的名称：第一种含义是"金融资本主义"，第二种含义是"市场原教旨主义"，第三种含义是"灾难资本主义的周期性政策"，第四种含义是"商品化自我与商品化社会想象的普遍文化"。这些名称或许并不恰当，但是它们指向真实的机构、真实世界的替代选择以及可实现的政治。现代全球金融资本主义的威力和脆弱性，使得底层社会日益加剧的不安全感和上层社会严重的财富积累持续发展的动力机制，都在呼吁更为严厉的监督和更为有效的抵抗行动。现代的、以数学武装起来的效用最大化范式和市场效率范式融入到经济行业中，成为分析人类行为的通用工具，这是一个需要批判和替代的独立问题。在危机推动的政策背后，企业友好型建议需要更多的调查、分析和公众参与。通往一个"尊重公共利益和公共福利、将政治重新想象为一个协商领域而非由广告推动的消费选择领域"的社会的道路，需要进步主义者们将一切政治工作和想象汇聚在一起。这些都不是简单的任务，但在这些预先存在的术语中，分析与行动之间的联系是明确而直接的。将所有这些现象集中概括在一个词汇中可以阐明我们的政治任务吗？或者，这是否会让我们更加难以明确我们的阻力、行动策略并创造替代的可能性？

在极端的情况下，将困扰我们的所有问题集中在一起会加剧"绝望"的情绪。布朗认为，这种可能性在我们面前正变得越来越大。她为"支配当今世界的过于庞大的、快速的、复杂的、不可避免的、看似不可战胜的力量"所带来的无力感而担忧。对那些认为2008—2009年的经济危机是新自由主义经济姗姗来迟的丧钟的人来说，只要看到现有的经济、思想和政治结构比以往更加强大，一种无能为力的感觉就很难被忽视。布朗本人是当今主要的公共知识分子领袖之一，在她的著作中体现了坚韧的勇气，但悲观主义的用词——"精疲力竭"、"坍塌"、可能性和目标的普遍萎缩——也贯穿于其中。或许这就是一个如此彻底地在市场秩序下组织起来的社会所产生的东西。又或者是不断膨胀的范畴使一种切实可行的政治变得更加令人难以察觉。

当前迫切需要一种社会现实主义语言，而新自由主义这个术语又有什么用呢？在美国，新自由主义在很大程度上仍然是学术界和左翼知识分子所使用的词汇。所谓的新自由主义者们几乎从来不把它用于描述其自身的计划或他们自身。在进步的学术杂志和研讨会中，新自由主义已经迅速地作为一种虚拟货币而发挥作用，它甚至便携到可以被左翼知识分子用于几乎任何学术讨论中，成本低而回报清晰。

但是，不断扩张的词汇很少能维持在最初的边界之内。新自由主义已经越界进入公共领域或政治领域。对那些试图弄清楚特朗普是如何从竞选小丑当选为总统的人来说，2016年的灾难就是选民们对希拉里·克林顿所支持的温和新自由主义的报复行为。对其他人来说，特朗普作为新自由主义的拥护者赢得了选举。在特朗普的经济民族主义的承诺背后，更快的资本积累或许一开始就是他的最终目标。

不过，在2016年的选举中，语言政治也发挥了其自身的作用。在一个知识分子受到大部分公众的普遍质疑而基于专家经验的真理主张却遭到无情攻击的年代，词汇是非常重要的。对很多选民——即使是那些投特朗普反对票的人——来说，特朗普最明显的吸引力就在于他用简单的语言（当然是粗俗的、带有种族主义和性别歧视的、具有煽动性的）来演讲，这在选民们听起来是直截了当的口语。即使特朗普撒谎或者夸大表述，他的话也带有坦率的气息。其他的政治家都含糊其辞，而特朗普则直言不讳。这就是进步人士不敢采用的语言现实主义。

如果进步人士带着与当前的新自由主义浪潮抗争的论调参加 2018 年的选举，他们可能会希望扩大公共讨论的范围。但是，如果继续强化这种精英不同其他阶层交流的观念，那么他们顶多只能获得一些来自大学院系的某些选民的支持。

反思新兴的新自由主义[*]

威廉·戴维斯^{**} 著　　陈凤姣　高卓群　译

[内容提要] 本文介绍了与历史上的新自由主义不尽相同的新兴的新自由主义，通过梳理新自由主义的三个阶段，即好斗的新自由主义、规范的新自由主义和惩罚性新自由主义，试图解读为新自由主义国家提供方向而依次出现的伦理哲学，尤其是新自由主义的精神与意义在2008年后在权力的执行过程中发生的嬗变以及由此引发的一系列政治、经济问题。作者认为，政府的管理权力正逐渐向非理性批判转变，并以经济紧缩和利益制裁等为例批判了最高权力的非理性倾向。文章最后指出，新兴的新自由主义面临的一个令人担忧的情形就是回避批判性知识。

[关键词] 好斗的新自由主义　规范的新自由主义　惩罚性新自由主义　非理性

一、紧缩政策与利益制裁

建立共同的欧洲公共领域的承诺是通过理性协商联结起来的，这一承诺

---

* 本文原载《新左翼评论》(*New Left Review*) 2016年9/10月号（总第101期），译文有删节。译文原载《国外理论动态》2017年第6期。

** 作者简介：威廉·戴维斯（William Davies），英国伦敦大学金史密斯学院高级讲师，社会学家、政治经济学家。

二百多年来一直让自由主义者心驰神往，但如今，这一承诺却似乎破灭了。在欧洲公共领域，以共同市场为核心的战后重建项目如今已经走到了极限，很多此前推崇这一项目的人如今也接受了这一点。这种自上而下的表面上的非理性主义导致的结果之一是为自下而上的非理性辩护。

自2008年起，执政部门这种形式上的非理性转变，其特点表现为出现了各种更具辩护性的决策，这些决策的作出通常是在政策评估、证据收集或公共诉求的规范之外。过去，新自由主义一直因其将"效益"或"竞争力"的经济判断置于社会正义的道德判断之上而受到批评。但是，至少在公共话语层面，政府似乎逐渐开始抛弃所有判断规范行事。最好的例子是经济紧缩本身。有关顺周期性（procyclical）财政紧缩方案成功避免宏观经济停滞的案例在历史上非常罕见。自2008年起，哈佛大学经济学家阿尔贝托·阿莱塞纳（Alberto Alesina）提出的"扩张性财政紧缩"假设被很多欧洲政要争相引用，但这个假设只是提出了削减开支并不一定会减缓经济增长。然而，无论有多少紧缩措施失败的经验性证据，似乎都不足以说服认为宣扬紧缩措施很有必要的那些人。

旨在规训弱势群体的社会政策同样变得令人难以置信。在英国的"利益制裁"（benefit sanctions）体制下，一些微不足道的违规行为会导致福利金给付的突然中止，时间长达一个月，让人觉得这些法规的具体实施是完全没有程序理性的。在英国，有上百万人因为各种原因受到制裁，数千人在被劳动福利项目承包人声称他们"适合工作"并被削减伤残抚恤金后死亡。劳动力市场政策如今包含了令人质疑的行为激发策略——从神经语言程序（neurolinguistic programming）到自我营销等各种口号。参与者们必须大声说出"我仅有的局限性都是我自己设定的"等诸如此类的"自我肯定"话语，可笑的是，这与那些低收入、患有慢性病、要赡养家人的人们的实际状况相去甚远。

当然，这样的政策并非完全不合理。在债权国和金融制度中，显然有人受益于紧缩政策；苛刻地对待福利受助人，是为众所周知的选举议程服务的。然而，上述趋势似乎的确不符合公共政府的理性。米歇尔·福柯认为，自由主义国家于19世纪停止了过重的、报复性的惩罚形式，取而代之的是专家式的规训形式，后者源于研究如何实现最佳结果的复杂的统计学、心理学和经济学知识。如果福柯的说法是正确的，那么当代紧缩体制似乎正在颠覆这种情形的某些方面。社会科学、经济学或心理学在规范的、方法论的和可公开证伪的意义上是否适用，这一点不再明确；相反，它们似乎正在充当最高权力的武器，断言真相，而不是发现真相。

二、新自由主义已死，但仍然主导一切？

如果说今天我们仍然生活在新自由主义体制下，那么这种新自由主义显然不同于20世纪70年代末80年代初崛起的新自由主义，也不同于在90年代占统治地位在2008年之前一直处于繁荣期的新自由主义。"新自由主义"这一术语一直颇有争议。人们常常认为，它意指很多不同种类或相互对立的政策机制，因此显得毫无意义。当然，这一概念的内在不一致性或许可以概括其意图捕捉的、关于这一体系的某些真实情况。然而，它在某些方面还是存在问题，即它认为2016年的政府干预与2001年或1985年的政府干预遵循同样的理性或目的论。显然，新自由主义似乎已经进入了某种后霸权阶段，在这一阶段，权力体系和权力程序依然存在，但不再有规范的或民主的权威。在这个意义上，正如尼尔·史密斯（Neil Smith）所说，新自由主义"已死，但仍然主导一切"。然而，如果这种新的权力形式并未衰退，而是放弃了谋取霸权（在安东尼奥·葛兰西所谓的伦理道德的意义上），又会如何呢？我想说的是，现在已经出现的并非另一个简单的"后"新自由主义时期，而是一个全新的新自由主义时期，一个按照惩罚精神组织起来的新阶段。这种惩罚并非杰里米·边沁所构想的、福柯赋予其历史意义的那种惩罚，即关于不满情绪的测量科学。相反，它是一种代替理性话语发挥作用的冷酷方式，不再需要达成霸权性的共识。这引起了民众的震惊和怀疑，这表现在"财政水刑"①

---

① 希腊总理阿莱克斯·齐普拉斯（Alexis Tsipras）把欧盟和国际货币基金组织等债权人苛刻地对待希腊、要求实施紧缩政策、将希腊禁锢在债务人的牢笼中的做法形容为"财政水刑"。——译者注

这一概念中。

要从历史意义上考察这个新阶段,我们必须思考它与 2008 年前的新自由主义有何不同。就此来说,新自由主义可以分为两个阶段。首先,自 1979 年前后开始,新自由主义开始蔓延,持续了大约 10 年的时间,直至柏林墙倒塌。而引领第一阶段新自由主义传播的是右翼新保守党派,尤其是罗纳德·里根和撒切尔夫人。然后,新自由主义得到推行,持续了近 20 年的时间,从国家社会主义失败到金融危机在全球蔓延。重要的是,新自由主义第二阶段的推手是中左翼的自由主义和前社会主义政党,结果导致其中的许多政党如今都陷入了混乱状态。我并非是要在各种监管模式或各种诸如此类的政策之间进行阶段划分,而是要区分与这些模式或政策如影随形的道德和哲学取向。同样的国家权力工具在不同的历史时点上可以拥有多重含义。一项政策的目的或先验原则虽然是无形的,但却存在于实施和接受该政策的那些人的心里,存在于他们相互理解的实践中。有鉴于此,本文试图解读为新自由主义国家提供方向而逐次出现的道德哲学。自 2008 年以来,发生变化的并非权力的手段,而是其实施过程中所蕴含的精神或意义。

三、好斗的新自由主义(combative neoliberalism):1979—1989 年

作为一项与众不同的政治—思想工程,新自由主义的起源可追溯到 20 世纪 20 年代有关社会主义计算(socialist calculation)的大辩论,尤其可追溯到路德维希·冯·米塞斯。这些理论基础展现了随后出现的新自由主义批判理性(neoliberal critical reason)的某些特征。早在弗里德里希·哈耶克及其支持者试图建构一种新自由主义政府的积极愿景之前,米塞斯已经展现出新自由主义知识分子的野心,这种野心具有阻碍性,甚至破坏性。米塞斯在 20 年代作出的最重要贡献是,他认为有必要质疑社会主义的合理性。针对何为"合理的"社会主义政府这一问题,他制定了一个不可能达到的标准。米塞斯主要关注主体间性的估值(intersubjective valuation)这一哲学问题,他的著名

论断是：要将价值转换成可用共同标准测量的计算指标，唯一可信的方式就是价格体系。鉴于工业生产涉及的时间跨度和复杂性，如果缺乏价格体系，生产性资本的投入将变得非理性。但是，米塞斯本人在菲利普·米卢斯基（Philip Mirowski）所谓的"新自由主义思想群体"中从来都不是一个主要角色，却为批判性地分析社会主义和凯恩斯主义的政策制定提供了一种模式。他的批判风格为接下来的走向设定了基调：坚持简单、明确的二元抉择——要么是自由市场资本主义，要么是任何其他选择。

正如米卢斯基指出的，早期新自由主义者的想法与卡尔·施米特（Carl Schmitt）的反民主的政治现实主义在某些方面有共同之处。他们有关"政治性"（the political）的观点也来自美国新自由主义的传统，这种新自由主义起源于弗吉尼亚大学和芝加哥大学，是一种深受行政决策问题影响的观点，必须远离短视的民粹主义目标的影响。把行政权交付给理性的技术统治论者，将是维护价格体系之合理性的必然结果。我们可以发现，这种新自由主义的批判风格还具有另一种典型的施米特式特点：在市场经济与任何其他取向之间进行选择的残酷性，会导致在经济决策领域的敌友划分。

关于新自由主义是如何在20世纪20年代有关社会主义计算的大辩论与80年代新右翼的胜利之间发展起来的问题，在其他地方已有所提及。很多描述都强调指出了智库对于发展哈耶克试图构建的那种积极的政策平台所发挥的作用。然而，不应忘记，在这次运动中发挥催化、凝聚和激励作用的是一种抵抗非资本主义的政治和思想力量的精神。70年代末，让大多数左翼人士感到吃惊的是，资本在社会和政治生活中得到重组，就像劳动力曾经的重组一样。这种好斗的新自由主义的发展模式包括大量旨在削弱社会主义之可能性的手段，其中主要是反劳工立法，有时也会与工会发生暴力对抗。反通货膨胀的货币主义政策和高利率进一步加剧了失业问题，并且到了一个前所未有的程度。撒切尔夫人的经济顾问艾伦·巴迪（Alan Budd）后来承认，这一直以来都是货币主义的潜在目的。里根政府增加军事开支，既给苏联经济带来了难以承受的压力，同时也掩盖了美国私营企业没有增长的事实。

经典马克思主义强调指出，这些政治发展证明了新自由主义的国家是阶级统治的工具。经历了 20 世纪 70 年代的通胀之后,利润率止跌复苏,这是新自由主义国家由来已久的目标。然而,它没有很好地把握好斗的新自由主义的文化和意识形态取向,即摧毁政治上充满希望的非资本主义道路。大卫·葛莱柏(David Graeber)对此言简意赅地指出:"要么使资本主义成为看上去唯一可行的经济体制,要么使资本主义真正成为一种尽可能切实可行的经济体制,无论如何必须二者择一,而新自由主义意味着总会选择前者。"米塞斯最先提出要在价格体系的合理性与其他选择的非合理性之间作出非此即彼的明确选择,这种选择掩盖了社会主义制度与社会主义文化之间的所有差别。它使人们无法在各种不同的集体主义形式之间作出选择,同时也将战后经济繁荣时期曾获得成功的各种混合经济拒之门外。

因此,作为批判和政治实践的一种具体形式,新自由主义的凝聚力是在与社会主义的激烈对抗中生成的,在国际上和国内摧毁社会主义成为推动新自由主义向前发展的目标。当然,20 世纪 80 年代的很多最具标志性的新自由主义政策都未"取得成效"。但是,就其更具发散性的伦理议程来说,这种改革用非社会主义的经济形式构建了政治希望和政治认同。

四、规范的新自由主义(normative neoliberalism):1989—2008 年

倘若没有社会主义,那么新自由主义会是什么?是什么使新自由主义有了自己的定位和道德认同?20 世纪 90 年代是新自由主义的黄金时期,被乔万尼·阿瑞吉(Giovanni Arrighi)描述为美国全球霸权的美好时期,这个时期出现了一种与众不同的政府模式。一旦政治希望的范围被限定为一种单一的政治经济体制,那么在如何使这一体制"公正"的问题上,现代化的规划就是一个明显规范的规划。新自由主义的目标是一种建构主义的目标,它要使基于市场的各种指标和工具成为衡量所有人类价值的标准,不仅是在市场内部,而且最重要的是,在市场之外也要如此。福柯等人首先注意到,新自由主义知识分子不仅像米塞斯那样致力于坚决摧毁支持计划经济的主张,而且还致

力于按照企业的理想重塑主体性。在非市场的语境中,"人力资本"之类的概念为分析和核算决策提供了新的视角。市场的优势是极具竞争力的品质,这种品质为判定价值和知识提供了规范的程序。根据这种逻辑,人类活动的一切领域都应该按照竞争标准加以重建,以此确保有价值的商品、服务、手工制品、理念和人都是可以被发现的。政府的任务就是确保"胜利者"与"失败者"能够得到明确区分,并确保这种竞争被认为是公平的。

这就要求在实践中将行政、管理和核算不断地现代化。公共部门官僚机构的改革试图向政府注入企业精神。1986 年,英国曾引进了研究评估考核,为每所大学院系打分,由此对其科研质量给出从最好到最差的排名。在整个 20 世纪 90 年代,艺术机构被告之要实施新的价值评估方法,用成本—效益分析以及"市场失灵"这一新古典主义话语来检测公共开支的合理性。为了对国家、地区和城市进行"竞争力"排名,有人发明了战略性审计技术(techniques of strategic audit)。新古典经济学和审计蔓延到社会和政治生活的各行各业,这是一种令人沮丧的现象,褫夺了非市场领域的自主逻辑。正如之前我所描述的,它通过经济学实现了新自由主义的政治祛魅(disenchantment)。然而,同样重要的是要承认其程序和约束的规范性,它们是围绕政治权力的行使来建构的。在这种情况下,新古典经济学就成为统治或"治理"(统治的下放形式)的软宪法(soft constitution)。公平、奖励和认可等规范性问题都被引入到关于效率的经济测试和关于"优越性"的对比中。在市场和准市场竞争的配合下,理想的方式是精英体制,通过合理的方式而非随意的继承获得收益。

中左翼政府更适合推行规范的新自由主义或所谓的"第三条道路"。这主要基于两个原因。第一,作为旨在使公共机构现代化并干预社会生活的治理模式,需要传统上与社会民主而非保守主义联系紧密的技术、机构和专业知识。这是一个自觉进步的项目,驱动它的是改革派想要创造一个不受文化传统约束的公正社会的愿望。第二,更高水平的社会支出通常伴随着新的经济霸权的发展。中左翼认为,扩大经济审计的范围是在后社会民主时代的公共服务和公共项目中实现价值的必要途径。在高等教育或人文领域等机构中,专业人士接受审计不仅是出于处罚或监管的目的,也是为了让他们能够以此为基础通过合理的方式争取更多的经费。

鉴于规范的新自由主义的内部竞争在体制上的重要性，其合法性从未遭到诸如不平等之类问题的威胁。其道德追求最终要取决于审计、经济测试以及以往各机构用以判断和计算整个社会的价值的各种方法的权威性。这些评估必须保持优先地位，以确保规范的新自由主义具有向心力。一旦审计制度和经济模式有可能为既定的政治利益和经济利益服务，那么这种等级评估就会在银行危机中不复存在。审计员和信用等级评定人同样会受到经济激励的驱使，这一发现有助于消除规范的新自由主义意识形态的一致性。只要检测"合理的不平等"的方式被发现是错误的，那么自20世纪80年代以来出现在大多数北半球国家的不平等就再次变成了一个主要问题。

五、惩罚性新自由主义（punitive neoliberalism）：2008年至今

回顾新自由主义的前两个阶段，令人感到奇怪的是，批判理论家和社会科学家基本上都未认识到这两个阶段具有同一个规定性的经济特征：债务累积（build-up of debt）。正如沃尔夫冈·施特雷克（Wolfgang Streeck）在《购买时间》（Buying Time）一书中所说，首先是一个公共债务增长阶段，伴随着所谓的"好斗的新自由主义"；随后是一个私人债务增长阶段，伴随着"规范的新自由主义"。但是，直到事后才有人对这两个阶段进行批判和分析。虽然金融化处于上升趋势，但它一直被误认为属于非物质价值的其他形式，比如"创造力"或"知识"，从而掩盖了好斗的新自由主义和规范的新自由主义这两个阶段的债务问题的政治逻辑——这种政治逻辑直至全球金融危机之后才引人关注地显现出来。

将银行债务转移到政府资产负债表上，从而为给紧缩政策辩护制造理由，这就开启了新自由主义的第三个阶段。伴随该进程的社会思潮是极具道德化——与功利主义相对立——的惩罚。这种惩罚精神与其他惩罚精神的区别是其"后法律逻辑"，即如下意识：审判时刻已经过去，是否有价值或有罪的

问题已无须公开协商。同样，这种惩罚精神也是后批判性的（post-critical）。在惩罚性新自由主义之下，经济上的依赖和道德上的失败以债务的形式纠缠在一起，产生了一种令人忧虑的状况：政府和社会向自己的国民宣泄愤怒，用暴力手段对付他们。当债务与政治缺陷纠缠在一起时，就形成了进一步实行惩罚的条件。研究显示，那些负有债务的贫困群体普遍患有精神抑郁症，债务使他们更加自责，并期望得到更多惩罚。对紧缩政策的公众态度的研究也证实了一种类似的主体内化，即金融道德的内化，这种内化使人产生了这样一种感觉：我们"理应"承受信贷推动的经济增长带来的痛苦。

惩罚性新自由主义的政策工具和实践与新自由主义初期阶段的政策工具和实践具有很强的相似性。英国保守党恢复了撒切尔时代的政策，例如扩大社会住房"购买权"，不同的是，这种扩大延伸到了非营利性住房协会的承租人；此外，保守党还恢复了反工会立法，比如要求提前向警察提交举行示威活动的申请，以及禁止会员通过网络投票来决定是否采取罢工行动。这些政策甚至被《金融时报》描述为"不合情理"（out of proportion）。目前，尚不清楚实行这些措施的目的何在。以大多数正统的经济评估标准来衡量，它们带有自毁倾向。英国膨胀的房地产市场已经成为深层结构性问题的根源；此外，自2008年以来，英国工人实施罢工行动的年均天数比1900—1990年的任何年份都要少。更高的工会分布密度和更强的讨价还价能力很有可能会提高工资，缩小社会不公，从而有助于促进更为持续的增长。

与规范的新自由主义相关的技术也呈现出一种新的惩罚性。在增长时期，审计向公共和文化部门的延伸是建立在对分配更多的经费达成了共识的基础上。在紧缩时期，同样的技术成为撤销经费的借口，并在此过程中导致多方面的伤害。沃伦·巴菲特（Warren Buffett）有句名言："唯有退潮时，才知道谁在裸泳。"他的这一论断如今正有效地蔓延到公共和文化部门。政府期望公共部门的生产效益能够减少紧缩措施带来的损失，这意味着公共部门职员身心健康水平的下降如今已成为财政紧缩的一个最重要标志。根据2015年初的一项调查，英国有近半教师因为压力问题就诊，超过三分之二的教师正考虑辞职；与此类似，70%的初级医师因无偿加班而考虑离开国民医疗服务体系。

在经费竞争日趋激烈的科研体制中，就职于伦敦帝国理工学院的德国科学家斯特凡·格林（Stefan Grimm）因未完成申请到更多的科研经费的要求而自杀。这表明，在经费被削减时，惩罚性目标的设定会导致各种压力。新自由主义带来的冲突和伤害越来越充分地体现在人类的身体健康上。而致力于保护残疾人权利的活动分子以及罢工医生们指出了紧缩政策的局限性，并赢得了一定的公众支持，这让保守党政府十分担忧。

然而，当代的新自由主义与早期的新自由主义在表面上的相似性掩盖了这样一种深刻的差异：在当代，人们完全不清楚为何要推行新自由主义措施。在过去，新自由主义的先驱们持有的施米特式的世界观曾使自由市场资本主义与各种非资本主义制度相对立；而如今，新自由主义已变为一种偏执的、简单化的观点，并显然带有自我毁灭的倾向。过去的新自由主义针对的是社会主义；而现在的新自由主义所瞄准的"敌人"大都是那些被剥夺者，他们存在于新自由主义体系内部。在某些情况下，比如在因贫穷、债务和崩塌的社会保障体系而陷入困境的情况下，这些"敌人"作为一种自主的政治力量基本上已被摧毁。然而，想要惩罚他们的欲望不知为何反而更加强烈。

六、表述现实（representation）还是简单的重复（repetition）？

在20世纪70年代，福特主义的凯恩斯主义的危机遵循了传统的现代危机的节奏，符合托马斯·库恩（Thomas Kuhn）的范式转换模型。经济状况引发了理论正统性和监管正统性的危机，从而导致出现了一个知识与政治都充满不确定性的阶段，由此创造了一种让相互竞争的诸多理论与政策观念争相获得可信度的空间。葛兰西在《狱中札记》中有这样一个著名论断："危机恰恰在于这样一个事实：旧的行将消亡，新的尚未出现。"这或许很好地描述了70年代中期——新自由主义崛起前的那段时期。然而在今天，旧事物并非行将消亡，而是正在复兴。

历史危机的结构反映在这样一种批判的语法规则中：用符号表述现实的能力成为加速现实转变的手段。表述被用来突出显示潜藏在当下境况中的痛苦，抑或说明当前僵局具有的相互冲突的、不可持续的本质。然而，鉴于批判与危机之间的相互作用，至少我们可以假定：各方都在寻求可信的符号表述，哪怕只是为一种新的霸权主义服务。但是，是否真的如此呢？对于惩罚性新自由主义毫无意义的暴力行为，一种解释是：这是一种既能规避危机又能同时回避批判的策略。它不再提供必定会揭露当前弊端的批判性知识，而是一再重复一些空洞的、客套的肯定性话语。这些话语缺少从认识论或符号学的角度表述现实的强烈意愿，而只是在强化现实。当政治领袖们声称紧缩会带来经济增长时，其言语行为的目的只是简单的重复，而非表述现实。同样，当救济金申领人被迫背诵"我仅有的局限性其实都是我为自己设定的"之类的口号时，明显不是在陈述真相或事实。它们是卢克·博坦斯基（Luc Boltanski）所谓的"确认系统"（systems of confirmation），是试图维持现状并占据话语空间的言语行为，如若不然，则会有其他关于现实本质的实证性或批判性问题填补这一空间。

与葛兰西评述的福特主义社会相反，为了不受批判理性的约束，如今的权力试图规避公共领域，权力日益成为（软件、金融和人类生物学的）非表述性准则（non-representational codes），在过去、现在和未来之间斡旋，将整个社会联系在一起。例如，在这些准则中，员工的敬业程度无法通过文化和心理手段加以实现，于是商业部门就日益借助于可穿戴技术之类的解决途径，将员工视为可从身体上加以监控的一种固定资本，而非可供使用的人力资本。人类的重要特点是以类似机械的方式重复着的那些特点：脚步、夜晚睡眠、呼吸和心跳。这些节拍式的生命特征将每一个瞬间表述为另一个同样的瞬间。

在新兴的新自由主义规避批判性知识的表面下潜藏着这样一个它一心想要避免的事实：目前还找不到一个有利可图的方案来替代当前已然破碎的资本主义积累模型，尽管它一直在努力自我修复。全球资本主义的发展已经对自己的成就深感困惑：制造业产能过剩，产品库存导致利润下降，劳动力供过于求，工资水平下降，由此导致需求量下降。在"经济腾飞的黄金30年"结束后，盈利能力的比率一直在下降，只是偶尔会有短暂的上扬。这背后隐藏的问题是：自福特主义的凯恩斯主义消亡之后，完全没有找到一种可行的，且能带来利润的资本主义模式。新自由主义模式一直依赖公共债务和私营部门高涨的债务，过去是隐性依赖，如今已经显性化。正如施特雷克指出的，这种依赖是40年来采用的缓兵之计。从根本上说，上述非理性的症状在当今的新自由主义中所起的作用就是逃避或掩盖这种现实。

新自由主义的最初理念——可回溯到20世纪20年代——来自米塞斯的如下论述：没有关于人类需求的科学解释，只有关于消费偏好的科学解释。在米塞斯的这一信条遭到历史经验的否定之前，抵抗和冲突不可避免地会继续影响医疗保健政策的实施，在这些问题中，人类身体的有限性和易错性是对米塞斯主义最简单的证伪，同时，抵抗和冲突也可能会导致一种完全不同的霸权主义。

新自由主义已令人难以相信，部分原因是，作为一种体制，它不再以过去的霸权主义所采用的方式——通过一定程度的文化共识或规范共识——去谋求公信力。最高权力总是具有一种循环逻辑，用以证明这种权力是可以实施的。然而，这种最高权力现在存在于技术领域和技术专家领域：政策、惩罚、削减和计算不断地被重复，因为现实状况只能如此。对此，我们可以动员广大民众以多种方式进行具体的批判。

新自由主义的垄断资本主义批判：经济剩余的吸收与浪费[*]

玛丽·沃伦[**] 著　周思成 译

[内容提要] 垄断资本主义制度的固有矛盾是生产过剩与消费及投资饱和之间的矛盾。为了缓解这一矛盾，垄断资本主义必须寻求各种途径来吸收经济剩余。在垄断资本主义的最新阶段，即新自由主义时代，产生了剩余吸收的两种新类型：营销活动和政治活动。垄断资本主义不仅通过投资广告、开发新的差别化产品等途径来吸收经济剩余，同时也将经济剩余用于竞选献金和游说，以获得对资本利益的政治保护。

[关键词] 垄断资本主义　新自由主义　经济剩余　营销努力　政治活动

发达的垄断资本主义的主要矛盾，并不是资源稀缺同固有的、无法满足的欲望之间的矛盾；相反，是生产过剩与饱和的消费及投资市场之间的矛盾。为了吸收潜在的经济产出，防止产能过剩，商业集团（business interests）必须不断寻找和开拓新的市场，或者吸引现有客户来购买最新的产品、迭代或

---

[*] 本文原载《每月评论》（*Monthly Review*）2016年第68卷第3期，译文有删节。译文原载《国外理论动态》2017年第4期。

[**] 作者简介：玛丽·沃伦（Mary V. Wrenn），英国剑桥大学格顿学院研究员。

服务，并吸引新的投资。在资本主义经济中，企业生存的关键就在于不断扩大市场份额和市场覆盖范围：要么增长，要么死亡。

为这一无休止的奋斗所投入的努力，取消了市场决定价格的传统智慧——因为如果存在竞争性的价格体系，就不可能存在这类支出所需要的基金。我将要证明，花费在这种不切实际地追求增长的努力上的资源和金钱，一般可称为"经济剩余"（economic surplus）。这种剩余存在的证据，以及在垄断资本主义条件下竞争性价值规律无法发挥作用的事实，从花在营销活动和政治活动上的巨大资金数量来看，是很明显的。

在《垄断资本》一书中，巴兰（Paul A. Baran）和斯威齐（Paul M. Sweezy）用了全部十一章中的四章，也就是超过全书三分之一的篇幅，来分析"经济剩余的吸收"问题。这四章中的前两章，《资本家的消费与投资》和《销售努力》，讨论了企业内部的剩余消耗，后面两章，《政府民用支出》和《军国主义和帝国主义》，则研究政府如何帮助企业消耗剩余，重点关注军工企业。此书出版数十年后，也就是新自由主义兴起后，其核心理论仍然有效，虽然剩余吸收的种类和手段都已经发生了变化，以适应垄断资本主义的新形态。本文重点关注的仍然是企业内部的剩余吸收，但是，新自由主义时代产生了剩余吸收的两种新类型：营销活动和政治活动。

经济剩余

就其最基本的形式而言，经济剩余是社会生产出的产品数量与下一轮社会再生产所需要的产品数量之间的差异。这种经济剩余的定义是超越特定语境的，因而适用于一切社会和生产方式。经济剩余的生产以生产出超过维持社会基本生存水平所需要的产品为前提。在垄断资本主义条件下，经济剩余可以更明确地定义为：必要消费——换句话说，社会和物质资料的再生产所必需的消费——得到了满足之后余下的"潜在"产出。潜在产出不是某一特定时期内生产出的产品数量，而是既定的社会资本存量和劳动力人才水平下社会总生产能力的一个函数，无论这种总生产能力是否得到了利用。换言之，潜在产出就是利用一个社会中所有可用的生产要素所能达到的产出。实际产出往往低于潜在产出，是垄断资本主义的一个重要趋势；换句话说，垄断资本主义体系趋向于产能过剩。

一个社会的社会再生产和物质再生产所需要的任何支出，包括维持个体目前生活水平以及维持生产能力所需要的支出，都构成了基本消费。起到提高生产能力作用的消费，或者不只是用于社会再生产的消费，应该被视为投资，而不是严格意义上的消费，因此也就应该被视为经济增长和经济发展的潜在催化剂。既然这种投资是由经济剩余所支持的，那么很明显，决定经济增长的内容和方向的潜在因素就在于如何使用经济剩余。因此，经济剩余应该被视为一种基金，这种基金可以用来为任何一个项目融资。

垄断资本主义的危机

由于永不停歇的积累循环构成了一切资本主义制度的驱动力，因而为了商业利益，必须不断扩大生产。由于同时存在节约成本——特别是劳动成本——的动力，生产能力与限制消费之间的差距就造成了一种结构性失衡：生产能力由技术水平决定，而消费限制则由占主导地位的社会—政治制度以及收入分配决定。收入分配的不平等是一切资本主义社会形态的痼疾，它限制了在某个特定的社会中能够消费的产品数量。无效需求的问题总是困扰着现代企业，同时还存在着价格刚性的问题，这些都导致生产力的被迫削减，并且造成资本过剩或"资本积压"的问题。

当前的垄断资本主义危机就是持续的生产能力过剩危机。由于收入分配的不平等不断加剧，这种剩余无法用于生产更多的消费品，也不能用于投资——也就是说，不能用于生产可以提高生产力的资本，因为这只会加剧产能过剩的问题。潜在的经济剩余是由潜在产出与必要消费之间的差距构成的，生产能力与消费限制之间的差距可以被界定为由结构决定的经济剩余基金的份额，因而直接反映了一定时期内产能过剩的程度。在垄断资本主义条件下，持续的产能过剩和资本存量闲置，伴随着剩余基金的积累和剩余吸收的困难，造成了一个导向经济停滞的系统性趋势。这一趋势，加上垄断资本对成本加成定价法（乃至降价刚性）的操纵，通常会引起宏观经济的不稳定，并且容易导致滞胀。

试图解决产能过剩问题的新凯恩斯主义疗法造成的结构性失调，让产能过剩和经济滞胀问题更加复杂。新凯恩斯主义疗法要求通过政府投资造成的赤字财政来刺激经济。政府支出，特别是日益增长的私有化趋势下的政府支出，试图通过填补生产能力与不断增加的公共部门消费之间的差距来消耗经济剩余基金。早在1957年，巴兰就指出，在垄断资本主义条件下，这种刺激政策导致了企业易于高估消费弹性，这反过来又鼓励生产超过消费限制，从而加剧了经济停滞的趋势。其结果无非是产生了一种循环的趋势，不断推动政府去刺激经济。此外，通过财政赤字来支持非结构性的投资，特别是用于增加非资本存量的投资，例如，军事装备和技术研究将导致一种不稳定的通胀风险。

因此，垄断资本主义的主要后果就是结构失调和停滞。通向滞胀的系统性趋势——本身产生于导致慢性产能过剩、资本存量积压、有待政府援助的资金冻结的潜在趋势，同时伴随有通货膨胀的趋势——由于旨在防范这种过剩威胁的非结构性赤字财政而更加恶化。在上述情形下，现代垄断资本主义制度似乎最终会被自身的停滞所吞噬。不过，我们将要证明，新自由主义积累的社会结构，在通过创造非生产性渠道来消耗经济剩余资金从而预防这种危机方面，表现得相当从容。

新自由主义的垄断资本主义

在《垄断资本》出版50年后的今天，新自由主义已经成为垄断资本主义的最新发展阶段中最强大的意识形态。新自由主义标志着国家职能的转变，即从保证充分就业和保护其公民免受市场失灵的危害转变为专横地保护市场本身。在新自由主义时代，私人生活和公共品都被市场吞噬，而政治服务于商业利益的趋势变得越来越彻底和明显，当我们考察经济剩余资本时，这些现象尤其突出。

新自由主义的首要目的是不断增强垄断资本的各种金融机构控制经济剩余

基金的能力。新自由主义的意识形态提出，对经济活动的最终也是唯一必要的调节机制只能是市场；经济领域的运行过程是自然的，具有无情的、逻辑的客观性。既然存在由收入分配不平等导致的消费限制，以及随之产生的扩大生产能力同时又避免造成闲置资本——由此加剧了抑制投资的产能过剩——的需要，新自由主义的垄断资本主义只能通过创造新的、生产"浪费"（waste）的手段，以及通过扩大现有的那些手段来维持自身。巴兰和斯威齐在《垄断资本》中使用的"浪费"的概念，并不含有故意的贬义。"浪费"特指这样一些资源，这些资源被用来生产或销售不符合一般民众需求的商品和服务。

一般来说，（在商业过程中产生的）最大部分的浪费与销售商业产品的过程有关。其中包括用于广告、市场调查、娱乐项目公费报销、维持过多的销售网点、销售人员的工资奖金等方面的支出。与此密切相关的是公关和游说活动、租赁和维护豪华办公楼、商业诉讼等方面的支出。

巴兰和斯威齐，甚至更早一些的凡勃仑（Thorstein Veblen）使用的"浪费"概念，都强调经济剩余基金还有其他用途，例如，用来生产能够维系和丰富人类生活的商品和服务，包括医疗、住房和教育，等等。

经济剩余的吸收：营销努力

在垄断资本主义条件下，价格竞争逐渐失效，扩大市场份额、开拓新市场和寻找新的或更为忠诚的消费者的竞争，取代了价格竞争。因此，剩余基金的一部分越来越多地用于营销努力：研发新的、稍加改进或稍微专门化的产品；对设计和材料进行反复包装；开展一般性的促销活动，如广告战、公关活动、客户管理，等等。这些不过是越来越庞大的冰山的一角。在这里，我们要研究的是与广告和产品差异化的特殊类别相关的趋势，正是这一趋势造成了新自由主义的垄断资本主义的兴起，并与之相得益彰。

（一）广告

由于广告引致了消费者的需求，它在大众的社会化和教育方面扮演了关键角色。在新自由主义时代,广告试图将个体的能动性和自我表现与消费者对商品的偏好联系起来,将人格同一性与品牌和商标联系起来。通过广告这一媒介,物质产品成为个体的能动性、身份和归属的物理表现,这些都由个人加以个性化的选择,并与一个具有相似品位和信仰的更大的社群共享。

此外,奢侈品牌和奢侈品不仅是身份的象征,而且也是体面身份的人种标记。体面身份的商品化已经超出了市场的范围,进入了文化机构和社会运动。例如,"繁荣福音"(prosperity gospel)和互助经济坚持认为:个人可以单凭意愿获得自己的财富,尤其是通过抢先购买显示成功的外在标志。"为你想要的工作而打扮"这句格言传达出通过消费来炫耀体面的身份和显示抱负的迫切欲望——打扮得体被视为能够获得支付这一打扮的手段的前提。自20世纪70年代开始,新自由主义对信贷市场的放松管制,伴随着广告活动和广泛的文化攻势,刺激信用卡消费和房产市场的发展越来越超出了个人所有的直接手段,至少导致了2008年的金融危机。

对不同来源的历史数据集加以挑选和合并,我们得出了一个世纪的广告收入数据,图1显示出广告在消耗剩余方面起到的作用越来越显著。在20世

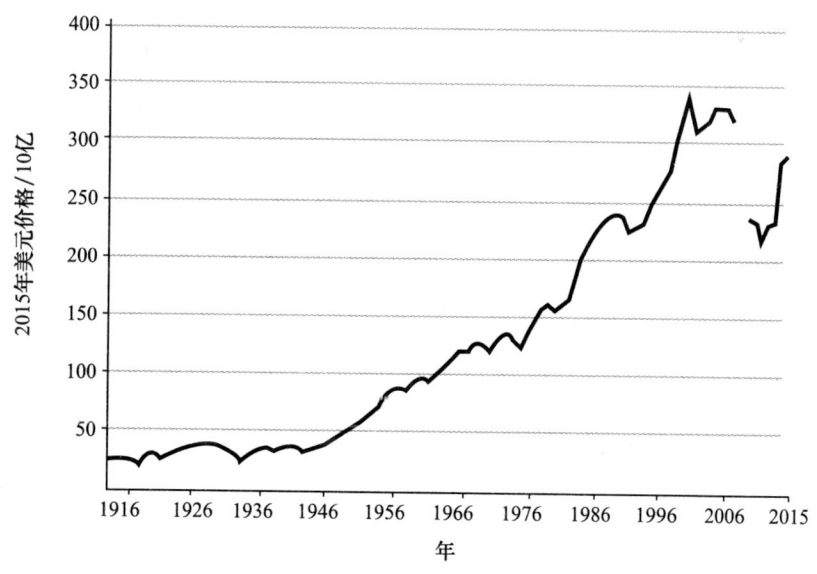

图1 美国的广告收入(1900—2013年)

纪的前半期，广告收入显示出缓慢而稳定的增长。有趣的是，到1966年，也就是《垄断资本》出版的那一年，广告收入超过了1000亿美元（以2015的美元价值计算）。在随后的数十年中，广告收入增长的速度比前50年增加了一倍以上。通过广告来吸收经济剩余的状况在垄断资本主义的新自由主义时代得到明显加强。

（二）产品差别化

日趋饱和的新自由主义市场还存在一个明显趋势，那就是通过市场进一步细分来推销差别越来越精细的产品。这类营销活动具有双重目的：一方面，在非生产性能力中扩大经济剩余；另一方面，进一步将个人差异和由消费驱动的身份认同商品化。在研发中投入的剩余基金同样也有助于创造新产品，这些新产品又反过来产生更多的垄断利润，并为削减剩余产能提供渠道。这种研发有利于"新的和改进的"产品差异化，从而用海量的选择淹没消费者，为此前非必需的或未知的选择、设备和配件创造需求。有计划地报废产品，加上对新的、重要的、可支配的产品的"创造性毁灭"，有利于减少经济剩余基金，却对地球的生态平衡造成了威胁。

尽管专利和商标的申请公认不够完善，却是产品差异化的一个合理替代手段。使用世界知识产权局的数据，我们就能跟踪观察整个20世纪直至今日在美国的专利和商标申请的增长趋势（图2）。

专利和商标申请的增长，正如广告收入的增长一样，在整个20世纪的前半期显示出稳定和持续的趋势，只因历次经济危机和世界大战而略有波动。在这一期间，申请的数量大致是稳定的，每年不超过10万。这个数字值得我们注意的是专利和商标申请的急剧攀升，在《垄断资本》出版后的数十年中，专利申请数量的增加更加明显。

在里根执政之后，专利申请的数量增加得更加迅速，这一趋势在逻辑上与放松管制的意识形态潮流有关。这些支出造成的后果中不那么明显但却更加关键的是一种固有的浪费，这种浪费是因为将经济剩余资金用于开发不能

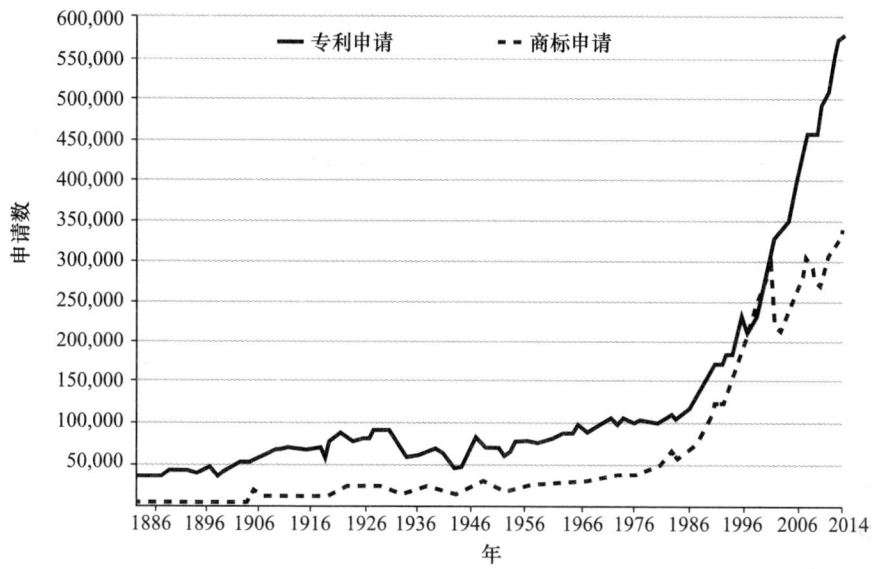

图 2　美国的专利和商标申请（1883—2013 年）

改善质量的那些产品特征而产生的，如肥皂的某种新香味，或者纸巾的某种新颜色，或者生产那些根本不能为生活质量带来实质性改善的全新产品。

经济剩余的吸收：政治努力

商业利益总是寻求从新自由主义的垄断资本主义条件下日益加剧的市场竞争中获得保护。事实上，尽管新自由主义颂扬自由市场，但并不主张政府完全放弃干预市场；商业利益仍然指望国家在市场失灵时能提供避难所。为了阻止停滞，企业必须依靠由政府投资的生产来释放过剩产能和改善剩余吸收，最好是将这些生产外包给私人部门。同样，商业利益为了摆脱那些可能减少利润或者阻碍资本流动的管制，同时又保持那些支持或者创造市场的政府干预，有时候也寻求重建监管。

企业还依靠国家来降低劳动成本。被压低的工资和日益加剧的不平等——这二者正是新自由主义的产物——通过对劳动进行规训来确保劳动者的忠诚和生产效率,抑制通货膨胀,从而为商业利益服务。要想获得接近政客及其顾问的渠道,花费不菲,也正因为如此,它才能够被作为消耗经济剩余资金的一种重要途径。这一支出的两个次级类型——竞选献金和游说——可以充分显示政治活动中消耗的经济剩余资金部分。我们的数据首先来自政治回应中心(CRP),该中心跟踪研究了联邦选举委员会(FEC)公布的竞选献金数据,而与游说相关的数据则来自参议院公共文献办公室。该办公室对竞选献金和支出进行了分类,明确了十类广义上被认为属于"商业部门"的行业各自的相关数据,这十大类包括:农工联合企业,电子通信,基建,国防,能源和自然资源,金融、保险和房地产,医疗卫生,律师和说客,运输,最后还有"其他业务"。

(一) 竞选献金

参加一场政治竞选是一项昂贵的生意,竞选美国政府中的联邦公职尤其如此。2012 年美国总统大选的花费极其巨大,两党候选人总计花费超过 25 亿美元。昂贵的竞选活动需要不懈的筹款努力。仅在 2012 年大选期间,成功竞选成为众议员的人,平均每天要筹款 2315 美元,而竞选参议员平均每天要筹款 14351 美元。本研究——以现有的数据为基础——通过以下两类支出来考察政治竞选献金:政治行动委员会(PAC)和外围支出群体。

政治行动委员会是由代表某一团体(可能是公司、工会、工业集团或游说组织)的组织发起的。献金从个人、企业或者其他政治行动委员会募集而来,由此组成的基金将用于政治活动,包括提交议案或为候选人做广告,或者直接投入到特定候选人或政党的竞选活动中。在现行法律下,政治行动委员会被要求公布捐助者和金额,而个人或组织可以向政治行动委员会捐助的金额,以及政治行动委员会可以直接向竞选运动投入的金额,都存在法律上的限制。

随着 2010 年美国最高法院在"现在就说组织诉联邦选举委员会案"(SpeechNow.org FEC)中作出的裁决,所谓的超级政治行动委员会(Super

PAC）诞生了，政治竞选中的外围支出也被解除了管制。超级政治行动委员会技术上被认为是一种"仅限于独立支出"的政治行动委员会，可以用来赞成或者反对各类政治事务、候选人或党派，但独立于任何一个特定候选人的竞选活动。超级政治行动委员会不允许直接为政治竞选融资，但是，目前，一个超级政治行动委员会可以为它赞助的独立竞选运动投入多少资金，以及组织或个人可以向超级政治行动委员会捐助多少资金，都不存在法律上的限制。在现行法律下，超级政治行动委员会必须向联邦选举委员会公布捐助者名单。

然而，外围支出并不能简单归入超级政治行动委员会。非营利组织可以获得无限的献金，在政治竞选活动中为各类议案或候选人支出无限数额的资金，只要这些活动在该组织整体活动中的比例不超过49.9%。商业利益所属的非营利组织和行业协会被称为501.c.6组织，而那些属于工会的团体被称为501.c.5组织。最后一类政治性非营利组织是"社会福利"性的，包括全部被列入501.c.4名单中，无法归入前两类的组织。在这三类组织中，只有工会组织（501.c.5）必须披露自己的资助者。因此，其他两类组织又被媒体称为"暗钱"集团。然而，我们需要注意到的是，献金信息仅仅是由超级政治行动委员会和工会组织（501.c.5），以及那些自愿披露资金来源的501.c.6组织发布的。

（二）游说

虽然人们普遍认为竞选献金是获得政治影响力或权力必须付出的代价，然而，二者的关系既不清楚，也不易衡量。不妨认为，竞选献金是经济剩余消耗的一个相对次要的渠道。献金捐助群体——无论它代表商业利益、工人，还是特殊利益——充其量只能通过献金来对投票人施加影响，但是，这些努力并不能保证获得回报，特别是一旦接收献金的候选人在选举中失利时更是如此。此外，胜出的政客在赢得选举前作出的政治保证或承诺并不受法律约束。因此，通过游说来影响政客或政策决定是一个更加直接的渠道。

国会议员从事的立法工作既复杂又繁重，需要审查的某项法律通常有多个不同的修正案，这就迫使他必须通过别人来获得单项立法涉及的大量事务的相关情报和意见，不论这些人来自国会内部还是外部。由于立法者需要物色"行业专家"进行决策咨询，代理辩护人或"说客"便被派到决策者那里，就可能涉及他们客户利益的法案的起草、修订或取消等事务进行咨询和协助。因此，游说成了一桩大生意。商业利益在游说上消耗的资源比投在政治行动委员会和外围支出群体上的总和还要多得多。我们研究了过去18年的数据，从1998年到2015年，商业组织和行业协会的年均游说开支增长了一倍多（图3）。显然，商业利益显示，比起竞选献金，游说其实是发起和确立有利于商业利益的立法的更有效手段。竞选献金和游说活动不断增长的趋势，即使在2008年金融危机之后也没有改变，这一点充分表明，商业利益认为这两种吸收经济剩余的手段都是有利可图的。

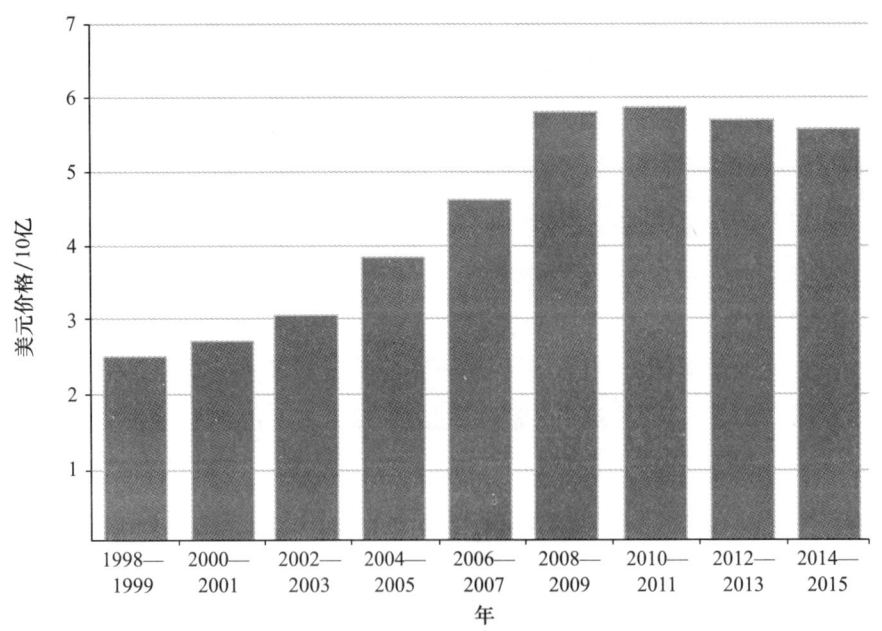

图3 美国12年的选举周期中在游说上的支出（1998—2015年）

结论

通过由企业生产浪费来吸收经济剩余，可以采取多种途径。但是，其中最有利的方式是那种不创造消费品或不增加产能的方式。产能过剩和资本存量积压造成的威胁，使得浪费性的产出——不论是通过营销开支还是通过政治手段——成为一项必要的、可以带来巨大利润的生意。吸收经济剩余的这些途径由于本身不会扩大产能进而加剧产能过剩，因此显得特别有吸引力。

由于新自由主义将浪费的生产作为通过扩大市场份额消耗经济剩余的一种尝试，因而浪费就支撑了新自由主义体系的存在。由于强调市场与公民相比具有绝对优先性，因而商业利益成为了权威的声音，而在过去几代人中，家庭、宗教和国家才能发出权威的声音。这种声音是通过媒体和流行文化，更直接地，是通过营销活动和政治活动来加以传播的。

事实上，如果新自由主义是垄断资本的意识形态驱动力，那么营销活动就是意识形态管理的主要手段。新自由主义的制度灌输和传播了这样一个信条：物质财富及其占有是所有人都应该追求的那些价值的外在表现，这些价值包括：辛勤劳动、远大抱负和崇拜权力。广告就是传播这一信条的手段。产品差异化加强了潜在的、极端个人主义的新自由主义伦理。随着市场进一步细分和市场营销越来越聚焦于更具体的人口目标，商品识别造成的个性化意识形态不断加强和扩张。一旦商业利益获得了接近立法者的渠道并确保支撑新自由主义的那些制度得到维系甚至扩张，那么首当其冲受到威胁的就是民主制度。

浪费是资本主义制度的必要组成部分，但不是经济剩余基金的必要组成部分。一个社会的经济剩余可以用来为任何可能的项目提供支持。经济剩余基金可以投资于各类公共基础设施和社会需求，如交通、教育、卫生事业，等等。然而，这些投资也必然导致生产能力的提高。同样，经济剩余基金也可以被用来改进日常生活质量，例如减少必要的工作负担以增加闲暇时间，或者通过舞蹈、戏剧和美术来提高文化修养。经济剩余基金还可以用于仪式性的目的，用来维持统治阶层或精英阶层，或者转移到国外，这些用途无一能够提高生产力或者改善大众的生活质量。

如果经济政策服务于社会需要，生产能力的扩张就不应成为衡量进步的标准，这个标准应该是人类创造性、思想和社会关系的增强。工具性的经济政策应该将经济剩余基金用于为个人提供社会服务，帮助实现个人发展，而这就要求把个人从工作负效用的错觉中解放出来，为同其他个人形成有意义的关系创造空间，鼓励创新性和知识性思维。加尔布雷斯（John Kenneth Galbraith）（他并不敌视资本主义）在1958年就清楚地指出了社会在利用经济剩余方面可能作出什么选择：

> 全家人坐在一辆色彩绚丽、配备空调和自动挡的轿车中出去远足，他们穿过的城市道路状况很差，路旁被乱七八糟的、阴暗的建筑物和广告牌弄得十分恐怖，插满了早就应该埋入地下的电线杆。他们来到乡村，看到的是被商业艺术弄得几乎面目全非的景象。（商业艺术推销的商品在我们的价值体系中占有绝对优先的地位，至于对乡村地方景色的审美考虑则要退居其次。在这类事情上我们一贯如此。）他们在污浊的溪流边用便携式冰箱中包装精美的食物野餐，并在威胁着公共卫生和公共道德的公园中过夜。

事实上，我们不妨把经济剩余看作一种基金，从这种基金中，我们能够获得用于社会公益的各类资源，每个有需要的个人、特定的个人或团体都有权获得这些资源。哪些人应该积累和控制经济剩余基金，不是自然形成的或由历史决定的。我们同样不相信，在集中化的现代资本主义制度下，剩余资金应该属于那些已经积累了足够的政治和经济权力的阶层。一旦个体和社会的需求成为分配经济剩余基金的依据，对个体差别的盲目崇拜和贤能统治就会失去力量。最终，经济剩余基金代表了一个社会的潜能。这种潜能可以用来改变社会现状，也可以用来维持现状；可以用来服务于大众，也可以用来让少数特权阶层得利；可以用来解决社会问题和焦虑，也可以用来掩盖这些问题，甚或转移社会的注意力，让社会在这些危机面前麻木不仁。

新自由主义批判与新西兰资本主义的发展[*]

格兰特·邓肯[**] 著　　王丽云　时贵仁　译

[内容提要] 本文以新西兰为例来反思"二战"后盛行的新自由主义的理论主张和实践发展。文章认为，新自由主义是一个集观念、理论、政策、实践以及改革于一体的集合体，它主张在私有产权、自由市场和自由贸易的框架下，通过赋予个人创业的自由和能力使其获得幸福。但实际上，新自由主义政策源于英美的世界观与意识形态，而非源于自然法则，而且它不是一个能够自证的、内在一致的或不变的理论体系。作为一种经济发展政策，它正日益陷入混乱、衰退和动荡。2008年金融危机发生后，伴随着世界经济重心由西向东的转移，新自由主义改革的影响力虽然还在，但已经不能继续占主导地位，逐步放弃新自由主义政策的新西兰在2014年之后的经济复兴就强有力地证明了这一点。

[关键词] 新自由主义　新西兰　资本主义

---

[*] 本文原载《新西兰社会学》（*New Zealand Sociology*）2014年第6期，译文有删节。译文原载《国外理论动态》2017年第8期。

[**] 作者简介：格兰特·邓肯（Grant Duncan），新西兰梅西大学人文、环境与规划学院副教授。

一、新自由主义时代

对新西兰来说，1974年是黄金时代的终结。"二战"后，布雷顿森林会议上同盟国创建的经济秩序濒临解体。从那时起，新西兰的生活水平便逐渐落后于经济合作与发展组织（OECD）的其他成员国。关于罗伯特·马尔登的"国家党"政府，有这样一种说法：新西兰努力维持社会安定，政府主导投资的模式和保护主义的做法在1935年就已经成为社会准则。但是，这种做法导致了经济管制过度和行政权力滥用。因此，马尔登政府下台后，对执政的工党内阁来说，改革势在必行。

1984年，西方世界的领导层发生了变化。在弗里德里希·哈耶克和米尔顿·弗里德曼的影响下，撒切尔和里根推行供给学派经济学和去政府化、反工会的政策。这种"新右派"政治力量强势进入新西兰。多亏工党"从右翼包抄"，局面才没有失控。经济管制的撤销、私有化、用者自付、合作式管理等，结合自由主义理念，成为一种标准模式，致使出现企业和公共部门重组、大规模裁员、收入更加不平等和失业率增加等问题，对社区和公民的生活造成了破坏性的影响。对于毛利人和太平洋岛民来说，这种不利影响更加严重，因为在1992年，其失业率高达25%。激进的社会改革和经济重建改变了新西兰公民与国家之间的关系，也改变了他们对国与民之间的责任和个人权益等问题的理解。目前，他们更推崇个人主义。为了便于说明，我想把这些现象称作新自由主义1.0版。

这一理念在1990年的政府改革中延续了下来，事实上，国家比之前更加乐于运用这一理念。他们排斥福利国家和工会，为了模仿私营企业，医院也被迫转型。

虽然效率、管理、经济增长被视为万能灵药，但是仍然无法解决与"人力成本"相关的难题。到20世纪90年代中期，"新西兰模式"已经成为享誉国际的典范。有一份研究报告比较分析了新西兰13个辖区内的公共管理改革，将连续几届新西兰政府的成就比作"所有经合组织国家中最广泛而彻底的公共管理改革"。

然而,一个由保守势力主导的"修正"(correction)运动出现在新自由主义大行其道之时。自由放任的个人主义者担心"社会资本"流失,而且个人主义与国家福利共存也使人们担心公民的"自力更生"能力会逐渐退化。例如,罗杰·道格拉斯(Roger Douglas)认为福利国家培养了公民的依赖性,促使社会问题长期存在。对"福利依赖"的政治批评愈演愈烈,其中被诟病最多的是担心社区退化、家庭解体以及因社会保障权利而丧失自力更生能力。历史上曾经有过对社会权利的限制。工龄福利政策受到排斥,福利分配越来越条件化、测试化。尽管新自由主义 1.0 希望减少政府干预,但是保守党总是渴望改变腐化的道德价值观念,结果导致了政府的介入没有丝毫减少。1998 年颁布的《社会与家庭责任准则》被发送到每一个家庭,就是一个例子。这次由保守势力发起的"修正"运动,我称之为新自由主义 2.0 版。

2.0 版的新自由主义反对累进税制和社会再分配政策。但是,它创造了给毛利人和太平洋岛民提供服务的机会。极具竞争力的合同外包模式和新自由主义倡导的"选择"与多样性,比国家强制推行的一体化更加切合实际。自决意识充斥在去政府化的新自由主义言辞中。但是,如果认为殖民国家放松了行政控制,那就太天真了。20 世纪 90 年代的国家党政府在殖民条约上迈出了一大步,尤其是在渔业领域以及有关纳塔胡部落和泰努伊部落的问题上更是如此。

之后的英国的托尼·布莱尔政府和新西兰的伊丽莎白·克拉克政府的"第三条道路"纲领,尽管是为了复兴社会民主价值和使其更具现代性,但是实际上却延续了新自由主义,而且纳入了许多具有新自由主义特征的改革措施,而不是对抗或替代新自由主义模式。

"第三条道路"政策在某种程度上寻求对社会政治力量的再平衡,回避保守言论中较为严苛的措辞,视全球化为不可避免的趋势,同时保持货币政策不变。因此,可以说"第三条道路"政策避开了所有替代新自由主义的尝试。尽管没有 2.0 版那么保守,而且采用了"社会民主"这样的词汇,但"第三条道路"政策还是以"公民社会"和"社会资本"的概念为基础,来修正

1.0版强烈的个人主义倾向。不过，因为它仍然主张社会保障权益应该有条件地加以运行，所以我将"第三条道路"政策称为新自由主义3.0版。

但是，现在抑或是将来是否会有新自由主义4.0版？我们面对的是全球金融危机后的新自由主义吗？我们应该对这个全新的体制抱有期待吗？新自由主义仍然切题吗？或者说，对新自由主义的批判就像是一场"针对昨日的战役"，所以这些评论缺乏战略前瞻性吗？

二、什么是新自由主义？

新自由主义是一个集观念、理论、政策、实践以及改革于一体的集合体，可以将其具体阐述为一个关于政治经济实践的理论，主张在私有产权、自由市场和自由贸易的框架下通过赋予个人创业的自由和能力使其获得幸福。

支撑各种新自由主义的一个"主导理论"是：使个人物质利益最大化的自由市场能够提供满足人类欲望的最佳手段，这样的市场比低效且妨碍自由的政府和政策更受欢迎。

这些阐述貌似恰如其分，但却没有将新自由主义与19世纪的古典自由主义进行有效区分。新自由主义的一个重要特征是：通过削减预算来减少政府开支，通过提供竞争模式、承包模式、私营企业参与等手段来提高公共服务的效率。20世纪90年代，新西兰在新自由主义模式下的表现非常出色。政策不再向现行机构和公共资助者倾斜，而是向建立市场化的结构倾斜。

这些做法已经成为国有部门改革的新模板。取消经济管制不是什么新鲜事，但通过法律使国家机构的建立和运行仿照市场的建立和运行机制，则是一件新鲜事。这是新自由主义区别于古典自由主义的一个特点。另一个特点是：寡头企业和跨国公司在全球占据主导地位，这类公司拥有经济政治实力，连同公私界限模糊的新自由主义倾向，在逐渐破坏民主进程的同时，建立了一个新的、良莠不齐的精英政治体系。

1979年，米歇尔·福柯在论述美国新自由主义时提及：经济理性已经扩展到社会和政治领域。新自由主义不仅仅是对工业革命时期古典自由主义的复兴。市场不再是政府自我限制的一种手段，而是成为去政府化的手段。它永远是审判政府的经济法庭。例如，决策者解除了对金融和浮动汇率的管制，于是无形的市场迫使财政政策趋向于保守。公共服务外包模式试图在公共开支方面提高效益，并且通过非政府组织间的竞争减少了国家官僚机构的数量。但是，福柯的论述发生在新自由主义掌控政治实践和经济政策之前，并且他的分析主要基于理论解读。随着新自由主义纲领的展开，我们发现它缺乏连贯性，而且不能很好地契合实际。例如，新自由主义制度最基本的矛盾在于两个方面：一方面，是必须让个人决定重大事项，抵制受教条制约的官僚主义，并且实行分权制衡；另一方面，要加强对国家机构的控制，加强问责制，如果必要的话，会把道德罪名强加给那些违背个人责任的人。宽松的经济监管制度同严苛的惩罚并行，此外，连穷人的社会福利保障也被削减。

"自由选择"的原则和"个人责任制"原则不应该成为"政府监管缺失"的借口。政府认为可以通过法律强制实施的"自由"或是"远距离治理"，会使政府监管更加理性化。新自由主义理论主张市场民主，消费者在这种市场中可以享受选择的自由，但是，选举人和拉票政治家的利己行为极大地削弱了政治民主的价值。新自由主义的理性论者主张取消公立机构，因为他们消极地认为政府是专制和垄断的代名词。但是，新自由主义的改革者从来不会停止制造危机，或者停止使用他们的国家权力去达到自己的目的。巩固华盛顿共识的核心文件不认可利用重大危机来转变政府政策的行为。故意引发的危机，能够打破政治僵局，实现改革的目的，这样的想法也许是有道理的，因为只有当反对派失信于民且被瓦解时，改革才会比较顺利。

这些改革包括解散传统的集团性质的非政府机构，例如基于"社团自由"原则的商会、学生会。因为，非政府机构购买了政府的外包合同，并且依赖政府拨款，所以其政治上的金丰就以"保密"为名，消解了人们的批评或反对声音。政治管理的新形式，例如绩效管理和排名制，让所有人都不敢造次。虽然我们都追求意识形态上的自由，但是新自由主义很善于使用法律的强制手段和强制性的财政"激励"手段来实现其目的，依靠政府裁决而不是公开审议，以恢复其道德权威地位和阶级统治地位。国际货币基金组织和世界银行无视多数国家的民主意愿，对债务或国家实行结构调整政策。因此，市场代理人的自由与政治自由无关。对于那些几乎没有资源去参与自由市场的人来说，这将会对其造成非常严重的后果。

作为政治意识形态，新自由主义并不是一个能够自证的、内在一致的或不变的命题体系。尽管新西兰财政部给第四届工党政府描绘的蓝图以理论清晰著称，但是，真正的政治优先事项和政策规定很快就偏离了蓝图阐述的宗旨，随后的进展也与最初的蓝图相距甚远。有一定可变性的新自由主义被视为政府的管理策略，但是其目标经常互相矛盾。正如上面讨论讨的，这种新自由主义的版本不止一个。

还有另外一种假设：新自由主义时代正处于衰落和混乱之中。这种假设存在争议，而且比我们普遍接受的说法更需要认真检验。但是，为了评价这一假设，我想探讨一下新西兰国内政治和全球资本主义的发展，包括中国的崛起，这些发展也许会推翻新自由主义。

20世纪70年代，国家管制资本主义告一段落，随着经济危机和意识形态危机的出现，新自由主义秩序开始崭露头角。因此，新自由主义是全球资本主义发展进程中一个偶然的历史时期，并不是资本主义发展的必然。新自由主义既然有开始，就一定会结束，被其他不同的秩序（或好或坏）所取代。我们已经到达了那个转折点了吗？

许多重要的新自由主义改革都未被实施，例如中央银行的独立，公共财政的权责发生制（accrual accounting）。在三个国有电力企业中，49%的股份都被相关的政府机构出售。新西兰积极参与跨太平洋贸易谈判。政府引进特许学校（charter schools）。政府建议推行"社会契约"模式，私人投资者可以向那些能够扩大社会收益的项目投资，之后按照是否达成商定的预期成果来获取收益，这些政策看起来就像以往的新自由主义商业模式。

科林·克劳奇（Colin Crouch）认为，从更加宽泛的角度来看，新自由主义正处在"诡异的死而不僵的状态"。2008年9月爆发的全球金融危机，并未削弱西方企业巨头（特别是在金融领域）的实力，反而助长了它们的势力，迫使政府为它们作保，付给它们利息，重视其在政策方面的建议。在新自由主义时代，私营企业能够获取政府资产，竞标政府合同，还可以加入公私合营。而从"负面"来看，各党派人士以及有影响力的媒体机构之间的利益纷争，对各政党的巨额捐款，有法人资助的游说行为，都会对社会产生负面影响，从上至下逐渐削弱了民主政治的发展进程。基于此，当下是否应该为新自由主义企业的利益建立一个长效的防御机制，还有待商榷。

从全球层面来看，极度失衡的经济和被财团掌控的政权也可以证实新自由主义持久的负面影响。随着收入失衡现象的加剧，新自由主义的拥护者们认为，这种现象恰恰反映出技术型人才和努力工作的人正在获取他们应得的报酬，而且数百万人正在逐渐摆脱贫困。尽管善于自证的新自由主义用华丽的语言强调它会让所有人得到提升、就业和幸福，但是事实却并非如此。少数富人能够影响决策者，谋得私有化资产，取消市场管制。随着国家对社会工资福利（social-wage benefits）的投入不断减少（比如在健康和住房领域），个人理财和保险机构开始涉足其中。为获取这些基本资源，竞争更加激烈，也更加不平等，此外，富有的债权人向中产阶级家庭提供贷款，从中获取巨额利润。

三、什么发生了改变？

可能会出现这样的情形：政府的核心机构推行新自由主义，但新自由主义（无论采用何种方式）可能并不适用，所以我们需要新的政治经济范畴和意识形态来理解当下的局面。新自由主义政策和华盛顿共识源于英美世界观与意识形态，而非源于自然法则。而且这些政策有助于美国政治的发展和企业收益增加。然而，全球金融危机已经暴露出美国财政入不敷出的后果。全球金融危机不单单影响了美国经济，而且对全球经济造成了极大的冲击，或者更准确地说，预示着正在发生的重心转移：从全球范围来看，是经济强国由西到东的转移；从国内范围来看，这种重心转移体现在政府的政策走向上。虽然许多西方国家在 20 世纪 70 年代曾经转向新自由主义秩序，但是在 21 世纪初，我们看到这些国家已经转向了另一种体制。

转型并非一朝一夕就能完成，因此新自由主义改革的影响力虽然还在，但已经不占主导地位。总之，尽管在新西兰出现了新自由主义的去政府化言论和重组，但是新西兰依然实行全民退休金制度，设立公立医院和学校，以及从早期社会民主主义时期传承到现在的国有广播公司。

早在1999年的政府改革之前，新西兰的新自由主义政策就已经开始瓦解。对政策制定者来说，大官僚机构的解体和目标单一的小型机构的激增给他们带来了越来越多的挑战。政府很难协调功能齐备和措施统一的战略。财政部曾经推行的模式已经无法得到严格执行，而且其影响力也在逐渐消解，尤其是从2001年开始。公共价值、团结协作和领导力已经取代私有化、竞争和个人主义，成为公共部门的价值观。这种理念不仅被国家主管部门写入法律，而且得到了劳动者的支持。新自由主义政策不再干预消费者的选择，而是让市场通过纯粹的竞争来解决质量和效益问题。

领导者将会在激烈的劳动力市场竞争中产生，而且如果有可能，会从私营企业引入管理人才。同样，新自由主义政策认为政府可以100%地出售商业可行性资产，而不是混合所有制模式中的49%。而且，国家党已经悄然放弃2011年选举政策中的私有化部分，尤其是工伤理赔部分。似乎新西兰右翼政府不再是真正的新自由主义者，尤其是从1.0版的标准来判断。

以上这些还只是一个非典型国家的政策，接着我们来看看英国。可以说，大卫·卡梅伦的联合政府里存在两种形式的撒切尔主义：一种是深受卡梅伦影响的保守党，这些人除了只在办公室里提起撒切尔主义外，几乎摒弃了这一理论；还有一类是自由民主党，这一党派中的很多领导人和保守党成员一样，都青睐于自由放任的政治经济学。

按照过去的政治类别（例如撒切尔主义）来判断当下的政治结构，虽然并非完全错误，但会在一定程度上影响我们对新事物的判断。与这种情况类似，卡梅伦宣布英国国民统计学家将公布一套福利社会指标。虽然经济增长是我们实现所有目标的重要基础，但这只是"达到目标的一种手段"。既然国内生产总值不能让我们彻底了解一个国家的经济增长情况，那么我们就必须为了解"我们的生活质量和经济增长"情况作出更多的努力。他说："政府有能力帮助改善民生。"从来没有人听到撒切尔说过这样的话,以及类似随意使用政府的权力为人们谋求幸福之类的话。相比之下,新自由主义的幸福属于个人范畴。在新自由主义的世界里,政治家们将幸福最大化,违背了新自由主义的自由观念。

同样,考虑到全球金融体系几乎崩溃,世界经济处于危急时刻,在这种情况下,卡梅伦关于幸福的演讲到底是对政治优先事项的重新思考,还是一场华丽的骗局呢?因此,我们需要考虑更多的事态发展,尤其是全球金融危机暴露出来的债务危机问题。

人们似乎不应忽视在美国和欧洲出现的银行应急措施和量化宽松政策,我们需要重视这些问题,从而有效地应对全球金融危机。新自由主义 1.0 版认为市场应该起主导作用。如果银行要破产,"那就让市场来决定"。另外,应急措施不应该被视为一种凯恩斯干预主义。凯恩斯虽然已经不能对此发表评论,但我不认为他会同意使用公共资产去拯救那些已经误入歧途的银行。相反,他可能会建议给有经济困难的房主减免债务,或者加大政府对基础设施建设的投资。

在发生信贷危机时,对银行家的行为进行监管,虽然在某些情况下是合理合法的,但并不能解决根本问题。全球金融危机前出现的一些潜在征兆包括:货币政策宽松,金融部门监管乏力,收入增长不均衡,贸易逆差加大,以及中美之间的信贷失衡。此外,人们盲目信任"理性预期、市场效率和现代金融技术"。我敢说,很多读者最初没有这样的想法。一位负责控制通货膨胀的前美联储官员认为,崇尚新古典经济学的核心原则是"没有道理"的。这样的言论非常令人惊讶。

2008 年,罗伯特·韦德(Robert Wade)就已经提出质疑,不认为全球金融危机已经结束了自由主义的华盛顿共识,并开启了另一轮全球性的"政权更迭"。由于金融危机仍在肆虐,所以此时下结论似乎为时尚早。但是,对后自由主义的构成提出预测似乎是更加不靠谱的行为。全球政治经济在 1973 年出现了重大转折,随着时间的推移,当前我们是否可以认为 2008 年也是全球政治经济的重大转折点呢?正如下文描述的,未来确实将会出现一个重大的转折点。在讨论这个转折点之前,我考察了全球金融危机在债务、再分配和民主等方面呈现的新问题。

四、残酷的债务反讽

全球金融危机的前兆之一就是世界经济增长失衡。由于资金掌控在富人手中,所以不太富裕的人都选择投资债券。国家放弃商业可行性资产,为私人投资者让路;而中产阶级则通过宽松信贷来经营自己的理想生活。私人债务取代了国家政策,同时也充当了需求管理的另一种形式——一种"私有化的凯恩斯主义"。西方经济体以金融为主导,少数经济体还是以传统工业为主导,多数经济体则是综合了两种方式来发展自己的经济。这些国家把累积的剩余资金投入到相对安全的领域,比如美国国债。这样,西方消费者就不至于破产,可以有足够的资金去购买便宜的亚洲进口商品。但是,在2008年10月,过多的呆账或抑价风险导致金融体系瘫痪。投资者不再信任银行,银行之间也不再互相信任。

全球金融危机之后的政治局面可以被视作一场寡头金融家与政府之间的再分配角逐。过去是工人与雇主、市民与财政部部长、私营债务人与私营银行之间的角逐,而现在,金融机构逼迫刚刚才被它们敲诈过的政府来拯救它们。

银行是会破产,还是会因得到国家帮助而最终摆脱困境?是私营债权人接受折本损失,还是国家公职人员和抚恤金领取者接受降薪?传统的国家再分配功能已经受到紧缩措施的威胁。其结果就是,欧盟和美国已发生公开的抗议活动和暴乱,而目前,这些现象只能表明公众的无能,而非民主变革。民愤和抗议活动毫无用处。过去的阶级斗争和社会运动已经让位于精英政治下的债务人与债权人之间的斗争。

新西兰没有像其他债务国那样受到重创,而且它用实例证明:政治可以起到一定的防护作用,"执政党和在野党必须公开承诺保证国家的'健全财政',否则债务清偿的费用就会增加"。在2011年的竞选中,为了满足市场、信贷评级机构以及选举人的需要,国家党和工党都承诺在2015年重新实现政府财政预算盈余。民主国家代表全球投资者寡头成为收债机构。这些投资者寡头曾经受益于导致了经济衰退和财政赤字的宽松的货币政策，现在不得不依赖政府救助。更讽刺的是，那些以非正常方式偿还债务的政府受到未经选举而产生的等级评定机构的信用评级下调的威胁，而这些机构并没有成功评估潜藏在复杂的衍生品和债务产品中的、即将导致全球经济危机的风险。即使是因为救助投资人而负债累累的美国联邦政府，也不能逃脱这些信用评定机构的威胁。这是因为政府及其常设经济法庭的竞争或依附关系已经达到了历史新高度。谁是监管者，谁是被监管者似乎不得而知。

五、民主的机会是什么？

一个纯粹的新自由主义者可能会认为，如果所有债务都是由个人来负担，并且国家退出市场，那么一切问题都将迎刃而解。另外，左翼评论家透过代表正义和普选权的民主观念来看待经济危机，并将国家视为债务的救赎者。在金钱至上的社会学理论中，国家是货币担保人，因为其法定货币在缴纳税款方面总是能被债权人接受。国家是最后的债务人，可以透支我们的未来收入，有权对我们征税，因此可以赎回雇佣劳动者的债务，使他们的劳动商品化。在现代福利国家，普通家庭最大的金融债务是抵押贷款。但是，公民对整个社会的债务无法在其有生之年还清。新自由主义时代已经使这些思想边缘化。最低工资和私人慈善（"回馈"）变得比"保姆国家"更加可取。

沃尔夫冈·施特雷克（Wolfgang Streeck）等社会学家认为，资本主义更容易出现危机，并且历史上有许多这样的例子。因此，西方盟国在战后30年的稳定增长应被视为例外，而不是只要政策正确就可以实现。这也意味着在民主资本主义制度下，对社会权益的需求与自由市场的运作之间存在矛盾，而这一矛盾在不同时期的历史危机中以不同的方式出现，因此我们应该因时因事而异，不能照搬40年前的做法。

尽管资本主义制度必然会导致各种形式的危机，但它还是以政治民主为基本原则。但是，资本主义的历史证明，它与政治民主的关系是不和谐的。

普选权只有在工业资本主义成功后才会实现，而不是与其共生；在20世纪，极权主义统治在不同时期曾经主宰着我们现在称之为民主的国家。资本主义民主国家，特别是美国，已经不再支持民主选举的政府，转而支持非民主政权。所以，当斯拉沃热·齐泽克警告"资本主义与民主的联姻已经结束"时，人们不禁想知道这是一种什么样的联姻。实际上，齐泽克所谓的资本主义是指西方国家现行的资本主义。

再来看中国，它有望成为世界最大的经济体，并且整个世界越来越依赖中国的经济增长。中国已经超越美国成为世界上最大的货物贸易体。因此，要了解新兴的世界秩序，我们目前不能忽视中国。

然而，许多西方作者惯于以西方为中心来描述中国经济的崛起。大卫·哈维认为，中国基本上使用的是凯恩斯主义式的政策。对于中国迅速崛起的描述，大都沿用20世纪末以来西方评论家就已经十分热衷的价值观。新自由主义融合了英美思想和经济政策。中国即使可能会采取一些西方的做法，但是不会放弃自己的历史观和世界观。自"二战"以来，美国对世界，尤其是对新西兰和澳大利亚的影响力已经过高。但是，美国的力量正在减弱，而中国的力量却稳步上升。因此，在考虑新西兰的前景时，我们不应该再向后看，而是要展望未来。

六、中国的情况如何？

目前，中国是全球劳动力人口最多的国家（8亿），超过印度（4.82亿）、欧盟（2.3亿）和美国（1.55亿）劳动力人口的总和。但是，2001年，统计数据表明，中国从事农业的劳动力人口约占总数的34.8%。发达工业国家从事农业的劳动力人口比例却低得多，据美国中央情报局2014年公布的统计数据表明：日本为1.1%，韩国为6.2%，欧盟为5.3%，新西兰为7%。根据粗略估计，中国的工业化极有可能使2.2亿农业劳动人口转入工业和服务行业。这意味着又有相当于欧盟人口规模的城市劳动力参与到世界经济之中。不论中国的工业化进程耗时多久，从这支庞大的"劳动力后备军"就可以看出，中国的劳动力转移将为未来几十年的发展带来充足的劳动力。

此外，中国的改革遵循着自己的道路，与"新自由主义和华盛顿共识没有关系"。改革的目的是：在坚持"社会主义市场经济"的同时，充分发挥"市场在资源配置中的决定性作用"。此外，中国还颁布了其他一些社会改革措施，例如，放宽劳动者的城乡流动和计划生育方面的政策。中国的高速发展之路并不平坦，但它仍在继续坚持走自己的道路，并未盲目选择新自由主义的"休克疗法"。

无论世界格局如何变化，最终的结果一定是世界遵循中国式的"和谐世界"模式，不会是中国效仿西方的模式。我们不可以过分简化"中国人的价值观"，就如同西方的自由主义和新自由主义会因历史和国家背景而异一样，并不存在单一的"中国模式"。以此为警示，在向后西方或后新自由主义世界秩序行进的道路上，我们应该提出这样一个问题：是什么使中国与西方产生了这么大的差异？

西方自由主义者坚持认为，"政府的自我约束"是不言而喻的真理。这种思想源于在欧洲导致宗教信仰自由的宗教冲突。因此，人们崇尚谨慎的自治，以及经济和财产脱离政府或国家管束的资产阶级自由。社会契约论、功利主义和自由主义都是以自治为前提。国家与市民社会之间的区别在于西方世界发展的历史偶然性。然而，若想了解非西方国家的政治，就不能只把政治思想和政治结构视作文化与国家特有的产物。

权力本身就具有文化差异性。东亚国家在一定程度上遵循着民族国家模式，它们的民族主义以家长式权威为基础。民族主义并不是解放和独立的手段。相反，它以对权威的服从来实现依赖和归属。

个体虽然非常重要，但中国政治思想的基础是人与人之间的关系以及和谐共生的理念，而不是拥有先天权利和各自偏好的自治个体之间的互相竞争。

欧洲各国政府具有功利主义色彩的行政目标并不是维护个体的权威和尊严。对中国人来说，权力并不是"一系列针对其他主体采取的行动"，它仅仅是对世俗秩序的维持与保护。本质上，和谐国家意味着社会安定，而不是把后者作为前者的目标。统治者的合法性是通过政治和道德上的一致性来体现，而不是通过征服、侵略或与其他国家竞争的能力来体现。

鉴于封建统治的悠久历史和个人主义传统的缺乏，我们不应该将目前的个性化等同于西方化。与西方个人主义不同，中国人注重家庭和团体的"归属感"，这与新西兰的价值观有某些相似之处。

无论如何，中国人不会向西方各国就如何执政指手画脚。随着世界经济的改变，我们需要去理解非西方的和非自由主义的思想与实践。由于政治实践和政治价值观有文化以及历史的特异性，这些来自中国的模式不会机械地转化成为地方实践。但是，新西兰会不可避免地受到影响。

七、回到当下

2014年，新西兰经济增长强劲，此外，在2014年和2015年的两个财政年度，预算重新出现盈余。经济已经从2008—2009年的衰退中恢复过来，但失业率仍顽固地停留在6%以上。2008年开始执政的国家党政府曾试图削减预算，而且也计划一直到2015年都通过借贷来减少财政赤字。从赤字开支去判断经济是否从衰退中恢复，听起来像是凯恩斯主义；并且，如果据此判断政府是否符合某个版本的新自由主义，是不具有任何说服力的。

左翼人士认为，如果人民不幸福，社会不和谐，就应该通过一个强有力的政府来减少不公，实现社会和谐与人民幸福。右翼则渴望拥有一个更为精简的政府，主张约束和管控那些"依赖性"太强的人，并试图放缓、拖延甚至破坏发展项目和基础设施的进程。如果说行政封邑（ministerial fieldom）在坎特伯雷的建立已经成为一个时代的标志，那么中国的体制将优超于美国的新自由主义，也应该被视为时代的标志。

到目前为止，中国已经是新西兰最大的出口市场，并且据马丁·雅克（Martin Jacques）推测，从长远来看，考虑到澳大利亚和新西兰与中国的相对邻近性及其对中国经济不断增强的依赖性，因而具有同中国形成依存关系的可能性。依存关系不仅意味着对中国人口规模和经济实力的承认，也意味着这是遵从中国条件的一种关系，这一关系以接受中国悠久的、丰富的历史为基础，承认中国文化和中华文明的优越性。

八、结论

新自由主义是现代治理方法的主要理念，因此成为社会政治批评的主要对象，我们也因此而质疑"新自由主义"与现代治理方法的相关性。我一直关注中国，把它视为解决现实世界种种问题的一个选择，它既不优于也不劣于西方的自由主义模式。以往的经验教训告诫我们，若想了解当下以及未来，我们就必须明白：社会和政治思想不再以英美模式为主导，而是与全球多极化经济相关。

在阐述和评论美国新自由主义方面，许多新西兰学者曾有过精彩的论述。但是，现在是时候将目光投向新兴的世界秩序了，尤其是以中国为代表的新兴经济体。但是，如果用西方的自由概念来解析中国，可能会产生误解。中国没有实施新自由主义化，中国的治理方法不是完全固定的和易于理解的，中国学者也是如此。解读诸如儒家思想等传统，对理解当下的局面有举足轻重的作用，但是我们不能依赖过去的理想模式来预测未来。无论如何，对新西兰的社会和政治学者来说，若要有效地、有意义地分析当下的问题，就不得不面对越来越多的外来概念。

新自由主义与极右翼联姻：一个充满矛盾的组合*

尼尔·戴维森　理查德·萨鲁** 著　杨　颖　王潇锐 译

[内容提要] 本文考察了新自由主义与极右翼政治之间的矛盾关系。首先，我们力图指明和解释在新自由主义体系下，经济领域与社会、文化领域之间的巨大差异，以及这些差异在当前极右翼政治中是如何呈现出来的。其次，本文试图考察极右翼政治通过向保守主义右翼施加民粹主义压力并造成下等社会阶层之间的隔阂，给新自由主义的巩固和长期稳定制造了何种程度的麻烦。最后，我们以国际层面上新自由主义的机构组织和法定组织在政治表现上和问责机制上的广泛萎靡为背景，对极右翼政治进行界定。

[关键词] 资本主义　阶级　种族　新自由主义　极右翼

一、引言

新自由主义作为资本主义政治经济中的主流模式，包括中左翼、中间派

---

* 本文原载《批判社会学》(Critical Sociology) 2016 年 10 月。译文有删节。译文原载《国外理论动态》2018 年第 1 期。

** 作者简介：尼尔·戴维森（Neil Davidson），英国格拉斯哥大学社会学与政治学学院讲师。理查德·萨鲁（Richard Saull），伦敦大学玛丽皇后学院政治学与国际关系学院高级讲师。

和右翼在内的诸多政治力量及其代理人都为其发声。因此，它逐步地从根本上重塑了世界范围内讨论和理解社会经济问题和政治问题涉及的领域，产生了与政治新的决定因素和限定因素有关的新形式的"常识"，并使民主的政治协商和决策具有了可能性。本文着重探讨危机日益突出的新自由主义资本主义与极右翼政治之间的具体关系。

新自由主义将政治重新描绘为集体和民主协商的社会空间，以及由这一社会空间衍生出来的并由其推动的各种设想，这为极右翼的发展创造了史无前例的重要机遇。因此，尽管极右翼并不等同于新自由主义，但是极右翼势力的重新抬头体现了当前新自由主义政治经济存在的政治弊端，并且极右翼是其不可缺少的有机组成部分。

在此情况下，极右翼同时扮演着两种角色：一方面，它表达了社会各阶层在应对新自由主义带来的变革、不稳定和社会紊乱时的愤怒和不满——有人将其称为"被遗忘者的政治"（politics of the left-behinds）；另一方面，它是民粹主义反叛浪潮的重要推动力，为新自由主义造成的各种转型，特别是1945年之后兴起于欧洲（西欧）的福利国家的重组（如果实际上没解体的话）披上了民主的和大众的"外衣"。极右翼在宣传和选举策略上所做的很多努力指向的目标是揭露社会的某些矛盾和政治缺陷，以便使新自由主义作为社会统治形式能得到长期的巩固。本文将重点讨论这些矛盾。

二、矛盾的根源

有学者认为，极右翼可以被定位为新自由主义统治的一个基本组成部分。例如，杰里米·恩格尔斯（Jeremy Engels）在讨论美国的"怨恨的政治"（the politics of resentment）时曾表示，像堕胎和同性恋婚姻这样的"楔子议题"，"同效率、放松管制和自由贸易等说辞一样，都是美国新自由主义的一部分"。但并不是资本主义的拥护者采取的所有措施都一定有利于该制度的运转，恩格尔斯提及的那些政治说辞也不例外。与极端功能主义或经济决定论的立场相反，统治阶级的代表实际上并不是无所不知、永远正确的。正如安东尼奥·葛兰西（Antonio Gramsci）曾经指出的,我们得容忍可能会犯错,但是不能简单认为"错误"只是一种"失误":

> "错误的原则"是一个复杂的原则:人们涉及的可能是建立在错误计算的基础上的个人的冲动,也可能是特定的集团或派别在指导集团内部接管领导权的不会成功的尝试。①

在下文的讨论中,我们将极右翼视为一种"特定的集团或派别"。如果想要弄清楚它与新自由主义之间的矛盾关系,首先必须明确新自由主义、极右翼等术语各自的含义。

对新自由主义有三种不同的合理解读。第一,它是一种20世纪30年代形成于中欧的、反对所谓的社会主义(即国家计划和国有制)的意识形态,随后传至芝加哥大学,形成了芝加哥经济学派。第二,它是由国家管理层、政客和企业雇主形成的联盟所采取的一种策略,形成于20世纪70年代中后期,首先在英国、美国和智利实施,旨在应对经济危机的又一次侵袭。毋庸置疑,新自由主义策略力求将工作场所中的权力从劳动者手中转移到资本所有者手中,首先表现为削弱工会力量;但这并不等于作为意识形态的新自由主义的全部策略方案得到了实施。一旦西方统治阶级因为政策不奏效而将凯恩斯主义或其他形式的国家资本主义拒之门外,他们的选择就十分有限了。因此,他们中的大多数选择了相同的应对措施也就不足为奇。第三,新自由主义是指资本主义历史中新自由主义策略开始实施以来所涵盖的整个阶段。1973年之后的历史阶段烙上新自由主义的特征这一点并不是不可避免的,在大部分主要国家中都曾出现过选择其他结果的可能性。然而,到了80年代后期,资本主义形成了一个更加有利于资本的解决方案。在接下来的讨论中,我们主要关注的是第二种意义上的新自由主义,即作为一种策略的新自由主义以及这一策略所带来的、现已根深蒂固的各种政策。

---

① 安东尼奥·葛兰西:《狱中札记》,曹雷雨等译,中国社会科学出版社2010年版,第322页。

当代极右翼涵盖的意识形态光谱以法西斯主义为一端，以极端保守主义为另一端。换言之，在英国，从英国国家党（British National Party，BNP）到英国独立党（United Kingdom Independence Party，UKIP）；在美国，从美国纳粹党（American Nazi Party）到美国共和党（Republican Party）中的"茶党热潮"（Tea Party currents），这些政党都持极右翼的立场。所有这些极右翼政党实质上都具有两个共同的特征：第一个特征是以中产阶级内部的一股或者多股势力（如小资产阶级、传统的中产阶级，或者由技术管理人员组成的新中产阶级）作为成员基础并建立在他们的支持之上，当然这并不意味着他们就一定会缺少工人阶级的支持；第二个特征是他们总是在种族和民族问题上，大多数情况下在性别和性取向问题上持有极端的社会保守主义的态度。极右翼的政治目标始终都是推动民众的态度和相应的法律权利恢复到"人民"的同质性未受到移民"沾染"之前的状态。如果真的存在这种保持着种族纯洁性和文化纯洁性的黄金年代，那么通常被默认为是在第二次世界大战之前的某一时期。

非法西斯主义极右翼政党和法西斯主义这两种极右翼组织之间存在着巨大的差异。迈克尔·曼（Michael Mann）认为，前者在以下三个方面区别于后者：（1）它们参与选举并力图通过民主的方式在地方、国家和欧盟层面掌权；（2）它们不搞"国家崇拜"，虽然它们试图利用国家来为其"客户群体"谋求福利，但一些政党〔例如奥地利自由党（Austrian Freedom）、瑞士人民党（Swiss People's Party）、茶党等〕已经接受了新自由主义的"小政府"的说辞；（3）它们并未试图"超越"阶级。其中第一个区别是最重要的，即坚持自由主义民主，因为这指出了法西斯主义与非法西斯主义极右翼之间最根本的区别。正如彼得·梅尔（Peter Mair）指出的，非法西斯主义极右翼"并不想挑战民主政权本身"。政治活动家和评论家通常会在法西斯主义与其他形式的右翼政治主张之间进行绝对的区分，其依据就是前者依靠准军事组织和暴力行动等手段来获取权力。在此意义上，希腊的金色黎明党（Golden Dawn）和匈牙利的由比克党（Jobbik）更接近于传统的法西斯形式，而意大利的北方联盟（Northern League in Italy）则不然。这种对非法西斯主义极右翼和法西斯主义极右翼的划分很重要，不仅表现在确定对手的策略方面，而且指出了定义法西斯主义不能仅仅根据其是否采取了议会外的或者非法的行动。

直接从第一个区别衍生出来的第二个区别在于两者对于想要建立的社会分别持有何种态度。正如罗杰·格里芬（Roger Griffin）指出的，在法西斯主义的意大利和纳粹德国，"右翼革命"都在各种运动中运用国家力量在全社会以"新价值"锻造"新人类"。这是一种改造计划。与此相反，非法西斯主义极右翼倾向于认为，民众已然具备同质性和道德观，只不过他们被围困在上层社会的"精英"与社会底层的"危险异类分子"之间。他们的目标是将人们带回到这两股压迫势力出现之前的幸福状态。这是一种复兴计划。

极右翼的这种非革命性的复兴政治恰恰就是它与新自由主义的矛盾所在。在新自由主义兴起之前，所有的极右翼政党都倾向于去适应当时占统治地位的资本组织形式。例如，在1929—1973年间的拉丁美洲，右翼军事独裁政权（历史上最常见的一种极右翼政权形式）在很多方面都与非洲和中东地区名义上的左翼后殖民政权一样，致力于推进政府主导的国家干预主义发展战略——1964年到1968年的巴西就是一个极为典型的例子。然而，后来发生在智利的情况却与此有所不同，智利军政府一开始不确定要采取何种经济政策，早前他们原本有可能效仿弗朗西斯科·弗朗哥（Francisco Franco）在1939年引入西班牙的天主教会社团主义模式（Catholic Corporatist model）——自第二次世界大战以来，拉丁美洲几乎所有的独裁政权都基本上充满信心地遵循着这一模式。

巴西的军事独裁和智利的军政府本质相同，只是后者更为残暴。但是二者对于国家在经济的所有权、控制权和管理权上应扮演何种角色持有完全不同的态度。极右翼经济政策中存在的差异并不仅仅反映了各政党、运动和政权产生时所处历史时期的不同。如果我们集中关注新自由主义时期的第四个十年这一阶段，我们会发现依然存在这种显著的差异：一方面，茶党和荷兰自由党（Party for Freedom）这样的反映主流新自由主义思想的极右翼政党的支持者要求削减福利、降低税率；另一方面，匈牙利尤比克党和希腊金色黎明党的拥护者主张加强国家干预，以减轻全球化的影响。后者的政治主张与新自由主义的目标可能存在冲突，但他们之所以能够得到民众的支持，恰恰是因为作为策略的新自由主义在20世纪80年代后期风头正劲的时候发生了关键性的转变。

到80年代后期，新自由主义"第一个阶段"特有的对工人运动和工人阶级中有组织的社会政治力量的全力的正面攻击总体上停止了。新自由主义出现了从笔者所说的旨在重新确立发展方向的"先锋型"（vanguard）政权向旨在加强团结的"社会型"（social）政权的转型，即从撒切尔、里根主政时的政府模式向布莱尔、克林顿主政时的政府模式的转型，因而，这需要从葛兰西所说的"运动战"转向"阵地战"。前者需要正面打压工人运动，并废除先前地位稳固的具有社会民主主义性质的机构，即"革故"；后者更像是分子式的渗透过程，需要对众多社会生活领域逐步实现商品化，并建立以新自由主义为信条的新的机构，即"鼎新"。尽管这些新自由主义模式是依次出现的，但是眼下它们都可以作为国家治理的替代方式，对当今时代的传统政治主张作出一定约束。

因此，为了达到现实目标，西方国家中的统治阶级和中左翼、中右翼政党一致认为，发展资本主义经济制度的唯一可行方案就是推行新自由主义；但是对于作为社会制度的资本主义的组织方式，他们的意见并不统一，其结果就是他们在同性恋权利、环境保护以及本文尤为关注的反种族主义等方面存在着切实分歧。

"先锋型"新自由主义与"社会型"新自由主义二者之间最主要的区别在于它们如何保障个人权利和自由。社会型新自由主义的很多反种族主义主张主要是形式上的，其政策在很多方面反而助长了种族歧视的不良风气。即使我们认真对待这些反种族主义的官方说辞，其影响也主要还是使中产阶级受益。正如沃尔特·本·迈克斯（Walter Benn Michaels）在奥巴马战胜希拉里·克林顿成为民主党总统候选人之后所说的，这是新自由主义的胜利，"这是因为只有受益人和受害人一样在种族和性别上是多元的，政府承诺的正义才不会引发有关不平等的争论"。社会仍然是不平等的，但是"在治理不平等现象时，没有歧视什么事儿"。

不平等问题不仅没有得到改善，而且还日益突出。新自由主义的胜利使得西方的工人阶级变得越来越四分五裂、混乱无序。对于一些工人来说，诉诸"血统和民族"似乎是现存的唯一可行的集体主义形式，特别是在资本主义制度替代方案似乎已于1989年至1991年全部破产的情况下。民众也许不会将个人的不满归咎于资本主义制度或身为制度参与者的自己，但这并不意味着他们不需要找一个问责泄愤的对象。这个对象是谁？如果真的像撒切尔夫人在1987年接受采访时所声称的，"事实上根本就没有社会这么一说"，只有"独立的男性、女性和家庭"，那么也就不存在社会集团、社会阶级乃至社会冲突了。然而，随着冲突的不断爆发，必须有人对此负责并被追责。

政客和媒体人在解释中突出了两种分类，"犯罪者"（Criminal）和"不称职者"（Incompetent），以说明这两类罪人之间的明显区别。打个比方，如果一个全副武装的抢匪伏击抢劫了受到惊吓的《每日邮报》的读者，那他就是"犯罪者"；而如果一个社工莫名其妙地把一个孩子从原生家庭带走，或是该把孩子救走时反而不可思议地没有这么做，那么对于异常愤慨的《太阳报》的读者而言，这个社工就是"不称职者"。

但是，还存在着第三个类别——"闯入者"（Intruder），其典型代表是寻求政治避难的人、非法移民甚至越来越多的合法移民。"不称职者"一方面给"闯入者"扣上"犯罪者"的帽子，另一方面却又在"政治正确"原则的束缚下给闯入者安排居所，对他们加以保护。因此，移民是本文的一个中心论题。过去40多年来，新自由主义通过其实施的全球性和结构性变革，尤其是如下两点的共同作用，推动了极右翼势力的重新抬头，一是国内的社会经济变革，体现为福利救助政策的重新调整；二是劳动力市场弹性的增加，与之伴随而来的是工人个体化的社会不安全感。于是，新自由主义依靠着成熟资本主义国家开放其劳动力市场，以应对社会工资的竞争压力，这一方面是通过将生产外包给低工资地区，另一方面是通过鼓励移民进入劳动力市场，从而不断施加工资下行压力，提高剥削水平。同时，通过在国际货币基金组织和世界银行（包括欧盟委员会）监督下的多轮结构性调整，新自由主义政策大幅加剧了众多国家的经济不安全和不平等，从而迫使大量人口移民到资本主义中心国家的富裕地区，以谋求生计。

追求经济效益和自由竞争市场的新自由主义范式的一个核心因素就是经济移民（economic migration），但这必然与一些受到文化和种族主义侵染的观点相矛盾，这些观点影响了新自由主义计划中与福利国家重组有关的那些方面，特别是不再以公开和民主的方式来监督和应对种族不平等和种族歧视问题。移民问题助长了公民权利方面的种族歧视，新自由主义的潜在种族主义假定暴露了这一点，即福利不再是公民的普遍权利，而是属于那些通过效仿新自由主义者的主体性来积极证明自己应该享有福利的人。

因而移民挑战了普遍存在的白人意识（whiteness），特别是工人阶级中各群体的白人意识。在工人阶级中日益蔓延的社会不安全感是如下两个因素共同作用的结果，一是传统就业岗位的外包，二是他们感觉到（即使并不总是事实）移民使本地就业岗位的竞争更加激烈。工人阶级尤其是男性工人阶级的白人意识往往与就业有关，就业给他们带来了社会价值感和道德价值感；白人意识还与公民权的基础有关，随着构建了战后政治经济秩序的社会民主主义国家调解达成的劳资社会合同被废止，这一公民权的基础如今看起来正在消失。相比于被认为是不希望融入白人社会和接受新自由主义思想，进而被认为是存在文化缺失的有色人种，白人更加"理应"获得社会福利和社会救助，这一具有意识形态色彩的说法根源于当前发生的如下情况，即就业机会越来越少，获取社会资源和物质资源的压力越来越大。这加剧了白人的身份认同危机，由于植根于阶级的实现社会团结的结构和制度被破坏，这种身份认同变得越来越种族化。

1945年后，在成熟的资本主义民主国家中，许多白人工人的阶级身份认同与各种受种族影响的白人身份认同尤其有关，而这一点又与战后福利国家的建立有关，因为福利国家建立在工人阶级内部的种族划分和潜在的社会等级基础之上。因此，在很多方面，阶级构成实际上也就是种族构成。随着战后种族化的社会民主主义的方案在许多西方国家，特别是盎格鲁势力范围内破产，尤其是20世纪80年代早期以来的破产，许多白人工人，特别是白人男性工人的带有种族意识的阶级身份认同变得岌岌可危。这些变化在某种程度上有助于解释大量白人工人在政治倾向上发生的转变，即从"传统上"在政治上忠诚于社会民主主义左翼转向支持右翼政党和极右翼政党（尤以英国为例）。

这样，工人阶级的白人身份认同危机被极右翼势力利用，构成了反叛分子和民粹主义者参与的"反体制"政治的基础。极右翼一方面赞同并推动了新自由主义宣扬的反对普遍主义福利国家的主张；另一方面攻击那些持"精英主义"和"世界主义"立场的新自由主义的吹鼓手，他们笃信移民能够提升劳动力市场的竞争并有助于推动经济增长。正如安迪·琼斯（Andy Jones）指出的，这为诸如英国独立党的奈杰尔·法拉奇（Nigel Farage）这样的政客披上了保护英国白人工人的外衣，其理由是移民"对富人而言是好的，他们会有更便宜的保姆、司机和园丁，但这对普通英国人而言是坏消息……移民实质上使白人工人阶级沦为底层阶级，这将是一场灾难"。

凭借着这一对移民问题的看似合理的回应，极右翼势力登上了政治舞台。如果以他们的观点主张不合理为由拒斥极右翼，这只不过是一种逃避。正如奇普·波莱特（Chip Berlet）和马修·莱昂斯（Matthew Lyons）指出的：

> 传统的政治主张认为总统选举是人民意愿的体现，认为经济的健康发展可以通过资产数百万的公司的获利情况来衡量，还认为美国对海地、索马里、科索沃等地的军事干预旨在推进民主和人权。与这些主张相比，右翼民粹主义的政治主张既没有更加合理，也没有更加不合理。

大众并不认为这些极右翼看法是愚蠢的，接受这些主张的人比相信圣经《创世纪》中的故事真正存在的人多得多。波莱特曾探讨指出，这个问题反映出的不是"个人的病症"，而是"集体的绝望"。特朗普在共和党初选中获得相当多的白人工人阶级的支持似乎与此有很大关系。极右翼运动是如何产生的？它们针对真实存在的问题提出的解决方案错在哪儿？思考这些问题更具有启发性。实际上，正如乔·巴金特（Joe Bageant）对美国的描述：

新保守主义和左翼运动的兴起方式非常相似，二者的兴起过程大致相同，兴起的原因也类似，即工人阶级认为美国的传统生活和价值观遭到侵蚀，这引发了他们的不满，这种不满情绪广泛存在，却被当局忽视。

保罗·塔格特（Paul Taggart）在更一般的层面振振有词地指出，极右翼运动不仅在获取支持方面借鉴了左翼的做法，而且其兴起在某种程度上就是对1968年极左翼运动的回应。

一个威胁资本主义制度稳定性的潜在问题是，尽管极右翼政党本身凭借一种（无论是有意还是无意）破坏资本主义需求的施政纲领上台执政的可能性较小，但更有可能的情况是这些极右翼政党对主流的右翼或左翼政党施加影响，最终会给资本主义积累过程制造各种麻烦。这种易被忽视的情况最明显的例子发生在新自由主义的心脏地带，即盎格鲁-撒克逊的美国和英国。自20世纪60年代后期以来，美国共和党人越来越依赖原教旨主义基督徒团体，利用其激进主义将其动员起来，以获得其选票。这种以宗教为核心，或者说至少在宗教领导下的投票，必然也会要求实施有利于他们的政策以回报其支持。对于共和党人而言，问题不仅在于原教旨主义基督教的极端主义会导致共和党与在美国大选中发挥越来越重要作用的"中间选民"的疏离，而且还使政治家们在实施那些美国资本主义长期健康发展所必需的政策时受到诸多限制。

然而，会给美国资本主义发展制造麻烦的不仅仅是宗教信仰，公然反对移民的种族主义也会制造麻烦，这种种族主义在特朗普的竞选活动及其支持者阵营中表现明显。茶党提议的《比森-哈蒙阿拉巴马州纳税人和公民保护法》（Beason-Hammon Alabama Taxpayer and Citizen Protection Act）就是一个具体实例。阿拉巴马州议会于2011年6月通过该法案，规定移民必须随身携带移民文件，否则将被视为非法移民。同时规定，非法移民将无法享有阿拉巴马州提供的任何必需品，包括供水。该法案原本旨在阻止和遣返拉美裔非法移民，但其结果却导致阿拉巴马农业部门中的主要劳动力大量流失，其影响甚至还不止于此。在该法案推出以前，据估计，阿拉巴马州有4.2%的劳动人口即 9.5 万人属于非法移民，但是这些人口却缴纳了 1330 万美元的州税和地方税。他们离开阿拉巴马州或撤回到非正规经济活动中，可能会给当地带来 4000 万美元的经济损失。此外，雇主不得不花费更多的资金来筛选应聘人员，雇用人力资源方面的人员来检查移民文书，以及为因疏忽而违反该法案产生的潜在法律责任购买保险。

英国保守党也在欧洲问题上遭遇了与美国共和党类似的困境。1997 年之前，在欧洲问题上英国保守党放任英国国内帝国式民族主义的肆意发展，这种帝国式民族主义的出现并不是因为欧盟对新自由主义怀有任何敌意，而是作为一种意识形态转向出现的，它源于新自由主义未能成功改变英国资本主义的命运。由这一目标引发的民族主义当前已成为英国的政客们和国家管理层意图实施更大程度的欧洲一体化战略的主要障碍，尽管无论是在这些政治家们看来，还是从英国资本中就算不占主导地位但也是具有相当分量的资本力量的长期利润出发，欧洲一体化都是非常合理的战略选择。2013 年，英国商会对 4387 家企业进行的调查显示，只有 18% 的调查对象认为完全退出欧盟会产生积极的影响，而占大多数的 64% 的调查对象支持收回一些权力但仍留在欧盟。并不令人感到意外的是，真正反对欧盟的主要是小企业，因为相对于大型企业而言，哪怕是最低限度的加强监管和增加工人权利给小企业的利润空间造成的损失都要大得多。

英国独立党是反欧盟情绪大爆发的主要受益者，其取得的进展反过来又鼓舞了保守党内部的右翼势力，尽管这两个政党的政策并不一致。政治主张上的矛盾在政治权力斗争中未必多重要。英国独立党重点关注的一系列问题体现在"欧盟"这一半虚构的机构身上，与之相似，茶党重点关注的一系列问题体现在"政府"这一半虚构的机构身上；二者的主要区别在于，在前者中，该机构是国外的而非本国的，因而本土精英的罪名变成了对这些外国机构的顺从，以及"背叛"和"出卖"自己的国家。不过，英国独立党的民众支持至少部分是以数量可观的选民作为其基础的。对该政党进行过最深入研究的学者指出，我们可以这样认为，"在当前这个实际收入下降、经济前景不明朗的时期，来自更加贫困和不安全感更加强烈的群体的选民将会力挺能够为他们提供最佳的经济支持和帮助的政党，而不是去支持一个经济政策几乎没有连贯性和可信度的政党，一个从未帮助过弱势群体的政党，一个拥有许多宁愿公开支持自由市场也不愿意帮助弱势群体的自由主义激进分子的政党"。对这一"悖论"的解释虽然令人沮丧，但并不难理解。

三、新自由主义的种族化效应、白人政治和极右翼

新自由主义不单单是通过劳动力市场机制（极右翼可以将其转变为导致人们不满的根源）来加剧种族主义。尽管新自由主义意识形态的吹鼓手声称，新自由主义是一种"后种族的"（post-racial）、"种族中立的"（race-neutral）或"肤色色盲"（colour-blind）式的政治经济，它也推动了其发展，这种政治经济建立在被剥夺了文化影响下的身份认同并实施竞争性市场行为的个性化主体的基础上，但是种族主义的病症在新自由主义资本主义的社会制度中不断反复出现。新自由主义政治经济，特别是其对"福利依赖"和"政府臃肿"现象的攻击所带来的种族化影响是非常明显的，这体现在福利受领者广为流传的、种族化的刻板形象上，同时也体现在福利供给私有化和削减公共开支造成的不公正后果上，这些后果对少数族裔群体的影响更为严重。此外，用以推动新自由主义经济发展的移民治理依赖于对可接受的移民和难民类型与不可接受的移民和难民类型所作的种族化划分，也依赖于与新自由主义政治经济并行发挥作用的刑事制度的形成，这一制度的影响具有明显的种族化特点，最突出的体现是非裔美国人的高监禁率及其在拘留期间的非正常死亡，这是普遍存在的警察暴力导致的结果。

新自由主义为极右翼势力的重新崛起创造了条件，与此同时，极右翼却通过将新自由主义的社会、政治和经济影响种族化来集中攻击他们所认为的新自由主义的种种弊端。当前的极右翼的种族主义与新自由主义的意识形态假设更为吻合，这是因为主流的极右翼思潮不再是官方宣传"血与土"这一纳粹口号所体现的、先前的极右翼所支持的那种种族主义。因而我们可以将新自由主义的种族主义和极右翼的种族主义概念化为一种新的种族主义：有

学者称之为"新的种族主义"(new racism),也有学者称之为"新种族主义"(neo-racism)、"文化种族主义"(cultural racism)或"排外种族主义"(xeno-racism)。这一意义上的种族主义助长形成了某些类型的具有等级性和排他性的社会秩序,这些社会秩序建立在受压迫群体本身具有的某些内在特征或者缺陷的基础上。这种种族主义关乎一种长期存在的观念,该观念同样关注文化或行为特征,而不只是生理特征,例如,在19世纪的盎格鲁地区,种族主义者就将爱尔兰信奉天主教的白人描述为"非白人"。从这方面来看,种族差异以及由此造成的种族排斥和种族歧视源自如下观点,即认为种族和文化少数群体的文化行为无法融入"民族的"和"本土的"文化。种族之间的排斥是有理由的,但这并不是基于白人至上论(即旧种族主义,old racism),而是因为某些特定群体的行为与我们对社会团结和公民权利赖以存在的基础的理解截然相悖。

作为一种社会制度,新自由主义在认识论和本体论维度上导致了潜在的种族主义行为持续存在这一严重后果。正如大卫·古德伯格(David Goldberg)所指出的,新自由主义产生的一个最重要的后果就是他所谓的"种族私有化"(privatization of race),这既是一个社会问题,也是一个政治问题,在美国尤其突出。古德伯格认为,种族私有化这一趋势是私有化的普遍逻辑的构成要素。它是如下两个方面的结合:一是支持私有财产持有者享有的特权,二是剥夺了社会中大多数民众的社会参与和政治参与,而后者是过去几十年来社会和政治斗争的结果。因而,对国家的新自由主义重构导致了其在推动种族平等和解决现存种族主义问题上的作用和能力不断地被削弱,并且越来越失去合法性。

这些变化带来的后果是,对私人领域存在的种族排斥行为和种族主义影响进行的民主和法律监督遭遇阻碍。古德伯格特别列举了美国的例子。美国"平权法案"(affirmative action programmes)的废除以及通过公共服务私有化和削减公共部门就业岗位对民主国家进行的拆解所造成的种族化影响,使得少数族裔受害尤为严重。极右翼利用了这些政策变化,因为它们实际上使极右翼的种族主义获得了制度上的、得到主流认可的合法性。极右翼宣称,之所以出现这一系列后果——包括少数族裔的边缘化和无法实现同化、对福利国家的依赖以及有色人种入狱率过高,其原因在于这些群体内部固有的文化认同和行为方式。接受民主审查的公共权力和规范的缺失,加上新自由主义国家及其市民社会的吹鼓手所宣扬的新的意识形态共识,这些意味着会越来越多地依据与特定的种族化群体有关的文化认同和行为来对经济边缘化这样的"社会问题"进行因果解释。在解释那些与"精英政治的"新自由主义主体性明显不符合的行为特性时,文化成为了唯一的解释因素,由此导致的新自由主义与极右翼的交汇可能不是新自由主义的倡导者和理论家所承认的目标,但却是无法避免的政治产物。

但是,新自由主义也使白人的身份认同成为了问题,并强化了这种身份认同。由此,至少对于新自由主义者来说,一个心照不宣的假设是,由于在有关社会形态和社会病症的解释中抹去了阶级身份、性别身份和政治身份,因此白人意识仍然被默认为是决定社会成员资格、社会参与权利和社会贡献程度的解释因素。这意味着即使再掩耳盗铃也不言而喻的是,社会成员资格和社会参与权利与白人的种族化属性密切相关,什么种族决定了谁有权享受社会福利。

极右翼得到了一个意识形态上的机会,因为这允许将一种明确被种族化的公民权概念融入新自由主义的"社会真空"(social vacuum)之中,这种社会真空是重构社会民主主义国家的新自由主义方案所带来的结果,借此那些先前致力于反对种族主义的各种机构和场所(以及与之相关的反种族主义构想)要么被彻底消除,要么被极大地削弱。就种族主义是新自由主义的一个有机组成部分这一意义而言,这并不是说新自由主义导致了种族主义,而是说新自由主义建立在一种集体的社会经济不安全感的基础上,而这种不安全感有助于重新唤起那些业已存在的旨在实现社会团结的种族化构想,这是因为它是在新自由主义政治中保留完整的旨在实现社会团结的政治制度框架之一,还因为致力于实施新自由主义政策的政党利用民族主义的意识形态说辞来动员"民主的"选民支持新自由主义——撒切尔政府和里根政府就是典型例子。

这样，新自由主义在多种不同的层面上带来了种族化影响，这加剧了极右翼政治的鲜明的"反抗性"和"民粹主义"特征。由此，尽管新自由主义政权欢迎并鼓励（某些）移民，但是与此同时，与新自由主义瓦解社会民主主义福利国家的举措有关的社会政策以及新自由主义对新形式的个性化主体的表述，巩固并重新阐释了各种种族主义，这些种族主义又反馈到极右翼政党长期以来所持有的观点之中。这些情形是在社会经济危机的背景下重获转机的，并且在其根源（国际的/非本土的）和表现上都呈现出种族化的特征。同时，根据极右翼的煽动性言论，新自由主义移民政策使危机变得更加严重。正是通过这种矛盾作用，极右翼势力看起来站在了新自由主义的对立面，但与此同时，它又支持了推动新自由主义政治经济发展的种族化的基本观点。

四、国际化、极右翼和民主政治版图的重绘

一直以来，新自由主义都对民主持有怀疑态度，特别是它认为那些体现民主国家公民集体意志的机构和制度干预了市场经济的运行。由此，新自由主义最重要的政治目标之一就是在制度上重新建构、在政治上重新组织民主架构和民主进程的运作方式，尤其是它们与经济的组织和运行之间的联系方式。在大多数自由主义民主国家中，上述目标在很大程度上已经实现。伴随着国际局势剧变而来的左翼势力的破碎和迷失方向，大众民主政治的时代似乎正在走向终结。这些发展变化与极右翼有何关系，又对促进极右翼政治的发展起到了多大作用？在公共政策的关键领域出现的向国际化和专家治国化发展的各种趋势，以及由此造成的民主政治从社会生活中越来越多的领域撤离，在很多方面都为极右翼的民众动员提供了重要的动力来源。

从内部来看，主流政党之间与日俱增的可互换性（interchangeability）给极右翼政党带来了争取选民的可乘之机，它们将自己定位为社会政策方面的异议者。马格纳斯·马斯达尔（Magnus Marsdal）指出，在丹麦社会民主党（Social Democrats）1998年实施削减养老金政策到2001年丹麦大选期间，公众的愤怒值有所降低，这是因为不同的政党和政治评论家之间几乎在这些政

策的必要性上达成了完全一致。他强调："经济的去政治化造成了其他一切方面的政治化。"

从外部来看，在类似欧盟这样的组织中，伴随这些发展形成的制度框架为极右翼势力的崛起创造了有利条件，尤其是在应对2008年全球经济危机和2010年欧元区主权债务危机的背景下。简单来讲，经济危机波及了存在严重的民主赤字的欧盟国家，而国际社会的应对措施推动了新自由主义的巩固和扩张；在这样的背景下，极右翼获得了有利的政治机会。

就针对欧元区危机作出的各种政治回应而言，很多从自由主义立场出发的评论都强调了现有的"反体制"运动和政党表现出的民粹主义色彩，其中包括西班牙的"我们能"党（Podemos）和希腊的激进左翼联盟（Syriza）代表的左翼思潮。但是，另外一种同样重要且根基深厚的"反体制性"的回应是作为主要的反欧盟势力或疑欧势力的极右翼的重新抬头。其原因在于，极右翼能够以带有民粹主义色彩的、煽动性的方式向传统右翼势力施加压力。这部分也是因为，尽管极右翼攻击欧洲一体化，但并未像激进左翼那样，威胁到新自由主义近些年来所拥护的财产权以及与之相关的一些核心原则。因此，从新自由主义政治经济共同体内部来看，极右翼可以被视为"内部反对派"或是发泄愤怒、不安和不满的内部渠道。通过其带有民粹主义色彩的煽动和蛊惑性的故作姿态，极右翼试图为大众提供一个"民主"的宣泄口，这威胁到了新自由主义共识，即新自由主义即使不能完全消除民主大众对市场经济运行的影响，也要试图限制其影响的范围。不过，极右翼将重点放在了新自由主义的空间维度和机构组织层面，这意味着它并未从根本上挑战新自由主义的核心前提。因此，极右翼可以，也应该被视为新自由主义危机的产物，正如法西斯主义是1918年国家垄断资本主义危机的产物一样。

我们从沃尔夫冈·施特雷克（Wolfgang Streeck）的研究中也可以发现，欧元区的组织架构，尤其是它与新自由主义金融化（这种金融化以欧洲中央银行的"超国家主权"为中心）的联系是如何在充斥着与极右翼有关的象征符号和语言符号的政治运动复苏中发挥核心作用的。欧盟正式出台了推动中央银行（政治）独立的举措，这可以被视为是"新自由主义共识"最重要的胜利之一。取消对这些机构及其运作的民主监督，也可被理解为国家的一个重要组成部分已经被金融资产阶级利益集团所占领。事实上，虽然美国联邦储备委员会前主席艾伦·格林斯潘（Alan Greenspan）没有明确提及金融新自由主义（及欧盟），但其在2007年9月发表的言论使我们能够了解统治阶级中的政策制定者和理论家们是如何看待这些变化的："令我们感到幸运的是，由于全球化，全球市场力量很大程度上取代了美国的政策决断。如若不考虑国家安全因素，谁成为下一任总统都没有任何区别。整个世界都是由市场的力量在决定。"

虽然格林斯潘的言论显然有点言过其实，但也的确就重要的经济决策中民主进程与各种机构之间的关系指出了某些要义。各国经济之间的紧密联系及其一体化大幅提升，欧盟和欧元区尤其是如此，这催生出了精英层面的外交博弈和国际层面的专家治理制度的建立，以便管理这些日益复杂、相互联系的经济关系网络。因此，尽管资产阶级仍然程度不等地受制于这个或那个国家的司法管辖权，但是在几乎不受公众民主监督的欧盟或欧元区的制度框架中，有利于资产阶级实现集体再生产（collective reproduction）的条件已经形成并越来越明朗。

因此，在成熟的资本主义经济体系中，占统治地位的（新自由主义的）资本家阶级与底层阶级之间的社会联系和政治联系同以往的时代存在着本质不同。在社会层面上，这意味着统治阶级的再生产与其所处国家的经济和阶级关系之间的联系不再那么紧密。在政治层面上，这意味着维护私有财产权和核心市场规则的政治法律和制度框架是在制度化背景中决定的，是通过基本不受民主制度监督的法律安排来建立的，这些民主制度在本质上仍然扎根于民族国家的土壤之中。与过去相比，资产阶级对右翼和极右翼从底层发起的"民主"动员的依赖性大幅下降，也不再同过去一样，要依靠建立跨阶级联盟来抵挡来自左翼的民主威胁和挑战。正如本文在分析矛盾的根源时所指出的，在国家模式下对于民主可能性的持续关注和相关机构设置，会导致占据统治地位的新自由主义资本家阶级的阶级利益与极右翼的政治主张之间出现矛盾和对立，后者仍旧把国家视为实行政治协商和彰显政治权威的独立的实体空间。

极右翼势力与资产阶级（至少是资产阶级中占主导的/国际化的部分）之间的关系问题不在本文讨论范围内。但是，我们可以确定的是，欧洲和欧元区的新自由主义经济在空间、制度和政治层面的组织方式使得极右翼政治在政治和动员方面获得了独特优势。正如施特雷克强调指出的，在新自由主义金融化出现危机并亟待治理和解决的背景下，"债权国"与"债务国"之间的关系越来越体现在民族主义的政治话语和政治构想中。施特雷克指出：

> 其结果是，利用具有巨大煽动力的带有民族主义色彩的措辞，公共债务政策进行了格外受人欢迎的重新阐释，同时，国际政治话语迅速实现了重新本土化和带有民族主义色彩的道德化（moralization），然而，对一国国家主权的尊重与否却取决于该国在全球金融市场和国际组织中是否具有良好表现以及是否遵守行为规则。

表现在公共外交和国内政治姿态中的对外关系以及有关国内政治和社会的描述都强调了参与国在国家（或民族主义）层面的同质性，就如同德国、芬兰等"债权国"在处理与希腊、爱尔兰等"债务国"的关系中所体现的那样。这有助于掩盖新自由主义在这些具有"政治同质性"的民族国家中形成的基本阶级关系。因此，民众之所以对极右翼产生政治情感，其中一个必要条件就是民族主义叙事构成了政治认同，又基于此形成了政治，这个必要条件决定了政治语言，尤其是出现在传媒领域的政治语言。这一点的重要意义在于，这种语言和情感也影响了很多左翼力量，2015年初激进左翼联盟上台后在其国内政治战略中的诸多说辞都证明了这一点。

新自由主义实行的财政紧缩政策在使政治顺利运转时形成了有利的形势，考虑到应对经济危机和实行财政紧缩的政策得以在其中形成的民族主义、仇外主义、民粹主义框架，这一有利形势为极右翼的发展带来了制度性机会。掩盖阶级差别是新自由主义的必要基础，也是其走出危机实现重组的必要基础，鉴于此，极右翼为维护新自由主义的社会制度和支持债权国和债务国国内的危机应对政策提供了民众动员和国内政治合法性方面的重要资源。面对欧元区危机，公众生成了"民粹主义"和"反政治"的情绪并对相关运动持有起伏不定的支持态度，这导致选举格局发生诸多变化。我们可以发现，当前不同政治势力中都普遍滋生出了极右翼力量（以福利本土主义、仇外主义、反自由主义、反世界主义和反穆斯林种族主义为基础），它们在众多西方国家——从美国（此前是"茶党"，现在明显表现在"特朗普主义"中）到瑞士、法国、英国，甚至到以德国选择党（Alternative fuer Deutschland party）为代表的德国——都获得了大量支持。现在讨论这些趋势是否会演变成为一种更加持久的政治格局还为时过早，但就目前的情况而言，一方面，民族国家的民主构想显示出政治局限性；另一方面，社会经济不安全感广泛存在而精英阶层已然名誉扫地，因而看上去，"准法西斯"（quasi-fascist）时代似乎离我们越来越近。

需要注意的是，我们不能过分夸大推动极右翼政治发展的因果关系：正如激进左翼联盟和西班牙的"我们能"党所表现出的，民粹主义的土壤并不会自动产生极右翼。尽管如此，在国际层面上进行组织管理的新自由主义资本主义与限定于一个民族国家的民主政治构想，二者之间存在的结构性和体制性失衡还是为极右翼势力的发展壮大提供了助力。一旦这种失衡与要求具备牺牲精神、承受财政紧缩阵痛的所谓"国际团结"理念结合在一起，这就相当于对一国民众的近乎公开的羞辱，我们就不难理解为何带有民族主义倾向的民粹主义可以产生如此巨大的政治吸引力。

五、结论

在两次世界大战之间的间隔期，一些国家的资产阶级需要通过法西斯主义实现"政治救赎"，与此不同，当前新自由主义对极右翼政治力量的需要并没有那么迫切。但是，新自由主义意识形态及其实践后果这两个重要方面与极右翼政治有着密切联系。进一步来说，尽管极右翼的确给新自由主义社会经济制度的再生产带来了一系列问题，但这仅仅出现在特定的国家和地区，影响范围也相当有限。特别是在欧盟问题上，新自由主义塑造的空间框架及其（国际）制度框架尤为重要。

我们不能低估极右翼势力的重新抬头所造成的影响，它推动了民粹主义热潮的发展，形成了与西方福利国家重建有关，并且受到了近期关于移民问题讨论影响的新的"常识"。实际上，在后一种情况中，对移民的"支持"存在着诸多矛盾。一般而言，西方资本主义支持劳动力的自由流动，但是更愿意让劳动者处于廉价和不安全的状态。就极右翼反移民的观点并未降低劳动者的不安全感而言，这反而在无意中迎合了整个资本主义制度。然而，这也正是矛盾的开端：一旦极右翼想要去实现其阻止移民的现实目标，那么它将以同样意想不到的方式招致更严重的恶果，正如美国和英国发生的情况。至于左翼政党应该采取何种应对措施，需要注意的一个问题是，左翼对待欧盟的态度不能以单纯反对极右翼的立场作为出发点，即不能说是因为极右翼反对欧盟，我们作为左翼就要支持欧盟。左翼政党的出发点应该针对资本的核心要素，在欧盟问题上，即着眼于欧盟在维持新自由主义秩序中扮演着何种角色。

新自由主义、危机与去政治化的矛盾[*]

彼得·伯纳姆[**] 著　赵开开　苏童 译

[内容提要] 本文提出了一种去政治化研究的政治经济学分析法。去政治化策略经常与新自由主义相联系，即使在凯恩斯主义体制下也长期存在。文章主要以英国为例详细叙述了从20世纪70年代末至今，在新自由主义治理体系下去政治化所采取的多种形式。研究发现，与许多流行的论述相反，在2008—2009年金融危机之前、期间和之后，经济管理形式在很大程度上有着连续性。不论是在思想上还是在实践中，许多国家的政府都保持甚至强化了去政治化管理的力度。然而，显而易见的是，去政治化的新自由主义经济政策并没有使国家管理者能够规避国家层面的危机。与"经济"危机产生"政治"危机的简单化表述相反，本文认为，危机同时表现在经济和政治两个方面。

[关键词] 去政治化　危机　新自由主义　国家　经济

---

[*] 本文原载《参与和冲突》(*Partecipazione e Conflitto*) 2017年第10期，译文有删节。译文原载《国外理论动态》2018年第5期。

[**] 作者简介：彼得·伯纳姆（Peter Burnham），英国伯明翰大学政治学与国际研究系教授。

一、关于去政治化的政治经济学

正如马特·伍德（Matt Wood）和马修·弗林德斯（Matthew Flinders）指出的那样，去政治化的概念散见于一系列跨学科的著作中，这些著作把关注点集中在广泛的"公共"和"私人"领域的压力上，二者尽管有差异，但却同等重要。从广义的视角来看，去政治化不仅关注媒体或特殊利益集团在转移公众议题中所扮演的角色，而且关注使某些问题看起来"正常"或者"自然"的个体"言语行为"。伍德和弗林德斯将其描述为"话语去政治化"（discursive depoliticisation）。去政治化的概念在社会科学领域内有着悠久的历史，与马克思对古典政治经济学的批判有着密切的关系。最近的去政治化的政治经济学读物可直接追溯到法兰克福学派的批判理论家——尤其是哈贝马斯的著作，以及20世纪70年代理论家们在欧洲社会主义经济学家会议上对此的评论。

哈贝马斯在《作为"意识形态"的技术与科学》一书中指出，自19世纪末以来，发达资本主义国家将"对经济过程进行永久性管制"作为一种"针对资本主义功能失调倾向的防御机制"。经济政策（特别是20世纪20年代国际危机后的经济政策）导致了"社会制度框架的再政治化"。哈贝马斯认为，政治不再"仅仅是上层建筑的一种现象"。按照哈贝马斯的说法，自由交换的思想已经被一种替代方案所取代，该方案着重阐述了政府行动的好处，旨在弥补自由交换的功能失调。他认为，一种凯恩斯－贝弗里奇（Keynesian-Beveridge）类型的思想建构了合法性的新方案，该方案涉及稳定增长、保持就业、社会保障以及向上层社会流动的机会。这就要求存在"国家干预操作"维度，以限制私法的制度为代价，"确保资本利用的私人形式，维护群众对这种形式的忠诚"。哈贝马斯强调，在这种情况下，政治具有一种独特的消极性质，即"以消除功能障碍和规避风险为导向——换句话说，它不是以实现实际目标为导向，而只是解决技术问题"。

在当时，哈贝马斯只能看到一个针对技术官僚意识束缚的挑战——学生抗议。他认为，学生抗议可以永久性地摧毁这种意识形态，从而"推翻已经很脆弱的先进资本主义的合法性基础，而这只能依赖去政治化"。20世纪70年代初，他以政府机构为中心进行社会变革的希望破灭了。然而，系统功能主义理论盛行起来。在去政治化的理论方面，哈贝马斯区分了政治危机的两种倾向，他根据这些倾向的外在形式划分出"产出"（最大化地执行行政决策）和"输入"（民众忠诚）危机。哈贝马斯指出，当行政机构无法协调和履行"经济体系中的必要条件"时，产出危机就会以理性危机的形式出现。从这个意义上说，这是一场"错位的系统性危机"，它取代了经济危机。因此，当国家无法制定连贯的政策来引导经济时，公共行政中就会出现理性赤字。理性危机在一定程度上是由"国家机构的解体"所表现出来的，它可能被转化为一种广义上的合法性的缺失。这将直接构成认同危机，当"不可能通过行政手段来维持或建立有效的规范性结构"时，就会存在一种合法性赤字。

哈贝马斯的总体结论是，发达资本主义社会容易受到经济、行政、合法性和社会文化体系（行动激励）危机的影响。也许会有人反对说，尽管他提出的问题很有价值，但在确定不同形式危机之间的关系方面却缺乏透明度，而且对参与者动机的特殊关注也最终限制了他在打开去政治化思路方面所作出的贡献。尽管如此，哈贝马斯还是在两个关键领域作出了重要贡献。第一，他认为，经济危机通过政府的被动规避行为转移到政治体系中，这种方式是在用合法性弥补理性行为的缺陷，而组织理性的延伸可以弥补合法性赤字。这种将危机从经济转向政治（从市场转向行政系统）的观念，以及它对行政感知能力的启示，对去政治化理论至关重要。第二，哈贝马斯早期关于从政治中排除实践本质以及转向解决技术问题的思想仍与后来将去政治化作为危机管理的方法产生了共鸣。

20世纪70年代，社会主义经济学家会议的成员们组织了关于国家的辩论。这次辩论在一些较为抽象的概念、应用于治理的去政治化以及危机之间建立起了直接的联系。霍洛韦（J. Holloway）和皮乔托（S. Picciotto）强调，国家是社会生产关系的一个方面、资本盲目迷恋的一种形式以及为了在危机中加强资本积累而不断重组和整顿的一个过程。国家的"力量"来自它为了加强国内和全球资本的积累而能够在其范围内重组劳资关系的能力。"重组"的概念包括政治和意识形态的重组以及更广泛的资本主义社会关系的重组。与哈贝马斯相反，他们认为，在这种框架下，危机既不是经济的，也不是政治的，而是"资本关系"的危机——是以经济和政治形式所表现出来的不可避免的矛盾关系。因此，危机不是简单的经济危机，其后果不能从所谓的"资本需求"中来解读，因为它涉及的是劳资之间、社会不同群体之间、不同资本与资产阶级的其他要素之间，当然也包括构成国家的诸要素之间的斗争过程。西蒙·克拉克（Simon Clarke）进一步强调指出，重组是危机管理的一个关键组成部分。奥康纳（O'Connor）及其他人在借鉴哈贝马斯的研究成果后指出，如果财政、货币和金融压力开始削弱现有国家形式的合法性，那么经济危机便有可能会成为国家自身的政治危机。克拉克认为，应对这种危机的方式，通常不是由一个阶级或另一个阶级夺取国家政权，而是进行国家和更广泛阶级关系的重组。克拉克强调，重组背后的推动力"与其说是为了努力提供解决经济危机的方法，不如说是力图通过政治的方式使国家从经济中脱离，以经济政策制定过程中的去政治化来解决国家的政治危机"。

二、去政治化的理论与形式

将去政治化定义为政治的移除或撤离是相当幼稚的。为了捕捉去政治化所固有的政治性质，有人建议将这个概念定义为"把决策的政治性质排除在外的过程"。这一提法强调了三个要点：第一，决策的政治性质已被排除在外，但并非不存在；第二，决策的政治性质被理解为一种治理策略，它隐含在去政治化可以增强政治控制的分析中——国家管理者行使控制权，同时做出控制要素已经转移的姿态；第三，在实现政策目标方面，国家管理者所获得的最有利的结果是通过已经转移了政策责任的表象来实现的。

作为一种治理策略的去政治化概念已经被用在许多方面。首先，它已经脱离了其社会理论起源，并被用来确认和证明任何形式的责任转移。从新公共管理的案例中可以看出，这种方法将去政治化视为"如何管理"的指南，重点在于通过推卸责任和制造混乱的官僚习气来加强管理控制。这可能与去政治化的民粹主义用法相对应，但不应与强调"间接治理关系"的学术用法相混淆。简言之，去政治化不是任何形式的"舞台转移"或责任规避，而是指将治理的政治性质排除在外的过程，这有可能导致官员不再对"某一问题、政策领域或具体决定"负有直接责任。因此，弗林德斯断言，作为一种概念，去政治化是对"政治"的一种非常独特的解释。我认为，这比那些宽泛的定义更清晰、更有意义、更精确。

其次，在更加复杂的程度上，去政治化的概念已经被应用于分析国家管理者在社会关系中实施纪律约束时选择的方法。这种框架已被马克思主义者以及其他对危机理论和当前金融危机的政治反应感兴趣的研究者制定出来。与将危机视为导致"系统性崩溃"的市场"失灵"的观点极为不同，这种方法通常强调危机的政治解读。在这种情况下，陷于极其危险处境的国家管理者必须要做到的是，既要在关键领域进行干预以恢复盈利积累，同时又要能够经受住其他领域的干预以满足特定群体的利益。例如，在危机的非常时期，人们在争论中看到了这种潜在可能性，尤其是在英国，人们发现了银行体系的道德、货币的作用以及国家对银行进行资本重组的意愿。在这种情况下，国家管理的核心问题之一是如何重建经济结构调整的条件，而将政策的其他关键领域置于直接的政治争议之外。在 20 世纪，国家管理者往往采取以下两种形式之一来推卸导致经济衰退的责任并阻止对资本主义政治经济学本质的争论。一种是将通货紧缩战略与国际体制（通常是国际货币体系）挂钩，从而为政策找到一个"锚"（以及此决策的正当理由）。

另一种是试图通过将政策与法规或明确可识别的目标相结合的方式来重构国内行政管理制度。

最后，作为一种治理策略的去政治化概念已经被应用于描述整个经济制度和政治管理的特征。如上所述，如果政治化/去政治化框架从 1900 年起就被用于政策分析，那么很明显，在某些时期，去政治化策略已经成为经济政策的关键。而在其他时期，更多干预主义的政治化方案往往主导了政策议程。

既然去政治化的策略给国家管理者带来了一定的利益，那么在什么情况下他们会采用一种政治化的方法呢？早期的尝试表明，政治化与去政治化策略之间的波动非常好地解释了工人阶级组织的内部动态、国家领域内资本运作的特点以及国家融入世界经济一体化的形式。例如，1945年英国政府选择对经济进行高度化的直接控制，这不仅是对看似棘手的国际收支问题的回应，也是对工资上涨和通货膨胀威胁的回应。在整个战后时期，谈判和协商、指示性规划以及正式和非正式收入政策的制度化，都被作为以"国家利益"影响工资谈判的手段。尽管从长远来看，采纳这些政治化的解决方案是站不住脚的，但它反映了国家管理者对阶级力量平衡、工会领导人的行为等的认识。20世纪70年代中期，英国财政部承认了政治化手段的失败，但似乎无力发展替代性的主导战略，直到一系列不同趋势（传统部门大量失业，非工会部门工作增加，工会主义新形式的推广）的出现，才为实现重新定位提供了语境，从而使国际政治经济的变革与金融自由化相关联。

三、新自由主义的危机和去政治化的巩固

2007年夏天伊始危机开始在美国住房贷款市场上显露，此时许多关于新自由主义危机的描述都突出了金融自由化、金融机构的"非互助化"以及全球信贷激增带来的问题。2008年9月以后，对核心金融机构的偿债能力和资金问题的质疑也随之而来。尽管政府在全球货币和财政政策方面进行了前所未有的纾困行动，但信贷危机仍迅速影响了全球经济活动。据报告，总体而言，2008年第四季度全球国内生产总值下降了6.25%，2009第一季度继续下降。在金融危机刚刚过去的几年里，国际货币基金组织预计，2015年发达经济体的经济增长率为1.9%，经济增长率依然低迷。通过对全球经济活动主要指标（人均实际GDP、工业生产、贸易、资本流动、石油消费和失业率）的分析，国际货币基金组织的经济学家们得出的结论是："从任何角度来看，这次衰退都是自大萧条以来最严重的全球性衰退。"此外，这次经济衰退对几乎所有发达经济体和许多被归类为新兴或发展中国家的经济体的影响都是"同

步"程度最高的。

全球各地的国家管理者们对危机的反应都十分迅速，但虚拟资本的破坏程度太大，以致全球经济复苏缓慢。在货币政策方面，许多国家的央行已将利率降至历史低位。

从金融危机到主权债务危机，再到财政紧缩和削减的政治危机，这三阶段运动的细节在世界范围内都有所不同。尽管如此，各国政策制定者为了应对新自由主义危机一直都试图重新构建阶级关系，并收紧对劳动力和资金的市场约束。紧缩政策的支持者们希望，金融与生产积累之间的关系将会通过这种方式得到积极调整。这种重组既是思想上的，也是物质上的，它通过削减公共服务、降低工资等来调整社会结构的阶级特征。此外，正如英国的例子所表明的那样，它是在一个仍然以致力于将去政治化作为经济和社会政策的核心原则为特征的背景下进行的。

在英国，托尼·布莱尔（Tony Blair）领导下的一项治理机制强调了以下主要战略：在经济和社会政策上更倾向于规则而不是自由裁量权，增加政策的问责性、透明度和外部有效性。自 2008 年秋季以来，金融危机的加剧并不是由于英国政府放弃了这些策略，而是因为试图巩固新工党所发展的上述战略，尤其是在银行和金融领域。

1998 年，《英格兰银行法案》被普遍认为是"经济政策制定的新起点"，其理由主要有三点：第一，独立的中央银行提供低通胀；第二，此举将提高透明度，提高决策的可信度；第三，这种独立性将结束对货币政策的制定的政治干预。与 1973—1974 年的次级银行危机后的时期相比，当财政部收回对央行利率的控制时，银行的业务独立性保持不变。1998 年《英格兰银行法案》出台的新货币政策框架仍然有效，货币政策委员会（MPC）致力于实现政府 2% 的通胀目标。自 2009 年 3 月以来，利率一直保持在 0.5%，货币政策委员会的注意力一直集中在由中央银行进行货币融资的资产购买政策上——即所谓的量化宽松政策。2009 年 1 月成立的资产购买机制实质上为货币政策提供了一个额外的工具。它旨在通过购买由美国财政部发行的量化宽松政策融资的资产（后来直接通过购买中央银行的货币）来改善信贷市场的流动性，这代表着货币政策工具的转变,而不是政策基本目标的转变。简言之,自金融危机以来,英国央行一直直接使用外汇储备(除了银行赚取的利率)作为货币政策的一种工具。因此,货币政策的实施框架在金融危机中得以幸存下来。

1997年10月,英国政府建立了一个三方框架(包括央行、财政部和金融服务管理局)来监管和维护英国的金融稳定。央行最初负责系统的稳定性,而金融服务管理局则负责监管个别银行和其他金融机构。2006年的一份谅解备忘录表明,央行的作用之一是限制特定机构的问题向金融体系其他部分蔓延的风险。然而,正如金融危机所表明的那样,在金融领域没有权力而只有责任的央行无法按照1997年和2006年的协议行事。因此,在2009年银行业法案中建立了一项新制度,扩大了央行在承担金融稳定责任方面的作用。2010年7月,卡梅伦政府深化了央行在金融领域的责任,并在2012年推出了一个新的金融监管框架。该方案认识到了三方机制在维护金融稳定方面的"失败",作为回应,要求央行不仅要坚定地维护金融稳定,还要在危机威胁稳定的情况下积极应对。从本质上说,卡梅伦政府的反应基于两大支柱:一是将责任归还给英格兰银行,以监管金融体系的稳定;二是建立三个新机构,"每个机构都有明确的职责、集中的职权范围和适当的工具以及对此加以灵活运用的能力"。

金融服务管理局对银行业务的监管职责被转移到一个新的监管机构——审慎监管局(the Prudential Regulation Authority,PRA),该机构是英格兰银行的全资子公司。它建立在与货币政策委员会相似的基础上,由州长主持,包括五个内部成员、六个外部成员,每月举行两次正式会议。在实践中,审慎监管局负责对大约1700家银行、建筑协会、信用社、保险公司和主要投资公司进行管理和监督。2014年,它又增加了一个新的目标——促进市场的有效竞争。尽管审慎监管可能不像货币政策那么吸引人,但它的法律权力是广泛的,包括那些与企业授权、监管和执法权相关的权力。目前,金融服务管理局曾经承担的与消费者保护和商业经营有关的其他职责被划归到新的金融行为监管局(Financial Conduct Authority,FCA)的职权范围内。并且,最重要的是，英国在央行内部建立了一个新的金融政策委员会（Financial Policy Committee，FPC），并在获得议会批准之后制定了拥有强大的宏观审慎工具的"宏观审慎政策"。虽然审慎监管局的创建体现了政府对央行的信心，但用央行执行理事保罗·费舍尔（Paul Fisher）的话来说，金融政策委员会才是"真正的突破"。

维持金融稳定的目标远大于货币政策委员会实现通胀目标的承诺。因此政府很清楚，金融政策委员会的决定必须避开不当的政治影响。事实上，这就是金融政策委员会作为独立于财政部的一个央行权威机构，却被赋予了对金融服务业进行宏观审慎监管的责任的原因。在这方面，正如斯坦利·菲舍尔（Stanley Fischer）强调的那样，金融政策委员会的结构能够确保央行在金融稳定方面几乎完全独立。与货币政策委员会一样，问责制和透明度问题被摆在了金融政策委员会议程的首位，并将委员会从财政大臣和财政部中分离出来。财政大臣和财政部的职责分别是决定公共资金的使用权和保证公众的知情权。英国金融投资有限公司（UKFI）的成立是去政治化策略在金融危机期间得以扩大的进一步证明。尽管苏格兰皇家银行、劳埃德银行、北岩银行的"国有化"乍看之下似乎与去政治化的原则相矛盾，但收购的方式和有关股份的后续组织以及管理都与这一原则完全一致。由财政大臣阿利斯泰尔·达林（Alistair Darling）组建的英国金融投资有限公司并不是由财政部集中控制，而是作为一家独立公司"在独立和商业的基础上管理政府对金融机构的投资"。该公司的主要目标是制定和执行投资战略，以有序、积极的方式通过销售、赎回、回购或其他手段处理投资，适当考虑维持金融稳定并以促进竞争的方式行事。政府无意成为英国金融机构的永久投资者，当投资活动结束时，英国金融投资有限公司也将停业。在运作方面，英国金融投资有限公司被禁止干预其所投资的公司的日常事务，财政部也不会干涉英国金融投资有限公司的运营和商业事务。因此，财政部的作用在很大程度上仅限于监控英国金融投资有限公司在其设定目标上的表现，并向财政大臣和议会报告其业绩。

在以达林于2009年11月提出的《财政责任评估方案》为基础的财政政

策领域，英国已经采取了各种不同的措施。由于认识到布莱尔的"财政规则"缺乏稳健性，达林在 2010 年 2 月推动实行《财政责任法案》，该法案赋予了财政部一项法定职责，即完成减少政府借款和债务的目标。作为《财政责任法案》的补充，政府在 2010 年 5 月以预算责任办公室（Office for Budget Responsibility，OBR）的形式成立了一个独立的官方财政监督机构。该办公室并不独立实施财政政策，但它是体现政府财政公信力的关键。预算责任办公室提供"预测和评论"，承诺将"透明度、客观性和公正性"纳入对公共财政和经济的评估中。在设立预算责任办公室时，奥斯本（Osborne）阐明了其三个主要职能：一是提高英国财政框架的可信度和信心；二是要"束缚财政大臣的手脚"，消除"篡改数字"的诱惑；三是要在审查、透明度和问责方面处于国际最佳实践的前沿。

简言之，似乎有理由认为，在 2008—2009 年金融危机爆发之前、期间和之后，英国经济管理的形式存在着连续性。在最近的新自由主义危机爆发后，出现了两项重大发展：一是世界各地反抗运动的发展都是为了将货币的本质、国家的特性以及在危机中资本主义社会关系的道德问题列入讨论议程；二是人们普遍认识到，一些政府所认真推行的放任战略可能导致行政系统的瘫痪，并加剧经济危机本身。

四、结论：去政治化策略的局限性和矛盾

对紧缩政策的抵制已经渗透在整个欧洲各种各样的行动中，其中许多行动已经蔓延到不相干的、对去政治化的批评中。与反全球化运动和许多跨国社会运动一样，反削减运动也是一个多元化的联盟，有着一系列不同的目标。该团体中的一些成员倾向于民族主义的解决方案；另一些成员则主张更大程度上的公有制（无论是暂时或永久性的）以及严格的金融监管，并要求在金融领域中发挥更大的作用；还有一些成员则认为这次危机是旨在废除债务、加速废除资本主义或（用右翼幌子）制止移民、减税和缩小政府规模的正当行动。这种情绪为抵制运动提供了一个焦点，因为很明显，工人阶级在未来

几年将承受"经济调整"带来的冲击，而国家管理者们仍然执着于被许多人认为是失败的新自由主义实验。

在英国，对"削减机器"的抵制是建立在对削减开支的"必要性"的批评和对与银行救助相关的金融干预措施的认同上的。2010年公共部门的净债务（不包括金融干预）约占GDP的58%——在《马斯特里赫特条约》规定的过度赤字60%的范围内。与英国战后的债务相比，58%的占比并不算过分，后者在1946年达到了GDP的237%，并且在1970年之前一直保持在60%以上。只有在进行财政干预的情况下，债务数字才上升到GDP的150%左右。英国政府一再声称，需要大幅削减开支以纠正工党政府的肆意挥霍。

欧洲周边冲突的升级（2010年在西班牙、葡萄牙、比利时和爱尔兰等十多个欧洲国家爆发了大规模的反紧缩示威）意味着，国家管理者已经发现越来越难以将新自由主义危机仅仅视为技术问题而非严重的社会危机。然而，去政治化的策略并没有被抛弃。沃纳·博讷费尔德（Werner Bonefeld）认为，在欧元区危机期间，各成员国为防止货币联盟崩溃而采取了大量的团结行动，意大利（2011—2013年）建立了技术官僚政府，西班牙和葡萄牙（2011—2014年）建立了正式的民族团结政府。简言之，欧元危机确立了欧洲理事会（the European Council）作为政治决策者的地位。它监督财政规则和整个财政治理体系的强化，要求实现平衡预算，并要求成员国在将预算提交给本国议会之前先提交给欧盟成员国评估。

最后，在去政治化策略的政治矛盾方面，值得重申的是，"中立"战略的发展以及从"核心行政部门"手中重新分配任务可能会给政府在实现某些目标方面带来严重问题。这一观点的最初形成与英国布莱尔内阁有关，它指出，监管机构的建立不仅使治理碎片化，而且还可能会允许监管者被监管所"捕获"。基于"用户参与/共享/归属"理念的政策可能会使国家管理者们在无意中重新分配权力，并有可能导致潜在的政治化结果。从最初的反思到现在已有15年，这种特殊的政治矛盾已经成为去政治化的最显著的遗留问题之一。

新自由主义的危机并没有导致去政治化策略在世界范围内被大规模放弃。然而，这场危机凸显了去政治化策略的局限性和矛盾性，并再次强调了资本与国家之间的密切关系。本文强调，危机与国家之间的关系不应被理解为一种外部关系（"经济"危机导致"政治"危机），而在于国家（及其政策）的发展需要被放在资本关系自身危机的背景下加以理解，"经济"和"政治"都是其中的一部分。这一框架反对过于简单化的假设，即经济危机必将在政治层面得到解决，因此并不受制于科林·海伊（Colin Hay）的观点，即去政治化很容易陷入宿命论和功能主义。本文强调，"政治偶然性"高于一切，危机的后果不能直接被理解为"资本的需求"，而是涉及一个斗争的过程，这一过程并不仅仅是"经济"的形式，并且还涉及对整个复杂的社会关系的重组。正如霍洛韦和皮乔托所指出的那样，资本重组涉及重组国家与社会的关系以及国家机构本身。这种重组不仅体现在数量上（在紧缩和削减方面），也体现在国家的每一项行动和政策的重新制定以及公共管理的改造上。作为资本的社会关系的"政治"与"经济"之间的矛盾关系，为一种重组的实证性分析提供了理论基础。这种实证性分析强调，在国家重组的过程中去政治化策略是影响国家重组的一项重要因素。作为一种矛盾的社会形态，它既不能改变也无法消除其危机产生的特性。

新自由主义的衰落：晚期资本主义生产力与生产关系矛盾的尖锐化[*]

A. B. 布兹加林　A. И. 科尔加诺夫[**]　著　徐向梅　译

[内容提要] 本文解释了晚期资本主义时代典型的生产力与生产关系之间的矛盾。在这个阶段，如果不在一定程度上利用社会主义关系的元素以及"自由王国"的萌芽，资本主义的生产方式就不可能向前发展。文章证明，现代生产力已经到达一个临界点，这在马克思本人的著作中以及后来有关马克思主义研究的著作中一直被当然地视作发展新型社会生产的充分的物质基础。这是适应物质生产的变化并构成技术进步主要空间的创造性劳动内容和创造性领域的发展。现有的市场、货币和资本的形式无法保证这种潜力的充分实现，而且会把经济引向虚拟品的生产，并使经济中无用（扭曲）部门得到扩

---

[*] 本文译自《全球资本》（Бузгалин A. B., Колганов A. И. Глбальный капитал. В 2 - х томах. Изд. 5 - е, доп. М.: URSS, 2019）第五版序言，译文有删节。作者对莫斯科大学哲学系当代马克思主义研究科学教育中心奥莉加·巴拉什科娃（Ольга Ъарашкова）女士为本文发表所做的工作表示感谢。译文原载《国外理论动态》2019 年第 5 期。

[**] 作者简介：A. B. 布兹加林（Бузгалин Александр Владимирович），俄罗斯莫斯科大学经济学系终身荣誉教授，当代俄罗斯著名左翼思想家、后苏联批判的马克思主义学派奠基人。A. И. 科尔加诺夫（Колганов Андрей Иванович），莫斯科大学经济学系教授，后苏联批判的马克思主义学派代表人物之一。

张。新自由主义和新保守主义试图走向融合,这正是对这种矛盾的反应。另一种选择是,至少要对资本主义生产关系的整个体系进行深刻的变革,增加而非降低其社会化程度,最大限度地向社会主义过渡。

[关键词] 晚期资本主义　社会主义　生产力生产关系　创造性革命

一、马克思诞辰 200 周年与"历史的终结"之终结

对《全球资本》的作者们来说,在本书的第四版与第五版的出版之间间隔的几年中,最重要的事情莫过于马克思诞辰 200 周年。2018 年,在社会思想领域中发生了一些变化。这不仅仅在于整个世界都为马克思诞辰举行了隆重的庆祝活动,德国和中国的国家领导人还亲自参加了这些活动,而且在学术界和社会思想领域中,人们对马克思主义的态度也发生了变化。在认识与改变社会生活的过程中,马克思主义正在成为更具革新性的、从方法和理论上更有用的认识和改造社会生活的工具。

俄罗斯的情况也是如此。例如,莫斯科大学校长 B. A. 萨多夫尼奇(В. А. Садовничий)在以"21 世纪的马克思"为主题的国际会议上强调:"马克思主义不可能也不应该追求垄断性的地位和穷尽真理,但在学术研究和教学过程中忽视这个流派也是无法容忍的。"[1] 与此同时,几乎所有的顶级学术期刊都刊发了有关当代马克思主义的系列文章。本书作者的思想在这些出版物中也得到了体现。后苏联批判马克思主义学派也得到了越来越多的认可,该学派的代表受邀在俄罗斯以及北京、上海、纽约、伦敦、剑桥、柏林等地举办的大型国际会议上发言。而且,莫斯科大学哲学系还建立了当代马克思主义研究科学教育中心。

---

[1] Садовничий В. А. Марксизм не имеет монополии на истину, но его игнорирование в научных исследованиях и в учебном процессе недопустимо(выступление на Международном форуме 《Маркс – XXI》. Москва, МГУ, 16 мая 2018 г.)//Вестник Московского университета. Серия 7. Философия. №5/2018. C. 8.

是的，生活不会停滞不前。一个我们称之为"历史的终结"之终结的时代似乎即将来临。难怪 20 年后，那个发表和出版了各种轰动一时的文章与著作的"历史的终结"的信徒也开始谈论马克思主义和社会主义的回归议程。①

在我们还是青年学生的时代，大家普遍认为，那些研究基础社会科学方法论问题的理论著作应该有持久的生命力，至少在几十年内不会发生变化。其主要依据是，20 世纪 70 年代的社会历史带给人们一种"画面定格"的感觉。人们认为，变化微乎其微，似乎世界社会主义体系的"停滞"和"福利国家"的萧条即使说不上永远，也至少会延续几十年。

但即便是这样，笔者们在那时也曾写过（当然，只是供小范围的朋友圈里阅读），"现实社会主义"蕴含着深刻的矛盾，它的转型是必要的。对我们来说，这种转型唯一的前进方向是新的、以人为本的社会主义。但现实情况却不是这样的。时间飞驰，80 年代末，本文作者参加了支持社会主义、反对回到新斯大林主义和资本主义反动（这在当时是主流）的社会政治斗争。至今为止，我们也没完全弄明白，当时我们是怎么做到一边创立"社会倡议基金会"和后来的苏共党内马克思主义纲领派，一边还顺利地完成了耗时 5 年的博士论文，并通过了答辩，甚至还写了两本对共产主义及在此过程中发生的异变进行政治经济学研究的书籍。不过这两本书没能面世。

90 年代的反动是带有普遍性的，绝大多数社会科学家成了马克思的"社会存在决定社会意识"论题的鲜活例证。而且，这不只是社会的一般现象，从个体角度出发也是如此：在我们的马克思主义阵营中，几乎 90% 的代表从积极的马克思主义者一下子变成了积极的反马克思主义者。当福山宣告"历史的终结"时，所有人都乐于相信他。

正是从那时起，我们改变了自己理论研究工作的焦点，继续发展马克思主义范式，集中剖析晚期资本主义问题。这项工作花费的时间比我们预期的要多得多，这一方面是因为它过于复杂，另一方面也因为我们没有放弃社会

---

① 前不久福山在接受《新政治家》（*The New Statesman*）杂志的访谈时承认，社会主义没有耗尽自己的潜力，而马克思在一定意义上是对的。

政治道路，尽最大努力（有时是超乎能力）开展组织工作，维护和革新马克思主义理论、教育和启蒙，同时还向工人运动和教育团体的自组织提供帮助等。

在千禧年之交，我们构建出了晚期资本主义政治经济"肖像"的基架，其主要体现在 20 世纪 90 年代末发表的一组文章中。几年之后，2004 年我们又完成并出版了《全球资本》的第一版，当时还只有一卷，三年后又出版了第二版，2014 年完成了两卷本的工作。

在我们看来，《全球资本》的基本思想在未来仍将适用于晚期资本主义现实，因此，我们在本书第四版中没有作任何改动，只是补充了方法论序言（该序言在本版中依然保留）。

不过，近年来社会经济与政治思想实践越走向深入，人们就越会发现马克思主义者所指的生产力与生产关系已经开始发生了深刻的变革。不，资本主义还是资本主义，只不过已经是晚期资本主义了，但后者越来越明显地显示出其已进入了新发展阶段。人类正在进入新自由主义及与其相应的全球化的衰落时代。未来还会出现更大的威胁，它们是可以预防的，但会很复杂。《全球资本》第五版序言的主要内容都是围绕 2010 年以来的转型这一主题展开的。另外，为纪念马克思诞辰周年而发表于《经济问题》和《政治经济问题》期刊中的一些文章也为本文提供了参考。

2007—2009 年的世界性经济危机引发了人们对马克思和马克思主义的新兴趣，这种兴趣呈现出来的一种非线性的增长波又由于 2018 年马克思诞辰 200 周年这一重要节点而得以强化。这不是偶然的，出现这种情况远不只是因为遇到了重要节点，也不在于马克思本人的重要学术贡献，尽管后者难以估量。重要的是，那些忽视经典马克思主义和当代马克思主义的理论范式越是向前发展，就越是显示出其在解释当前萧条的成因和特点时的无能。

萧条的出现在一定程度上意味着我们正处在向全新发展阶段飞跃的关键时刻，我们终于站在了新生产力全面实现质性发展的临界点上。但是，这里存在一个悖论："主流"的理论家和实践家正是停在了这里，他们要么建议让新自由主义永远合法地存在——尽管 40 年来它无法保证社会经济生活发生质的改善，要么是干脆倒转，走上新保守主义道路。

为什么？

对那些思考社会经济发展问题的理论家和遭遇到后全球化世界新挑战的政治经济学家来说，晚期资本主义①的新自由主义发展阶段的衰落越来越成为现实的挑战。未来学家们有关新工业革命（有人认为是第三次工业革命，也有人认为是第四次工业革命）和后碳氢能源世界以及智能化后果的争论使得新增长质量和就业问题变得更加迫切。世界经济金融危机结束的喜悦被新的冲击预期所取代，全球自由市场正在变得支离破碎。

俄罗斯，甚至全世界都越来越喜欢从保守主义中寻求对新自由主义的替代方案：从伊斯兰教在东方的复兴到欧洲怀疑主义在西方的重新抬头，从"强权"观念在俄罗斯的盛行到特朗普的胜利，这都意味着保守主义浪潮还在继续发展而不是趋于平息……在所有这些症候的背后都隐藏着深刻的矛盾，需要从社会经济和系统性方面对其进行理论解读。而众所周知的是，强调质变和辩证矛盾问题的系统性社会经济观正是马克思主义方法论的本质。正是这种方法成为我们后续反思的基础。

我们面临的"唯一"任务首先是确定生产力的深刻变化，并找出由这些变化所引致的，且在近些年来显现出的世界性社会经济发展问题。

二、"第四次工业革命"：创造性劳动的新作用与经济转型的困境

把所有这些思考都拿出来再描述一遍是不可能的，但还是有必要对一些似乎已经是显而易见的议题进行一下论证，不过这里还存在着一个悖论，即这些议题在国内外绝大多数"主流"经济学家那里都没有受到重视，也没有

---

① "晚期资本主义"的范畴被广泛用于描述20世纪产生的资本主义的典型特征。我们将"晚期资本主义"定义为资本主义生产方式发展的一个阶段。此时，它的进步（技术发展、经济增长）要求使用后资本主义关系的要素：自觉调节经济；可以向消费者免费提供丰富的财富和诸如教育、医疗等领域的服务；资本利润向着有利于雇佣劳动者和社会上缺乏保障的阶层等人群进行再分配。

引起注意。

第一个论题

晚期资本主义的新自由主义形式出现于30多年前，它回应了此前由社会民主主义（资本主义的一种主要类型）和"现实社会主义"创造的生产力所带来的挑战。众所周知，这些当时被称为科技革命产物的生产力使得最发达的一些国家极其接近那种好像人人都可以从事创造性活动的经济发展模式，雇佣劳动与作为其"知己"的资本都成了多余的东西。

但是"现实社会主义"的"停滞"模式与激活这些生产力的晚期资本主义社会民主主义模式之间的关系，再也没能保证在科技进步中发生进一步的质的进展。两种世界体系的萧条成为了现实。由于某些原因，在两个"世界"中，对寻求新社会经济制度的反应不是渐进的革命，而是反向的社会倒退：晚期资本主义的新自由主义模式获得了胜利（主要是在属于前世界社会主义体系的国家，即外围和半外围类型的国家中）。

第二个论题

晚期资本主义的新自由主义模式的胜利产生了两种结果，一方面是放缓了人的发展和物质生产的进步，另一方面则是能够促进资本加速向非生产性部门积聚的生产力率先获得了发展。获得增长的主要领域是金融、贸易和营销、中介、商业服务和休闲娱乐等部门。

第三个论题

创造性潜力集中于这些部门引发了生产力基本演化方向的改变。在四分之一多的世纪中，这种质变指向是：（1）创建、存储和传递信息；（2）为消费者创造并强迫其接受新体验（营销、广告、公关以及其他"创意服务"）。

这些适于金融资本发展的生产力尽管进步缓慢，但还是给物质生产和人的发展带来了变化。几十年后的今天，那些处于新层次上的最发达的经济体遇到的问题似乎比 20 世纪 80 年代的情况更为严重：大规模的创造性劳动是可能且必需的，而以金融资本为主的现代资本形式不能确保其有效地发挥作用（促进劳动生产率的进步和人的发展），致使其自身陷入萧条。

后果是显而易见的：世界进入了生产力的质变时期，而社会制度会成为 21 世纪的引领者，它至少可以对现存生产关系进行变革，使之符合生产力的这些变化，或者，多多少少去"努力超越"，对生产关系进行革命性的改造。

从马克思主义的视角看，这种情况的出现绝非偶然，这再次证明运用马克思主义的方法论和理论来研究社会经济发展的重大质变是必要的，也是富有成效的。这些矛盾也可以用其他方式来得到印证（也的确得到了印证），但是效率会降低，就像用罗马数字代替阿拉伯数字一样。

看来，我们应该进一步揭示生产力的这些最本质的变化，这样做一点都不难：原则上大家都清楚这些变化。任务只是要将其系统化，我们下面就是要做这件事，在劳动中寻找变化的基础。

第一，劳动工具的内容发生了变化：自动化的机器人综合系统（电脑化）取代了机械机器系统（工业化工具），其特点在于从分散的过程走向加和的过程，而且能够实现快速转换。

第二，劳动对象发生了变化：可再生的和（或）取之不尽的资源代替了不可再生的和有限的资源（循环利用，可再生资源替代碳氢化合物，无限的信息资源替代有限的实物资源等）。

第三，劳动主体发生了变化：人从机械系统的附属物变成了创造性活动的主体。

所有这些变化皆因它们具有的共同起源而结合在一起，这就是这些变化之所以发生的深层的缘由——劳动内容的改变。

生产力的新特点，乃至社会生产的新特点就在于它越是发展，劳动中的创造性内容就会越多。

当创造性劳动普及开来，并扩展到社会生产的所有领域时，生产力就会发生质变，就会出现生产关系转型（至少是变革）的需求。

三、新自由主义的资本主义背景下的"创造性革命"："无用部门"和生产力停滞

世界上大多数公民从事的工作都只是围绕着20%富有创造性的精英群体及为其提供服务的工作者而展开的，这并不是一个新的问题，在20世纪就已经被提出来了。

需要强调的是，有关这个问题的答案五花八门。起初，未来学末世论认为，在庞大的流氓无产阶级的压力下，文明将不复存在。这种理论认为，技术性失业将会增长，而且大约80%的人口将变成"多余的人"。这样的预测现在依然在流传，但更多是在媒体层面，而不是学术著作中。近年来，实用主义观点在学术著作中占据主导地位。一些人认为，服务行业及不断增长的金融部门和其他交易领域吸收了被释放出来的劳动力。另一些人则希望依靠再工业化、物质生产与劳动阶级的复兴来解决问题。

但不幸的是，交易领域（主要是金融部门）的过度发展会导致金融化。在2007—2009年的危机后，甚至"主流"经济学家也不得不承认交易领域的过度发展产生的消极后果，而今天大家使用的术语"工业4.0"与20世纪工业之间的不同可能就在于，在这种物质生产中使用的劳动力很少，而且他们的主要职能是将人类独有的创造性潜力挖掘出来。无论是现在，还是未来的几十年，机器都不可能具备这种潜力。

从上述讨论中可以得出这样一个结论："主流"经济学也没对前文提到的有关80%的人口的命运的问题作出解释，这其中暗含的意思是，无论过去还是未来，经济问题都要依靠市场来解决。但这里忽略了一个问题，因为从质的角度来讲，任何改变都不会发生。停滞是我们的新常态，这个观点越来越根深蒂固，因此我们不仅要维护金融部门不受侵蚀，还要继续扩大这一部门及与之相关的官僚机构。此外，还要使服务与贸易部门更加个性化和富有"创造性"。而作为"对时代挑战的回应"，在某些地方我们将恢复工业，在

某些地方我们将革新工业，这一切都将是"新常态"。

依我们看，这个（没有）解决问题的方案在其实际实施中将导致停滞状态的延续，甚至会变成持久的萧条，然后演化成系统性危机（这里说的不是周期性危机，而是生产力与生产关系的矛盾无法解决）。无论如何，至少在生产关系体系中，必要的实质性改革将会到来。

现在必须要提出一个至关重要的问题：**究竟如何来回应 21 世纪初提出的创造性革命问题？**为了搞清楚这个问题，我们提出了一个有助于下一步研究的重要假设：新自由主义的晚期资本主义没能将此前资本主义发展阶段所创造的人类发展和技术进步的成果应用于生态、社会和人文领域的有效发展（它没能"消化"这些成果）。社会民主主义模式的资本主义及其温和的变种——"社会市场经济"，培育出了大量能进行创造性劳动的人。到 20 世纪末，受过中高等教育的人占发达国家人口的三分之二，他们能活到 80 岁，能保证必要的消费水平，在自己生命的一半时间中每周最多工作 40 小时。

所有这些由晚期资本主义"黄金时代"的经济体制创造出来的潜在创造性活动主体，由于新自由主义的转型而陷入危机状态。似乎有些情况正在发生变化，以不持久和不稳定为主要特征的初级阶层（прекариат-протокласс）①正在取代一直居优势地位并先天具有稳定性的"中间阶层"。在 20 世纪积极成长且不断扩张的"有创造力的阶层"受限于"消费社会"的狭隘视野和行政官僚们的墨守成规。原因何在？主要是因为这种生产力演变的形式是在世界社会主义体系崩溃之后被晚期资本主义强加于世界的。

在 20 世纪的第二个 30 多年间，生产力的数量和质量的进步是惊人的。人类在 30 年内征服了原子能，步入了太空，创造了电子工业和计算机，科技发达国家三分之二的人口享有高质量的生活和教育。物质生产的面貌发生了重大的改变：在这些部门就业的人口比例急剧下降，但生产规模却迅速扩大，创造了"消费社会"的物质基础。这个时期被称为"资本主义的黄金时代"

---

① 指那种地位不稳定、没有保障、处于临时性就业和半就业状态的阶层，包括无产阶级。——译者注

也绝非偶然。

无疑,此时的晚期资本主义并没有在地球上创造出一个天堂:外围还处于贫困之中;在这一时期因"局部"战争而死亡的人比第二次世界大战期间还要多;全球性问题日益尖锐化,等等。但是,晚期资本主义后来的演变导致了更让人焦虑的后果。

国家劳动生产率的年增长速度从1970—1980年间的2.9%—2.4%下降到2000—2012年间的1.4%。① 当前这一代美国中间阶层比起他们的父辈和祖辈生活得不是更好了,而是更坏了。直到不久前,主要物质生产部门的技术变革还不是那么大:我们跟20世纪60年代差不多,切割金属,以同样的平均速度(如果忽略因为交通问题造成的减速)驾驶汽车,依靠同样的飞机飞行,我们像半个世纪前一样,还是烧汽油和天然气……唯一发生重大改变的领域是信息通信技术,但正如我们从索洛悖论中所知的,它们"出于某种原因"没能引起劳动生产率的爆炸性增长。

至今,大家仍在各种著述中讨论出现这种增长极其缓慢的情况的原因。表面上看来,计算机时代的大部分互联网资源都用在了那些与提高劳动生产率关系不大的领域,如贸易、娱乐(主要是展示商业产品)、休闲交往、金融交易、公司管理、中介服务,等等。与此同时,"大卫延迟假说"认为,信息通信技术的效用主要不是表现在实体部门。"很难正确评估信息技术应用产生的结果。现在金融、资讯和广告等服务以及批发贸易、保险领域的中间消费份额在增长,而目前的会计核算方法没有考虑到这一点,因为结果是按照最终产品进行评估的,这是国民经济核算体系通行的做法。"②

上面列举的领域看起来彼此毫不相似,就像我们说起老鼠和鲸鱼一样。但正如这两个物种都属于一个种类——哺乳动物,它们之间也存在相似性。前面我们提到的所有使用信息通信技术的领域应该是属于同一个"种类"的

---

① "Labour Productivity Growth in the Total Economy: Real GDP per Hour Worked", https://stats.oecd.org/Index.aspx? DataSetCode = PDYGTH.

② Стрелец И. Новая экономика: гипотеза или реальность? //Мировая экономика и международные отношения. № 3/2008. C. 21 – 22.

经济现象：它们大部分对解决人文、社会、生态等问题无用（甚至是有害），对促进技术进步的作用也不显著。但它们具有其他某种基因共性——为企业资本（特别是金融资本）提供最有效的获利方式，并强化为其服务的政治经济主体的权力。

这是同一枚硬币的两个相反面：从生态、社会和人文标准看是无用的，而从盈利的角度看又是最高效的。这表现出了一种内在的深层次的对立统一，它将金融和交易部门的投机性部分、消费部门的虚拟部分、休闲产业中摧毁了（或者说阻碍）个性的部分结合在一起。所有这些领域凑到一块就组成了一个我们称之为"无用"的部门。

无用部门无法直接量化。① 这是一种理论概括，就好像幸福、自由、人道主义、公正、人类发展等抽象概念。但即便是"主流"经济学家也逐渐（随着新古典经济学兴起100年后的"幸福经济学"的诞生）相信，这种抽象是有意义的，并且学会了借助于社会调查和专家评估等方式对这些部门进行间接的量化评估。

我们相信，在提出对"无用部门"进行理论概括后，我们会找到量化的方法来评估那些对人类发展无用的金融投机、过度膨胀的贸易以及庞大的官僚机构等。

人类伴随着一种高度发达但严重变形的生产力进入了21世纪，这种生产力能够保障每年（如果不是经常）对满足消费需求②的电子设备进行更新，但是不能创建足以让数十亿地球居民摆脱贫困的物质基础，更遑论给那些有潜力进行自由创造性活动的受过中高等专业教育的人提供条件。

我们可以得出一个阶段性的结论：最近几十年来，晚期资本主义的演变是有规律性的，如果用众所周知的一句话来准确概括就是：市场的看不见的

---

① 当代的学术著作关注到这个无用的经济部门的存在，但对其定义五花八门：虚假经济（фейк-эконмика）；垃圾经济（джанк-экономика）（来自垃圾——废纸、残渣）；在经济领域，人们还用这个词来形容低质量的进口商品和不可靠的垃圾债券。

② 举一个教学实践中的例子：在莫斯科大学硕士班的讨论中，一个女大学生不无苦恼地指出：人类已经借助于计算机进入了太空，而我们还在用这些设备搜索廉价的衣服、发送搞笑的图片。

手是近视的，行得越远，就会越偏离既定的方向。

四、陷入僵局的原因：全球市场幻象、金融化和不平等

具有丰富表现力的格言不同于科学定义，它仅仅描画了事物的外貌，而科学则是从范畴主导的地方开始。"近视"和"方向错误"只是表象，它表明市场的自我调节机制越来越追求短期收益，从而引致经济进程脱离社会经济进步的主干道。人与社会的发展同自然界和谐相处是这条主干道的准则（一些有影响的国际组织和思想家曾经多次强调"主流"经济学家们极少提到的这些准则[①]）。

但是，如果我们使用合适的研究方法，这种表象就很容易暴露出本质，而这种研究方法则必须是与古典制度主义、发展经济学中的生态社会研究方向以及人文主义社会哲学不断开展对话的当代马克思主义分析方法。这个方法可以说明，晚期资本主义的新自由主义模式特有的生产关系体系是生产力发展出现形变的原因。我们的很多著作是研究这些问题的（首先是这套两卷本的《全球资本》第五版）。在其中，我们指出了最近几十年来市场（用马克思主义的术语来说是商品）、货币和资本范畴反映出来的关系的变化。

在第一种情况下，可以将为科学所熟知的市场变形现象定位到一个关系系统中，在该系统中，孤立的原子化的生产者被有能力操控其他经济主体并将其局限于某些边界之内的企业网络所取代。构成这些企业网络的市场势力基础的与其说是单个企业在市场上的垄断地位，不如说是资本通常是由一些非官方协作组织选派的一批企业组成的。在网络系统内的集中，是这些超级网络与金融机构、国家部门以及其他组织（媒体、监管部门、公关部门、评估部门等）的联合，以及由这种经济权力机制衍生出来的其他资源。这样，市场就成为一种形式，它在很多方面（但不是所有方面）隐藏着与古典资本

[①] 2000—2015 年联合国成员国和部分国际组织通过的联合国《千年发展目标》致力于确立发展规范和明确解决主要全球性问题的方向。

主义条件下不同的内容，即小团体操控与企业网络之间的合作（或竞争）关系。半个多世纪前就有人注意到了这些关系的产生［在约翰·加尔布雷斯（John Kenneth Galbraith）和学院派政治经济学家们的著作中均有对该问题的精彩理论阐述］。

自 20 世纪末，特别是 21 世纪以来，在这种操纵中最引人注目的形式是为满足人们虚拟需求的虚拟商品生产。虚拟市场的产生早前就受到了关注，最初还"仅是"符号的售卖。① 但现在，我们能够也应该谈谈从符号市场到虚拟商品市场的"发展"，这些虚拟商品似乎拥有满足现实需求的能力。这样的市场（更确切地说，是市场中居于主导地位的企业网络）与其说需要能够提高劳动生产率和产品质量的生产力，不如说它更需要能创造更有效的操纵机制和虚拟物的生产力。

在"金融化"进程中，最明显的表现是存在一种无用部门与为其提供服务的生产力获得优先发展的趋势。

这里需要做一些澄清，在定量分析的条件下，金融化往往被错误地解读为金融部门的发展超过非金融部门。

不过，要对这一进程进行定性分析就不仅要做到概念明确，而且要研究这一现象的特性和原因。早前我们就回答过这个问题：与 20 世纪初不同，金融化的原因和实质不再是简单的工业资本与金融资本的融合，而是金融资本在现代经济中占据支配地位。

在本书的这一版中，我们给出了最终结论。其他学者对这个结论的表述有所不同，但实质没变：研究晚期资本主义生产关系的矛盾可以使人们在被经验性认定的金融化的特征背后看到其形成的原因——金融资本霸权，同时，在此基础上解释它如何改变社会经济的演进，如何将生产力的发展与人类自身的进步推向死胡同。

重要的是，金融化的企业资本的全球霸权正在产生一系列的后果，其中最重要的是以多种形式呈现的社会经济不平等现象的加剧。在 2007—2009 年

---

① Ъодрийяр Ж., К критике политической экономии энака. М. Академический проек. 2007.

的世界经济危机后,这个问题逐渐获得了更多的关注。

不管是否注意到了(也可能的确不知道近几十年来马克思主义学者的著作和一些社会组织的研究成果),当前的"主流"学者们都会"发现"社会不平等有持续扩大的趋势,而且不只是在收入分配方面,也出现在财富占有方面。这种趋势在19世纪末到20世纪初是社会的主要矛盾,导致了革命动荡。之后,这种不平等有所减轻,但是到20世纪最后30多年又重新加剧,而到了21世纪则愈发严重。在某种意义上说,这些学者阐释的是马克思在150年前就发现的资本主义积累的普遍规律。此外,近来的研究表明,在现代企业资本霸权扩张(特别是金融资本的过度发展与金融化)与社会不平等加剧之间存在质与量的关系。

从质的角度来说,这种关系是由于金融资本的优先发展导致越来越多的财富和收入集中于社会少数人手中,包括控制金融资本流动的人和实体部门的高管——这些人非常接近第一部分人(有时这个阶层可以与那些内部人相提并论)。与此同时,金融资本的优先发展也导致资本和收入从非金融部门流出,该部门中的大部分人财产不多,收入处于中低水平。这样一来,我们就得出了一个解释:在一个极端中,企业利润与一小部分寡头财富之所以呈增长趋势,其原因在于另一个极端中一些"核心"国家按小时计付的实际工资没有增长(有时甚至是下降)。下面我们来列举一些数字。

美国金融企业的利润在整个企业部门中的占比从20世纪50年代的低于10%上升到了今天的25%—30%,在2007—2009年金融危机前夕达到峰值40%。金融企业总增加值在美国整个企业部门中的占比从20世纪50年代的4%—5%增长到21世纪初全球性危机前夕的14%。工资的情况则呈相反变化。我们以联邦最低小时工资的变化为例,以2011年的美元价格计算:1960年将近8美元,60年代末70年代初增长到10美元,之后便是非线性的快速下降,而且最大降幅出现在新自由主义改革初期的80年代,这之后一直到21世纪的头十年始终维持在6—7美元。但当时的统计数据表明,美国劳动生产率并没有停止增长(1973—1979年间劳动生产率的年均增速为1.1%,1979—2007年间为2%)。

我们可以得出一个阶段性结论：以优先发展金融资本为前提的生产力越是发达，它就越是僵化，这一趋势最终会将生产力自身消耗殆尽。正如本文开头所指出的，一些"主流"学者也注意到了这点，在"发现"了自己的论敌多年前就强调过再工业化势在必行后，他们也开始探讨进行再工业化的必要性。

本文总的结论是：运用经典马克思主义方法论的革新版本来研究生产力与生产关系的辩证法，可以解释晚期资本主义发展存在的悖论，指明其未来的可能前景。

为此，必须注意上面提到的辩证法。首先，它假定生产力与生产关系的相互作用中存在反作用关系，即生产力最终决定生产关系的类型，而特定的生产关系也决定了生产力演变的类型和方式；其次，这种方法论不仅用于研究发展阶段的演变，而且在研究处于某种生产方式框架下的经济制度转型时也是有效的。特别是，这种方法论可以使我们作出如下判断：

第一，资本主义"黄金时代"的生产关系在一定程度上引致了科技和社会人文领域的进步，创造了使人类开始向新的后资本主义生产方式过渡的生产力。

第二，晚期资本主义的新自由主义模式取代了"黄金时代"的生产模式，这阻碍了前述过渡的进程，引起了生产关系的倒退。而生产关系又反过来导致生产力进步发生形变，导向重复劳动被创造性劳动所排挤以及自动化和智能化的客观过程，主要是导向片面发展信息创建、存储、加工和传输工具的轨道。这就为优先发展金融部门和其他无用部门奠定了技术基础，并阻碍了其他领域的生产力进步。

第三，无论是来自资本的推动力，还是技术进步自身的法则使然，信息通信技术的积极发展都强化了早前创建的"创造性革命"的前提。这反过来又指明了晚期资本主义及其新自由主义模式生产关系所造成的技术和社会人文领域进步的局限性，使得30年前没能解决的生产关系变革问题再次凸显出来。

第四，至少需要一轮新的资本主义社会化浪潮，它不仅限于减少收入分配的不平等，而更着眼于形成一种能够为发展新型的生产力——大规模的普及性的创造性活动——提供更广阔空间的生产关系体系。资本主义在20世纪50—70年代只迈出了完成这个任务的第一步就停了下来，继而随着新自由主义的卷土重来又退了回去。今天，我们能否从资本主义社会内部找到某种力量将其引向新的社会妥协？或者历史将会走上一条不妥协的道路？问题依然存在。

审视新自由主义向后新自由主义变种*

西蒙·斯普林格** 著 刘祥琪 吴万运 译

[内容提要] 随着占领华尔街运动的升级，人们对新自由主义的批评自2008年全球性金融危机爆发以来达到高潮。在反抗运动爆发之前的几年中，媒体和博客已经对此有所推测，某些评论家很快表态，认为新自由主义将在我们的努力下终结。然而，所谓的新自由主义终结之后的"后新自由主义"是否存在尚不清晰，因为其支持者仍继续将新自由主义看作一个单一的、静止的、未分化的终极状态。尽管我们渴求超越新自由主义的束缚，但是，如果我们确实希望摆脱它，就必须承认新自由主义具有顽固的延续性。事实上，我们应警惕新自由主义带来的持续不断的"波动"和危机。

[关键词] 财政援助　金融危机　新自由主义　占领华尔街　后新自由主义

---

* 本文原载《激进政治经济学评论》（*Review of Radical Political Economics*）2015年第47卷第1期。本译文系天津市哲学社会科学规划项目（TJYY16—026）、天津"优秀博士后国际化培养"项目的阶段性成果。译文原载《国外理论动态》2018年第2期。

** 作者简介：西蒙·斯普林格（Simon Springer），澳大利亚纽卡斯尔大学人文地理学教授、城市与区域中心主任。

一、引言

　　新自由主义在 2008 年的最后几个月遭受到巨大的打击，危机导致美国抵押贷款行业全线崩溃，大型保险公司破产，主要投资银行倒闭，证券交易委员会以及众多信用评级机构声誉扫地。这场始于美国的"次贷危机"的影响十分深刻，必将随着金融系统本身在全球范围蔓延。世界各地的自由市场项目都举步维艰，以往我们从未对新自由主义在政治、经济和社会中的作用问题（可能用"过失"一词更适合）以如此紧迫和公开的方式在全球范围内进行辩论。在主流媒体和博客上，甚至已经有一些评论员议论纷纷，断言华尔街的崩溃是在要求新自由主义谢幕。这样的反应是左翼所期望的，犹如其对世界经济的帝国结构及其所代表的性别和阶层结构提出质疑一样是意料之中的。然而，让人有些惊讶的是，所有智囊和政界派别的反应都如此强烈，尤其是在美国，甚至政治和经济权力上层的某些精英也开始流行使用"新自由主义"来指代当前危机中出现的问题，尽管他们并没有对现存的权力关系或资本的作用、竞争及普遍萧条的经济增长提出真正的质疑。

　　我认为，新自由主义不仅是一种政体或特定的政策组合，从政治角度看，它也是一种通过"知识权力"的政治经济形式得以构建的话语体系。基于此，本文不针对与"后新自由主义"相关的政策变化进行分析，而是关注这个术语本身存在的问题，正是这些问题产生了脱离新自由主义时代的话语体系，并持续形成了破坏性的共振影响。下面，本文将以金融危机爆发以来司空见惯的"新自由主义已经终结"这一论断作为分析的起点。在我看来，新自由主义已经终结这一假设从根本上就是错误的。事实上，由新自由主义的反对者实施的有组织的企业财政救助，也是在削弱马克思主义和凯恩斯主义理论的吸引力。接下来，本文将解析"后新自由主义"这一概念中"后"的各种含义，并提出，尽管我们渴望摆脱新自由主义的束缚，但如果真正想要摒弃它，就必须承认新自由主义具有顽固的延续性。在结论部分，我将对当前事态的严重性提出一些想法，即新自由主义的持续发展已经不再依赖智力支持，而是有赖于由危机驱动的治理方式。

二、新自由主义已经终结？

自从2008年金融危机爆发以来，左翼学者对新自由主义的前景进行了多次讨论，有些人甚至呼吁起诉华尔街，而另一些人则认为，重新审视经济形势的机会已经成熟，只有通过人们实际上已经在实施的非商品化的实践，才能应对这一困难时期。"新自由主义已经终结"的论调悄然升温，许多G20国家公开讨论回到凯恩斯主义框架，强调加强政府监管。的确，大部分讨论都集中于自由市场的资本主义实践及其意识形态（即"新自由主义"）是怎样失去信任的，以及需要通过监管改革和政府干预来限制市场力量。然而，这些争论都是有问题的，由于争论各方所关注的是地缘经济和地缘政治的长期动态变化，因此，它们将新自由主义假设为一种单一的、继承性的监管体系，认为它可能处于危机之中并会引发系统性的崩溃。换句话说，它们把新自由主义看作一个整体，并没有意识到其作为一个政治项目的特性，作为一个制度矩阵的复杂性，以及作为意识形态结构的变异性。

新自由主义"正处于危机之中"这个结论，预先把新自由主义假定为一个名词，"主义"的后缀把我们引入一个死胡同，因为它代表了与实际行为无关的抽象理论。新自由主义作为一种纯粹的、范式化的、通用的、整体化的静态结构，以及由外部因素引发重组的外源性过程，会随时随地出现与预定义保持一致或意外的结果。新自由主义的这种定义确实可能使其受到经济危机和经济系统崩溃的影响。"新自由主义化"认识到了这种语义上的缺陷，它通过新自由主义与现有的地缘政治、社会经济和法律制度框架的必要联系，略微改变了上述情况。言外之意，新自由主义作为一个名词，其不断完善的过程已经结束，而差异化的"新自由主义化"将最终出现。事实上，正是由于这种范式化和特殊性的兼而有之，导致人们对新自由主义是否存在提出了质疑。如果我们着重从新自由主义或新自由主义化在日常生活中所展现出来的行为和过程来认识它们，就可以从不同的角度去理解、命名、挑战和审视它们，从而得到与之前不同的结论。这将打开一个新的视野，并激励我们对危机作出不同于以往的解释。从这个意义上来看，新自由主义应该被作为一个动词，放在循环、开放和以行动为导向的背景下加以理解，尽管我们的语言和文字没有跟上我们的思想，依然保留了"主义"和"化"的习惯用法。由此，新自由主义化应该被理解为一个必然的、由多因素决定的、具有偶然性的、多样的、接受干预重组的、持续妥协的、非纯粹的、受制于反趋势的永久性转化过程。利用作为动词的新自由主义动态概念取代以前的作为名词的新自由主义静态概念，我们可以得出这样的结论：虽然特定的社会空间、监管网络、部门、局部结构等将频繁地受制于危机，但这并不意味着它们将在新自由主义的整个聚集体中产生共振影响。换句话说，由于"新自由主义"确实不是作为一个连贯和固定的架构、一种对复杂或有限的最终状态的平衡而存在的，因此它不可能在危机的累积中倒塌。

更为重要的是，新自由主义从边缘化的学术观点转变为霸权的意识形态，正是始于战后导致凯恩斯主义解体的经济危机。随着新自由主义转化为一系列特定的、混合的国家政策，政府监管的失败和周期性的经济危机体现了新自由主义在全球实践中的差异化。詹姆斯·克罗蒂（James Crotty）等以亚洲金融危机为例，研究探讨了新自由主义与危机之间的关系，认为危机"源于全球新自由主义政权中的结构与政策之间的长期矛盾，源于受影响的亚洲国家内部的政治与经济矛盾，以及自由化的全球金融市场破坏性的短期波动"。事实上，马克思早在《资本论》第 1 卷中就提出了资本主义具有危机倾向和创造性破坏的特点。正如预料的那样，在亚洲金融危机之前，也确实发生过几次重大的、具有明显"本土化"特征的新自由主义经济危机，例如，1994年的墨西哥经济危机，1990 年的土耳其经济危机，以及 20 世纪 80 年代初发生在拉美的经济危机。以上每次危机都出现在以"发展"为目标的议程所构建的监管体系和制度框架下，该体系框架正是在凯恩斯主义危机之后、新自由主义"回归"阶段建立起来的。

新自由主义自身制造的持续不断的"波动"和危机，包括日益恶劣的环境破坏，日益严重的社会排斥、种族主义，日益盛行的霸权主义以及持续的恐怖主义，迫使新自由主义化不断地推陈出新。这些内部危机暂时可以通过强有力的监管体系、警方介入、行政处罚、边境管制以及全球"反恐战争"得到缓解，但危机最终无法在新自由主义框架下得以彻底解决。这将导致后续的每一次危机在严重程度上都将超过上一次危机，从而使整个框架都面临着永久性"波动"。这一系列日益增长的不稳定性将导致资本主义的过度积累和长期危机，这种危机长期以来被认为具有周期性，从这个意义上讲，新自由主义化与危机具有互补性关系。

鉴于新自由主义与危机之间的上述关系，危机并不预示着新自由主义政策即将崩溃。相反，危机实际上代表了一种延续，它为新自由主义提供了一个扮演适应社会经济治理角色的机会。因此，企业救助也并不意味着新自由主义的终结，而是代表了一种阶级政策的延续。国民收入二次分配的做法明确提出：税收取之于民，用之于民。我在这里重申"取之于民，用之于民"是想提醒读者，尽管人类学家对于演化论、天赋人权和社会契约理论历来众说纷纭、争议不断，但却广泛认同"绝大多数政权都是通过暴力和强制取得的"这一说法，包括强制从生产者手中抽取一定比例的生产剩余，或称之为"税收"，然后由统治者向被统治者提供表面上的保护，以免其受到其他恶霸的欺凌。著名的俄罗斯作家、哲学家列夫·托尔斯泰（Leo Tolstoy）认为，由于土地稀缺和统治者的强制性税收，人们被迫进行强制性的雇佣劳动，实际上等同于被奴役，"历史表明，税收制度从来不是建立在国家内部一致同意的基础上的，相反，总是一部分人通过征服……和隐瞒的目的而获得权力，表面上说是为了社会公众，实则是为了统治阶级的利益。而且这样的事件仍在继续上演"。换句话说，那些有权力实施暴力手段的人仍将继续采取纳税的形式来执行这些权力。税收体制后来发展到了包括为公众提供社会服务的高度，其巅峰是凯恩斯主义税收体制，但即使这种将赋税的一部分用于"公共目的"的税收制度，仍然是对大多数人无益的。正如亨利·大卫·梭罗（Henry David Thoreau）宣称的那样，拒绝纳税"不会是一种暴力和血腥的手段，因为税收使国家实施暴力并导致无辜者流血"。

显然，在新自由主义化的背景下，表面"温和"的凯恩斯主义税收模式的本质被揭穿，税收回到其暴力的原始目的上。社会福利体系普遍摇摇欲坠，因为国家将税收收入既不用于偿还债务，也不用于维护社会安全和国防建设，被剥夺了社会安全网的纳税人目前正在被强迫去拯救那些自20世纪70年代以来一直深陷泥潭而不能自拔的资本家和贵族们。因此，税收已经为社会公众所诟病，并最终削弱了凯恩斯主义思想的影响力，同时也增加了右翼民粹主义的不满，这已被美国新生的茶党运动的兴起所证明。与此同时，左翼的政治立场也没有过时，"反资本主义运动"在危机的激励下复兴，特别是那些坚持无政府主义的极左翼阵营。尽管立场相左的极端派别之间发生暴力冲突的可能性的与日俱增值得关注，但最近的危机至少削弱了新自由主义的政治合法性。人们现在公开质问，为什么普通老百姓应该为被一小撮富有阶级挪用的财政埋单，而恰恰是这些人制造了如今的混乱。

财政救助将税收与剥削更加密切地联系起来，国家与阶级权力二者缺一不可的结合将税收和救助演变为资本积累的工具。这促使无政府主义的批判方法取代了马克思主义的分析方法，因为在看待统治的问题上，无政府主义的批判方法提供了一个比仅仅集中于阶级剥削更容易理解的多重视角，因此它能够认识到当前这种国家和阶级权力的结合是一种新的榨取剩余价值的方法。由于贫富差距越来越明显，市场本身也受到了更多的审视和怀疑，因此危机已经威胁到人们对新自由主义话语体系抱有的政治经济幻想。正如占领华尔街运动表明的，持续的不满最终激起了愤慨，人们通过非暴力手段进行了更深层次、更具有解放斗争色彩的无政府主义示威活动。新自由主义固有的不平等观念正在受到诸如"我们是99%"等口号的公开挑战，这些口号意味着反抗市场原教旨主义的全球运动已经拉开序幕。那么，近期事态的发展程度是否意味着我们进入了"后新自由主义"时代呢？

三、剖析前缀"后"

在危机爆发前，已经有学者开始讨论"后新自由主义"可能的法律框架和政策前景。有人认为，新西兰实施的应急合作项目以及强化地方社区力量的社会治理策略意味着"后新自由主义"的政治环境和制度轮廓已初现端倪，新的国家秩序已经在该地区形成。有人则采用略微不同的方法，将新西兰的过渡政策和监管体系与智利的相关政策进行比较后指出：这两个国家的政策有多个异同点，且都具有政策连续性，种种迹象表明了"越来越多的理论为锻造'后新自由主义'提供了替代性选择"的趋势。对"后新自由主义"结构进行的上述讨论旨在设法打破新自由主义目前所处的僵局。

最近，在金融系统崩溃之后，一本名叫《发展对话》（*Development Dialogue*）的特别出版物从一个截然不同的角度来看待"后新自由主义"。该书专门对比了面对矛盾和危机时新自由主义政策的危害性以及正统政治经济学政策失灵的后果。然而，这里的重点不是讨论一个新的"后新自由主义"时代是否已经到来，或者有什么证据去支持或否定这一假设。该书作者认为：

> 从社会、政治和（或）经济转型角度来看，后新自由主义是多变地区的社会斗争和妥协的产物，它以不同的规模、基于不同的背景、由不同的人物发起。其共同点是，打破了"新自由主义"的某些特征，但在深度、广度和复杂性以及日常实践和综合理解上又各不相同。

从这个意义上看，新自由主义可能已经是"后新自由主义"，或者已经超越了它自身，因为准确地说，新自由主义从来不是一个名词，而是一个动词。当我们将新自由主义视为一个"真实存在"的、具有嬗变和"移动技术"功能的实践组合时，就必然会偏离作为一个典型的、通用的以及固化的经济理论的抽象概念。当与现存的政治经济背景和区域制度安排衔接时，后新自由主义就会出现对新自由主义的路径依赖和变异，从而发生多样性、易变性和独特性等突变。

鉴于新自由主义与后新自由主义之间的连续性，对后新自由主义的解析对于理解其前缀"后"是有意义的。有关"后殖民主义"的不同解析对于理解上述问题有一定借鉴意义。因为，关于后殖民主义的讨论已经清楚地表明，任何前缀"后"都不可避免地与它的能指联系在一起，这反过来又将前缀"后"本身引向问题。关于"后殖民主义"或"后—殖民主义"的理解存在三重含义。第一重含义可以理解为继任国（succesor states），即从殖民者那里正式独立后而诞生的政权。第二重含义是指在官方殖民主义后出现的那些殖民势力，可能是特定族裔、特定身份或阶级团体的内部殖民统治形式，或者可以指在殖民主义后出现的仍保留殖民地特征的殖民化话语体系。这两重含义通常被认为属于"后—殖民主义时期"（带连字符），因为它们被认为是在殖民主义"之后"运行的。连字符代表某种形式的分离和决裂，表明殖民主义只在过去存在。这个词的第三重含义最有意义，没有连字符的"后殖民主义"表示延续性，因为它意味着当殖民主义在形式上已经结束时，其对当前仍然具有数不清的共振影响。第三重含义是对殖民术语解构性的批判及其不断展现的美学、理论和政治遗产。爱德华·萨义德（Edward Said）对"东方主义"的解释为建立后殖民主义理论提供了参考，它被认为是这种批判的范例。

　　回到对后新自由主义的讨论中来，我们很难直接将它与上面提到的后殖民主义的第一重含义作直接比较。新自由主义不是一个国家通过宣布与过去完全决裂从而获得正式"独立"的条件，制度遗产很难被抛弃，因此称一个国家是"后新自由主义"继任国，虽然看似合理，但似乎有些草率。尽管一些研究热衷于强调公司国有化、社会制度演进以及拉丁美洲国家选举后颁布的新宪法，其中包括：1998 年委内瑞拉推行"21 世纪新社会主义"政策，2000 年智利社会党崛起，2002 年劳工党在巴西大选中获胜，以及 2005 年玻利维亚原住民社会主义领导人埃沃·莫拉莱斯（Evo Moralez）携反新自由主义纲领当选总统；但其他一些研究也迅速予以反击，指出由于新自由主义监管框架的连续性和突如其来的新发展主义解放实践的边缘化，导致了南非、阿根廷等国家已经排除了其他替代性制度引入本国的可能性。然而，当我们尝试将新自由主义视为新殖民主义的第二重含义时，同样也出现了困难，因为新自由主义是由特定地区的执政者采取的处理内部问题的方式，不同于将殖民主义后殖民化的做法。我们可能会发现，殖民化表现为一个群体对另外一个群体的统治，而新自由主义的统治力量则源于特定的阶级群体内部，代表了新自由主义本身的核心所在。这种观点使我们回到了上文的讨论，即我们不可能恰当地区分后新自由主义与新自由主义。

然而，或许这种连续性应该被视为最重要和最基本之处，它使我们联想到后殖民主义不加连字符的第三重含义。这里的"后新自由主义"解构，其前缀作为其能指，可以理解为并非新自由主义之后产生的一种状态，而是作为一种批判性的理论观点，可用以识别新自由主义话语体系内容的乏味，由此，我们或许就可以成功地揭示其作为一种"制度集合"及其与新自由主义融为一体、不可逾越和无可指责的代表性地位。这样，当批判者从将新自由主义作为霸权主义意识形态或复杂的国家治理方式的那一刻开始对新自由主义的权力—知识矩阵及其在各种地缘历史、政治经济和社会文化领域的不均匀分布进行解构性批判时，就会采取后新自由主义的立场。我同意皮埃尔·布迪厄（Pierre Bourdieu）和华康德（Loic Wacquant）的观点："与被动地接受对新自由主义的贬低相比，对新自由主义理论提出挑战至少比保持沉默更有意义。"正如哲学家们所指出的：批判既是反抗的种子，也是转型的动力，因而不要高估其潜在地解构新自由主义的动力和逻辑。如果我们的目的是要改变世界，那么从哪里作为起点都一样，为什么非要想象和期望从替代性的制度开始呢？别忘了，新自由主义本身就源自一个边缘化的术语，一个在右翼政治思想家脑海中处于边缘地位的理想化的意识形态。

四、结论

后新自由主义的模糊性迫使我们去认识和评价新自由主义的中断，但仍不能忽视其延续性。最令人担忧的是，一个新的后—新自由主义时代尚未到来，但一个极大地充实了其自身内容的新版新自由主义行将呈现在我们面前。关于危机的概念，安东尼奥·葛兰西（Antonio Gramsci）曾指出："恰恰是在原概念正在逐渐消失而新概念尚未形成的过渡时期，各种各样的病态问题出现了。"由此看来，尽管存在"新自由主义已经终结"的观点，但在政治上却不具有可操作性，正如尼尔·史密斯（Neil Smith）指出的，"低估新自由主义的残余力量将是一个错误……尽管新自由主义已经终结，但仍居于主导地位",这个局面的形成是由于"左翼学者没有对这种观点作出及时而有力的回应"。的确,史密斯应该对当前批判性的学术成果进行反思,至少对过去30年来仍坚持被某些活动家视为是"空想"的政治信仰负有一定责任。在危机爆发之前,那些与新自由主义进行辩论的代表具有明显的左翼激进政治复兴的迹象。近年来,反资本主义和反战抗议逐渐复苏,这表明新形式的解放运动开始出现,它打破了马克思主义传统的阶级划分方法,也放弃了身份政治的保守逻辑和特定含义。

这并不是说身份不再重要,相反,它可以使利益集团参与各种级别的政治行动,以庆祝不可缺少的多元化,并在社会经济正义的共同目标下建立一般性同盟。可见,如果社会矛盾是在新自由主义化的实践过程及由此导致的冲突中出现的,那么抗议者由非无产阶级身份占主导地位的异质性群体构成,且对复制代表阶级结构的传统政策不感兴趣就是必然的。这在一定程度上解释了为何媒体和官方难以确切地指出占领华尔街运动的意义及其代表哪个阶层。然而,这个新版的新自由主义可能仅是暴风雨前的宁静,即一个过渡时期,这种病态现象仅仅是使一种更为退化的以资本主义为主导的形式重新散发活力。

我们可能会问,当金融风险以令人难以置信的速度被社会化时,以及当华尔街和华盛顿以前所未有的合理性结合在一起时,时局究竟会如何变化?这真的是华尔街的噩梦吗,抑或仅仅是圣诞节前的噩梦?金融精英们能否在明早醒来时发现更多"礼物"堆放在他们的壁炉边?只有时间才能证实,但是救助计划仅允许政客们扮演圣诞老人,为最富有的富人送去礼物,而穷人却一如既往地被遗弃并负责清理饼干碎屑和打翻的牛奶。新自由主义作为一个学术项目显然已经终结,但是作为一种危机驱动及治理的模式仍居于主导地位。战争、饥荒、种族主义、贫困、环境破坏、强行迁徙、异化、流离失所、不平等、暴力和周期性经济危机是新自由主义日益反复无常的步伐的脚印,是能够标志其"僵尸"阶段出现的破坏之路。正如克里斯·哈曼(Chris Harman)指出的,"在实现人类目标及回应人类情感方面,新自由主义已经死亡,但其抽搐仍将导致全面的混乱"。占领华尔街运动成功地引起了全球民众的注意,这使得资本主义架构解体变得更加必要和紧迫。

新自由主义时代的终结？*
——美国资本主义的危机与重构

大卫·科茨** 著　陈晓芳　车艳秋 译

[内容提要] 在新自由主义机制下，美国出现了持续的经济扩张，但经济增长并不显著，并最终在2008年至2009年爆发了严重的经济危机。这标志着新自由主义的资本主义出现了结构性危机。积累机制是危机产生的根源。本文介绍了"二战"后美国两种主要的积累机制——管制资本主义和新自由主义的资本主义，对比分析了两种机制的产生背景、特征及影响，重点分析了新自由主义如何引发经济扩张并最终导致严重的经济危机和深层次经济衰退。只有改变积累机制才能解决这种危机。未来将出现何种积累机制仍不明朗，以商业为主导的集权机制或社会民主资本主义机制都可能是未来的方向。无论如何，新自由主义的资本主义和资本主义本身一样，都不可能是永恒的。

[关键词] 积累机制　管制资本主义机制　新自由主义的资本主义机制　重构

---

* 本文原载《新左翼评论》（*New Left Review*）2018年9/10月号（总第113期），译文有删节。译文原载《国外理论动态》2019年第1期。

** 作者简介：大卫·科茨（David M. Kotz），美国马萨诸塞州立大学经济学教授，美国著名马克思主义经济学家，苏联问题专家。

在 2008 年至 2009 年严重的经济危机期间，大多数人都认为新自由主义已经终结。美国的大银行面临倒闭，只有通过政府提供紧急援助才能得以生存。经济活动迅速滑坡，就业率急剧下降。在传统观点看来，这一切本不应该发生，因为自由市场资本主义似乎已终结了政府干预经济的时代，并且将永远处于稳定状态。个人成败将只取决于个人努力和个人能力。然而，之后呈现在全世界的景象彻底证明了这些观点的虚幻性。当危机不期而至时，美国财政部和美联储迅速地抛弃了它们信奉的自由市场信条，然后动用其所能掌控的所有机制来遏制经济崩盘。在国际上，二十国集团中的主要资本主义国家也迅速效仿美国：政府动用财政手段刺激经济；中央银行大量发行货币，利率逼近于零。有人开玩笑地说："在危机中，我们都是凯恩斯主义者。"华盛顿政府全力拯救银行家和大公司，但希望劳动人民自力更生，政府也没有为丧失房屋抵押赎回权的业主们提供什么帮助。尽管如此，制度和政策的变局仍隐约可见。

这种所谓的凯恩斯主义时刻转瞬即逝。到 2010 年，新自由主义已经在紧缩政策的掩护下卷土重来。大衰退时期的悲惨情景和不安全感导致了政治上的突然变化：右翼民族主义兴起，某种形式的"民主社会主义"重获支持。在分析 2008 年的金融危机及其后果时，首先必须要对前一时期的政治经济进行评价：自 1979 年以来实行的自由主义重构是否成功地解决了 20 世纪 70 年代的经济危机？抑或是痼疾仍在，只不过以新的形式出现？本文认为，新自由主义的资本主义的新制度形式还是有效的，它确实在一段时间内恢复了资本积累，提升了利润率，尽管未能达到战后"管制资本主义"达到的水平。虽说新自由主义在促进积累和提高利润率方面并未达到预期效果，但它确实引导了更多的财富流向资产阶级；对资本而言，新自由主义在某些方面其实比以前的经济制度更为有利。

2008 年至 2009 年的变局并不仅仅是一场严重的经济危机和经济衰退，它还标志着发轫于 1979 年的新自由主义的资本主义的结构性危机的开始。也就是说，这是一场从资本主义积累机制的结构特性中产生的危机，如果新的机制制度无法建立，危机便不能消解。虽然政府动用了前所未有的财政刺激手段,但目前的结构性危机依然呈现出顽固的停滞状态,经济增长缓慢,资本积累率低,实际工资没有增长,劳动人民的经济不安全感加剧。这些情况引发了新的政治对立。本文的分析基于资本主义制度形式理论,或"积累的社会结构"理论。每种机制的中心理念和主要制度都是为提高利润率、扩大总需求、增加长期生产性投资创造有利条件,最终促进资本积累。然而,每种机制的内在矛盾最终导致了政治经济重构中的结构性危机和斗争,继而推动了新型积累结构的产生。①

下文介绍了"二战"后在美国国内起主导作用的资本积累机制——"管制资本主义"和"新自由主义的资本主义",并阐释后者如何首先引发了长期的、相对稳定的经济扩张,并最终导致了2008年的经济危机和深层次经济衰退。我分析了引发危机的因素,查证了积累机制的关键佐证,思考了未来可能的变化方向。2008年至2009年的危机主要来自美国经济,因此我将重点分析美国作为资本主义霸权在新自由主义重构的源起和扩张中起到的核心作用。但资本主义及其制度形式具有全球性,我也会适当援引资本主义在其他地区及全球范围内的发展状况。

两种积累机制

战后,发达经济体的资本主义呈现出以下主要特征:积极管控企业和市场活动;实施凯恩斯主义政策以维系相对较低的失业率;工会在劳动力市场和工厂发挥了重要作用;社会福利项目扩大;国家对教育和基础设施等公共产品进行了大规模投资。但在1979年左右,美国资本主义出现了逆转。自由

---

① 这种方法的原创观点来源于大卫·戈登(David Gordon)、理查德·爱德华(Richard Edward)和迈克尔·赖希(Michael Reich)合著的《劳动力市场分割与劳动者分化》(*Segmented Work, Divided Workers*, 1982)一书。还可以参阅大卫·科茨、特伦斯·麦克多诺、迈克尔·赖希合著的《积累的社会结构:增长和危机的政治经济学》(*Social Structures of Accumulation: The Political Economy of Growth and Crisis*, 1994)。以下论述来自我的著作:《新自由主义的资本主义的兴起和衰落》(*The Rise and Fall of Neoliberal Capitalism*, Cambridge, MA: Harvard University Press, 2015),本书对于新自由主义的研究截止到2013年上半年,之后的重要进展将在本文继续得到论述。

化（即解除管控）、私有化和稳定化（稳定化的目的在于降低通货膨胀而非提高就业率）这三部曲都变成了口号。工会受到企业和政府的打压，社会福利项目被削减或撤销，教育预算被压缩，基础设施投资减少。税负从高收入阶层和公司转移到了中等收入阶层身上。在全球经济中，美国和国际金融机构抛弃了带有管制主义色彩的布雷顿森林货币体系（该体系允许为资本流动设置障碍），强力推动产品和服务的自由贸易和资本跨境流通，全球经济一体化不断深化。对金融部门放松管制刺激了金融部门的扩张，其在经济中（即金融化中）的角色开始转变。

变化肇始于1979年，这不仅是经济政策的改变，也是资本主义机制的变革。资本主义的两种形式，无论是管制资本主义还是新自由主义，都具有相对连贯的制度结构，都是以独特的世界观为基础，并与特定的劳资关系相关。两种机制都促进了利润和资本积累。"管制资本主义"这种说法表明了非市场机构（国家行政机构部门、工会和公司官僚机构）在经济活动管理中的重要作用。而"新自由主义的资本主义"这个标签则意味着市场因素和市场关系在经济管控中发挥着更为重要的作用。

管制型积累机制的主导思想是凯恩斯主义，即资本主义需要积极的国家干预以避免严重的经济问题。该观点认为，资本主义已经跨越了粗糙的早期阶段，成长为包括政府和私企部门，兼具市场和国家计划的"混合经济"。公司应该服务于多个对象：消费者、雇员、当地社区、社会公众，还有股东。美国管制资本主义是以资本与劳动力之间的妥协为基础的，劳资双方进行了15年的激烈对抗，但双方都没有取得决定性的胜利，于是在20世纪40年代后期达成了妥协。伴随着冷战的开始，大企业既担心大萧条卷土重来，又担心共产主义和社会主义政党在世界各地的强势地位，于是便放弃了对自由放任政策的一贯支持，勉强接受了集体谈判、凯恩斯主义政策以及福利政府。另外，美国主要工会组织解雇了激进的员工，基本上放弃了管控工厂的要求，并且同意一旦劳资双方通过谈判达成劳动合同，工会就立刻执行。

1948年至1973年，管制资本主义机制导致发达经济体出现了最快增长率，超越了资本主义历史上的任一时期。① 平均失业率走低，但同期美国非金融企业部门利润率高企，在 20 世纪 60 年代达到顶峰，此后任何时期都无法与之匹敌。② 在这一阶段，实际工资稳步增长了 75%，劳动阶级分享到了产出上升的成果。这种增长带来了一定程度的均衡效应：美国收入最低的 20% 的人口的实际收入增长速度要快于其他人口，包括全国收入最高的 5% 的人口。

但这个进程在 1979 年被逆转，1979 年之后的增长产生了不均衡效应（见图1）。管制资本主义机制促进了需求的快速增长，因为在此制度下，劳动力的强势谈判地位导致实际工资稳步增长，公共开支扩大。

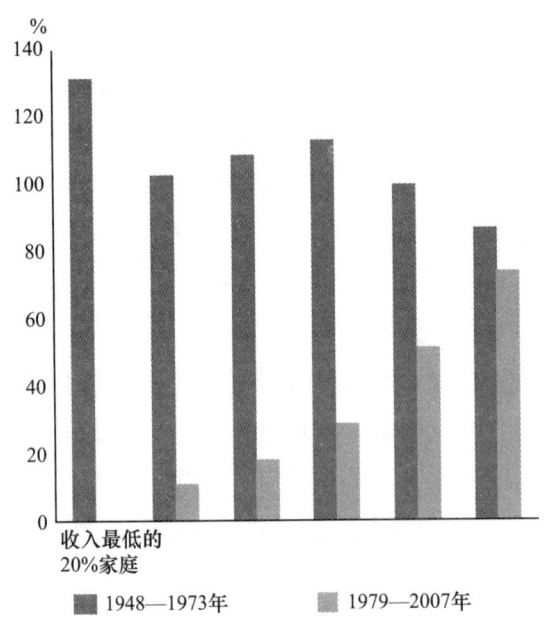

图1 美国家庭平均实际收入增长百分比

---

① 1948 年到 1973 年被普遍认为是战后机制运作得最有效的时期。本文认为，1973 年至 1979 年是战后机制出现结构性危机的时期，1979 年至 2007 年是新自由主义的资本主义运作的有效期，而 2007 年之后是新自由主义的资本主义出现结构性危机的时期。每个周期在开始和结束时都有一个商业周期高峰（最后一个周期除外，因为我们的研究截止到 2017 年），这样就避免了因经济周期波动导致的长期增长率数据失真。

② 计算金融和非金融部门的综合利润率的做法是有问题的。我们之所以对利润率感兴趣，是因为它对资本积累率有影响，即使在 2007 年美国金融化的顶峰时期，非金融企业部门仍然占据了企业部门总投资的 7.5%。

劳动合同的集体谈判（其有效期通常会持续三年）使劳动成本更容易被预测，从而促进了积累。这种机制也促进了劳动生产率的快速增长，实现了工资和利润的共同增长，时间长达几十年。从20世纪60年代中期的高峰开始，积累机制具有的内在矛盾促使利润率持续走低。虽然利润率下降是引发70年代危机的核心因素，但分析家们对危机产生的根本原因持不同见解，如产能过剩——新型出口经济在海外的迅猛发展导致产能过剩、自动化、工资增长高于劳动生产率水平等。积累机制随即进入了结构性危机阶段。70年代，通货膨胀加剧，经济周期变得更为严峻，国际金融体系陷入混乱。凯恩斯主义的策略工具似乎无法应对这一局面。人们普遍意识到现有体系已不再起作用，于是美国大企业借机开始重构政治经济体系。

新自由主义重构承诺将会逆转利润下滑的局面。用个人自由主义的说法就是，通过各种手段来提高利润率，包括削弱劳动力的议价能力、削减资本税、通过私有化和放松管制来开辟新的利润中心。此外，资本对管制型政府在60年代向其他领域（环境保护、消费者安全和职业健康等）的扩张表示不满。而新自由主义重构将扭转这些变化。大企业放弃了对劳工的妥协，与小企业结盟，而小企业从未真心拥护过管制资本主义机制，因此能够迅速地加入新自由主义的重构。这种变化发生在卡特执政的最后两年里。美国在英国的支持下率先推进了全球经济制度的新自由主义重构。自60年代末以来，自由市场或新自由主义思潮的影响力不断增强，开始取代凯恩斯主义，成为新的正统，推动着制度的转变并证明了这种转变的正当性。如今，劳动力附属于资本，劳资协议已被抛弃。①

美国新自由主义的资本主义确实在一段时期内抑制了通货膨胀，促进了盈利和积累，但产出和积累的增长仍慢于管制资本主义时期。1979年至2007年，新自由主义的资本主义经历了三次较长的经济扩张期：1983年至1990年、1992年至2000年以及2002年至2007年。同时，通货膨胀率即便在商业

---

① 在接下来的20年里，法国、德国和日本等国家的新自由主义重构是缓慢的、不完整的，但所有主要资本主义经济体在"二战"后都建立了完整的管制资本主义机制。

周期高峰时也保持很低水平。美国的 GDP 年增长率为 3%，虽然远低于 1948 年至 1973 年期间的 4% 的增长率，但也算相当可观。新自由主义时期的平均资本积累速度也低于管制资本主义机制时期。从 20 世纪 80 年代初到 2007 年，利润率有所回升，这在很大程度上是实际工资增长趋势（管制资本主义时期）被逆转的结果。在 1979 年至 2007 年间，美国的实际工资下降了 4%，因为资本有能力攫取劳动生产率提高的所有成果——这正是利润率增长的基础。同时，公司减税政策也使税后利润率上升。

新自由主义的资本主义

20 世纪 80 年代以来，新自由主义机制得以不断加强，放松管制、私有化、劳工临时化、"股东议程"等新自由主义手段引导着越来越多的财富流向资产阶级。工人议价能力下降，而首席执行官的薪酬突飞猛进。1973 年，首席执行官的薪酬是平均工资的 22 倍，而到了 2007 年金融危机前，竟达到平均工资的 327 倍。[①] 一系列投机性资产泡沫使土地所有者和公司证券持有者富了起来，同时，政府削减了对高收入阶层和财产性收入的税收。许多人（包括我在内）认为，新自由主义重构没有能力恢复稳定的资本积累。虽然新自由主义的资本主义机制可以提高税后利润率和利润在总收入中所占的比例，但这不足以维持经济扩张，因为经济扩张需要需求的稳步增长。当实际工资下降、公共支出的增长减少时，谁还会购买不断增长的产出？

自由市场理论认为不存在这个问题。该理论信奉备受非议的萨伊定律，即供给创造自身的需求，也就是说，总需求疲软从来都不是限制经济增长的因素。如果说新自由主义重构确实成功地实现了几十年的经济扩张（其间夹

[①] 在管制资本主义机制下，大公司首席执行官的薪酬取决于公司官僚机构制定的标准，而非市场力量的调控。首席执行官通常是从公司内部晋升上来的，当公司内部员工经过多年努力晋升为首席执行官时，其工资水平虽有所提高，但幅度不大。而在新自由主义的资本主义机制下，大公司更倾向于从外部，即从市场上选择首席执行官。其结果就是，大公司们竞相聘用市场上稀缺的、能力突出的首席执行官，其薪酬也随之水涨船高。

杂着一定程度的、相对短暂的衰退），那么这种经济扩张也不是萨伊定律起作用的结果。美国新自由主义的政策制度导致了总需求的增长，引发了一系列令人意想不到的后果——不平等不断加剧、产生一系列巨大的资产泡沫、金融部门从事风险更高的业务，从而导致经济扩张。这些条件之间的相互作用解决了需求问题，或马克思主义理论中的"实现问题"。不平等加剧意味着迅速增长的收入变成利润流入富人的口袋，而未进入生产性投资领域。这些收入被用于购置资产（房地产、企业股票），资产泡沫开始扩大。在20世纪80年代，美国经历了西南商业地产泡沫；在90年代，经历了另一次公司股票泡沫；在21世纪，又经历了全国性房地产泡沫。[①] 不断增加的资产财富刺激了消费支出的增长，超出了消费支出和税后收入的正常比例。要消费这笔财富就需要进行资产借贷，银行渴望投机、渴望放出贷款，甚至把钱借给低收入家庭用于购房。

商业活动摆脱了来自政府管控、高税收和工会的压力，新自由主义重构的倡导者们做出了政府将大幅增加投资的承诺。然而，新自由主义时期的商业投资一直处于低迷状态，仅在90年代出现了信息处理和通信技术领域投资热潮时略有起色。相反，债务支撑的消费支出带来了长期的经济扩张。从80年代早期开始，无论是消费支出占GDP的份额，还是消费支出占个人可支配收入的比例，都处于上升趋势。在管制资本主义时期，美国的GDP增长是由投资和政府支出驱动的，而在新自由主义时期，GDP增长是由消费支出驱动的，投资和政府支出增长滞后。

新自由主义重构引发了三种变化，从长远角度讲，这些变化是不可持续的，并最终导致了新自由主义的资本主义的结构性危机。首先是私有部门债务增长。这是一种虚幻的资产泡沫，因为家庭只能以不断增长的房屋财富做抵押以维持相对强劲的消费支出增长，其结果是负债增加。家庭债务占可支配收入的百分比在1980年之后开始攀升。在2007年危机前夕，该比率已经增长了1倍多。雄心勃勃的金融机构也开始大量借款，为其高利润活动融资。自1980年至2007年，金融部门的债务相对GDP增长了近6倍。其次是追逐

---

① 在管制资本主义时期，美国没有出现大的资产泡沫。

风险的银行发行了一系列新型衍生证券，如次级抵押证券。银行通过证券发行和证券交易在21世纪初获得了巨额利润。然而，这些证券的价值依赖于房地产价格的不断上涨。最后，尽管债务推动了消费支出，但总需求的增长越来越无法弥补需求的缺口，也无法解决美国制造业产能过剩的长期问题。在管制资本主义机制下，在20世纪70年代结构性危机之前的最后三个商业周期的高峰，制造业的产能利用率上升到了非常高的水平。但在新自由主义机制下，在2008年危机前的最后三个商业周期的高峰，产能利用率逐步下滑至较低水平。

新自由主义的资本主义的结构性危机

21世纪前十年的经济扩张是由巨大的房地产泡沫支撑的。然而，所有的资产泡沫最终都会破裂。当房地产价格在2006年停止上涨并在2007年开始下跌时，这些不可持续的趋势既带来了金融危机，又带来了大衰退。紧缩的房地产泡沫迅速压低了新型衍生证券的市场价值，而负债累累的银行的主要资产就是这些证券。2008年9月，因为对偿还贷款失去信心，美国大银行骤然停止维持金融系统运转的隔夜贷款业务。系统冻结了，银行面临倒闭。

在实体经济中，消费支出在2008年第一季度已经开始下降，美国家庭发现房价的不断下降意味着他们不能再靠借钱来支持消费。消费支出的下降导致了GDP的下降，而GDP的下降随着秋季金融危机的爆发而加速。当企业经理人因华尔街危机感到恐慌，削减了投资支出时，大衰退开始了。产能利用率进一步下降，阻碍了新的投资。与70年代不同，这次的危机似乎不是由下降的利润率引发的。当70年代危机开始时，税后利润率从1966年的11.7%的高点下降到1973年的8.7%。由于工资停滞且政府实施了扶植商业的财政政策，美国非金融企业——商业部门——的税后利润率在1980年以后呈上升趋势。在新自由主义的资本主义结构性危机开始之前，税后利润率在2006年达到9.4%的峰值，仅有一年降至8.5%；在2007年危机前夕，税后利润率也仅仅下降了9.6%。

近年来，美国的"经济复苏"被吹捧为巨大的成功，美国的经济增长明显快于欧盟,甚至比欧盟更为稳定。截至 2017 年 9 月,美国的官方失业率已降至 4% 左右,这种状态一直保持到 2018 年 7 月。但是,"停滞"一词更能准确地描述 2009 年夏季的大衰退正式结束以来美国经济的最显著特征。与以往经济衰退后的复苏期相比,此次复苏期的经济增长速度空前缓慢(见图 2)。①自 2009 年以来,资本积累率一直低迷。尽管政府实施了高度扩张性的货币政策,利率接近于零,但 2016 年资本积累的峰值甚至无法达到管制资本主义时期三次经济衰退期(分别为 1983 年、1991 年至 1992 年、2003 年)后的最低值(见图 3)。尽管利润率有所回升,但资本积累仍然走低,这表明新自由主义的资本主义已陷入了结构性危机。理论上,积累率受利润率影响:当利润率上升时,扩大资本存量的预期收益上升,可用于积累的资源也增加。正如我们看到的,税后利润率在大衰退时期急剧下降,但在复苏期有了强劲提升。② 到了 2012 年和 2013 年,利润率上升到了 9.7% 的峰值,达到新自由主

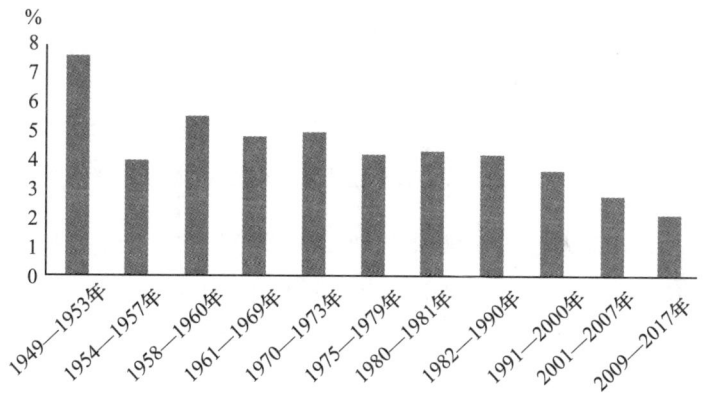

图 2　复苏时期 GDP 年增长率

数据来源:美国经济分析局的国民收入和生产账户表 1.1.6。

---

① 2009 年之前的大衰退是自 1945 年以来最严重的经济衰退,经济复苏从 2009 年开始一直持续到 2017 年。通常而言,严重衰退之后社会上存在大量的失业劳动力,资本商品供给充足,所以经济复苏应该是相对强劲的。

② 税后利润率适合用于分析利润率与积累率之间的关系。虽说税前利润率也从 1980 年开始呈现上升趋势,但是 1997 年和 2006 年的利润率峰值高于 2013 年(2008 年之后的峰值)。这表明,自危机以来,企业减税政策促进了利润流向资本积累。

义时期的最高点。自 2014 年以来，利润率小幅下降，但仍保持在之前与高积累率相对应的水平。

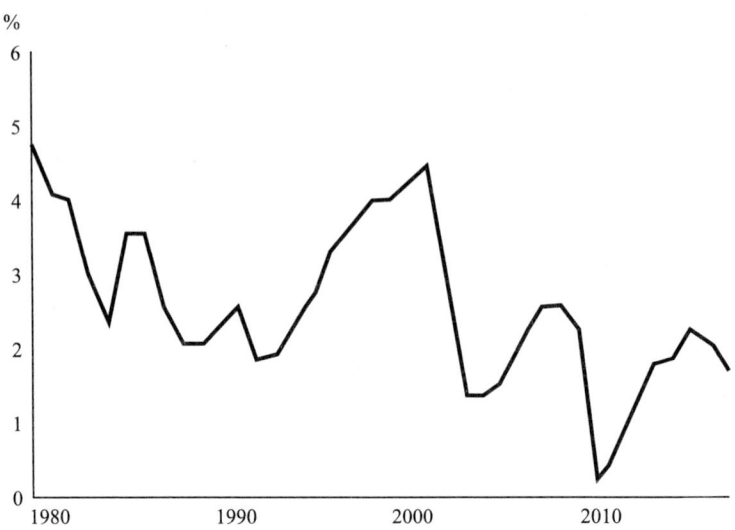

图3　1979—2016 年美国年资本积累率

数据来源：美国经济分析局的固定资产表 4.1、4.4、4.7。
注：资本积累率是私人非住宅固定投资净额除以私人非住宅固定资产净额。

比较 20 世纪 80 年代初、90 年代初、21 世纪初和大衰退这四个衰退期之后复苏期的利润率和积累率，不论以哪一种尺度衡量——经济扩张期最高点、整个复苏期的最高增长率还是整个复苏期的平均增长率，都可以看出，目前的经济复苏形势最好，利润率最高，积累率最低。计量经济学分析证明，2007 年之后，利润率与积累率之间的关联性已经不复存在。这再次表明新自由主义的资本主义陷入了结构性危机。

积累机制通过三个渠道促进资本积累——产生高利润率，促进总需求的增长，并能为未来投资创造稳定的、可预测的条件。当这种机制的各项制度不再促进积累时，结构性危机就开始了。有证据表明，虽然新自由主义的资本主义推动了利润率的提高，但单靠这一点是不够的。新自由主义机制丧失了促进利润率积累所需的稳定性，最重要的是，新自由主义机制一直通过资产泡沫和债务支撑的消费支出来刺激需求，但 2008 年至 2009 年金融危机和大衰退爆发后，这种方式便无法持续下去。新自由主义的资本主义的相关制度仍然存在，2007年以来的收入不平等还在持续加剧，但新自由主义的资本主义的其他特征消失了。金融危机过后，支持消费导向型经济扩张的资产泡沫再也无法以先前的速度持续增长。新的管制措施使银行无法像2008年之前那样参与高风险金融业务。同时，家庭的债务水平（相对于家庭可支配收入）也下降了。新自由主义的资本主义目前面临的是需求问题，而这个问题并不存在有效的解决方案。

房地产和公司股票再度出现了温和的资产泡沫。房价租金比（房地产资产泡沫的最佳预测指标）在1999年至2006年期间急剧上升，在金融危机后急剧下降。自2012年以来，房价再次攀升，虽然远低于2006年的水平，但与2000年以前相比还是很高的，这表明房价可能被高估了。至于股票，2010年以来，标准普尔500指数的实际价值（去除了通货膨胀因素）虽然远未达到20世纪90年代末期的三倍，但已经增长了近一倍。标准普尔500指数的市盈率（资产泡沫的最佳衡量指标）自2012年以来显著上升，在2018年1月达到了25.4（历史平均水平为16），但仍远低于90年代股市泡沫高峰期的32.9的水平。① 然而，有证据表明，这些温和的股市泡沫和房地产泡沫并未起到推动消费支出的作用。倘若起到了这样的作用，那么消费支出与个人可支配收入比就会像2008年前的资产泡沫时期那样上升，但2017年的消费支出与可支配收入比仍略低于2009年。

当我们分析税后利润率的决定因素时（正是这些因素导致了2009年至2013年利润率的攀升以及此后利润率的小幅下滑），我们发现了当前经济扩张的一些不可思议的特征。2009年至2013年的经济复苏部分归因于资本存量利用率的提高（每当急剧衰退结束、商业活动恢复时，资本存量利用率就会上升）。② 然

---

① 2002年和2009年经济衰退期的市盈率的大幅飙升具有误导性，因为市盈率飙升并不是由股价上涨，而是由那两年工资大幅下降造成的。

② 利润率是年利润与资本存量的比率，等于利润占总收入/产出的份额乘以资本产出比。在短期内，资本产出比的变化主要反映了整个商业周期中资本存量利用率的变化。在经济衰退中，当固定资本保持不变而销售量下降时，资本存量利用率达到低点；而当经济复苏、销售量增加时，资本存量利用率就会上升。长期来看，资本产出比的变化也反映了技术的变化，因为技术变化会导致资本产出比的变化。

而，利润率增长的主要原因是利润份额的显著增长，因为实际工资以每年0.1%的速度下降（2013年降至7.4%）——工资的下降在意料之中，因为高失业率一直持续到2013年。每小时产出以每年1.7%的速度小幅增长，一直持续到2013年，但考虑到实际工资在下降，生产率提高带来的所有好处都转化成了利润。

自2013年至2016年，利润率从9.7%下滑到了8.8%。利润率的下降完全归因于利润份额的下降，因为资本产出比几乎没有变化。这意味着失业率的下降可能会提高劳动力的报酬。尽管失业率降至4.9%，2013年之后实际工资也确实有所上升，但实际工资增长缓慢，增速仅为2%。如果生产率以2009年到2013年的增长速度持续小幅提高，利润份额将继续上升。但实际上，每小时产出增速明显放缓，仅为每年0.4%。工资小幅上升，每小时产出的增长却几乎停滞，因此利润份额下降。这可能是由于非常低的商业投资增长率所致（在2013年至2016年期间商业投资增长率仅为每年3%）。因此，2013年以后利润率的小幅下降似乎并不是传统的"利润挤压"——即低失业率使劳动力工资迅速上升，而是一种特殊的利润挤压，因为资本未能完成其提升劳动生产力的历史使命。这也是新自由主义的资本主义结构性危机的一个特征。

总需求和就业的长期增长

自2013年至2016年，利润率小幅下降，但并没有引发经济衰退，可能是因为与近期相比，利润率仍然保持在较高的水平。长期的需求增长维持了长期的经济扩张，这种扩张是自2009年以来非常罕见的。如果债务支撑的消费支出增长难以为继，那么是什么推动了需求的增长？不平等继续加剧，自2009年以来，私营部门的实际工资仅以每年0.5%的速度增长，而同期GDP的增速却达到了2.2%。为解释这个谜团，我们分别从两个阶段来研究美国经济总需求的增长：从2009年经济复苏开始到2017年，以及经济复苏的最后三年，即2014年至2017年（在此阶段，消费支出加速增长，而投资放缓）。

在 2009 年至 2017 年期间，占美国 GDP 三分之二的消费支出与 GDP 的增长速度相同。虽然投资占 GDP 的份额低于消费支出的份额，但是投资的增长速度却快于 GDP 的增长速度。[①] 这一时期的政府支出实际是下降的，外贸部门的进口贸易增长快于出口贸易增长，二者共同作用，使 GDP 增长变缓。2009 年至 2017 年期间，对 GDP 增长贡献最大的是消费支出，占 70%，而投资的贡献仅占 38%。[②]

现在我们来具体分析 2014 年至 2017 年这个阶段。消费支出增长率达到 2.7%，超过 2.2% 的 GDP 增长率，表明了美国消费者为 GDP 增长做出了主要贡献，贡献率高达 81%。而投资增长放慢到 2.1%，对 GDP 增长的贡献仅为 16%。2014 年之后，政府支出开始上升，对 GDP 增长的贡献率为 6%（政府支出增长大部分来自州政府和地方政府的支出增加）。

消费支出增长加速的主要原因是可支配收入的增长速度变快。2014 年至 2017 年，可支配收入的年增长率达到了 2.5%。[③] 虽然自 2009 年以来，时薪仅以每年 0.5% 的速度增长，但同期个人可支配收入却以 2.2% 的速度增长，与消费支出的 2.2% 的增长率相同。2009 年至 2017 年，美国工作小时的年增长率为 5%，时薪年增长率为 0.5%，这两个数据在很大程度上解释了美国消费支出的增长。在可支配收入增长 2.2% 的增幅中，时薪和工作小时数的增加贡献了 2%——这意味着财产收入也为可支配收入的增长做出了贡献（财产收入的增长快于工资收入的增长）。因此，我们可以得出结论，从需求方面来看，工作小时数和就业的增长导致工资收入增长，工资收入增长和财产收入增长共同提高了消费支出，所以这一阶段出现了经济长期但缓慢的

[①] 2009 年至 2017 年期间，投资的相对快速增长主要出现在 2010 年，当经济复苏开始时，存货（投资）大幅增加，占当时 GDP 的一半以上。

[②] "贡献率" 是指 GDP 每部分的增长对 GDP 增长率的贡献。GDP 所有组成部分的贡献率总和为 100%。每个组成部分的贡献率既取决于本身的增长率，也取决于其占 GDP 的份额。

[③] 以上分析在把可支配收入的当前美元价值转换成恒定美元价值的时候，使用的是 GDP 价格指数而不是消费价格指数，其目的在于分析需求的增长而不是家庭采购商品和服务收入的实际价值。

扩张。考虑到家庭债务与收入比率持续下降，以及2009年以来消费支出与可支配收入比的相对稳定，那么目前的经济扩张不是由债务支撑的消费支出推动的，因为债务支撑的消费支出导致的经济扩张速度更为缓慢，但更稳定和持久。

尽管在大衰退复苏期间消费支出发挥了主导作用（这与2008年危机之前的新自由主义时期类似），但导致了更为惨淡的GDP的增长率。在1979年至2007年、2007年至2017年两个阶段，消费支出都拉动了GDP增长；但在现阶段，消费支出的年增长率仅维持在1.6%，低于2007年之前的3.4%。从两个阶段的比较来看，1979年到2007年投资支出年增长率为6%，在现阶段仅为0.8%；政府支出的年增长率也从2.9%跌至0.4%。从需求角度来看，2007年以后经济停滞的主要原因有三个：主要资产泡沫无法促进消费支出的增长；尽管利润率较高，但投资增长缓慢；虽然政府支出在2008年至2009年经济危机开始阶段小有提升，但在2007年至2017年期间几乎没有增长。

与新自由主义时代相比，现阶段美国官方失业率已经降至历史低位，但这并不表明美国经济势头强劲。将美国目前的经济扩张与先前五次经济扩张进行比较，可以清楚地发现2010年以来官方失业率下降的原因（见表1）。与其他失业率下降的经济复苏期相比，2010年至2017年的GDP增长率是最慢的，这表明就业增长速度很慢。然而，从2010年起，每名工人创造的GDP（劳动生产力的衡量标准）的增长率也放缓至0.7%，这意味着每单位GDP增长带来了更快的就业增长。生产力增长缓慢，GDP增长更为缓慢，其结果是，这一时期的就业增长率是所有六个复苏期中最为缓慢的，仅为1.4%；劳动力增长速度也是最慢的，只有0.6%。结果表明，在目前的经济复苏中，失业率（失业与劳动力的比率）以每年0.8%的速度下降，这是六次经济复苏中最快的下降速度。尽管GDP几乎没有增长，但是生产力和劳动力的缓慢增长起到了积极的作用。

表1 影响失业率的各因素的增长率（%）

	1961—1969年	1975—1979年	1982—1989年	1992—2000年	2003—2007年	2010—2017年
GDP	5.0	4.7	4.4	3.9	3.0	2.1
每名工人创造的GDP	2.9	1.1	2.0	2.1	1.5	0.7
就业	2.1	3.6	2.4	1.8	1.5	1.4
劳动力	1.7	2.9	1.7	1.3	1.1	0.6
失业率	-0.4	-0.7	-0.7	-0.5	-0.4	-0.8

资料来源：美国劳工统计局；来自美国经济分析局的国民收入和生产账户表1.1.6。
注：表中的六个时期都是经济衰退后的失业率下降期。

前景如何？

资本主义经济扩张不会永远持续下去，而且现阶段的持续扩张表明下一次衰退可能很快到来。然而，预测下一次衰退的具体时间是个难题，许多事态的进展都可能延长或扰乱经济扩张。2017年12月通过的特朗普减税政策可能具有短暂的刺激效果，美国公司从中受益，然而，该政策引发了并购和股票回购的浪潮，虽然抬高了股票价格，但根本无法促进真正的投资。2018年3月，美联储宣布将在未来两年内加息，这可能扰乱经济扩张。就当下而言，在诸多的事态发展中，特朗普的贸易战最有可能带来衰退，因为贸易战正在扰乱全球生产链，给企业投资规划造成高度的不确定性，可能会延迟企业的投资决策。

尽管自2009年以来美国经济经历了长期但收效甚微的经济扩张，但美国的新自由主义的资本主义还是陷入了结构性危机。过去，这种危机只有通过改变积累机制才能解决。这就提出了这样的问题：今后几年中是否可能出现机制变化？如果出现机制变化，可能以什么形式出现？当然，新自由主义机制可能会持续一段时间。但这将意味着长期的停滞，引发日益增长的政治不满情绪。这可能导致现有体制的更替——如20世纪30年代和40年代，当资本主义早期自由市场形式消失时，取而代之的是法西斯主义、社会民主或管制资本主义、国家社会主义扩张。近期出现了一些微妙的变化。特朗普通过调动极右翼民族主义情绪赢得了2016年共和党总统候选人提名。尽管到目前为止，特朗普政府仍在继续推行国内大企业所青睐的新自由主义政策，包括经济政策、社会政策和监管政策，但其在关税和基础设施投资方面非常强势。①

新的积累机制的出现取决于结构性危机中不同集团和不同阶级所能动员的力量的博弈。目前摆在桌面上的备选方案似乎只有两个：以商业为主导的集权机制和伯尼·桑德斯（Bernie Sanders）倡导的社会民主资本主义的新主张。以大企业的权力为基础的新型管制资本主义意在通过小幅工资增长和政府扮演更积极的角色等策略来解决当前的结构性危机（政府扮演更积极的角色指政府通过投资基础设施建设、促进技能教育、资助创新等措施加强美国企业的竞争地位）。国家支出的增加——而不是债务支撑的私人消费——将解决需求增长不足的问题。民族主义是一种意识形态，可以有效地为商业主导的管制资本主义赢得支持。极右翼民族主义者的方案和中间派思想家的方案似乎都代表了这种机制转变的可能方向。

桑德斯和其他左翼人士推动的政治转变可能会导致一种绿色社会民主，有可能解决当前的结构性危机。绿色社会民主主要是通过政府投资建立环境可持续发展的经济，以实现工资和利润的平衡增长，通过累进税扩大社会保障项目、促进公立高等教育发展。在这种情况下，劳动生产力的提高将带来利润的增加，就像在战后管制资本主义机制下一样；而消费者支出和政府支出的增加将导致产能利用率提高。他们可能会利用一种升级版的凯恩斯意识形态（增加了环境可持续性内容）来赢得公众对社会民主方向的机制改革的支持，这也需要重启工人运动，使工人加入政治斗争。本文没有更多篇

---

① 虽然特朗普政府的贸易和移民政策与大企业集团利益发生冲突，但大企业集团对公司减税、放松管制、反对劳工运动大法官的任命比较满意。

幅来探索可能导致这种机制变化的过程，也没有更多篇幅来衡量各方力量的优势。但我只想说，新自由主义的资本主义和资本主义自身一样，都不可能是永恒的。